香港立法機關關於政制發展的辯論 第四卷

第一次政改

強世功　袁陽陽　編

2003
————
2005

責任編輯　蘇健偉
封面設計　吳丹娜

書　　名　**香港立法機關關於政制發展的辯論（第四卷）**
　　　　　—— 第一次政改（2003—2005）

編　　者　強世功　袁陽陽
出　　版　三聯書店（香港）有限公司
　　　　　香港北角英皇道 499 號北角工業大廈 20 樓
　　　　　Joint Publishing (H.K.) Co., Ltd.
　　　　　20/F., North Point Industrial Building,
　　　　　499 King's Road, North Point, Hong Kong
香港發行　香港聯合書刊物流有限公司
　　　　　香港新界大埔汀麗路 36 號 3 字樓
印　　刷　美雅印刷製本有限公司
　　　　　香港九龍觀塘榮業街 6 號 4 樓 A 室
版　　次　2019 年 12 月香港第一版第一次印刷
規　　格　16 開（185 × 260mm）448 面
國際書號　ISBN 978-962-04-4579-8

前言

　　香港政制發展這個概念直接源於基本法規定，即行政長官及立法會全體議員的產生辦法按照香港的實際情況，循序漸進至最終由普選產生。雖然早在英國對香港實行殖民統治伊始，就有了關於修改立法局組成辦法的辯論，但直到 1980年代中英談判啟動香港回歸祖國的歷程，香港政制發展才真正作為一種地方的特殊憲制安排進入到公眾視野中。從此，香港政制發展問題不僅成為香港關注的問題，也成為整個國家關注的重大課題。為了便於研究人員與普通讀者系統認識、瞭解及研究香港政制發展問題的歷史與現狀，我們曾經選編了《香港政制發展資料彙編》（香港三聯書店，2015 年版），系統收集了官方正式公布的有關權威資料，包括憲制法律的規定、政府報告、相關政府官員的發言等。然而，在港英政府、中國政府和香港特區推出有關法律、政策和報告的時候，香港社會對此進行了深入討論，其中香港立法機關（包括港英時期的立法局和特區政府的立法會）作為香港的代議機關，對香港政制發展問題進行了持續辯論。從這些辯論中，我們可以看出香港社會各界對香港政制發展的不同立場、觀點和理據。為此，我們選編《香港立法機關關於政制發展的辯論》，系統呈現 1980 年代以來香港立法機關關於政制發展的辯論的相關資料。

　　本書按照時間順序分專題進行編輯，其中香港回歸前編為三卷，回歸後編為三卷。第一卷集中在 1985 年至 1990 年關於港英代議政制改革和基本法起草中相關安排的辯論。第二卷集中在 1992 年至 1994 年圍繞彭定康改革方案展開的辯論。第三卷集中在 1994 年至 1997 年關於香港過渡期相關問題的辯論。第四卷集中在 2003 年至 2005 年關於香港回歸後第一次政改的辯論。第五卷集中在 2007 年至 2010 年關於香港回歸後第二次政改的辯論。第六卷集中在 2013 年至 2015 年關於香港回歸後第三次政改的辯論。本書的內容編排既考慮時間順序，又兼顧主題。在選編過程中，我們盡可能照顧到不同派別的議員的觀點，並摘要最能反

映其立場、觀點和理據的內容。為了便於讀者對每一卷的內容有全面的理解與把握，我們在每一卷開始處撰寫了導讀，扼要介紹在本卷所涵蓋的時間跨度與主題下，立法機關就相關問題的辯論主旨。由於時間跨度大，辯論內容繁雜，選編難免有錯漏不足之處，還望讀者指正，所有可能的錯誤由編者承擔責任。

　　本書的編輯獲全國人民代表大會常務委員會港澳基本法委員會的支持，特此致謝。北京大學法學院易軍、楊坤和陳卓等同學先後協助收集相關資料，並承擔錄入、排版及校對工作，感謝他們的辛勞和付出。本書收錄的文獻來源於香港特別行政區立法會網站，已獲香港特別行政區立法會授權使用，在此一併致謝。

編者

2017 年 3 月

體例說明

一、材料來源

　　本書材料來自香港立法機關會議過程正式記錄，已獲香港特區立法會授權使用。該記錄逐字記載了會議過程內容。具體來看，首先，議員及官員在立法機關會議上的發言會被以其所用的語言進行編製，形成即場記錄本。其後，即場記錄本會被分別翻譯為中、英文版本。本書採用的是中文版本，節選其中有關政制發展的內容。本書絕大部分致辭均為節選，為避免繁瑣，每篇均不再注明「（節選）」字樣。

二、術語解釋

　　本書節選內容涉及立法機關在會期內處理的多種事務，為了方便讀者理解，特作出說明。具體如下：

（一）總督／行政長官施政報告

　　施政報告，是總督／行政長官在每個立法會期的首次會議席上的發言，概述各項管理香港的政府施政建議。自 1969 年起，這一安排成為常規慣例。香港回歸後亦被沿襲下來。施政報告通常在 10 月發表，但有的也被延遲至下年 1 月發表。

（二）致謝議案辯論

　　致謝議案辯論，是議員就施政報告提出的辯論，藉以感謝總督／行政長官發

表施政報告。1969 年，致謝議案辯論首次提出，自此成為慣例，延續至今。按照慣例，致謝議案辯論會在施政報告發表後兩周內進行。辯論環節的編排與該年度施政綱領的政策範疇互相對應。由於涵蓋範圍廣泛，通常需兩次以上會議，所以再次開會時被稱為恢復致謝議案辯論。

（三）發言或聲明

發言或聲明，是指總督／行政長官或者獲委派官員在立法機關會議上發言（除發表施政報告外）或發表聲明，通常旨在回應公眾關注的事件。1997 年之前，總督有時會在立法局會議內發言或發表聲明，或是指派一位獲委派官員代表政府發表聲明。在回歸後，行政長官亦採納這種做法。

（四）質詢

質詢，是指議員在立法機關會議上就政府的工作向政府提出質詢，促請政府就具體問題或事件及政府政策提供資料，或要求政府採取行動。早於 1873 年，議員便可在立法局會議上提出質詢。回歸後，這項權力一直沿用至今。質詢分為口頭質詢或書面質詢，由獲委派的官員以口頭或書面形式作答。質詢獲得答覆後，任何議員均可提出補充質詢，以求澄清該答覆。

（五）總督／行政長官答問會

總督／行政長官答問會，是指總督／行政長官酌情出席立法機關會議，答覆議員就政府的工作或特定事件提出的質詢。1992 年，總督答問會首次舉行，自始成為立法局會議的恆常安排。這一做法也為香港特區每位行政長官所採納，但答問會的舉行次數及時間，則有所不同。通常而言，在每個立法會會期，行政長官出席四次立法會會議，每次答問會為時約一個半小時。

（六）議案辯論

議案種類繁多，本書所涉及的議案辯論，是指議員或獲委派官員提出辯論以便就關乎公眾利益的問題發言。具體分為兩種：一是狹義的議案辯論，旨在對公眾關注的事項表達意見，或籲請政府採取某些行動。二是休會辯論，旨在討論

某項對公眾而言有迫切重要性的問題或提出任何有關公共利益的問題。按照歷史傳統，相關官員會列席這些辯論以回應議員的發言內容。這一做法一直沿用至回歸後。

（七）法案審議

　　法案審議，是指由政府官員或議員將新訂法例或現行法例的修訂建議提交立法機關審議，以制定成為法例。1888 年，根據《英皇制誥》修訂後的條文，總督制定法律的過程，不但須徵詢立法局的意見，更須獲得立法局的同意。回歸後，法案要獲通過，須經首讀、二讀及三讀的程序。首讀，是立法會秘書處在立法會會議席上宣讀法案的簡稱。二讀，是指提交有關法案的政府官員或議員動議法案予以二讀的議案，並發言解釋法案的目的。在動議議案後，有關的辯論通常會中止待續，以便把法案交付內務委員會詳加研究。隨後，在其後舉行的立法會會議席上恢復二讀辯論，立法會繼而就法案予以二讀的議案進行表決。若法案獲得二讀通過，立法會全體議員以全體委員會名義審議法案各條文，並在委員會同意下作出修正。隨後，法案不論是否有所修正，全體委員會回復為立法會，在負責法案的官員或議員動議該法案予以三讀並通過的議案後，立法會隨即就法案進行三讀的程序。

三、編寫說明

　　本書一級標題（即每場辯論的時間、性質、題目）的題目部分，我們盡量跟從立法機關會議過程正式記錄原文中的標題，但對於原文中某些過於簡單或表意不明確的標題，我們根據辯論內容（尤其是動議的議案或法案的內容）重新擬定。本書二級標題（即每場辯論中的個人發言），除一些必要的統一外，基本上維持原狀。比如，正式記錄在回歸前與回歸後存有一些體例差異，回歸後的二級標題中沒有「致辭」二字，我們保持原體例不變，因為我們相信這種記錄體例的差異是有意義的，體現了立法機關程序的嚴謹化和立法機關參與者觀念的變遷。

　　由於本書性質是原始資料彙編，所以我們採取「審慎修改」原則，非正誤問題、不礙文意的字詞與病句一般不改。對於一些確定的錯別字，我們用中括號將

正確的字置於其後，予以訂正，如漢〔漠〕不關心、撤〔撤〕銷、遣〔遺〕憾等。需要增刪的字詞，亦以中括號形式列明，如人大常委〔＋會〕、司法法〔法〕覆核。為使全文前後一貫，我們對本書中的異體字、繁簡轉換字等進行了統一，如裏（裡）、舉（舉）、腳（脚）等，這些不作為錯別字處理，直接在原文上予以修正。

數字、英文用法的統一與標點符號的修訂，因大部分不影響文意，亦直接在原文上修改。比如，正式記錄在回歸前後對數字的處理方式有所不同，回歸前多用漢字，回歸後多用阿拉伯數字，我們統一為盡量使用漢字（尤其是年月日及法律條文數），以保持整套書風格統一。一些大量重複出現的簡稱括註，如（「特區」）、（「全國人大常委會」）等，由於十分常見，對於理解內文意義不大，予以統一刪除。

本卷導讀

　　1997 年 7 月 1 日，香港順利回歸。然而，政制爭議並沒有止息。由於基本法附件一第七條和附件二第三條規定，2007 年以後可以修改行政長官和立法會產生辦法，這就馬上涉及一個問題：到了 2007 年第三屆行政長官選舉和 2008 年第四屆立法會選舉時要不要實現普選？事實上，要求特區政府盡快落實普選的聲音早在回歸之初就已出現，但直到 2003 年「七一大遊行」中才爆發出爭取 07/08「雙普選」的口號。特區政府迅速響應，於 2004 年 1 月正式啟動回歸後第一次政改工作，並在一年多的時間裏陸續公布了五份政制發展專責小組報告，全國人大常委會也先後進行釋法並作出決定。這一過程中，立法會辯論伴隨始終，反對派和建制派兩大陣營的分野顯著呈現。雙方主要圍繞以下六個議題而展開，其中 07/08「雙普選」的議題貫穿始終，後五個議題則具有鮮明的階段性。

一、07/08「雙普選」

　　2003 年「七一大遊行」後，不斷有意見要求特區政府盡早啟動政制改革，這些意見其實已經預設了政制改革的調子，即在 2007 年普選行政長官及 2008 年普選全體立法會議員，簡稱 07/08「雙普選」。2003 年 11 月 12 日的立法會會議中，反對派議員涂謹申便提出類似議案，促請政府於當年年底發表政制改革綠皮書，以落實 07/08「雙普選」。此後，這一議題被反覆提及，即使人大決定已明確否決，特區政府第五號報告也已明確提出了不包含「雙普選」的政改方案，仍然有人在繼續呼籲。2005 年 11 月 30 日，反對派議員梁國雄更提出議案，促請政府為 07/08「雙普選」進行全民公投。可以說，圍繞着應否實現 07/08「雙普選」問題，反對派和建制派展開了長久論戰，重點集中於以下幾個問題：

　　1. 繁榮穩定。劉漢銓、劉炳章等建制派議員認為，雖然民主價值是普遍的，但制度形式則可因應每個地方歷史、政治、社會、文化和經濟的實際情況而不

同，處理政制發展問題應以維持香港長期繁榮穩定為依歸，普選絕非民主唯一準則。楊森、湯家驊、李永達等反對派議員認為，一人一票的選舉正是香港長久之福。要減少回歸以來不斷出現的施政失誤，真正有效解決政府的管治問題，正本清源的做法是盡快以普選產生行政長官及立法會，否則只會繼續造成官商勾結、私相授受、貧富懸殊、社會不公等現象，在這樣的管治下絕對不可能維持香港的長期繁榮穩定。

2. 愛國者治港。譚耀宗、吳亮星、許長青等建制派議員認為，香港的發展與內地、中央有着密切關係，在政制上要進行任何改變，均必須考慮「一國」這個大原則，因此，「愛國者治港」是很自然的、合情合理的要求。楊森、余若薇、馮檢基等反對派議員則指出，他們無意把香港變為損害「一國」的獨立或半獨立的政治實體，要求普選與體現國家主權及「一國兩制」的原則並沒有矛盾。

3. 循序漸進。楊孝華、許長青等建制派議員認為，政制發展必須依循基本法的規定，根據香港的實際情況，審視客觀環境及市民意願等多方面情況後「循序漸進」推行，但香港至今還缺乏一些推行普選所必備的關鍵配套。楊森、何俊仁等反對派議員則認為，「循序漸進」包括「進步」的意思，因此政制發展不能停頓，基本法頒布至今已十多年，已具備實行普選的條件，政制改革應循「雙普選」的方向發展。

4. 均衡參與。楊孝華、許長青等建制派議員認為，真正的民主不只是少數服從多數，還包括充分照顧及尊重各界別的利益，因此，政制發展必須依循均衡參與原則，在這一方面功能界別發揮了不少積極作用，仍有保留價值。楊森、馮檢基等反對派議員認為，普選是體現均衡參與的最佳辦法，只有透過全面普選才能體現均衡參與原則，由小圈子產生的行政長官以及立法會選舉中的功能界別選舉令一些界別或階層獲得過分代表，根本違反了均衡參與原則，應當予以廢除。

以上爭論的詳細內容請見本書收錄的歷次立法會會議過程正式記錄，尤其是 2003 年 11 月 12 日、2004 年 2 月 25 日、2004 年 3 月 17 日、2004 年 5 月 19 日、2005 年 11 月 30 日的立法會會議過程正式記錄。

二、原則及法律程序問題

　　2004 年 1 月 7 日，行政長官董建華在施政報告中，決定成立一個由政務司司長曾蔭權領導、律政司司長梁愛詩和政制事務局局長林瑞麟組成的專責小組，認真研究香港政治體制發展的「重大問題」，「特別是涉及對《基本法》有關規定的理解問題，徵詢中央政府有關部門的意見」，並表示「政府確實須對這些重大問題理解清楚，才可以對政制檢討作出妥善的安排」。這標誌着，香港關於 2007 年後政制發展的檢討，已開啟第一階段的工作。而這一階段的重點將集中於詮釋基本法有關政制發展的條文，尤其是其中有關「重大問題」的條文。

　　專責小組自從 1 月初成立以來，便為未來工作的優先次序作了清晰定位。首階段的重點是，就基本法中關乎政治體制的原則和法律程序的問題進行討論。2004 年 1 月 16 日，專責小組拋出「三大原則、五大法律」共十二項問題，設立網頁，刊登廣告，諮詢市民意見。其中，五大法律程序問題，包括：（一）對基本法附件一及附件二中行政長官及立法會產生辦法的修改當用什麼立法方式處理；（二）如果採用附件一和附件二所規定的修改程序，是否無須援引基本法第 159 條的規定；（三）有關修改行政長官及立法會產生辦法的啟動；（四）附件二所規定的第三屆立法會產生辦法是否適用於第四屆及其後各屆的立法會；及（五）「二〇〇七年以後」應如何理解。

　　反對派不滿特區政府的上述安排。2004 年 2 月 25 日，反對派議員鄭家富提出議案，促請特區政府立即就 07/08「雙普選」諮詢市民意見。2004 年 3 月 17 日，反對派議員涂謹申也提出議案，促請政制發展專責小組就政制改革的具體方案徵詢市民意見，以免陷入不必要的爭拗。在立法會會議過程中，反對派和建制派展開了激烈辯論，主要爭議問題在於：在討論政制改革具體方案之前，先行處理政制發展的原則及程序問題是否必要？

　　鄭家富、涂謹申、馮檢基等反對派議員認為，只需圍繞數項相關的條文來進行政制改革具體方案的諮詢，便能完全符合基本法的要求和原則，其餘不包括在此範圍內的事項則沒有必要處理，以免分散討論焦點，偏離諮詢原意。特區政府在此時提出這些問題是有意拖延，應立即展開對政制改革的具體方案，特別是對 07/08「雙普選」方案的諮詢。另一方面，譚耀宗、陳國強、吳亮星等建制派議員主張，不應罔顧民主運作的應有秩序，以技術討論代替原則討論。民主的意義並

不局限於選舉的形式，而是涉及一個國家的憲制歷史、社會背景和經濟情況，茲事體大，牽連甚廣。如果不去釐清基本的程序及原則問題，政制改革具體方案便不可能順利制訂。詳細內容請見 **2004 年 1 月 7 日**、**2004 年 2 月 25 日**、**2004 年 3 月 17 日**的立法會會議過程正式記錄。

三、人大釋法

2004 年 3 月 30 日，專責小組發表第一號報告書，告知公眾關於五項法律程序問題的研究結論，主要包括：兩個產生辦法的修改無須按基本法第 159 條的規定進行；第三屆行政長官雖然在 2007 年選出，其產生辦法也可以修改。這標誌着，有關重要原則和法律程序等問題的諮詢，在歷時近三個月後終於接近尾聲。在此基礎上，全國人大常委會就香港政制的未來發展作出回歸以來首項重大行動。4 月 6 日，《全國人民代表大會常務委員會關於〈中華人民共和國香港特別行政區基本法〉附件一第七條和附件二第三條的解釋》公布，確認「二〇〇七年以後」含二〇〇七年，同時也釐定了政制發展所必須依據的五個步驟，俗稱政制發展「五步曲」，即行政長官向全國人大常委會提出是否需要修改的報告、全國人大常委會確定是否修改、立法會全體議員三分之二通過、行政長官同意、全國人大常委會批准或備案。至此，中央以釋法的方式處理了香港社會長久以來的爭論，並明確確立了自己對香港政制發展的決定權。

然而，反對派反對這次人大釋法，認為人大釋法是在「修法」。「基本法四十五條關注組」在 4 月 21 日發表意見書，集中討論釋法的合憲性。在 2004 年 4 月 22 日、2004 年 5 月 5 日、2004 年 5 月 19 日、2005 年 1 月 5 日的立法會辯論中，此次釋法也被多次討論。吳靄儀、余若薇、何俊仁等反對派議員認為，雖然根據憲法和基本法第 158 條規定，人大常委會有權解釋基本法，但「一國兩制」的核心含意是國家對香港行使權力會有自我約束。此次釋法將附件一和附件二中「如需修改」這四個字忽然變成整段文字，沒有充分顧及憲制上的自我約束，無疑會動搖香港自治範圍的界線；不僅如此，此次釋法由提出到通過只花了十二天，之前全無提及釋法的內容和議題，沒有進行任何諮詢，完全漠視了恰當的法律程序。葉國謙、吳亮星、譚耀宗等建制派議員不斷重申，憲法和基本法清楚列明全國人大常委會擁有對基本法的最終解釋權，立法會議員不滿甚至質疑其為履

行憲制責任而作出的法律解釋，是一種損害法治和憲制秩序的行為，會破壞「一國兩制」與香港繁榮穩定的政治和法理基礎。詳細內容請見 2004 年 4 月 22 日、2004 年 5 月 5 日、2004 年 5 月 19 日、2005 年 1 月 5 日的立法會會議過程正式記錄。

四、行政長官報告和人大決定

人大釋法後，有關政改原則的報告也已完成。4 月 14 日，政制發展專責小組向行政長官董建華提交第二號報告，總結了政制發展應考慮的原則。4 月 15 日，行政長官在接受了第一及第二號報告後，就 2007 年行政長官及 2008 年立法會產生辦法是否需要修改的問題，向全國人大常委會提交報告。報告雖然只有短短一千五百字，但不僅明確提出了「應予修改」的主張，也提出了九項在考慮如何修改有關產生辦法時「必須顧及」的因素，包括：

（i）中央有憲制權責審視及決定特區政制發展，以保障國家對香港的基本方針政策的實施。特區在研究政制發展的方向及步伐時，必須聽取中央的意見，亦須先得到全國人大常委會確定是否需要修改；（ii）方案必須符合《基本法》規定，不能輕言修改《基本法》規定的政治體制的設計和原則；（iii）中央對行政長官的任命權是實質的，任何方案均不能影響中央的實質任命權；（iv）方案必須鞏固以行政長官為首的行政主導體制，不能偏離這項設計原則；（v）達至普選的最終目標，必須循序漸進，按部就班，步伐不能過急，要根據特區實際情況漸進，以保持繁榮穩定；（vi）衡量實際情況時，必須考慮市民要求，亦要檢視其他因素，包括特區的法律地位、政治制度發展現今所處階段、經濟發展、社會情況、市民對「一國兩制」及《基本法》的認識程度、公民參政意識、政治人才及參政團體成熟程度，以至行政立法關係等；（vii）方案必須有利於社會各階層在政治體制內都有代表聲音，並能通過不同途徑參政；（viii）方案必須確保能繼續兼顧社會各階層利益；（ix）方案不能對現行載於《基本法》的經濟、金融、財政及其他制度產生不良影響。

為了盡快答覆，全國人大常委會決定於 4 月 25 日及 26 日召開會議，審議行政長官報告。在此之前，也派出代表專程南下深圳，聽取香港各界意見。21 日，

全國人大常委會副秘書長喬曉陽、全國人大法制工作委員會副主任李飛等人，代表中央在深圳一連兩天會見香港各界人士及政制發展專責小組成員。4 月 26 日，《全國人民代表大會常務委員會關於香港特別行政區 2007 年行政長官和 2008 年立法會產生辦法有關問題的決定》公布，指明 2007 年行政長官選舉和 2008 年立法會選舉不實行普選，在 2008 年立法會選舉中繼續維持直選和功能團體的現有議席比例，保留分組投票制；但同時也接受了報告中 2007 年行政長官及 2008 年立法會產生辦法「應予修改」的建議，以及「必須顧及」的九項因素。

人大決定否決了反對派的「雙普選」主張，引發反對派在立法會的持續反對。2004 年 4 月 22 日，反對派議員馮檢基繞過一般議案辯論所需十二整天預告的限制而提出休會待續議案，就行政長官提交報告一事進行辯論。2004 年 5 月 5 日，馮檢基再次提出議案，促請行政長官立即諮詢港人並提交一份全面反映民意的補充報告，以實現港人要求 07/08「雙普選」的期望。2004 年 5 月 11 日，政制發展專責小組發表第三號報告，羅列了 2007 年行政長官和 2008 年立法會的產生辦法「可考慮予以修改」的地方，隨即展開五個多月的公眾諮詢。特區政府和建制派強調，既然全國人大常委會已經明確否決 07/08「雙普選」，那麼之後的重點便應放在 2007 年行政長官和 2008 年立法會的產生方法如何修改之上，希望各界能夠進一步收窄分歧，逐漸凝聚一個主流方案。但反對派依然立場強硬，2004 年 5 月 19 日，反對派議員楊森提出議案，遺憾全國人大常委會否決 07/08「雙普選」，認為這一決定完全漠視了香港市民的民主訴求，並呼籲繼續全力爭取民主，永不放棄。圍繞着行政長官報告和人大決定，反對派和建制派展開了激烈論戰，主要聚焦於以下三個問題：

1. 範圍問題。 吳靄儀、余若薇、馮檢基等反對派議員認為，根據人大釋法的內容，行政長官的報告只需說明行政長官與立法會的產生辦法是否需要修改，全國人大常委會只能決定是否修改，而不能指明如何修改，尤其不應再確定其他因素或條件。楊耀忠、譚耀宗、楊孝華等建制派議員則認為，香港是中國的地方行政區，而非獨立的政治實體，雖然享有高度自治，但在關乎中央與特區關係、社會制度、政治體制等重大問題上，中央的介入是合憲、合法、合情、合理的。人大決定是依法行使其憲制權力的體現，合乎憲法和基本法的規定。

2. 程序問題。 馮檢基、楊森、麥國風等反對派議員認為，行政長官應在將報

告呈交中央之前留出充裕時間，廣泛諮詢香港市民的意見，但這份報告由公布至提交不足四十八小時，未能以開放、合理的程序來處理，而且此前政制發展專責小組進行的相關諮詢工作也根本不足以掌握民意，這一連串動作完全是「快刀斬亂麻」，剝奪了市民參與政制討論的權利。譚耀宗、楊孝華、劉漢銓等建制派議員則認為，在行政長官報告之前，政制發展專責小組已經用了三個月的時間廣泛諮詢，分別就法律程序及原則問題編訂報告，而且通過多月來的本地諮詢、不少港人與中央部門的溝通，全國人大常委會在作出決定之前也已經廣泛聽取香港社會各界意見，包括支持與反對普選的聲音。

　　3. 實質問題。也即，行政長官報告中提出、並得到中央確認的政制改革所「必須顧及」的九項因素是否合理？何俊仁、余若薇、麥國風等反對派議員認為，基本法對於 2007 年行政長官及 2008 年立法會的產生辦法，只規定要根據香港的實際情況和循序漸進的原則，政府提出這九項因素等同於為香港推行全面普選設下更多關卡，窒礙民主發展。但譚耀宗、楊孝華、劉漢銓等建制派議員則認為，這九項因素完全建基於基本法本身的規定、概念及立法原意，不僅歸納和重申了基本法的原則，也反映出市民對政制發展的意見及期望，是事實存在而不能視而不見的。

　　以上討論的詳細內容請見 **2004 年 4 月 22 日、2004 年 5 月 5 日、2005 年 1 月 5 日**的立法會會議過程正式記錄。

五、普選時間表和路線圖

　　人大決定後，有關民間活動和討論仍持續不斷。隨着 2004 年「七一遊行」的爆發，再加上「九‧一二」立法會選舉中有多於六成的選民投票給反對派候選人，反對派更有動力爭取落實普選。2004 年 12 月 25 日，政制發展專責小組發表第四號報告，開宗明義地強調不會進一步處理任何不符合全國人大常委會決定的建議。在反對派看來，這是變相把要求普選的民意剔除出去。2005 年 1 月 5 日，反對派議員鄭經翰提出議案，譴責第四號報告漠視民意，並促請政府盡早向立法會提交一個包括 2007 年行政長官和 2008 年立法會議員產生辦法的政改方案，以便公眾及立法會進行討論。

　　在此背景下，反對派將目光逐漸轉向第五號報告，強烈要求特區政府在第五

號報告中列出市民最大的共識方案，即將07/08「雙普選」方案呈交給中央政府考慮，如果無法落實，至少也應盡快為邁向最終普選的目標訂出整體時間表及制度上的安排。也就是說，從這一時期開始，除了07/08「雙普選」外，普選時間表和路線圖也日益成為反對派關心的問題。2005年3月9日，反對派議員湯家驊提出議案，要求政制發展專責小組第五號報告中明確表明，將來提出的任何方案都不會包括增加立法會功能界別議席及選舉委員會中代表功能界別的委員數目的建議。

2005年10月19日，政制發展專責小組發表第五號報告，就2007年行政長官及2008年立法會的產生辦法提出一套建議方案，標誌着香港此次政改進入了關鍵階段。報告再一次引發對普選時間表和路線圖的討論。2005年11月9日，湯家驊議員提出議案，認為特區政府有責任提出一個香港市民可接受和具有實質民主進程的政制改革方案，並在方案中提出達至普選的路徑圖、時間表以及相關的選舉細節。11月29日，特區政府策略發展委員會召開首次會議，正式啟動香港社會有關普選時間表和路線圖的討論。行政長官曾蔭權承諾，策略發展委員會在2007年初會提出普選時間表和路線圖。12月2日，全國人大常委會副秘書長喬曉陽在深圳出席香港政制發展座談會表示，普選時間表有民意要求，大家可以進行充分探討，但現階段未能作出決定。12月4日，二十五萬市民上街遊行爭取制訂普選時間表。2005年12月7日，反對派議員楊森趁勢提出議案，促請特區政府在向全國人大常委會提交的報告中提出香港市民可接受的普選時間表及路線圖，使行政長官及立法會全體議員能盡快由普選產生。

在普選時間表和路線圖問題上，反對派打出「捆綁」戰略。郭家麒、譚香文、李永達等反對派議員認為，時間表是推動條件成熟的重要因素，並批評政府一直抱持「以慢打快」的態度，在人大決定的框架下兜兜轉轉、小修小補，如果不能盡快訂出普選時間表和路線圖，他們便會否決政改方案。對此，馬力、張學明、陳智思等建制派議員指出，不反對有一個具體的普選時間表，但必須按照實際情況、在條件成熟的情況下邁向普選，並呼籲把普選時間表和政改方案分開處理，致力為早日達至普選創造條件。詳細內容請見 **2005年1月5日、2005年3月9日、2005年3月10日、2005年11月9日、2005年12月7日**的立法會會議過程正式記錄。

六、2007 及 2008 年政改方案

在對普選時間表和路線圖進行討論的同時，政制發展專責小組第五號報告建議的 2007 及 2008 年政改方案也備受關注。第五號報告的最大特色是，增強區議員在行政長官和立法會產生過程中的參與程度，從而充分發揮區議員的廣闊民意基礎。具體而言，在行政長官的產生方面，選舉委員會由 800 人增加到 1,600人。其中，第一、第二及第三界別各增加 100 人，第四界別增加 500 人。而且，在第四界別中增加區議會議員，將全港 529 名委任及選舉產生的區議員全數納入。在立法會方面，立法會議席由 60 席增加至 70 席。其中，分區直選議席和功能界別議席各增加 5 席，新增的 5 個功能界別議席，全數由區議員互選產生。在特區政府看來，區議員中有七成半經由全港三百多萬名已登記的選民選出，擁有較高的民主成分，因此這個方案可以幫助香港邁向最終普選的目標。

在 2005 年 11 月 9 日、2005 年 12 月 7 日的立法會辯論中，這一政改方案也多次被提及，反對派和建制派進行了激烈論戰。2005 年 12 月 21 日，政制事務局局長林瑞麟就修改行政長官和立法會產生辦法分別向立法會提出議案，爭取通過基本法附件一及附件二的修正案，再次引發論戰。各方主要聚焦於以下三個問題：

1. 增加選舉委員會人數和立法會議席是否就代表增加了民主？ 劉慧卿、吳靄儀、余若薇等反對派議員認為，民主必然是以「一人一票」為基礎的普選，要邁向普選，便應逐步減少功能界別選舉，並增加直接選舉。即使不能減少，也要降低功能界別選舉不普及、不平等的程度，例如取消公司票和團體票。但政府的方案剛好相反，實質上展開了直接選舉和功能界別選舉平衡發展的新方向。黃宜弘、呂明華、田北俊等建制派議員則認為，民主的概念比普選更為廣闊，普選只是達至民主的其中一種方式，「一人一票」的直接選舉未必能選出真正尊重民主、致力建設和諧社會的好政府。每個國家和地區應根據各自的不同情況實行不同的政制，此次政改方案整體上擴大了市民在行政長官及立法會選舉中的參與，增加了民主成分，有助於推動香港政制循序漸進向前發展。

2. 區議員是否適合代表市民行使選舉行政長官或立法會議員的權利？ 湯家驊、鄭經翰、梁家傑等反對派議員認為，區議員質素良莠不齊，選舉更易操控，而且市民選擇一個有能力關注區政及民生事務的區議員，與選擇一個有權選舉行政長官或立法會議員的代表，是兩個截然不同的選擇，賦予區議會選舉行政長官和立

法會議員的政治角色，只會混淆區議會的功能，不能真正反映選民的政治選擇。馬力、黃宜弘、梁劉柔芬等建制派議員則認為，絕大部分區議員經由全港三百多萬名選民選舉產生，其代表性無可置疑，此次政改方案令全體區議員加入行政長官和立法會選舉，無形中可大大提升行政長官和立法會的代表性和認受性。

3. 委任區議員是否適合行使選舉行政長官或立法會議員的權利？ 馮檢基、何俊仁、楊森等反對派議員認為，委任制本身嚴重違反《公民權利和政治權利國際公約》所訂定的普及和平等的選舉原則，亦不符合基本法附件一第三條所規定的民主、開放的原則，由委任區議員選舉行政長官或立法會議員是嚴重的民主倒退。馬力、梁劉柔芬、李國英等建制派議員則認為，政制發展切忌一步登天，委任區議員均為社會有識之士，在專業知識、能力及政治視野方面有獨到之處，如果「一刀切」取消委任區議員，恐怕會適得其反。而且，政制改革並非要推倒原來的制度重新再來，而是在現有制度上尋求發展，既然所有區議員均執行同樣的工作、承擔同樣的責任，就不可在區議員之間製造對立、製造歧視。

目錄

2003 年 11 月 12 日
議案辯論：普選行政長官及全體立法會議員

涂謹申議員：

民主黨在本年五月提出盡快全面普選行政長官和全體立法會議員的議案，至今還未夠半年，因此，有些同事問我們為何又再提出如此的議案。其實，原因很簡單，市民已把他們的強烈訴求在七一大遊行中表現了出來，而政府至今仍沒有正面回應這項還政於民的訴求。

民主黨在本月初進行了一項民意調查，發現接近八成的被訪者贊成在二〇〇七年由一人一票普選行政長官；78% 的被訪者贊成在二〇〇八年普選全體立法會議員。其實，以往很多大專院校或各政黨等調查機構也進行過類似的調查，而民主黨新近進行的這項調查卻發現這項民意調查所得的支持率是最高的，以往大約是七成多，今次是一項歷史新高。

根據基本法，香港特別行政區實行「高度自治，港人治港」。要達致〔至〕真正的「港人治港」，香港人的意願是最重要，不是中央政府或其他人的意願。七一遊行的訴求很清晰，便是要還政於民，由香港人自行選出行政長官和所有的立法會議席，我們應朝着這個方向走。

兩年前，我在某次剪髮時，聽到鄰座也是在剪髮的市民與他的剪髮師傅正在傾談社會問題。在這些環境下，人們通常也會傾談，有時候亦會談些花邊新聞。他們那次可能剛好看到我也正在那裏剪髮，於是該市民便與他的剪髮師傅討論一個問題。我記得他當時說了一些話，令我有很深刻的印象。原文是略為粗俗的，根據《議事規則》，有些字眼甚至是不能「出街」的，我只能盡量在不違反《議事規則》下，把他的原話說出。他當時的原話是這樣說的：「老董（即董建華）這個人不是我們選出來，是江澤民欽點的，一味只懂得偏幫大財團。如果是我選他出來，我是有眼無珠，便惟有心甘命抵。既然是你們要找這樣的一個『廢柴』來

害得我們雞毛鴨血，現在中央找辦法來幫香港，也是天經地義的事。」

（代理主席劉健儀議員代為主持會議）

代理主席，對不起，我已盡量把話說得好些了，有些話其實是很粗鄙的。由這數句話，我聽出了很重要的數點，便是在這位市民或很多市民的心中，選舉其實是我們應有的權利，而現在我們的行政長官董建華，我們的政府，甚至議員都不是全體由我們選出來的。在該市民心中，這種欽點的制度，小圈子的選舉，很容易動輒被市民認為是偏幫了大財團。他說如果是由他選出而不幸選錯了，他便心甘命抵，為甚麼呢？因為經過某段時間後，他便可以再選，可以把這項錯誤糾正過來；而經由選舉產生出來的人，亦會格外聆聽民意。我們並非每每均要弄到數十萬人遊行，才能令中央知道香港的狀況，才能令董建華和他的政府暫時調整他們的政策的。這樣做其實是不健康，甚至是違反「一國兩制」的，因為市民要迫中央，然後迫行政長官，這樣的制度不是健康的制度，亦不是穩定的制度。

一個未經授權和沒有政治認受性而由小圈子產生的政府，無論是行政長官甚至是議會，會產生一些甚麼問題呢？其實，我們現在已看到問題漸漸浮現出來了。就以我們最近進行的財赤討論為例。這數天，我們聽到一些學生說要罷課，老師和校長也走出來半推半就地支持，因為他們都知道會有很嚴重的後果出現。提到財赤，政府往往會向我們說，看大家可以達成甚麼共識，有甚麼地方可予削減，讓大家一同解決問題。但是，如果政府本身不是由人民選出來，沒有授權，沒有公信力和號召力，無法得到市民信任的話，市民如何能應政府在某措施內的要求犧牲少許眼前的利益，又如何能與政府團結一致，願意承受少許眼前的損失，為整體社會尋求更大、更長遠的利益和穩定呢？

正正由於政府不是由市民大眾選出來的，因此並不是有很多政策可以獲得所有或絕大部分人的支持。政府施政時，有時候某項政策傷害了社會某部分的利益，而另一項政策又可能影響着不同的組合，在一個多元化的社會內，不同的政策會形成一幅動感的圖畫，但如果政府是弱勢，或政府本身根本沒有人民的授權，做起事來，某次可能會因三四成的人反對時便縮一縮，做另一件事情時，又會有人反對；不同的人在不同的時空也會反對政府，怎麼辦呢？

官員最近也有這樣的慨嘆，他們說：「唉！現在為官真慘，朝朝要聽傳媒如

何說，因為傳媒領導民意，政府便被傳媒牽着鼻子走。」我與他們談論過後，卻有這樣的想法：如果傳媒真的能反映民意，說得俗一點，政府便是「執到」了。如果政府知道民意是甚麼，即可作出回應，那便沒有問題吧，因為政府便是要回應市民的訴求的。

　　然而，民主的制度便可以容許定期進行覆核，看看政府是否做得好；就着不同的議題上，在多數人與少數人的利益之間爭取平衡，經過一段時間後，再次看看政府或某些政黨能否獲得市民的授權而再執政，或要提早下台。這可能是一項可以糾正錯誤的機制，可以定期授權，亦有機會改錯的機制。如果政府不是由市民授權，不是經由全面普選產生，政府一旦在某項政策上稍有差錯，傳媒當然會一擁而上，那麼，政府如何施政呢？政府無法得到市民的尊重、支持和信任，如何能順利施政呢？

　　有人說：「唉！除了中央政府外，香港工商界本身也是有問題的，因為其中有人會不同意的。」一些工商界人士（我自己也認識一些）以往是依賴政治的免費午餐，他們覺得「搞掂」政府和中央政府便「搞掂」了，他們便可有穩定的環境做生意了，他們亦相信這種保守的小圈子制度，較能保護他們的財團或生意利益。但是，最近，我聽到越來越多的工商界朋友覺得政府辦不到事，他們所謂的「辦不到事」，即指政府是弱勢，沒有政治的授權，沒有 mandate，事事都害怕，做這件事又害怕，做那件事又害怕，動輒也畏縮，又沒法訂出一套一如唐英年司長所說的較為穩定、可預測、能果斷執行施政的政策，令工商界有穩定的感覺，一切是可以預測的。

　　當然，這數年來，數碼港，甚至現時西九龍的文娛藝術區等發展，令很多人開始覺得現時的這種制度，根本不是偏幫工商界；市民覺得是偏幫工商界，但工商界卻覺得只是偏幫某些工商界，某些家族和某些財團而已。這樣的制度，這樣的政府，如何能辦到事呢？所以，越來越多從前可能對普選和全面民主制度有保留的人也覺得「搞唔掂」，一定要向前進了。當然，他們仍然是有少許疑問的，或許他們是不太明白究竟這個較新的領域，遊戲是怎樣玩的。

　　我只能在此向這些朋友作出呼籲，其實，全世界的工商界人士都要參與民主遊戲，提高政策的水平。我們可見一些團體已開始撥出政策研究基金，讓不同的政黨和智囊團研究這些社會政策。我覺得這是因為他們開始看到問題之所在，而

且看到這似乎亦是大勢所趨，無法不參與，惟有看看究竟是明參與還是暗參與，如何找政治代理人和如何進行而已。如果經常都要弄到數十萬人遊行，民怨爆發至極點沸騰，我們如何能保障穩定的制度呢？如果我們不能保障公平、可預測和穩定的社會制度，又如何可作為國際金融中心呢？

我在答問會中問行政長官，經過七一後，究竟在行政長官心中香港人是否更值得快些有民主，抑或更不應有民主呢？行政長官回答說他心中有答案，不過不會作答。作為一位政治領袖，為何只能表現這樣的氣質、氣度和氣魄，連一項基本的政治信念，面對數十萬市民的訴求，也不敢說出來？其實，在我提問前，一位議員同事已對我說這樣問只是「嘥氣」，難道行政長官會說反對民主嗎？他當然會說支持了。但是，他連這樣的答案也不願意說，為甚麼呢？正因為他是由小圈子產生的。我懷疑他本身根本對民主制度也很有保留，他根本不相信民主。他本身可能是民主的絆腳石，他甚至可能很憎恨民主。不過，既然基本法說要循序漸進，便惟有拖慢一點；他本身是不相信民主的，他是沒有這信念的，所以連說出來也不敢的。

香港人是否不值得快些有民主呢？其實，我們在七一遊行中表現出的那種理性、和平和秩序，是全世界很多的社論、政府報告、政治人物也表示很欣賞的。我們接觸很多不同國家的訪客時，得知他們均表示非常讚嘆，他們驚嘆香港可以有這樣的人民素質和表現，香港的市民是絕對值得快些有民主的。但是，現時的情況如何呢？現時可能是我們的局長、司長或行政長官 —— 我不知會否是國家領導人 —— 覺得香港人不值得有民主，或因有種種疑慮而利用拖慢等方法，令香港人較難得到民主。即使基本法說循序漸進，由一九八五年開始有由選舉產生的立法局至今，香港的社會至未來的二〇〇七年，此進程亦已經歷了二十多年。香港人是否不值得在二〇〇七年有全面的民主和選舉制度，讓我們可以選擇我們的政府和所有的議會，以監察政府呢？區議會的委任制度是民主的倒退，很多人是等待着委任，他們進入了議會後也無須向市民交代。我希望政府能盡快取消這制度。如果在即將來臨的區議會選舉中能委任絕少絕少的人，其實亦已是行政長官的一項回應了。

至於諮詢方面，我希望政府能提出全面的諮詢文件，我相信香港市民的訴求已很清楚地表現了出來：市民要求能盡快在二〇〇七年、二〇〇八年有全面的民

主，希望政府和其他人順應民主潮流，不要再做絆腳石，否則只會被民主潮流捲噬而去。

涂謹申議員動議的議案如下：

「本會促請政府於本年年底發表香港特別行政區政制改革綠皮書，以落實在 2007 年普選行政長官及在 2008 年普選全體立法會議員，並盡快取消區議會委任議席及當然議席，還政於民。」

陳智思議員（譯文）：

我今天特別想提出一點。

有權利必有責任。在現今世界，享有全面而平等的政治代表權與納稅的責任不能完全分開，並通常與你的負擔能力成正比。

現在這裏出現了一個問題。我們的中產階級雖然納稅，但他們在政府只有很少的參與，甚至沒有參與。社會上亦有較不寬裕、接受公帑資助的一羣。在某些情況下 —— 雖然並非一定如此 —— 相比於中產階級，草根階層對政府政策似乎能整合更大的影響力。

故此亦出現一個失衡的情況。商界及專業界別在立法會內享有的特別代表權，在某程度上補救了這種不平衡。不過，基本法第六十八條給予功能界別的任期並不明確。

事實是，如果人們可以全權選擇他們的政府，他們將須就政府當局政策所帶來的後果承擔若干責任。他們到二〇〇七年及二〇〇八年會否已作好這個準備？我會虛心觀察。

楊森議員：

代理主席，普及而平等的選舉是市民應有的公民權利。現時，選舉行政長官及立法會的方法，以及區議會的委任制，均違反了普及而平等的原則。

現時，行政長官是由八百人組成的選舉委員會以公開提名方式選出的。以八百人的小圈子選出來的行政長官，沒有經過民主洗禮，亦缺乏政治經驗。最近的「王見秋事件」亦反映行政長官任人唯親，以及在委任人時，只是考慮如何減少平等機會委員會與政府對着幹的情況，令這些組織更「聽話」。這件事不單止反映出行政長官的判斷出了問題，更重要的是，這樣的選舉制度便會選出這樣的行政長官，但在現行的制度下，即使行政長官如何劣績昭彰，我們亦無法罷免他。唯一的辦法，便是盡快改革選舉行政長官的制度，還政於民。最近，民主黨的調查發現，有八成受訪者贊成在二〇〇七年以一人一票普選的方式產生行政長官，這可說是歷史的新高。其實，現時政府面對的管治危機，在很大程度上是因為認受性不足。如果行政長官是以一人一票的選舉形式產生，他推出的政策會較容易得到市民支持。

現時的立法會產生辦法亦不符合普及而平等的原則，因為三十席的功能界別議席令部分人有超過一票的投票權，違反平等的原則，再加上議員議案在分組點票的框架下，直選議員所代表的民意經過立法會投票後基本上會被扭曲，以致今天的立法會無法代表市民的意見。惟有普選全體立法會議員，才能使立法會真正能夠全面代表市民的利益。

在七一之後，進行政制檢討的工作實在刻不容緩。可是，政府一直在拖延，直至十月，在政制事務委員會千呼萬喚下，政制事務局局長林瑞麟才宣布一個公布政制檢討時間表的時間，而該個時間便是本年年底。按照林瑞麟局長公布的時間，是會在今年年底公布政制檢討時間表，在二〇〇四年收集意見，在二〇〇五年處理基本法的附件所規定的表決和推動選舉制度改革機制工作，以及在二〇〇六年處理相關的本地立法工作。事實上，對於處理政制改革這項重要及複雜的議題，這個時間表實在十分緊迫。林局長也沒有透露諮詢的詳情，例如會否以書面諮詢市民、檢討範圍是否包括第三屆行政長官選舉、會否提出具體方案等。關於這些問題，我希望林局長稍後在回應時能夠作出一些表示。民主黨一直要求政府在本年年底開始諮詢工作，因為我們認為林局長的時間表並不能給予市民充分的討論時間，政府亦必須發表政制改革綠皮書，以諮詢市民，並以公正和客觀的態度分析結果，進行一次真正和誠實的諮詢。

除了選舉行政長官及立法會議員的方法違反普及而平等的選舉方法外，區議

會的委任制及當然議席制度亦同樣違反了普及而平等的原則。最近，我在地區助選的時候，有不少街坊對我說，「今次區議會我一定會投票」。亦有街坊說，直至最近，他才登記成為選民。我感到市民的確比過去更意識到參與社會事務的重要性，更希望透過行使投票權發揮應有的影響力。行政長官在七一後承諾開放議政渠道，其中一個即時可將承諾兌現的方法，便是盡快修改法例，取消區議會委任及當然議席制度，還政於民。

今天，我從報章得悉，民主建港聯盟主席曾鈺成表示民建聯一向支持在二○○七年普選行政長官。可是，在上次何俊仁議員於本年五月二十一日提出議案，要求盡快普選行政長官及全體立法會議員時，民建聯當時是反對議案的。既然曾鈺成議員表示一向支持在二○○七年普選行政長官，我在此呼籲民建聯支持議案，否則請他們解釋一下反對的原因，甚至棄權的原因。

梁耀忠議員：

代理主席，下星期便是區議會選舉，我們在很多地方都可以看到很多候選人的宣傳品。不過，如果細心看看，除了候選人的宣傳品外，還會看到廉政公署的宣傳廣告，提倡廉潔和公平的選舉，叫市民不要被利益蒙蔽，不要接受賄選，要選出真正代表自己的民意代表。

代理主席，為何要強調有一個廉潔和公平的選舉呢？它的重要性究竟在哪裏呢？我相信其中一個原因是，我們認為參與公眾事務的權利及機會應該是公平的，而且在選舉當中，應該以自己的政績及對政策的看法和建議來進行競爭，這樣才可以為社會帶來正面效益。不過，很可惜，今天的特區政府完全不認同這種價值。為何我這樣說呢？因為行政長官仍然可以委任 102 名區議會議員，而這批委任區議員又可以選出 42 名選舉委員會委員來選舉行政長官。這樣變相由行政長官選出自己的選民，如此稱得上是公平嗎？更令我們難以接受的是，市民還要每月給這些所謂選民三萬多元公帑，來「養住」行政長官這批選民，這樣難道是公平和合理嗎？這只會令我們覺得，這種做法的確違反了我們現在所說的公平廉潔的選舉精神。在這情況下，正正反映出政府以雙重標準來看待這問題：一方面要市民不要賄選，但另一方面，政府卻容許行政長官變相地買選票。香港怎會有一

位好的行政長官呢？怎會有一位能夠代表民意的行政長官呢？

代理主席，我相信以上這問題，不單止小市民明白這個道理，林局長及行政長官其實也明白這個道理。但是，他們偏偏不作出改變，任由這種情況繼續存在。董先生上個月來立法會，被張文光議員問到為何仍然保留委任區議員制度時，董先生的答案竟然是因為社會上有聲音要保留，而他更強調，有很多社會人士、具專業知識的人士及有心人士願意接受委任。代理主席，這其實是很奇怪的，為何會不接受呢？有名又有利，特別是利方面，是合法地要市民給錢他們，為何他們會不接受呢？可是，倒過來說，如果真的是有心人士，願意為社會作出貢獻，那麼，他們為何不參與普選呢？事實上，在這委任制度下，他們根本無須向任何人負責，根本無須做任何事便可以得到名與利。對於這種委任制度，當然有人表示願意保留，怎會反對呢？

我覺得真是很可惜，過去這麼多年，我們不斷強調要求全面普選，停止實行委任制度，但政府只是當作「耳邊風」。董先生在上一次的答問大會上說，七一大遊行令政府感到非常沉重，並且從中汲取到珍貴教訓。他說凡事也要以民為重，以民為本。但是，在過去數個月，政府汲取了甚麼教訓呢？在「維港巨星匯」及平等機會委員會事件中，我們只是看到董先生如何明哲保身；如何把責任卸到其他人身上，而不是真正把問題所在發掘出來，加以改善。這樣稱得上是以民為重，以民為本嗎？

「民貴君輕」這種思想，在中國已經提出了二千多年。很可惜，到了今時今日，不單止在內地，本港的領導人依然擺出一副高高在上的態度，這正是因為我們缺乏一個民主體制。縱使國家會富強，火箭可以升空，九七回歸，但全面的民主制度一天不建立，市民的地位一天也不能夠提升。因此，我在上一次討論普選問題時強調，香港現時其實出現了新的殖民管治。當時林局長非常「俾面」，聽完我這句話後，用了不少篇幅來作回應。林局長認為特區政府為了「一國兩制」，為了「港人治港」，已做了不少工夫。他更說我的言論踐踏了這些局長、公務員及有關人士的工作。可是，在我們冷靜看一看事實後，市民所看到的，是特區行政長官依然是由小圈子選舉產生，讓人感到行政長官仍然受中央直接管治。這是做了工夫嗎？就我們的體制做了工夫嗎？我們要求政府交出政制改革方案，但林局長一年復一年，拖得就拖，年年都說做研究，但結果卻連一隻字也拿不出來。

這實在令人感到林局長在「港人治港」上所做的，等同學生交白卷，根本沒有甚麼成績可以讓我們看到。

代理主席，董先生在十月十六日的答問大會上提到，中國近百多年來由於清廷腐敗，國弱民貧，大好江山任人宰割。可是，我們看到更多的是，我們自己人宰割自己人。今天內地的情況讓我們瞭解到，要走出腐敗，國家不再積弱，單單發展經濟並不足夠，更重要的是重視人民，建立民主，否則，人民只會繼續被人宰割。我很希望林局長效法楊利偉，為香港的民主走出重要的一步，今天便提出我們能夠接受的民主改革建議。

吳靄儀議員：

代理主席，香港特別行政區要做中國民主先鋒。我呼籲全港市民，今天就採納這個口號，作為我們的目標方針：香港要做中國民主先鋒，英文的版本就是：Hong Kong shall be the vanguard of China's democracy。我小時候唸古詩，有「執戈王前驅」的詩句。在現代民主社會，主權在民，「王」就是象徵人民整體的國家。我們要「執戈王前驅」，在國家發展民主的時候，勇敢地站在前方，開路通往民主。香港要做中國民主先鋒。

代理主席，我建議大家在這個大前提之下，討論涂謹申議員的議案。

國家主席胡錦濤上月在澳洲坎培拉發表演說，一再提及中國的民主發展前景。他肯定：「民主是全人類共同的追求，各國都應切實保障人民的權利」。接着，他又肯定，「民主是中國 20 年來開放改革堅定不移的目標。中國會繼續根據國情推動民主」。

我們完全相信胡錦濤主席對推動中國民主的決心和誠摯，同時，他演講之中所指的民主，意念相當含糊，可能仍然有待決定。特區的民主發展，可以在這個關鍵時刻，對國家前景起關鍵的作用。

在這方面，香港的民主毫不含糊，極其具體，因為基本法為特區的民主化預留了清晰的空間。

基本法第四十五條預留了經提名委員會按民主程序提名後，全民普選行政長官的空間，第六十八條預留了立法會全部議員由普選產生的空間。在時間方面，

兩項條文一致保留彈性，只訂下「根據香港實際情況」和「循序漸進」原則，作為條件。至於判斷條件是否已經成熟的權利，便完全是屬於特區的。

附件一和附件二更進一步明確容許在二〇〇七年以後，特區便有自行決定的自由，只須在決定後報請全國人民代表大會常務委員會批准便可。惟恐不夠清楚，前基本法起草委員會主席姬鵬飛主任甚至在向全國人大提交基本法起草報告的演講稿中強調，過了回歸後的首十年，特區便可以自由行使這項預留權利。

我在較早前就楊森議員的議案進行辯論時，已就二〇〇七年普選行政長官發言，我不再重複。至於二〇〇八年普選全部立法會議員，理據便更顯淺。時至今天，全世界哪有民主選舉會有「功能界別」之事呢？賦予某些團體行業或利益集團一些政治特權，已經是違反民主選舉原則的了，更實際上形成立法會的投票結果經常與全港社會民意背道而馳的畸形現象。沒有任何見得人的理由可支持延續這個落後的制度。

提出保留功能界別議席的人，只能藉詞這是有利社會穩定的，可是，立法會無法反映民意，甚至與民意對着幹，已迅速形成了一項令社會不穩定的重大因素，而且變得越來越危險。

代理主席，二十年前，即在八十年代中英就香港前途展開談判時，那時候的中國國策大體上仍是開放經濟，但政制保守的，經過八九民運後的九十年代，已逐漸開始轉變。到了今天，政制開放及民主，已經不再是遙不可及的了。姬鵬飛主任當年要香港人在九七後再多等十年，當時已經是非常保險的做法，在今天看來，則顯然保險到十二分，是有過之而無不及的了。如果仍要拖延，我們如何面對支持中英聯合聲明的國際社會呢？如何面對國人和港人呢？

民主是香港居民的意願；民主是全人類的追求；民主狀況懸殊，是兩岸統一的主要絆腳石。不管部分當權者有甚麼私心，解決民主問題，便能掃除人民心目中對兩岸統一的障礙。

代理主席，香港要做中國民主先鋒。支持涂謹申議員的議案，為香港、為中國，也是理所當然的。不單止支持，還要積極行動，努力不懈，直至任務完成。謝謝代理主席。

劉漢銓議員：

代理主席，香港政制發展關乎香港的根本利益，處理政制發展的工作，應嚴格根據基本法及香港的實際情況，慎重處理。

根據基本法的規定，二○○七年以後香港特別行政區的選舉制度如須修改，須先獲得立法會三分之二的議員通過。因此，對於涂議員的議案，不同的黨派及議員可充分發表意見，按照求大同、存小異的原則，盡量尋求共識。

代理主席，在尋求共識方面，我們應先看一看目前香港社會的民意變化。在七一遊行後，中央充分瞭解到香港的經濟困境和民意訴求，採取了一系列措施幫助香港克服困難，包括放寬內地居民自由行並提高攜款上限、落實《內地與香港關於建立更緊密經貿關係的安排》、加強港粵及港滬分工合作、決定建設港珠澳大橋、考慮在香港成立人民幣離岸中心、積極研究 QDII（認可境內機構投資者）的建議等。這些措施已明顯收效，獲香港社會各界所普遍肯定。由此帶來的民意最新變化，是信任中央和國家，希望保持本港社會穩定，把寶貴的時間和精力集中於復甦經濟和改善民生方面。最近，楊利偉及航天代表團訪港，受到市民熱烈歡迎，增強了港人的民族自信心，加深了港人對國家的瞭解和認同，增加了香港社會的凝聚力，以及增強了港人克服困難的信心。這進一步說明，香港社會目前在求大同方面，是要保持穩定、重建經濟，以及改善民生。

代理主席，處理政制發展問題，應以香港的未來和社會的整體利益為依歸。目前，香港經濟仍然低迷，尤其在受到 SARS 疫情打擊後，百業待興，失業、負資產、財赤、樓市等問題一堆一堆，也是急須解決的。在一大堆問題面前，以及在還沒有聽取和收集公眾意見前，便要求政府於本年年底發表香港特別行政區政制改革綠皮書，是過於倉卒和草率的，也忽略了香港民意的最新變化。

代理主席，關於取消區議會的委任議席及當然議席的問題，應顧及區議會的功能和角色。區議會不是權力組織，自一九八三年區議會設立以來，其職責是向政府就各種地區事務提供意見。近年，政府為了支持地區活動，撥出一定款項，讓區議會自行決定組織一些活動。可是，在各項公共政策上，區議會本身仍然只是擔當諮詢角色。區議會保留委任議席及當然議席，可以保證議會內能包容各種背景的人。政府現在的四百多個諮詢委員會及其數千名成員，也並非由選舉產生

的。因此，擔當諮詢角色的區議會繼續保留部分委任議席及當然議席，也是合理的。

代理主席，根據香港的實際情況，只有在經濟民生改善的基礎上，政制改革才能在穩定祥和的社會環境中達致〔至〕求大同、存小異的目標，找到一套符合香港整體利益的政制發展方案。對此，香港協進聯盟認為，政府應秉持兼聽、開放、包容和積極的態度，一方面通過發展經濟，改善經濟生活；一方面依照基本法，通過漸進的民主，保障基本法賦予港人的各項權利和自由。

田北俊議員：

代理主席，關於今天的議案辯論，自由黨有數方面的看法。

第一點，我們覺得立法會政制事務委員會內有很多同事都呼籲政府盡快或提早諮詢，政府現時說在二〇〇四年才開始進行諮詢工作，當然，二〇〇四全年的時間很長，究竟是年初、年中，還是待明年立法會選舉後才進行諮詢呢？我們仍有待政府的答覆。不過，以自由黨的看法（我們自二〇〇〇年已一直這樣說），二〇〇三年是提出全面諮詢的適當時候。為何我們會這樣說？事實上，在我們的功能界別中也有很多不同的意見，是否每個功能界別均一如其他某些功能界別般，同樣是全力支持取消所有功能界別的議席呢？我看未必。

即使在普羅大眾來說，如果你向他們問的問題是：你是否支持全面直選？大多數人當然會答是，但反過來說，如果你問他們：你是否贊成取消所有功能界別？我則覺得他們的答案未必全部是支持取消所有功能界別的議員席位的。況且，實際上，在現時立法會的運作中，我們可見就很多議題上，功能界別的議員一樣提供了很有用的見解。就着條例草案有，就着議案辯論也有，而且，代表民意的，也不限定是直選議員或間選議員，特別在很多有關法例的決定中，例如就條例草案而言，屬於專業人士（例如會計界、工程界、科技界）的很多議員都有他們的看法，對我們完善每條法例的整體制定均有幫助。所以，我覺得在立法會方面，就着在二〇〇八年提出全面直選的說法（即等於要取消所有功能界別的說法），是要盡快進行諮詢。

然而，民主黨的議案便暗示不用諮詢，因為從他們的角度來看，他們覺得

市民事實上已清楚表達要求全面直選的意思，即取消所有功能界別，何須還要再諮詢呢？如果要諮詢的是意見，而目前既然已有定案，這樣做是否會變了「假諮詢」？也許不要說「假諮詢」——不過，對他們來說，他們已進行諮詢，或說未諮詢便已知結果是甚麼，所以便不用諮詢了，何不直接制訂一份文件，其目的便是要達到全面直選。

當然，他們在議案中沒提到的，是沒有具體提到行政長官如何在二〇〇七年普選，這點自由黨同意這個看法。究竟二〇〇七年的「後」字，在基本法中，是否可以包括二〇〇七這一年呢？關於這點，政府表示要視乎法律意見，我希望政府盡快可以回覆我們。自由黨覺得，我們最早的想法是以十年為過渡期已經是很長的時候，即由一九九七年至二〇〇七年，所以，我們覺得，如果認為十年的過渡期夠長，在行政長官的選舉上，「後」字事實上是可以包括二〇〇七年的這一屆，因為對於立法會內的功能界別，我們是有這樣的看法。但是，行政長官是一個人，我們不可以要求行政長官一半屬於直選、一半屬於功能界別，基於循序漸進，遲早都會變成經過提名委員會後，接着便是全面直選的了，所以我們不覺得「後」字一定代表二〇〇七年至二〇一二年是不可以直選，我們覺得，按照字面來看，是應包括二〇〇七年至二〇一二年的階段。

最後一點，提到關於區議會的委任，我覺得這點可能不是議案的重點，因為民主派也知道現時區議會事實上有 25% 委任的議員，他們對於處理每個地區的具體民生事項並沒有產生阻礙，最多只是提出一些意見以作協助而已。其實，如果看過他們投票的話，會發覺區議會內有 75% 是一人一票產生的區議員，只有 25% 是委任的，所以在投票方面，也不用害怕委任議員反過來會贏了直選議員。最近四年，我在中西區議會裏，便發覺區議會內投票的機會根本不多，大多數是大家商議一輪後便交由政府跟進，而政府方面，可以說，大多數是聽罷也不跟進；但卻沒有委任議員和民選議員在區議會的層次上對着幹。反而，在某些區議會，我覺得委任區議員在該區內可以提供到若干意見予其他民選議員參考，例如觀塘區有很多工業，委任數位工業界人士出任區議員亦屬應該；又以中環區為例，中西區區議會有一位委任議員是會計師，他還擔任中西區區議會上屆的財務小組委員會主席，對政府撥給區議會的款項作專業管理。

因此，我覺得從這方面來說，究竟委任的區議員是否應該一次過取消，而反

過來全部改由民選產生呢？我並不覺得沒有了委任區議員便會很不妥善，不過，我也不覺得即使有的話，便會對整個區議會的運作有影響或令當區居民無法表達他們的意見，甚至會引致一些很負面的說法。

（主席恢復主持會議）

李柱銘議員：

其實，就這個問題，當我仍是民主黨主席的時候，我和曾主席、田主席在無數的場合都辯論過這個問題，已很多年了。這幾年來，他們每次都說支持二〇〇七年直選行政長官，支持二〇〇八年直選所有立法會議員，反而我還激進一點，我說不能這樣，要修改基本法，要早一點，現在也不能早了。所以，這應該算是我們的共同意願，即所謂三個大黨是應該支持二〇〇七年直選行政長官和二〇〇八年直選所有立法會議員的。

但是，很可惜，自由黨退縮了，還修改了黨章，令前主席李鵬飛很憤怒，後離開了自由黨。我聽田主席剛才還重提舊調，說二〇〇七年以後，可能「以後」是說二〇〇七年不能這樣做，那麼便要到二〇一二年才可以。我也懶得跟他說，其實這個會議廳已經說了很多次，尤其是吳靄儀議員在先一次辯論時，清清楚楚指出，說到「年」，如果說二〇〇七年，那當然是指那一屆去到盡尾，一九九七年也是如是，一九九七年前怎樣？只是說一九九六年嗎？一九九七年的前半年去了哪裏？一九九七年的後半年又去了哪裏？一九九七年一月不計嗎？所以，他根本是無理取鬧，我亦沒有需要再在這些糾纏，因為中國政府的四個大護法，即是當草委的時候，與我們一起草擬基本法的四位，他們四位都逐說可以，根據基本法，在二〇〇七年是可以直選行政長官的。所以，我希望田主席便不要再這樣逗我們的林局長這個太極祖宗，他只是一味拖着，一味要的，不要再逗他彈這調子了，因為這是四個大護法都不認同的。

其實，現在這制度是個甚麼制度？三不像，甚麼都不是！這個主要官員問責制實行了之後，大家可以回顧一下，吳靄儀議員曾兩次試圖在本會提出不信任議案，第一次是對梁愛詩司長，是因為胡仙事件。那時怎麼樣？當時的政務司司長陳方安生帶齊全隊人馬，坐在這裏逐一辯駁，那起碼是一個團隊，集體負責。

近期這一次，又是由吳靄儀議員提出來的，是對我們的財政司司長（當時是梁錦松），又是提出不信任議案。嘩！當時只有小貓三四隻，還要他自己替自己辯護。大家可看到，現時這樣的運作，這個制度是一定完蛋的。誰問責呢？人人都害怕，你們看現在關於大學減資援的事件，你們看！一個部長和財政司司長，兩人好像不咬弦的，這是個甚麼的制度？所以，怎樣做都不成了。

剛才很多議員說，像涂謹申議員也說過，政府現在提出甚麼都會有幾個人反對，尤其是那些「名嘴」一反對它便退縮。喂！這是個甚麼的政府？但是，你們又不可以完全怪他們，因為這個制度就是這麼差勁，它就是沒有人民授權，那麼又怎樣？如果要有人民授權的便選舉吧，有選舉時，參選人便有政綱，跟着，政綱內便一定會提出建議怎樣解決香港現在這個問題，經濟問題又應怎樣解決等。每一個政黨都派人出來參選，每人都有一套說法。當然不能夠令全世界的人都開心，有人會逼着你的。政府意欲加稅又怎樣？加稅會有人投訴你，減開支又會有人投訴你，但由於參選人有機會執政，他便一定要提上心，擺出一個他認為最走得通的政策來，於是便參選。贏了，便跟着他的政綱走，不用退縮。

現在就是「實死」，現在有這樣的一個行政長官在，還有，大家可看到，現在我們的行政長官的民望根本是很低、很低、很低。中央要挺董，那香港市民可怎麼樣？就當他不存在好了。

現在，香港在運作上還是好的，因為還是很穩定，這是香港市民自己「識做」，不是行政長官做得好，而是因為行政長官雖然做得這樣差，但香港還好。這個民主的趨勢，根本不可以再拖了。以前在我們的政壇上有三位很保守的人，我們叫他們做「三蛇」，即是三個阿 sir —— 鍾士元爵士、楊鐵樑爵士、胡應湘（Gordon Wu）爵士，三個人都說應該要有民主，甚至楊鐵樑爵士在七一望着電視，看着那麼多人上街時，曾兩度流淚，說自己做錯了，把握不到人民的意願。此時此地，還有甚麼人要拖着我們的民主發展？民建聯那些人不會說反對，他們會拖的，為何他們不熱衷支持，不要求政府即時作出檢討？現在還說要年底才能告訴大家有關那個時間表，有沒有搞錯，局長！這是侮辱了香港人的智慧。

馮檢基議員：

有很多很多理由反對普選。我記得一九九七年前，有些人說香港人的政治意識未成熟，所以不應有普選；後來又說民意是分歧的，所以又不應有普選；現在又換了別的調子，說經濟未復甦，所以又不應有普選；SARS 過了不久，不應普選。自從董先生執政以來，我們每月、每年其實都有一些大事，可成為不進行普選的理由：「維港巨星匯」大件事，不要普選了；平等機會委員會起了風波，還是不要普選好了。由此可見，每個月也可以找出一個理由，叫大家不要普選，但這些真的並非甚麼理由。

一個很強烈的事實和證據可以證明，我們反對在現時推行普選和諮詢市民意見，是完全站不住腳的。七月一日有超過五十萬人和平遊行，大家看到他們對現時的政府，無論在施政、對 SARS 的處理手法、就基本法第二十三條立法的問題上均表示不滿。這羣為數數十萬人的羣眾，讓我們覺得可以在香港建立民主制度，是因為在那麼多個小時內，有那麼多人在那樣炎熱的天氣下聚集，卻沒有出現混亂、暴亂，連爭執、打架也沒有。在任何其他社會內，如果有那麼多羣眾集會，是未曾有過像香港這樣的情況的。香港人是很理性，很清楚知道自己在做甚麼，更清楚知道不會藉這個問題針對中央政府。其實，你可以看到這是政治上的智慧和醒目，還有誰可以說香港人政治不成熟，現在不是時候推行普選？其實，我們覺得一定要以民主的原則，量度一下香港現時的政治制度究竟是否民主，而這個最基本的原則，便是「一人一票，票票等值」。

我們看到，以往行政長官的選舉，其實是顯示了民主制度上最大的諷刺和瓶頸。民主制度除了是一人一票外，在執行過程中，更重要的是讓人民自由地根據自己的意願投票。可是，現時這種只有擁有八百名成員的選舉委員會才有資格提名和投票選出行政長官的做法，剛剛出現了一個很笑話的情況，那便是上次第二屆的選舉。這個小圈子選舉出現了一個非常荒謬的現象，除了予人不能符合「一人一票，票票等值」的原則外，更由於只有一位候選人，令提名的過程 —— 因為提名本身是公開的 —— 變為投票，而且投票本身也公開了，但這未必可以反映每位投票人背後的真正意願。這是違反了民主制度中，每個人均有自由意志選擇自己領導人的其中一個最基本元素。

此外，我也想指出，在兩級議會內，立法會的選舉有三十席是直選產生的，對於這一點我當然沒有意見，因為基本上無論是單議席單票制或比例代表制，均可稱為直選；但對於三十席的功能團體選舉將來仍會存在，則是不符合剛才所說的民主原則，即「一人一票，票票等值」。這個制度只反映了某些行業是高人一等，這完全是一種精英心態，違背了我剛才所說的「一人一票，票票等值」，以及人人平等的民主價值。

第二層的議會是十八個區議會。在一九九五年，本來已是推行至全面直選的了，但我又不明白為何在一九九七年後，特區政府反而開倒車，加入了委任議席。雖然田北俊議員剛才說有委任議席是有好處 —— 反正也不用怎樣投票，由專業人士提出意見，有何不好？其實，專業人士在區議會內是不能發揮他們的專業的。正如你所說，說了也不會聽從你的看法。那麼，政府應在甚麼地方委任專業人士呢？應該在專業的諮詢委員會內委任專業人士。要讓他們發揮所長，其實不應在區議會內委任他們，因為區議會是民意的地方，應讓民意獲得百分之一百反映。加入了委任人士，他們所提出的專業意見，可能與民意不同。待區議會有了結論時，正正因為有 25% 委任議員，令民意不獲通過，不能反映區議會內區議員的意見。所以，我認為如果專業人士真的想反映專業意見，運用他們的專業知識，政府便不應委任他們到區議會內，而是應委任他們到專業的諮詢委員會內。

我也想田北俊議員知道，在現時的委任議員中，並非每位都是專業人士；他們有些是普羅大眾的街坊，只是他們是街坊的「頭頭」、是親政府的人，可能是親民建聯而已，親民主派的則沒有。所以，你可以看到，委任制內是有一點心思，有一點政治味道的。所以，我覺得區議會作為一個純粹提供意見的地方，是連一個委任議員也沒有需要的。

主席，七月一日五十萬人的大遊行歷歷在目，大家均聽到行政長官表示會有改革。言猶在耳，但到了現在，所有改革的成效，所有改革的政策，是完全不能讓我們看見的。究竟政府是否真的聽到了五十萬人的要求？我在此希望政府盡快在今年內發表政制改革綠皮書，羅列不同程度和步伐的民主改革方案，引發大家理性討論，為本港未來的政制發展凝聚我們的共識。我亦希望在此提醒政府，進行民主諮詢是要抱着虛心和持平的態度，不要偏聽和固執，不要自以為那是真、以為那是好，市民便一定同意。其實，七一遊行已反映了市民的想法，那便是政府距離市民太遠了。多謝主席。

劉炳章議員：

我過去曾在本會指出，第一、二屆行政長官，以及第一、二、三屆的立法會選舉辦法未夠民主，因此，我贊成政府盡早就二〇〇七年的行政長官選舉及二〇〇八年立法會選舉辦法進行諮詢，以便社會醞釀最大的共識。至於是「一步到位」抑或循序漸進，便應按基本法的規定，由二〇〇四年選出的立法會議員在適當時候作出檢討和決定。

公眾討論這兩個憲制重要部分的選舉安排時，往往流於壁壘對立，支持者要求馬上全民普選，反對者則寸步不讓，以致在爭論聲中，聽不到有協調和共識的聲音，實在是較為可惜的。

行政長官和全體立法會議員是否普選產生，固然是民主程度其中一項試金石，但絕非唯一準則。以香港人較為熟悉的英國和美國選舉制度為例，英國首相是由下議院 659 位議員互選產生，這顯然並非全民直選。首相作為多數黨的黨魁，他的去留也不是由選民決定，而是經歷黨內外的挑戰。保守黨前首相戴卓爾夫人便是因為得不到黨內大多數支持而下台。繼任人馬卓安首相聲望雖然不高，屢遭反對黨動議不信任，但他多次威脅提前大選，迫使黨內議員支持他通過信任動議。

美國則採用另一套選舉制度，總統雖然是普選產生，但亦非一人一票直接選出。由於歷史原因，美國總統是透過五十個州的選舉人（electoral college）投票產生，而每個州的選舉人的多寡，是按其人口決定，合共有 538 張選舉人票。道德上，選舉人要按所屬州份選民的意願，將選票投給該州勝出者。理論上，選舉人可以不按選舉結果投票，例如在一九七六年華盛頓州便有選舉人拒絕投票給勝出的共和黨候選人福特（Gerald Ford）。及後有些州立法規定選舉人必須按選舉結果投票給勝出的候選人，但並非每個州都跟隨。因此，大家可以看到，勝出者全取（winner wins all）有些時候會扭曲選舉結果，例如一九九二年的美國總統選舉，候選人佩羅（Ross Perot）得票率雖達到 18.9%，但卻得不到任何選舉人票。

從這兩個例子看到，普選固然重要，但並非民主制度的唯一選擇，還要看看憲制內其他重要部分，例如司法制度及社會輿論等。

以香港行政長官選舉為例，基本法第四十五條〔第〕二款規定行政長官最終達至由一個有廣泛代表性的提名委員會按民主程序提名後普選產生的目標。大家在這裏可以看到，在行政長官選舉中，提名是一個重要的憲制程序。現時，提名委員會由選舉委員會兼任，有當然席位的、有選舉的、也有協商產生的，任期也不一致。這顯然是不理想的。無論行政長官是否由直選產生，這個提名委員會的產生辦法也應該規範化，令這個選舉部分更開放透明。

關於普選全體立法會議員，二〇〇四年選出的立法會將有三十席來自地區直選，其餘三十席來自功能界別。再進一步增加直選議席是否只有取消功能界別議席，全部六十席由地區直選產生，而別無選擇呢？近年，有輿論提出，立法會選舉邁向普選還有其他選擇。最少基本法並沒有硬性規定立法會議席僅為現時的六十席，不能增減。我們不應該無理由地抹煞其他選擇。

至於議案內提到取消委任議席，我是有保留的，因為委任議席可以為議會補充專業意見。事實上，一些無黨派的專業人士由於資源所限，要參與直選，會遇到相當困難，透過委任，他們便可以貢獻專業知識，例如如果中西區區議會內有規劃師擔任議員，其他議員便會較容易掌握最近出現很多爭議的填海計劃問題的癥結。在歐洲也有類似的委任制，德國國會有一半議員是由政黨按得票率而推薦。獲政黨委任的議員無須是黨員，亦不必跟隨政黨投票，他們大多數是專業人士。

主席女士，我提出以上例子，無非是想指出，在基本法的框架下，政制改革可以有不同的選擇。最重要是尋求社會的最大共識，否則，很容易各走極端，令爭取訴求失敗的一方感到挫敗，產生怨氣。這對於社會穩定毫無好處。

由於涂議員的議案雖然提出促請政府發表綠皮書，但措辭不單止限制了變革方案的選擇，更局限改革的範圍，因此，我無法支持。但是，無論如何，我仍然支持促請政府盡快發表政制改革綠皮書，而且綠皮書內包含越多選擇方案越好，讓公眾可以比較、辯論。當社會經過廣泛辯論，逐漸凝聚大多數共識，不管這個共識是否如涂議員所願，二〇〇四年選出的立法會議員便會更容易順應這個共識，進行適當的改革，實在沒有需要在現階段預設框架，使大家陷入沒有贏家的無謂內耗。

何秀蘭議員：

主席，我們說民主政制的推動，由親北京和被北京排拒兩個陣營之間的權力分配的討論，現在加多了經濟權力的爭奪，算是有少許改變，往前走了少許。

陳智思議員剛才說中產要交稅，但沒有人為他們組織，在政治上是弱勢，如果進行直選，對他們不太理想。但是，我希望指出一點，其實中產要的並不是一個安全網；中產要的並不是與弱勢爭奪社會福利的資源。中產是有能力、有學識的人，他們要的是一個公平競爭制度，有空間讓他們可以發揮所長；有良好的教育制度令他們的子女在好的環境中成長；有乾淨的空氣、好的食水。更重要的是，在這制度下，政府千祈不要做太多事，千祈不要政策反覆，朝令夕改，令中產跌落基層，令他們某天睡醒，忽然發覺原來自己要與基層爭奪資源，處於弱勢。但是，不幸地，我們這個政府因為不是由民主選舉產生，所以中產階級差點被消滅，變為弱勢。

我覺得中產同樣有很好的理由要求民主政制。首先，不同階級之間互相排斥，真的不利社會的穩定。如果社會人心不穩，怨氣沖天，正如污染了的空氣，大家都會受苦。我們亦可以看到，我們現在沒有民主政制，權力 —— 無論是政治或經濟權力 —— 都集中在小圈子。在這政制下，小圈子只會越縮越小，越縮越小，不會越來越大，不會大至可以保障一個普通中產的利益。現在很多中產都可以看到，他們要一個公平的政治制度來為他們提供保護，要有一個民主選舉來監察、制衡政府。民主、法治是保障市民的努力有合理回報的一個最公平制度，最少大家不會因為政府某些政策受財團牽制，忽然間資產大幅「縮水」。因此，一個對每個人都提供公平保障的政制，其實是有利於每個階級的。故此，我請那些覺得現時並不利推行民主政治的人，千祈不要再用階級矛盾來分化社會，阻礙大家建立民主政制的決心。

董先生在英國說很快會公布如何進行諮詢。我們很擔心，今次我們不是籲請、不是促請政府做事，而是要警告，警告政府不要再企圖利用扭曲諮詢的手法，來拖延民主政制。事實上，是否要普選這方向已很清楚。很多民意調查多年來清楚顯示了結果，只是政府不相信，只是政府說不知道。因此，令政府心息只有兩個方法；令政府知道市民對民主政制的渴求只有兩個方法：第一，用錢進行

全民投票，這樣做只是令政府心息，社會其實是沒有此需要的，因為大家都已很清楚；第二，如果不進行全民投票，大家便只好再用腳投票。究竟要多少萬人上街，才能令政府正視這個現實呢？諮詢並非拖延民主政制的手法。

我們認為諮詢大方向是沒有需要的，只須涉及結構這小範圍。舉例來說，劉炳章議員剛才提及的政治制度；行政立法之間的關係；如何分權；如何在民主選舉制度下保障建制以外傳媒和民間社會監察政府的權力；究竟我們的選舉制度是比例代表制，還是單議席單票制等。不過，社會真的千祈、千祈、千祈要小心，不要被政府以諮詢來拖延民主。劉炳章議員剛才提及數種政制，我相信很多人都會同意，採用哪個制度，問題不大，最重要是要推行，不要只是談論哪個制度好，終於在二〇〇七年行政長官選舉中，行政長官依然是由小圈子制度產生。

主席，我現在想說一說區議會的委任議席。在由胡國興法官介紹選舉規則的選舉管理委員會發布會上，有一名參加者問，如果兩名參選人得到相同票數，要抽籤，是否很不公平呢？大家參選已「身水身汗」，又得到市民支持，少極也有數百票，如果要抽籤的話，可否請董先生委任少一位區議員呢？為何他一個人完全不用參選，便可以搞到有一百人代表他呢？這一百個委任議席其實很政治化，因為區議會可以推選四十二個人加入推舉行政長官的選舉委員會。多了這一百人被委任，便會令這四十二個我們當他們是間選產生的人選，有權力、利益的傾側。沒有理由由被選的人負責委任，然後又要他們監察行政長官，當中存在一個很基本的角色衝突。但是，政府很「離譜」，在廣告中隱蔽了區議會的政治角色，只提到那一票可以改善環境，令交通更方便，令生活更多采多姿。我請政府馬上加上這個信息，告訴市民有四十二位區議員可透過區議會加入推舉行政長官的選舉委員會，否則，「上梁〔樑〕不正下梁〔樑〕歪」，整個社會也會被誤導。多謝主席。

呂明華議員：

主席，回歸後，香港全面成功地落實「一國兩制」及「高度自治」，並依照基本法的藍圖，循序漸進向民主化發展，這是香港人所高興看到的。

不過，多年來，香港社會上有人要求政府進一步加快落實全面普選行政長官

及立法會。當然民主是可貴的，但從香港的政治及客觀環境考慮，香港不適合在短時間內推行急促的政制改革，而應該以按部就班的方式進行。這是保證香港繁榮和安定的基本原則。

基本法明文規定，香港的民主化進程應該根據香港特別行政區的實際情況和循序漸進兩大原則進行。基本法只定明第一、二屆的行政長官分別由四百及八百名來自勞工界、社會服務界、宗教界、專業界、工商界和政界等的代表推選產生。至於第三屆的選舉制度如何，則交由香港人自行決定。至於立法會的直選成分，也按照基本法逐漸遞增。首屆立法會內半數席位由功能界別選舉產生，分區選舉產生的席位則由第一屆的二十席增加至第二屆的二十四席、第三屆的三十席。選舉委員會的席位則由第一屆的十席，至第三屆時取消選舉委員會的席位。第四屆及其後的選舉方法，由香港人自行決定。

目前，社會上有一種觀念，認為一人一票的選舉是最民主的。但是，民主的真義應該是讓各行各業及各個階層的市民都能夠有機會參與政治及社會事務，有效地反映社會上不同的聲音、平衡各方面人士的利益，令政府的管治更為有效率、更切合社會的需求。香港是一個多元化的社會，如果在二〇〇八年取消立法會的功能團體選舉議員的辦法，全部議員由普選產生，我相信實幹、沉默的工商界未必願意參與直選。這樣組成的立法會，其代表性令人懷疑，是有遺憾的。

主席，香港的民主化是應該繼續向前推進的，政府應該盡快進行廣泛的諮詢，謀求社會各階層達成共識。待時機成熟，直選行政長官和立法會議員便可水到渠成。然而，現在尚未開始諮詢便定下時間表，實在有欠妥當。若操之過急，弄巧反拙，會禍及民生，更會損及社會安定繁榮，因而並非港人之福。

吳亮星議員：

主席女士，政府近日已表明會在二〇〇四年內就政制發展展開公眾諮詢，並預期須在二〇〇五年處理與基本法附件有關的程序，以及在二〇〇六年按需要進行本地的立法工作。政府亦表示會在二〇〇三年，即今年年底前決定就政制發展作出檢討和進行公眾諮詢的具體時間表。與涂議員在這項議案中所設定的工作時間表相比，本人看不出政府的計劃有甚麼太大的差異。

不過，涂議員議案內的建議似乎已經預設政制改革具體應該如何進行，其實已經選定了所謂的調子，選擇也只有一個，便是在二〇〇七年普選行政長官，在二〇〇八年普選全體立法會議員。在這種預設立場下的所謂公共諮詢是否公平，或是否展開公眾諮詢的理想做法，是值得我們商榷的。現時，社會也認同政府施政要以民意為依歸，尤其是在政制發展和邁向逐步民主化的議題上，如果政府不能以客觀中立和不偏不倚的立場及全面開放的態度，提出能夠包容多個方案的諮詢文件，供社會討論，而像涂議員建議般只有一條路可走，這又會不會招來所謂假諮詢這種批評呢？

基本法定下了普選是最終的目標，以及循序漸進的步伐，所謂條條大路通羅馬，最實際可行的做法，是社會各方也應很周詳地考慮如何妥善地達致〔至〕這個最終的目標，包括未來的政制安排如何能更有效地反映社會不同行業和階層的利益，以及很有效地處理各種政治紛爭，以維持施政效率、確保香港作為一個國際商業都市的投資環境，以及維繫香港特別行政區與中央政府之間的關係等。因此，本人認為，未來政制檢討擺在香港社會面前的，既不是如涂議員認為般只有單一方向，亦不是一項 yes or no 的議題或是非題，而是一項有多項選擇的選擇題。

至於區議會作為一個區域組織，在基本法的規定下，其功能是諮詢性質的，其現行的成員產生方式包括選舉及委任，基本上能夠反映地方意見，以及使其工作更具專業性質及經驗。假如區議會必須由普選產生，那麼是否目前香港所有這類諮詢性質的架構和組織，也全部須由選舉產生呢？與過去的情況比較，本人認為現時的安排基本上有其特點，也是有其效果的，甚至頗有啟發性的一點是，委任區議員最終再獲選舉為區議會主席的，比比皆是。

譚耀宗議員：

基本法的附件一《香港特別行政區行政長官的產生辦法》第七條寫明：「二〇〇七年以後各任行政長官的產生辦法如需修改，須經立法會全體議員三分之二多數通過，行政長官同意，並報全國人民代表大會常務委員〔會〕批准。」附件二《香港特別行政區立法會的產生辦法和表決程序》的第三條也寫明：「二〇〇

七年以後香港特別行政區立法會的產生辦法和法案、議案的表決程序，如需對本
附件的規定進行修改，須經立法會全體議員三分之二多數通過，行政長官同意，
並報全國人民代表大會常務委員會備案。」

　　根據這些條文，如果要修改二〇〇七年之後的行政長官及立法會的選舉辦
法，只須按照基本法內附件一和附件二的相關規定進行。現時，基本法內已經訂
明一個相關的機制。大家都知道，基本法是一份充分體現「一國兩制」、「港人治
港」精神的憲制性文件，每一項細節條文也是經過長期和廣泛的諮詢而形成的，
這項憲制性文件充分地反映了港人的要求，也切實地保障了港人的權益。

　　如果我們回顧一下，在就基本法進行諮詢期間，爭議性較大和意見較紛紜
的事情，也是行政長官及立法會的產生辦法。基本法起草委員會經過反覆討論研
究，才寫成現有的條文，在內容上既有長遠的目標和循序漸進的時間表，也有修
改的機制。我作為起草委員之一，是支持基本法的有關安排的，認為這是解決意
見不同的情況的好辦法。

　　修改基本法是一件大事情，因此要經過一個嚴謹的程序。基本法第
一百五十九條不單止規定了修改基本法的程序，還清楚寫明：「本法的任何修改，
均不得同中華人民共和國對香港既定的基本方針政策相抵觸。」據我理解，循序
漸進地發展民主，是基本方針政策之一。因此，要修改基本法，便須兼顧社會各
階層的利益，既保持原政治體制中行之有效的部分，也要循序漸進地逐步發展適
合香港情況的民主制度。

　　基本法第四十五條已經寫明：「行政長官的產生辦法根據香港特別行政區的
實際情況和循序漸進的原則而規定，最終達至由一個有廣泛代表性的提名委員會
按民主程序提名後普選產生的目標。」此外，第六十八條又寫明：「立法會的產
生辦法根據香港特別行政區的實際情況和循序漸進的原則而規定，最終達至全部
議員由普選產生的目標。」在民建聯的黨綱內也寫明：「民建聯相信，全面落實
《基本法》，逐步發展民主政制，並爭取其中承諾的最終目標早日達至，是香港發
展民主的根本保證。我們主張 2007 年前檢討香港政制發展，爭取隨後一任行政長
官由普選產生，立法會全部議席由比例代表制普選產生。」要達致〔至〕「普選
產生的目標」，我們須進行一次全面的政制檢討，由社會各方面充分討論，從而
制訂一個能夠照顧香港各階層的利益和符合香港實際情況的方案，這才是負責任

的做法。

至於區議會的組成問題，我們認為區議會作為一個地區諮詢組織，並不一定 —— 是不一定 —— 要全部由直選產生的。在區議會這種非政權的地方組織內，如果能夠融合多種方式，選出社會各階層的代表，以使發揮不同的作用或代表不同羣體的利益，這會使每一個小社區更多元化，而避免偏向狹窄的民粹主義。當然，隨着政制發展，我們贊成區議會的委任議席可以逐步減少，但對於取消區議會內的當然議席，民建聯是有所保留的，因為我們必須遵守基本法，尊重新界原居民的合法傳統權益，更何況隨着村代表由選舉產生，區議會的當然議席一樣具有一定的代表性。基於上述理由，民建聯對原議案不能全面支持，因此我們會投棄權票。

麥國風議員：

……政制改革茲事體大，當中涉及許多複雜的層面，有需要盡早作出準備，我嚴正促請政府及早為政制改革列出時間表，不要無限期地拖延，並盡快在今年年底發表特區政制改革的綠皮書。

學者羅伯特•道爾在《論民主》一書中，提及民主包括了有效的參與、投票的平等、充分的知情、對議程的最終控制和成年人的公民資格。回顧特區政府的行政長官選舉完全是閉門造車的小圈子選舉，由選舉委員會八百人產生，這八百人並不是由全民所選出來的，試問他們如何能代表香港全港的市民？行政長官的選舉沒有絲毫的認受性，市民根本沒有平等的投票機會和有效的政治參與，才會弄至今天有一個不解民困，不會向人民交代的政府，更不幸地或是可以說是有幸地才致令七月一日有超過五十萬人上街大遊行，要求政府還政於民。

國家領導人胡錦濤總書記曾經在中共中央政治局會議上強調官員要正確行使人民賦予的權力，接受人民羣眾的監督，希望特區政府能緊記中央領導人這番說話，盡快落實政制改革，真真正正做到接受羣眾的監督。

在基本法的限制下，立法會議員提出議案方面的功能已受到很大影響，再加上近年政府和局長們經常繞過立法會，透過傳媒放風，完全不尊重現時的立法會。如果立法會是經全民選舉產生，我想政府不會有勇氣不尊重人民的代表，即

我們。

我雖然作為功能界別的議員，但我是堅定不移地支持全面直選立法會議席，因為三年前，我的參選政綱清楚寫明，我支持民主發展，今時今日，我不會忘記我參選的承諾。普選行政長官和全面直選立法會議席是全港市民的權利，作為議員，我們要憑良心做事，亦要盡義務，為香港市民爭取合理的權益。有人說，要有功能界別的議員才能關注有關界別的問題及事宜；這種理論其實應該是謬論，只是假設其他議員沒有能力或不會對有關事宜感興趣，如果全面直選立法會，我肯定有關的候選人定會投其所好，就他們的對象選民提出相應的政綱。

其實，想保留功能界別的議員很可能是對自己的普遍認受性，沒有信心才不敢接受全民對他們作出公平、公正、神聖的挑選。

主席女士，我估計你明年會參加立法會的直選。你的勇氣、議會表現、政治立場及受市民支持的程度，是那些不想全面直選立法會及可能對自己在社會上認受性感到擔心的議員的正面教材，我希望你會指導及輔導他們，告訴他們不要害怕全民直選立法會議席。

談到區議會的選舉，其實自從政府廢除了兩個市政局後，便沒有兌現當初就區議會的功能方面所作出的承諾。區議會仍保留委任議席，是民主的大倒退，希望政府在這方面三思，不要像行政長官董建華先生所說般，「有很多感興趣的人士想透過委任進入區議會工作」。但是，我想告訴局長，我認為應是能者居之，為何不讓這些人接受全民的洗禮，令他們覺得更有能力，沒有需要由你來委任他？如果他是很有能力，具有多方面的專業才能的話，便不會像某些議員所說般因為某些工作而不可以參加直選，這些都是謬論。我希望局長在這方面三思，對市民作出一個好的交代、一個好的解釋。

政制事務局局長：

主席女士，政制發展是一個非常重要的議題。立法會在過去一年多好幾次就這議題作出辯論。我也想藉今天的機會，再次闡述政府在這方面的立場。

基本法為香港回歸之後首十年勾劃了政制發展的藍圖。依照基本法，我們要根據循序漸進的原則和香港的實際情況，最終達至普選行政長官和立法會的目

標。在這進程中，如有需要，我們須按照基本法附件的規定修改行政長官及立法會的產生辦法。

在今年國慶日，行政長官已經表明，按照基本法推動本港民主向前發展，是本屆政府義不容辭的責任，而作為政制事務局局長，我當然會全力肩負起這方面的工作。

主席女士，我們會充分利用未來三年，認真及妥善處理好政制發展檢討和公眾諮詢的工作。我們會在二〇〇四年期間開展公眾諮詢的工作，並且會在明年年初開始聽取和收集意見；我們也會在二〇〇五年期間按需要處理基本法有關附件的程序；我們會在二〇〇六年按需要進行本地立法工作。

至於具體時間表，我們會在今年年底之前作出決定，之後會向立法會和公眾交代。

有關諮詢的詳細安排，我們會在公布時間表時一併交代。我們將會透過多種不同的渠道聽取社會各界人士的意見。

我理解在座各位議員，以及社會各界人士，都非常關心基本法附件一第七段涵蓋的範圍，亦即是二〇〇七年第三屆行政長官的選舉辦法是否可以檢討。

政制事務局在這個問題上作出了詳細的內部研究，我們也徵詢過律政司的法律意見。我們的結論是，如果有需要，二〇〇七年第三屆行政長官選舉辦法是可以考慮修改的，但任何修改建議必須根據基本法循序漸進的原則、香港的實際情況和基本法第四十五條和附件一的有關程序和規定來處理。

我相信政府就基本法附件一提出一個清晰、明確的看法，有助我們今後處理政制發展這議題。

主席女士，我們推動政制發展，是有需要在多方面取得共識的，有需要根據基本法規定，二〇〇七年以後行政長官和立法會的產生辦法如須提出任何修改，先要在立法會取得三分之二的議員通過和支持。

這絕對不是一項簡單的工程，因為這關乎香港今後的憲制安排，是香港長遠發展的重要的基礎。所以，政府的態度是希望與各方共同合作，我們不會偏聽或偏幫任何一個政黨或團體。

我認為關鍵在於大家要坦誠溝通，要願意多聽不同的意見，以及不同的黨派都要願意放下成見，持開放的態度，這樣我們才有較大的機會可以就政制發展這

議題在議會內外建立共識。

我留意到涂謹申議員的議案似乎為諮詢預設了結果。涂議員的建議是政府應該發表綠皮書以落實二〇〇七年及二〇〇八年兩方面的普選。既然是要發表諮詢文件，便不應該在諮詢還未開啟前，已經否定了其他可以考慮的方案或否定其他可以達致〔至〕的結論。

我想重申，在現階段，政府就二〇〇七年以後的政制發展，並未有任何既定方案，也未作出任何最後的結論。我們認為政府方面應該廣泛聽取社會上的意見，歸納各方所發表的言論，然後才提出最後的建議方案，是比較穩妥及負責任的做法。

涂議員和民主黨朋友的立場固然非常清晰，正如何俊仁議員所說，作為從政者，有清晰的立場，我是尊重的，但實情是香港是一個多元化的社會，對於政制發展的步伐，社會上確實存在不同意見。舉例來說，今天有好幾位議員，代表他們不同的功能界別，已經表達了一套意見，認為在當前情況下，大家應該考慮保留這些功能界別，但這只是一套意見，我們在這個議會裏，如果要處理好各方面的意見，希望可以達成共識，最少有三分之二的議員支持某一個方案，我們確實是要兼容包備，大家願意聽大家的意見，我們才有機會建立一套共識。

主席女士，有關區議會方面，政府較早前已承諾會在今年的區議會選舉之後，就區議會的功能、角色和組成方法作出檢討。有關委任議員方面，我們以前表達過一個立場，就是富有專業知識和經驗的人士和社會領袖，如果可以透過這個制度讓他們參與地區事務，對處理區內事務是有幫助的。我們當初在幾年之前立法，也經過詳細的討論，立法會內外也表達過意見，才訂立這條法例的。但是，我們已經承諾就區議會的角色、組成和功能，在今年的選舉之後作出檢討。

至於當然議席則代表鄉郊居民，他們參與區議會的事務，可以使區議會的整體運作更為全面，有不少議員也提出過這方面的意見。

主席女士，我想藉這個機會回應好幾位議員提過的一些觀點。首先是李柱銘議員，不知是否近日電視台播映《倚天屠龍記》，所以令他想起張三豐的角色，但我要說清楚，我的政治功力絕對不及李柱銘議員深厚，我認為以 Martin 的功力和經驗，他隨時可以比得上「東邪、西毒、南帝、北丐、中神通」，所以這些稱號，我想還是留給他，小弟不敢當。

　　我亦想一提，涂謹申議員說香港特別行政區政府和在座議會裏的同事，是不應該再次抗拒民主潮流，是應該順應這個潮流，來處理好政制檢討的議題。其實，我相信在座的議員，每一位經過選舉、宣誓就職的時候是接納、擁護基本法的，大家都有民主的觀念，大家都是希望為香港做一番好事業。

　　以前，有人說過香港人政治冷感，這點我絕對不認同，我不贊同。如果單看我們現時的選民登記冊有 66% 的合資格人士已經登記了為選民，我認為這其實已經顯示香港人對香港本身的政治和社會發展有一定的看法，有一定的關心。當然，我們永遠可以繼續努力，將選民登記的水平和比率繼續提高，但我認為這證明香港人是關心香港本身的事務的。

　　七一遊行也讓我們清楚看到香港市民愛自由、尊重法治、對民主有訴求，這些訴求我們是清楚的，所以在處理政制檢討的過程當中，我們會充分聽取和考慮社會上的意見，然後才提出最後的建議方案。

　　主席女士，余若薇議員亦提及，希望香港的政黨、香港的參政人士有一天可以主要靠他們對香港的經濟發展、香港的民生、香港的社會政策，來爭取市民的支持。我在英國、加拿大代表過香港、香港政府，處理對外的經濟貿易事宜。我在這些社會看到很多他們在全國層面的選舉或省市層面的選舉，參政人士確實主要就是講述他們對社會民生、經濟、其他社會政策的事宜，來爭取市民的支持。所以，在處理二〇〇七年以後政制發展這議題上，主席女士，我真的很希望特區政府連同立法會，以及社會上不同的黨派、團體，可以認真處理二〇〇七年以後政制發展這問題，我們處理完之後，要是有一個方向是大家基本上認可和接受的，在二〇〇七年以後，便循這個方向走，也不再須要為這個問題繼續內耗我們的精力，讓大家的精力為搞好香港、搞好香港的經濟、社會民生而努力。

　　主席女士，李卓人議員提及孫中山。我也想提一提，近日我看過《走向共和》這一套連續劇。我看到在一百年前，我們的國家在民國時代，在清朝時都曾討論了很多有關改制、民主的事宜，不禁令我想起我們現在仍然在處理這些重要議題。但是，主席女士，我對香港前途比較有希望，理由有三。

　　第一，我們在香港已經有一個三權分立、透明和依照法律成立的制度；第二，我們已開始了民主進程，我們有直選、間選。社會上每一次選舉都是非常透明的，而參與情況也是不錯的；及第三，香港反貪污的制度已經確立、非常

有效，我們較一百年前中國的情況好得多，所以，我認為香港的民主進程是有希望的。

主席女士，梁耀忠議員提議我們學習楊利偉，吳靄儀議員提議我們要做民主先鋒，我有一個踏實的建議給大家，我邀請在座各位議員以建立共識的精神，根據基本法共同為香港走民主的路。

主席女士，我在此再重申，在處理二〇〇七年以後政制發展的議題時，政府是會採取「兼聽、多聽」的態度。我亦相信在座的立法會議員和不同的政黨都是願意以這個建立共識的精神，共同在議事堂內外處理好這個二〇〇七年以後政制發展的議題。

主席女士，我們共同都有責任做好諮詢和反映社會意見的工作，大家要建立共識，便不能夠為諮詢的結果預設立場和定論。我謹此陳辭，反對議案。

2004 年 1 月 7 日
行政長官施政報告

75. 我們瞭解市民對未來政制發展的關注及政制檢討的重要性。在維護「一國兩制」及恪守基本法的基礎上，政府會積極推動香港的政制發展。

76. 由於二〇〇七年以後，行政長官和立法會的產生辦法涉及香港的政治體制，關係到基本法的實施，中央與特區的關係，香港各階層、各界別、各方面的利益，以及香港的長期繁榮穩定，特區政府一直十分重視，也多次表明了態度和立場，承諾一定會嚴格按照基本法辦事。

77. 我在不久前到北京述職時，胡錦濤主席向我表明了中央政府對香港政治體制發展的高度關注和原則立場。其後，內地的法律專家和香港的一些人士也對有關問題發表了看法。政府確實須對這些重大問題理解清楚，才可以對政制檢討作出妥善的安排。

78. 我決定成立一個由政務司司長曾蔭權領導，包括律政司司長梁愛詩和政制事務局局長林瑞麟組成的專責小組，認真研究這些問題，特別是涉及對基本法有關規定的理解問題，徵詢中央政府有關部門的意見。政府亦鼓勵香港各界人士繼續就這些問題進行理性的思考和討論，並發表意見，以便盡早明確有關安排。

2004 年 2 月 25 日
議案辯論：立即諮詢市民對普選的意見

鄭家富議員：

主席女士，政制發展專責小組在上京前曾會見多個團體，並就一些與政制發展有關的法律及程序問題諮詢團體意見，但就着政制發展的具體方案，專責小組並沒有諮詢公眾。政府只管在政制改革的周邊問題上製造事端，但對於政制改革的實質問題，即政制改革的具體方案，特別是二〇〇七、二〇〇八年的普選問題，卻刻意迴避，不斷拖延；再加上自從一月十六日專責小組拋出三大原則、五大法律問題後，首先便有「護法」開腔，將政治理念的大原則法律複雜化，再配合多名極左人士，例如狗餅論、沒有共產黨便沒有新中國論、鄧小平的愛國論及至近日多篇評論員文章等，都將本來極之理性的普選訴求變為極之情緒化的愛國教育。主席女士，今天的議題是希望將極之情緒化的愛國論，代之以理性、公正的公開諮詢，以反映大部分香港人的普選訴求。

主席女士，最近排山倒海式的文武宣傳，目的似乎是要向香港人發出警告，在今年九月要好自為之，不要選出在左派眼中不愛國人士擔任立法會議員，因為當今年九月立法會由民主派成為多數派後，中央根本不容許香港繼續有普選，普選我們的行政長官。香港不要妄想，不要浪費選票。但是，如果中央認同大部分香港人是愛國的話，大家便無須擔心，愛國的香港人根本不會選出不愛國的議員。

主席女士，國家主席胡錦濤在最近訪問法國時曾發表演說，並向全世界宣布：「沒有民主，就沒有社會主義，就沒有社會主義現代化。我們積極推進政治體制改革，完善社會主義民主的具體制度，保證人民充分行使民主選舉、民主決策、民主管理、民主監督的權利。」就連國家主席胡錦濤亦確定民主選舉是國家進行現代化必然的道路。雖然我們應着重法治制度，不應偏重人治，但假如中央

認為鄧小平的愛國論在多年後仍然有參考價值，相信今天的國家領導人的講話最少有相同的重要性。

　　主席女士，我深信香港人具高質素的民主素質，延續五十萬人的汗水，必定能防避一場極左的攻勢，用不亢不卑的精神，鍥而不舍地爭取二○○七、二○○八年普選的意願。雖然政府多次解釋有需要就政制發展的法律及程序問題瞭解清楚，再進一步討論政制改革的實質內容，但只要看看政府諮詢市民的三大原則、五大法律問題，便會發現這些諮詢實在不着邊際。舉例來說，對於「香港是中國不可分離的一部分」的理解問題，事實上，香港人早已接受「一國兩制」的安排，也從來沒有香港人走出來爭取獨立。因此，有些人將香港人的民主訴求等同獨立，實在是強詞奪理，脫離現實。政府就極少人質疑的「香港是中國不可分離的一部分」的原則諮詢香港人，實在令人費解。

　　又例如政府就「實際情況」及「循序漸進」兩個名詞的理解諮詢市民的意見，主席女士，這些問題早由基本法起草至今十多年來一直有討論，這類原則性的問題其實並沒有一定的客觀答案。即使政府認為有需要就這些問題諮詢市民意見，亦無須為了一棵樹而放棄整個森林。事實上，政府可以同時就原則問題及政制改革的具體方案諮詢市民，兩者之間並無矛盾。既然政府設立網頁，並花費三十五萬港元刊登廣告，諮詢市民對三大原則、五大法律問題的意見，為何不可以同時問市民對於二○○七年行政長官選舉及二○○八年產生立法會議員辦法的意見呢？如果政府計劃分階段就不同類型的問題諮詢市民意見，為何政府不向市民交代如何諮詢，以及會就着甚麼問題諮詢？這些問題背後的答案其實很簡單，就是政府想將普選問題拖得就拖。

　　主席女士，因此，當前急務是政府應立即向市民提出一個政制改革諮詢的時間表，並發表一份列出不同政制改革方案的諮詢文件。其實，政府不斷迴避開展政制檢討的諮詢工作，但當中央提出要就五大法律及三大原則問題作出討論時，卻又突然地展開了諮詢。既然迴避不來，便應該立即進入實質的討論。事實上，香港人希望有權選出自己的領導，並透過改革制度解決現有制度不完善的地方。香港人從來沒有要求獨立，亦並非與中央作對。我們促請政府在收集了市民的意見後，真確無誤地向中央反映市民的意見及關注，令中央明白香港人的民主訴求，而中央在「一國兩制」的原則下，亦應尊重香港人意願，以及相信香港人是

理智的。

主席女士，我最初提出這項議案時，政務司司長還未宣布會就北京之行作出匯報。因此，稍後民主黨主席楊森議員會提出修正案，將原議案改為「促請政制發展專責小組增加與中央磋商工作的透明度」。

主席女士，我現在想談一談政府收集及分析民意的問題。政府在國安法收集及分析民意的問題上，不盡不實，更不惜扭曲民意，以達致〔至〕大部分市民贊成就第二十三條立法的結論。事實上，民主黨曾提出要求政府制訂「政府諮詢公眾守則」，其中的重要原則包括：（一）政府在制訂政策時應將諮詢公眾的時間包括在內，以及預留足夠時間給公眾發表意見；（二）應清晰明確說明諮詢的對象、目的、諮詢的事項及時間表、列明政策對有關人士造成的影響，以及邀請受影響的人或組別表達他們及他們所代表的人的意見；（三）諮詢文件應盡量簡單易明，並在諮詢文件中列明與該政策有關的正反論據；（四）確保公眾及受政策影響的人容易取得諮詢文件；（五）政府應給予公眾足夠時間表達意見，最短時間為十二星期；及（六）以開放態度分析諮詢結果，並詳盡公布結果及決定政策的原因。在作出決定時，政府應詳盡解釋其原因及拒絕採納某些方案的原因。如果在諮詢過程中產生新的方案，政府應考慮再作諮詢。

主席女士，在剛才數大原則問題上，我們民主黨希望透過今天這辯論，政府能夠採納我們在政制事務委員會曾提出的建議，政府參考外國的做法，訂立公眾諮詢守則，確保公眾諮詢達致〔至〕令政府更開放及更具問責性的目標。但是，很可惜，當時政府的回應是政府訂有內部指引，載列進行公眾諮詢時應考慮的主要原則。對於政府部門如在執行時有偏離主要原則，指引似乎並無規定。在現有制度下，即使我們眼見政府政策局或政府部門偏離這些原則，好像就第二十三條立法的過程，我們也投訴無門，香港人似乎只能以腳和汗水表達不滿。這些指引也沒有說明假如有政府部門偏離主要原則，應如何向公眾負責。政府當時的回應，等於各安天命，問責無期。

主席女士，為了挽回市民對政府進行有關政制改革的公眾諮詢的信心，政府應參照外國的經驗，確保諮詢過程符合守則及評估公眾的意見，令整個諮詢過程更客觀，亦令收集及分析所得的結果更具說服力，避免讓一切流於情緒化的愛國論，將整個政制改革付諸東流。

鄭家富議員動議的議案如下：

「本會對政制發展專責小組北京之行缺乏透明度表示遺憾，並促請政府立即就 2007 年行政長官及 2008 年立法會所有議員，是否應由普選產生諮詢市民，並以公正方法歸納所接獲的市民意見，以及真確無誤地向中央政府反映。」

（主席宣布會議就原議案及楊孝華、楊森兩項修正案進行合併辯論。）

楊孝華議員：

主席女士，行政長官在上月發表施政報告時表示會成立一個由政務司司長曾蔭權領導的專責小組，研究有關政制發展的問題，並且徵詢中央對這問題的意見。結果，專責小組由籌備成立，成行到北京，相隔只是一個多月的時間。從時間上來看，我們認為專責小組的效率是值得我們讚賞的。

大家都明白，無論對政制有甚麼看法，也會接受中央是有一個角色要扮演的，中央的意見亦是非常重要的。專責小組這次訪京之行，帶回來不少關於中央的實質看法，我相信這些均會有助我們未來對政制發展方案的討論。

至於原議案認為專責小組在訪京方面缺乏透明度，因而表示遺憾，自由黨認為原議案的指摘並不正確，因此，有必要提出修正案。

首先，曾司長在訪京期間，每次與內地官員開會完畢後，都馬上向在場的採訪記者簡述會晤的內容。這一點，我們無論在當天的電視或翌日的報章也可以看到。其次，新華社在專責小組訪問結束離開北京前亦發表文章，引述中央有關部門負責人的談話，就特區政改問題表明了原則和立場。顯然特區政府和中央都沒有打算蓄意隱瞞任何有關會面討論的內容。因此，又怎可以說這是缺乏透明度呢？

更何況曾司長在回港後當晚，便馬上主動要求在第二天的立法會例會上撥出時間，向所有議員詳細交代專責小組這次訪京之行的成果，充分反映出他非常清楚一點，便是本港市民及本會同事對這次訪京之行非常關注，因此，第一時間趕快向我們和市民交代會晤的結果。

由於專責小組這次訪京的目的，只在於預先瞭解中央對政改的一些看法，為

稍後的正式諮詢做好準備，我認為專責小組已經表現得很稱職，工作亦具有很高的透明度。我看不到有甚麼理由論據，專責小組在這方面作出任何故意的隱瞞。因此，我們認為民主黨的原議案想表示遺憾，恐怕欠缺了實質證據的支持。

主席女士，大概民主黨細想之下，亦覺得自己的提法有些過火，於是由他們的主席修改該黨提出的原議案，刪去了「表示遺憾」這些字眼，改為促請專責小組增加與中央磋商工作的透明度，明顯是想修正原先的錯誤看法。修正案在調子上雖然明顯較原議案溫和得多，但我們認為修正案的字眼仍然有些畫蛇添足。當然，你們說百分之一百並不足夠，可以再增加至百分之一百二十，數學上是沒有人會與你們爭拗的。由於專責小組一方面已經向公眾交代了北京之行的內容，並且把從北京帶回來的信息作出公開諮詢，可說是具透明度了。當然，再增加透明度這說法，說一千遍、一萬遍都是正確的，但實質意義有多少，我們真的有些懷疑。

至於原議案要求政府立即就二〇〇七年行政長官及二〇〇八年立法會全體議員是否由普選產生諮詢市民這點，我們曾經多次強調，希望政府能夠在九月立法會選舉前，盡量拿出不同的初步諮詢方案，諮詢公眾的意見，做到百花齊放，百家爭鳴。因此，我們並不同意在現階段馬上一定要在二〇〇七年及二〇〇八年推行普選。我們認為，既然基本法給我們一個檢討政制的機會，在現階段便應該盡量提出不同的方案，廣泛收集市民的意見，綜合歸納，最後作出定奪，而並非一開始便要有一個預設的目標。

再者，普選也要求有合適的政治配套，例如我們的政黨是否已經發展成熟，現在香港連政黨法也沒有；未來的行政長官是否可以在立法會內取得足夠票數，支持各項施政，以及本地的管治人才是否足夠等，這些都是實行普選前必須回答和考慮的問題，不是隨口叫一些口號，便可以解決所有問題。

自由黨一向強調，本港的政制發展必須依循基本法的規定，即按照本港的實際情況，以及循序漸進的原則，最終達致〔至〕全面普選這目標。此外，任何有關政制發展的決定均須確保本港的經濟繁榮和社會穩定這前提，並且充分考慮和照顧社會各界的利益，同時兼顧到中央的看法。我剛才已說過，大家都知道中央在這問題上，的確有一個相當重要的角色扮演。

我們認為未來的政制發展必須依循均衡參與這原則。正如施政報告指出，政制發展要確保本港各階層、各界別、各方面的聲音均能夠得到充分的代表。因

此，我們認為功能界別對確保各界均衡參與這想法可以起積極作用，仍然有保留價值，不應該倉卒馬上廢除。

事實上，自由黨初步諮詢黨員和所屬界別代表的意見後，發現不少來自中小型企業、專業、中產及工商界的人士均反對在二〇〇八年取消功能界別，擔心屆時會有一些政客為了撈選票而不顧後果，大搞福利主義，損害本港長久以來所享有的優勢（當然，有些人可能認為無須這樣擔心，但我們聽聞真的有很多人有這種擔心），例如行之有效的自由資本主義制度，以及鼓勵自由創富，提倡自力更生的精神。既然社會上對政改有這麼多不同的聲音，我們認為應該更廣泛收集民意，小心聆聽，切勿操之過急，更不可以輕言一步到位。

至於原議案提出要求當局以公正方法歸納市民的意見，並且真確無誤地向中央反映，這點我們認為是理所當然的，而且我們也很有信心專責小組會做得到。

楊孝華議員動議的修正案如下：

「在『本會』之後刪除『對』，並以『促請』代替；在『政制發展專責小組』之後刪除『北京之行缺乏透明度表示遺憾，並促請政府立即』，並以『盡快』代替；在『就 2007 年』之後刪除『行政長官』；在『及 2008 年』之後刪除『立法會所有議員，是否應由普選產生』，並以『的政制發展』代替；及在『並以公正方法歸納所接獲的』之後刪除『市民』。」

（編者注：此修正案在原始會議記錄中位於所有致辭之後，並被單獨付諸表決。考慮到全書體例統一，特移到此處。）

（編者注：修正後的議案內容如下：

「本會促請政制發展專責小組盡快就 2007 年及 2008 年的政制發展諮詢市民，並以公正方法歸納所接獲的意見，以及真確無誤地向中央政府反映。」）

楊森議員：

主席女士，我對國家和香港的前途是樂觀的。國家和香港的發展，短期間內

會有些起伏，但長遠來說，整體還是樂觀的。可能是這種較歷史性的宏觀視野，令我在參與民主運動一段長時期後，仍然保持應有的動力。

首先，內地經過一九七九年起的經濟改革，人民的生活水平逐漸得以改善，中產階層不斷冒起。根據政治學者亨廷頓的理論，當發展中的國家經過經濟發展後，教育、資訊和民智不斷提升，中產階級逐漸湧現。這些中產階層的出現，會對經濟和政治的發展扮演重要的角色，因為他們會要求進一步的政治參與，以保障其私有產權和參與經濟活動的機會。當權者面對這些政治的訴求，唯一可做的是開放政制，進行政治的改革，舉行民主選舉，以吸納政治上的沖〔衝〕擊，從而令社會進一步安定和發展。這種經濟和政治的演變關係，我們可從日本、南韓、台灣和菲律賓等鄰近國家的民主發展可見一斑。隨着胡溫新政的發展，我們相信一段時日後，國內無可避免地會逐漸走上民主開放的道路，雖然在時間上，我們相信會較上述地區長。

主席女士，基於上述分析，我總覺得在本港推行民主運動，不單止對落實本港「一國兩制」、「高度自治」，極為重要，其實對整個國家的民主發展，亦有其積極意義。民主潮流浩浩蕩蕩，任誰也阻不了。民主運動，一方面重視普世認同的平等政治權利和人民的選擇，另一方面亦導致社會能夠以和平方式解決權力轉移的問題，以達致〔至〕國家長治久安的局面。

從這些宏觀的歷史角度來看，甚麼「護法」和狹隘的愛國言論，也不會絲毫動搖我對推動本港民主運動的決心。不過，主席女士，在一派愛國言論的擾攘當中，我其實有一些感觸，覺得這是道德混淆，是非顛倒的年代。我們這些在八十年代中期，最早站出來支持中國恢復對香港主權的人，反而被打成「反中亂港」、藉着民主口號而實際奪取權利〔力〕、將香港帶向獨立的人。當時不少言論要求主權換治權，但我們堅信香港是中國的一部分，我們支持中國恢復對香港的主權，並提出民主回歸。愛國不等於愛黨，亦是在當時提出的。

中國歷史三千多年，歷代朝廷交替，有些名留青史，有些遺臭萬年，視乎其是否改善人民的福祉，令國泰民安而已。朝代更替，但國家的人民、歷史、文化、大地河山仍綿綿延續下去。二十多年前我是懷着這種看法，至今我的這種看法仍然不變。因此，對於攻擊我們不愛國的言論，我的回應是，謠言止於智者，市民自有公論。

主席女士，以本港情況而言，二〇〇七年普選行政長官和二〇〇八年普選立法會，是應該全面推行的。首先，上述發展完全合乎基本法循序漸進的原則，亦是按本港的實際情況。現時究竟甚麼是本港的實際情況呢？

行政長官透過八百人的小圈子選出，完全缺乏代表性和市民的認授〔受〕性。行政長官有權卻缺乏市民的認授〔受〕，無法作為有效的社會領袖。立法會方面，經不同的選舉辦法產生，缺乏一個擁有大多數議席的政黨，配合行政長官的施政。經地方普選產生立法會議員，有市民的授意，但又缺乏制訂政策的權力，所以惟有扮演反對黨角色。概括而言，整體憲政缺乏行政與立法之間的既合作又制衡的關係。我強調，這是制度問題，並非單是行政長官表現問題，所以政制改革其實是急不容緩的。根據基本法附件一和二的規定，二〇〇七年普選行政長官和二〇〇八年普選立法會，是合乎基本法的規定和循序漸進的原則。大家都明白，所謂「循序漸進」是一個判斷，而不是法律語言。我看不見為甚麼二〇〇七年普選行政長官便是所謂「一步到位」和違反循序漸進的原則。再拖延普選行政長官和立法會，只是對香港市民一種極大的侮辱；再拖延普選，只會加深特區政府的管治危機。

主席女士，於二〇〇七年普選行政長官和二〇〇八年普選立法會，除了根本性地解決特區的管治危機，亦對和平統一台灣起着積極的示範作用。民進黨的陳水扁多次嘲諷本港的「一國兩制」的虛假，拒絕認同「一國兩制」的模式，但若中央真的能尊重香港人的意願，按本港實際情況和循序漸進的原則，使特區能於二〇〇七年普選行政長官和二〇〇八年普選立法會，我相信對和平統一台灣起着積極的示範作用。

主席女士，民意對政制改革的要求，是清楚而明確的。「一國」與「兩制」是互為存在，而其關係是應該良性互動的。大家應該加強其良性互動的關係，互補不足，而不是加深兩者之間的矛盾。我很希望民主派能有機會與中央進行溝通，加強「一國」與「兩制」之間的良性互動關係，落實市民對普選的訴求。

楊森議員動議的修正案如下：

「在『本會』之後刪除『對』，並以『促請』代替；在『政制發展專責小組』

之後刪除『北京之行缺乏』，並以『增加與中央磋商工作的』代替；及在『透明度』
之後刪除『表示遺憾』。」

（編者注：此修正案在原始會議記錄中位於所有致辭之後，並被單獨付諸表
決。考慮到全書體例統一，特移到此處。）

（編者注：修正後的議案內容如下：

「本會促請政制發展專責小組增加與中央磋商工作的透明度，並促請政府立
即就 2007 年行政長官及 2008 年立法會所有議員，是否應由普選產生諮詢市民，
並以公正方法歸納所接獲的市民意見，以及真確無誤地向中央政府反映。」）

吳亮星議員：

政制發展專責小組在北京之行結束後，政務司司長在緊接的第二天，亦即二
月十一日，便馬上到立法會，在大會上發表聲明作為匯報，並隨即回答本會同事
的提問，本人同意此舉屬於第一時間向香港社會匯報了訪京之行的具體情況。其
後，社會上也就這次行程所帶引出來的問題展開過討論，本會的政制事務委員會
繼而也有跟進。將這次訪問說成是缺乏透明度，並照例出了一個議案，又來一個
「遺憾」，本人難免想起有選民問，本會是否時間太多，甚至要無事生非？

其實，不難看到，這次訪問的成果，是瞭解了中央政府對特區政制發展問題
的看法，並讓社會的討論有一個重心。有一些人可能會覺得這次訪問的成果，並
非他們所樂於看到，又或中央政府在這次訪京之行中所提出的問題與意見，並非
他們所願意接受，這也是意料中的事情，但硬要將這次訪問說成缺乏透明度，顯
然是無的放矢，為批評而批評，完全不值得在議事堂上辯論。本人認為，如果總
是以陰謀論或不信任的態度測度和批評特區與中央之間的溝通交流，實在對未來
整個政制發展的討論沒有任何好處，只會帶來更反面的效果。

至於現時社會討論的是未來政制發展的整體問題，涉及複雜的細節及不同
方案。此外，本港社會本身存在許多種不同的意見，簡單以應否在二〇〇七及二
〇〇八年舉行普選作為這個討論的單一命題，顯然欠缺全面，也明顯帶有傾向
性，並不是公平合理的諮詢方式，將無助社會各方充分表達意見，更難達到理性

討論和爭取共識的目的。

面對政制發展這項重大的議題，政府和本會都應該以中性的態度處理，社會也應該開放各種不同意見作為理性討論。以懷疑、不信任，甚至是陰謀論猜度，只會成事不足，敗事有餘。我們更要摒棄非理性的言論，近期一些人聽到不同意見，就冠以甚麼「土共」、「鸚鵡」等言詞，甚至作出人身攻擊，這根本顯示不出應有的民主兼容量度，更難以讓人信服這些人有真正的民主理念。

在政制發展的基本原則上，毋庸置疑，中央政府有其在基本法所規定下的憲制權責，包括人大常委對行政長官產生辦法的修改作出批准的權力。中央政府也重申八十年代定下來的愛國愛港的「港人治港」方針。有人認為，中央的權責並不是問題，愛國愛港也不存在問題，應該立即討論具體方案，否則就是拖延。這是其中一種意見，但不能禁止其他人有不同的看法。這些不同的看法包括中央權責的履行如何在政制發展的諮詢、討論，以及落實的過程中得到尊重；愛國愛港的「港人治港」如何才能夠在未來的政制安排中得到體現？這些都是必須面對而不能迴避的問題。有人可能以為，只要動員甚至挾持民意向中央施壓，作一次毫無妥協餘地的政治對決，便可以達到他們的目的，這是十分危險的做法。這不但會損害政制發展檢討工作的順利展開，更會損害特區與中央政府的互信，最終損害香港社會的繁榮穩定，甚至引領港人走入政治的死胡同。事實上，香港社會對政制的討論剛剛開始，問題經常會有分歧、有變化。近日的民意調查明顯顯示，即使是支持二〇〇七、二〇〇八年普選的市民也有理性改變的餘地。如果忽視種種現實情況的出現，把諮詢與溝通變成利用民意進行施壓，其結果將絕對不利於廣大香港市民的福祉。

余若薇議員：

今天，無論原議案或兩項修正案都有三個共通點。第一，是時間的迫切性；第二，是專責小組的工作要有高度透明度；及第三，是諮詢工作要公正。

第一點有關時間的迫切性，我相信這是毫無異議的，政府亦接受，所以無須多講。第二點是專責小組的工作要有高度透明度。主席，我認為最少有兩個理由，說明為何專責小組的工作要有高透明度。

第一，其實很多同事也提到，便是專責小組訪問北京，曾司長回港後，便立即在立法會大會作出匯報，這是值得讚揚的。但是，可惜的是，接着有所謂「權威消息人士」開記者招待會，透露一些北京開會時有涉及，但曾司長在立法會沒有提到的一些討論。其實，所有人都知道，所謂「權威消息人士」便是政府的問責官員。主席，對於這種透露消息的手法，我不敢苟同，我亦不是第一次覺得這類透露消息的方法，其實非常不理想。這樣的做法會帶頭鼓勵其他不具名的人士發表一些謠言或消息，令謠言滿天飛，作出各種揣測，甚至災難性的預言，不利冷靜和理性的討論。

主席，為何專責小組要有高度透明度的第二個理由是，最近太多權威人士、消息人士、官方及半官方聲明、社論及文章，鋪天蓋地，持續不斷地作出文革式批判，將某些人士、某些言論或某些口號上綱上線，定性為不愛國，甚或更嚴重，扣上分裂、顛覆、危害國家等彌天大罪的帽子。

特區政府有責任把出軌的討論或批判撥亂反正，把政制發展的討論帶回正軌，務實地為香港現時面對的實際情況和困難提出不同的解決方法。遺憾的是，上星期五，儘管董先生罕有地就政改討論發表談話，可惜仍然是除了重複早一天《人民日報》的觀點和提出的問題外，沒有半點給予港人信心，亦沒有使人覺得他可以領導香港社會與中央領導人溝通，達致〔至〕雙方滿意的共識。

最近，所有這些威嚇性的攻勢，很明顯的目的是叫香港人在九月立法會選舉中，不要支持或投票給民主派的候選人。主席，我誠心希望中央與特區政府明白，即使這些威嚇性的攻勢奏效，亦不代表香港會有真正的穩定，因為成功的管治從來不是建築在這種薄弱基礎上；況且，如果萬一、萬一這些威嚇性的攻勢有反效果，對中央與特區的關係所造成的傷害，我相信亦不是中央所希望看到的。

至於原議案及修正案所提的第三點，是公正的諮詢。這要視乎如何諮詢，如何衡量所收集意見，從而達致〔至〕公正的結論。其實，遊戲要公正，最重要是預先公布遊戲規則。可惜，今次的政改發展討論本身是非常重要，而且是時間迫切性的諮詢，但政府竟然沒有時間表，沒有步驟層次，也沒有諮詢的文件。最近，專責小組提出三個原則，五個程序加起來的八個問題，其實是逃避整個政改發展討論應有的核心問題。

專責小組所提出的八個問題，是提到基本法第一、第十二、第四十三及第四十五條的原則，或姬鵬飛主任的說明。對這些大原則，社會上根本並無異議，而且已包含在基本法第四十五及第六十八條內。只要符合第四十五條和第六十八條，其實便符合基本法的所有其他條文。第四十五條和第六十八條提到的兩個原則，第一，是特區的實際情況；及第二，是循序漸進。這些才是核心問題。因此，如果要有效率，進行真正和公正的諮詢，便只須問市民，第一，現時由八百人產生行政長官的辦法及立法會議員產生的辦法是否有需要修改。如有需要修改，應如何修改，才可符合以上兩個原則。

香港人其實明白中央可以參與及具有否決權，但我們亦希望中央明白，香港人追求民主，既不是想破壞「一國兩制」，亦不是想搞甚麼獨立或半獨立政治實體，只不過是出於熱愛香港，希望透過政改，建立一個有民意基礎的行政主導政府，確保香港長遠的繁榮穩定。

古代先賢孟子提倡：「以德服人者為王，以力服人者為霸」。我希望中央及特區政府明白，如果繼續以高壓或分化手段，阻延香港實現全面普選，即使贏了戰役，最終亦會輸掉了民心，傷害了感情。

張文光議員：

……當前，普選最重大的爭論是愛國者治港的問題。因此，我想集中討論普選與愛國者的關係。

連日來，新華社、《中國日報》、《瞭望》雜誌先後發表社論和文章，就「愛國者」大做文章。今天，左派報章更點了名，指出本港有「四類人」，包括參加支聯會的反對第二十三條立法的人，不是愛國者，不能讓他們在普選時「竊取特區的管治權」。

主席，我就是在這「四類人」當中，被指為不愛國的人。愛國，已經成為從政者的政治入場券。但是，甚麼是愛國？誰是愛國者？卻由當權者決定。愛國被扭曲為愛政權和愛政黨，成為排斥異己、政治審查的工具，最終是要製造一種恐慌和恐怖的政治氣氛，阻止民主派的候選人當選立法會，讓董建華和下屆行政長官繼續行政獨裁，繼續小圈子統治。

八九民運之後，這十五年來，民主派被恐嚇、孤立、分化、打擊，類似的政治圍攻見怪不怪，從容面對，處之泰然。一個真誠的從政者，一個真正的愛國者，從來都要向自己的良心和民族負責，擇善固執，雖千萬人吾往矣，絕不後悔。

我從不後悔參加支聯會，支持八九民運。六四期間，任何一個有良心、有血性的中國人，都不會容許當前的中國政府，用坦克車和機關槍，鎮壓手無寸鐵、和平請願的青年學生。八九民運被鎮壓，而我們只能繼續他們的理想，為實現一個民主的中國而奮鬥。

我也從不後悔反對就第二十三條立法，保障香港的自由人權。香港現時已經有法律保障國家安全，即使法例要修訂，也不能剝削港人既有的自由人權。去年七月一日，香港有五十萬人上街，反對就第二十三條立法，這是人心所向，是所有愛國愛港的人都應該做的事。直到今天，我仍以此為榮。

我從不後悔參與民主運動二十多年。過去，我們爭取民主，是反對殖民地統治；今天爭取民主，是為了香港的長治久安。小圈子選出的董建華和他的問責政府，已經毫無公信力和能力繼續管治香港。香港經歷了六年的衰敗和苦痛，今天，香港必須進行民主改革，普選民選的政府，重建香港的繁榮。民主改革，是任何生於斯長於斯的香港人，痛定思痛後的選擇和覺醒。

我更不後悔在八十年代支持香港回歸中國，結束港英的殖民統治。當時，香港的富豪政客、位高權重的人，都用各種各樣的辦法，包括「以主權換治權」，妄圖延續英國的殖民統治。當年的民主派和青年學生站出來支持回歸，反對中英不平等條約，結束中華民族自鴉片戰爭以來的百年恥辱。如果歷史可以回頭，我仍然會作出回歸的選擇，因為我是中國人。

我們既是生活在香港的中國人，愛國愛港是很自然的事，是人之常情。愛國愛港，不是權力和名利的踏腳石，更不是排斥和打擊異己的工具。今天，「愛國者」的討論已經變質，成為政治跟風、效忠表態、秋後算帳的政治運動。當中國的反右和文革已成過去，當政治運動已經淡出中國，香港竟然在回歸六年後，由內地報刊到本地左派，重新發動一場清算異己的政治運動，實在令人心寒。中國極左的幽靈，彷彿在香港死灰復燃，對港人實行思想教育，對從政者進行政治審判。

主席，對於四類不愛國者的指控，我的回應是「四個不後悔」。我不後悔參加支聯會，支持八九民運。我不後悔反對就第二十三條立法，保障香港的自由人權。我不後悔參與民主運動二十多年。我不後悔在八十年代支持香港回歸中國。我更要嚴肅地指出，當前的「愛國者」辯論，讓人庸俗，讓人反感，讓人恐懼，讓人心寒。香港回歸只不過六年，繁榮安定已隨風而逝，政治整風卻踏浪而來，難道這就是我們所熱愛的香港？難道這就是我們所追求的中國？

許長青議員：

主席，行政長官於今年的施政報告中，宣布成立由政務司司長曾蔭權領導的政制發展專責小組。首先，顯示政府就本港政制發展的研究及諮詢，負起主導的責任。其次，自專責小組成立以來，正積極地會見本地不同的政黨、社團、會社，聽取立法會議員、區議員及學者等方面的意見。同時，當局特意設立相關網頁，讓市民加深瞭解政治討論的議題內容和諮詢重點，市民可以透過電郵發表意見。顯然地，政府就有關政制發展而進行的諮詢工作，已在積極進行中。第三，專責小組於本月初首次訪京之行，為本港政制發展聽取中央政府的意見，並反映本港的民意。這體現了在「一國兩制」之下，中央參與和廣納港人意見的政制檢討工作有個不錯的開端。專責小組在京每次與多個與香港事務有關的機構及人士會談後，均立即召開記者招待會，向香港傳媒簡要地介紹會面情況。況且，專責小組成員返港後，翌日隨即在立法會上，向我們講述專責小組訪京之行的成果。

港進聯一向強調，香港的政制發展一定不能偏離「一國兩制」的大原則，在「一國」之下的「兩制」為香港回歸後，得以維持繁榮穩定，繼續享有原來的高度自由，奠下基礎。

現今台灣局勢大家有目共睹，正受到一些政客和國際野心分子所影響，企圖脫離中國母體獨立，動輒煽動民眾情緒，還打着由人民公投決定前途的旗號，以達到其背後的目的。這些行為罔顧當地人民的福祉，當地人民的處境就彷如走在懸崖間的鋼線上，險象環生。

本人相信，香港政制發展的討論，必須以「一國」為基本依歸，根據基本法所規定的「實際情況」及「循序漸進」的原則，研究各種可行性和審視不同的意

見。部分人士將政制檢討的內容局限於是否贊同二〇〇七年行政長官和二〇〇八年立法會實行普選的議題上，是過於狹隘，只會變成流於表態式的爭拗；而一些組織傾斜性及引導性地選擇問卷調查所收集的民意取向，更會引發市民非理性的反應。這些都不利於理性的討論，同時會窒礙對問題未有定論的市民參與討論，不利於社會的穩定與和諧。事實上，政制改革是香港的重大事務，涉及許多廣泛而複雜的問題，而且，香港只是國家的其中一個特別行政區，任何重大的變更，當然要取得國家的同意。如果簡單地以為透過實行普選就可解決一切問題，是輕率且不負責任的做法。

目前，專責小組正積極地進行民意諮詢，並加緊與中央進行溝通。我們作為立法會議員，應該在加深市民認識政制發展所涉及的範疇和內涵方面，以及在推動全社會進行更開放的討論方面出謀獻策，而不是為急急設定二〇〇七或二〇〇八年的選舉模式而扼殺討論。

單仲偕議員：

主席，香港的政制發展討論到現時已經偏離應有的軌跡。今天，我們竟要為甚麼叫「愛國」不停爭辯；香港社會似乎時光倒流了二十年，返回到八十年代中英雙方就香港前途談判的時代。

我們必須明白，回顧過去的意義，是因為我們要為將來的發展有更好的準備。歷史的巨輪是向前轉的，環顧世界，無論是貧窮或發達的國家，都是朝向民主普選的路向發展。正如國家主席胡錦濤在澳洲國會演講時說：「民主是全人類共同的追求，各國都應切實保障人民的民主權力。」

其實，中國也正朝向民主的方向發展。根據前美國總統卡特成立的卡特中心（Carter Center）所進行的中國選舉研究項目，中國今天已有差不多七十萬個地方進行鄉村選舉，涉及全中國十三億人口，大概 75%。當然，現時的鄉村直選，只是初級階段。但是，我們最少由此可以知道，內地的公民也有參與普選的權利。

香港現時的問題是，香港特別行政區政府的管治。回歸六年，董建華政府的政績是令人失望的。我們不禁要問，香港現在使用的一套政制，是否依然行得通？市民是否依然對這個制度抱有信心？目前的制度，能否解決香港出現的施政

問題？我們是否要十年之後又再等十年呢？

　　既然鄧小平可以提出「讓一部分人先富起來」，以及「一國兩制」的構思，那麼，在政治上，是不是可以容許香港在「特別行政區」和「一國兩制」的情況下，走前一點，走香港人所盼望的路呢？

　　主席，國家發展至今，內地政府也正積極研究《公民權利和政治權利國際公約》，打算日後提交全國人大。要注意的是，此公約第二十五條正正指出，凡屬公民，無分區別，不受無理限制，均應有權利及機會，直接或經由自由選擇的代表參與政事；在真正、定期的選舉中投票及被選。選舉權必須普及而平等。

　　國家主席胡錦濤在法國國會演講時，他是這樣說的（我引述）：「我們不僅進行經濟體制改革，也進行政治體制改革。發展社會主義民主政治，是我們始終不渝的奮鬥目標。我們明確提出，沒有民主就沒有社會主義，就沒有社會主義現代化。我們積極推進政治體制改革，完善社會主義民主的具體制度，保證人民充分行使民主選舉、民主決策、民主管理、民主監督的權利。」

　　我們明白，內地所說的一套民主，與國際社會所認同的，仍有一段差距。但是，今天的國家領導人最少願意推行政制改革、講民主。

　　今年是大選年。美國、菲律賓、印尼、伊朗等國家，無論在政治、經濟上較香港優勝的，還是較落後的，都進行總統普選或國會普選。

　　國家主席胡錦濤曾經在澳洲國會說過，在「政治上要相互尊重，求同存異，擴大共識」，尊重「人民自己選擇的政治制度和政治發展道路」。

　　我相信，香港市民明白內地與香港發展有不同的步伐。但是，香港市民同時盼望，中央政府能尊重香港市民的選擇。這就是：超過 81% 受訪者，支持香港進行普選行政長官，其中七成更期望在二〇〇七年進行；而 77% 受訪者支持全面普選立法會，當中 69% 期望在二〇〇八年執行。這個由「香港過渡期計劃」負責的民調同時指出，有 44% 受訪者，認為在「胡溫新政」下，中央可以回應香港市民的盼望。

　　其實，香港市民的盼望，並沒有超越中央透過基本法給予香港人的承諾。我希望中央瞭解，讓香港市民自己選擇自己的政治制度和政治發展道路，才是「港人治港、高度自治」的道路。

馮檢基議員：

　　本港未來的政制發展，尤其是二〇〇七年的行政長官和二〇〇八年的立法會選舉辦法，事關重大，所以政制發展專責小組必須抱持確切和客觀的態度作為最高原則，藉以諮詢市民對這個課題的看法，同時忠實地向北京反映港人對政制改革的意願。可惜，我及民協感到失望的是，觀乎目前當局提出的諮詢方式和安排，給予公眾的感覺是「務虛不務實，搔不着癢處」。

　　根據多位政府官員的說法，現時諮詢工作的重點應該放在如何詮釋有關本港政制發展的基本法條文，以及啟動修改基本法程序的原則性和法理性問題之上。就此，我及民協理解政府須先行釐清政制改革的法理基礎，藉以體現和實踐本港的法治精神，但看過首階段諮詢工作所提出的一系列十二項問題，我卻不明白問題的內容、用意和作用。

　　首先，諮詢文件的第一部分問及香港的政制發展如何能符合基本法中有關中央與特區關係的條文。我及民協都認為，這些問題對發展香港全面普選行政長官或立法會的關係不大，當局是否須再就此作出很細緻的討論呢？在全國人大通過實施基本法和香港回歸後，港人早已接受香港是中國不可分割的一部分，亦從未有人質疑過這個原則。因此，專責小組透過這系列問題去引導公眾表達意見的做法，是值得商榷的。

　　其次，綜觀整份諮詢文件，我及民協都認為，當中絕大部分問題都不夠實在，唯一「到肉」的諮詢只有最後一項，即問及「二〇〇七年以後」的理解是甚麼？我及民協重申，專責小組在研究原則性的法理概念外，更應該盡快展開實質而具體的政改諮詢工作，收集全港市民對二〇〇七年普選行政長官和二〇〇八年普選立法會的意見，重新把現時政制改革的討論聚焦起來。

　　除了諮詢文件的內容外，我及民協亦非常關注專責小組的諮詢方式，以及處理將來所接獲意見的手法。相信在座各位都會記得，政府去年就基本法第二十三條立法所進行的諮詢工作受到不少批評，好像用簡單的二分法籠統地劃分市民的意見為「贊成」或「反對」，以及在《意見書匯編》內特別強調不少預先印製的意見表格和簽名表格，有「不妥當的處理之處」，反映當局對反對者是有懷疑之心。

主席，其實，香港近日亦有很多人以「愛國」作為題目，引起社會爭拗。對我來說，「愛國」這個題目，除了鄧小平先生在一九八四年的一些發言中，曾提及他對香港特別行政區執政者就「愛國」下了一些寬鬆（我認為是非常寬鬆）的定義外，其實，在香港特別行政區成立的期間，已有三個機制把「愛國」的定義融化到香港的基本法和我們的法律內。這三個機制包括：香港特別行政區的基本法草委會、香港特別行政的籌備委員會及臨時立法會。其實，「愛國」這個詞已融入我們的基本法，包括基本法的第四十四條、第六十一條及第六十七條。根據這三條，無論行政長官、主要官員，以及立法會議員（除了 20% 外），都必須由在外國無居住權的香港永久居民中的中國公民擔任。其實，這裏所述明的是，擔任這些執政的人士，必須是中國籍的。

基本法第一百零四條訂明行政長官、主要官員、行政會議成員、立法會議員、各級法官和其他司法人員，在就職時必須依法宣誓擁護中華人民共和國特別行政區的基本法，效忠中華人民共和國特別行政區。

我不知引起我們討論這個題目的人，有否考慮過究竟宣誓擁護中華人民共和國特別行政區基本法，為何不等於「愛國」呢？因為基本法的第一章第一條已訂明香港特別行政區是中華人民共和國的不可分離部分。第二條說明全國人民代表大會授權香港特別行政區依照本法規定實行「高度自治」，享有行政管理權、立法權、獨立的司法權和終審權。凡曾宣誓的人，都應擁護這些。是否有需要在諮詢文件的第一條問，你是否同意和承認香港是中國的一部分呢？我們是否已經回歸呢？其實，在宣誓的時候，我們已經擁護整份基本法，而不是擁護基本法中的某一條，或有某些條文是我們不擁護的。所以，我覺得在基本法方面，我們已同意了這個制度，如果我們已宣誓，由我們成為中國人，以至擁護基本法，其實已經處理這兩個問題。籌委會亦已經認同這兩條，並在臨時立法會制定成為香港法律的一部分。

這個問題另一個值得討論的政治角度是，即使現在中華人民共和國在針對處理台灣回歸或統一的問題上，都可以提出一個更寬鬆的看法，只要台灣能夠承認「一國」，已經甚麼都可以商量，可以回歸和變成一個大家庭。大家都是中國人，連台灣都可以承認「一國」便可以，為何香港人仍要討論是否愛國？難道要在胸前寫個「勇」字，才算是愛國嗎？引起這些討論是不值得的。

我亦相信，由於香港人一百五十年來都生存在市場經濟的社會，滿腦子都是市場經濟的價值觀，挑起一些政治運動和政治鬥爭，是香港人所不受落的。這樣的政治運動和鬥爭只會把香港人越推越遠，如果要他不愛國，就繼續鬥爭下去吧。我希望引起以「愛國」為鬥爭工具的人清楚考慮香港人的文化價值觀。如果你真的愛「一國兩制」，就要容許香港人真的可以在思想方面、價值觀方面、文化方面有「第二制」。

麥國風議員：

……政制發展茲事體大，政府應該要汲取上次慘痛的教訓，廣開言路，廣泛及全面諮詢市民，細心聽清楚市民的訴求，並以公正、公平、公開的方式歸納他們的意見，如實向中央政府反映，千萬別再重蹈覆轍，用拙劣手法去處理政制發展。

究竟市民對普選的呼聲有多大？從七一超過五十萬人上街遊行，一一〔到〕十萬人參與元旦大遊行兩件事可以看到，他們表達了政府須還政於民的訴求。去年十一月二十三日的選舉，超過一百萬人用他們手上神聖的一票，希望可以行使這方面的權利，反映他們心目中的代表。此外，許多民意調查亦顯示市民對普選的訴求，例如香港中文大學亞太研究所近日的調查發現，68.7% 的市民同意或非常同意在二〇〇七年普選行政長官。香港過渡期研究計劃去年十一月的調查顯示，70% 受訪者認為二〇〇七年應普選行政長官。二〇〇三年十一月，民主黨的調查亦發現，79% 受訪者支持二〇〇七年普選行政長官，77.7% 人贊成二〇〇八年普選立法會。

其實，我的辦事處現在正向我所服務界別的同業進行一項關於這方面的問卷調查。初步結果顯示，約有七成四的回應者分別認為二〇〇七年應該普選行政長官及二〇〇八年立法會所有議席應該由分區直接選出，此外，約有八成五的回應者認為政府應該就二〇〇七年行政長官和二〇〇八年立法會議員選舉進行全面的民意調查。

有人可能會問我們，為何功能團體的議員和選民會支持全面直選立法會？原因有三個，我以往也曾提及。第一，我相信選民的眼睛是絕對雪亮的，他們的

瞳孔放得很大。他們絕對認為其業界代表除了須關注業界的事情外，亦必須及關心其他社會事情。由於功能團體的議員的表現得到選民和市民的認同，所以有關界別的選民肯定不擔心直選後，這些議員不會不為其業界發聲。第二，正如我以前說過，直選候選人絕對有能力和興趣關心有關界別的事情，他們一定會投其所好，就他們的對象選民提出相應的政綱。

第三，根據基本法，行政長官的職權是領導香港特區政府，決定政府政策和發布行政命令；而立法會議員的職權包括制定、修改和廢除法律、批准稅收和公共開支、對政府工作提出質詢、就任何有關公共利益問題進行辯論。由此可見，行政長官和立法會議員的職權，關係到每個市民的切身利益。因此，普選行政長官和立法會議員，實在是全港市民應有的權利。

按照上述種種跡象估計，對普選的訴求相當高，但我請政府千萬不要採取駝鳥政策，以為全民諮詢的結果會支持普選，就不做全民諮詢，這一定是「斬腳趾避沙蟲」的方法。請記着，無論諮詢的結果如何，大家也都應「心甘命抵」。

近來，我們的爭拗停留在「愛國愛港」的定論方面，其實只會拖慢政制改革的步伐。希望政府不如就這方面多做一些實質的工夫。……

梁耀忠議員：

很可惜，政制發展專責小組不單止沒有理會民間要求盡快就政制進行實質諮詢的訴求，反而提出要處理甚麼原則問題，才討論實質的政改安排，繼而是迫香港市民參與由忽然愛國人士及官方喉舌所主導及所引導的愛國大合唱。我們必須指出，這種充滿中國特色的政治運作模式絕對不適合香港，市民追求的是理性討論的機會，切實檢討政制，建立一套植根於市民的民主制度，解決過去六年多來的管治危機。

但是，香港特別行政區政府自始至終對政制發展的諮詢都令人感到缺乏誠意。過去數年，我們一直要求林局長領導的政制事務局盡快就政制改革進行諮詢，結果卻一拖再拖，最後更要緊急剎車，拋出所謂原則問題要求港人討論。我們不禁要問：假如原則問題如此重要，為何不及早提出，讓港人可以真的各抒己見，提出我們的意見，而必須留待今天市民認為須就實質安排進行諮詢時，才提

出來。令人更不滿的是，當社會開始討論原則問題時，又來新一輪的愛國討論，不單止令政制討論偏離軌道，而昨天，新華社的文章更將爭論發展到對個別人士的人身攻擊。曾司長曾經講過，現在應該是放下爭論，進入實質討論的時候。很可惜，這種理性的取態很快又被非理性的愛國爭論所蓋過。

我們必須指出，這種看似是百花齊放、百家爭鳴的爭論，實際目的只有兩個：一是要利用虛無的爭論拖延政改的實質諮詢，避免一些親政府人士的反民主立場在九月的選舉中失利，亦可以等待經濟好轉時，淡化市民對董建華政府的不滿，而不至轉移爭取全面普選。但是，我們必須強調，政制改革一天不改，政府的施政問題仍然存在，市民不會因為經濟的少許改變而放棄政制改革的訴求。

所謂愛國爭論的另一個目的，就是要剝奪異見人士的參政權，要令選民怯於中央的壓力，不支持中央認為不愛國的人士，更甚的是要在基本法所賦予的公民權利之上加上更多的限制，正如伊朗最近的國會選舉一樣，被認為改革派的人士不能獲得參選資格。在香港，不做保皇黨的人就是不愛國，就要被剝奪政治權利。可是，市民絕不能接受香港變成伊朗哈梅內伊式的極權統治，而歷史告訴我們，中央的民〔文〕攻恐嚇，不能改變人民對民主訴求的追求，我覺得香港市民一定會繼續爭取下去的。

我們極之希望中央政府明白，挑起爭論絕對無助於政制改革的諮詢工作。我希望中央政府能夠注意兩點：首先，有人認為香港人不熟悉內地的政治文化，才會認為愛國論無關重要。但是，我想指出，情況剛好相反，香港不少人因為逃避共產黨的統治、逃避這種虛無飄渺，而又往往有重大殺傷力的政治爭論才來到香港，希望可以吸一口自由的空氣，無須被迫表態。很可惜，今天的當權派又要在香港故技重施，這種做法實在非常危險，可能會迫出另一種形式來，便是市民會以腳表態，離開香港，來表達他們的不滿。

其次，政制諮詢集中在虛無飄渺的愛國討論中，令人難以接受的地方是，香港人不習慣有人，或有制度來凌駕法律。今天，有人要在「一國兩制」之上加上要以一國為前提，就「港人治港」、「高度自治」，要全面地理解為，在中英聯合聲明及基本法之上，還有其他更高的原則。不單止如此，令港人更難以接受的是，這些原則會隨時隨着領導人的好惡而任意詮釋，因而增加不穩定的情況。這樣是以人治代替法治，與世界的大潮流和爭取民主的方式實在背道而馳。再者，

如果法律條文可以任由中央肆意增減，我們要求的「高度自治」、「港人治港」究竟仍否存在呢？如果香港的所謂愛國人士繼續堅持這種非理性發展，我相信必定會損害香港的利益。

主席，最近，不少官方人士抬出鄧小平的言論來支持愛國論。我們認為鄧小平的思想應該全面地理解。鄧小平亦提過「實踐是檢驗真理的唯一標準」，這一點在今天來說更有意義。甚麼人是愛國、甚麼事有益於香港，我覺得都須以客觀的事實作為準繩，市民的判斷作基礎，不是說董建華、梁振英所說的愛國，便可以解決問題。事實上，我們必須有一個民主體制，利用這個客觀尺度，才可以衡量我們的基礎、我們的發展是否正確及良好。

今天，香港人要放下愛國爭論，而唯一停止爭論的方法就是進入實際的政制討論。假如香港的「忽然愛國人士」及官方喉舌強迫香港人繼續跟隨着他們的指揮棒跳舞的話，我相信最終只會迫走真正想為香港而建設的市民。……

李卓人議員：

主席女士，香港管治出現問題，這些是具體的問題。港人要求政改、要求普選，希望可以找到一個具體的解決方案。近日，政制檢討演變成了愛國辯論；面對輿論機器日夜不停地疲勞轟炸，我除了覺得煩厭外，其實更感到悲哀。這是因為香港人正親身經歷近代中國尋找現代化建設的漫長道路，所呈現的是文明與封建之間的張力，理性與權威之間的碰撞：在胡溫二年勾劃的一幅新政景象裏，卻看到萬曆十五年間，盤繞中國大地的魅影幽靈。

著名歷史學家黃仁宇在《萬曆十五年》一書中指出，明朝作為一個中央集權的帝國，要管理無數而又組織鬆散的小農，由於缺乏成熟的法律章典，道德於是成為立國最重要的支柱。如果把道德換為愛國，我們便不難察覺，愛國論其實跟四五百年前的明朝帝國是何其相似的。其實，不單止是四五百年前的明朝，整個中國這麼多個歷代皇朝，也是說道德的。

在明朝，技術問題送交御前決定，往往要翻譯為道德問題，以至善或極惡的名義作出裁決。例如要治理水道，最重要的不是方案的利弊優劣，而是皇帝用人要符合道德禮儀。這樣，朝廷百官自然是眾望所歸，他們的建議亦必是上策。基

於同樣邏輯，今天的政改討論，焦點不在於制度設計的客觀合理性和認受性，而在於治港的人是不是愛國愛港。

道德往往是抽象的，所以要由具有絕對權威的皇帝定奪，而聖旨既下，便不再允許有任何非議。因此，新華社重新發表鄧小平談話後，中央人民政府駐香港特別行政區聯絡辦公室副主任李剛便急不及待〔地〕的叫大家「統一思想、統一認識，在重大問題上，統一到鄧小平講話的精神上」。

明朝宮廷政治的一個特色是參奏，不同的官僚集團，各以道德之名互相攻訐，上奏御前檢劾異己。今天，我們看到有人手執過去二十年來的報章，誓要證明對方是通番賣國的漢奸。有喉舌報把不愛國者定為四類人 —— 我很驕傲，有人說我是屬於第一類，又有人說我是第四類。既然分了類，那我便會在選舉政綱上寫出來，讓香港人知道，將來便可較容易分類。

萬曆十五年間，明帝國糾纏在道德禮儀上，沒有認真處理經濟、財政和軍事的種種技術問題，揭開了中國近代慘痛歷史的序幕。胡溫二年，愛國愛港的爭論，對中港兩地有甚麼實際意義呢？難道拖延政改便是愛國愛港的表現嗎？

黃仁宇博士從無否定道德，他只想指出，道德不能代替技術，尤其不可代替法律。凡能先用法律和技術解決的問題，不要先扯上道德觀點，因為道德不能分割，亦不便妥協。如果道德上的爭執持久不能解決，雙方的距離只會越走越遠。

同樣道理，愛國既然被說為理所當然，而在草擬基本法期間亦已經將這個抽象原則寫成具體條文，我們今天便無謂再挑起爭端，而應針對香港的具體管治問題，提出具體的解決方案。如果繼續將愛國論無限上綱，硬要在基本法上僭建多一個由鐵籠改裝成的愛巢，便是妨礙了我們理性地討論政改問題，妨礙了香港的民主發展，目的是遏抑人民的民主要求。這類違章建築物更可能會令社會不勝負荷，最終會摧毀法治的基石。

主席女士，大陸的宣傳機器日夜開動，不少人紛紛充當解籤的堪輿學家，指在二〇〇七、二〇〇八年普選已經無望；如果港人要在政改問題上跟中央硬碰，必須後果自負。我不想猜度中央領導人是否已有所決定，亦不想估他們會如何「出牌」。我只知道，如果哥伯尼當天屈服於神權之下，我們便會仍然以為太陽是環繞着地球運轉。如果我們今天不據理力爭，屈服於權威，我們便是不愛國不愛港，是對不起歷史，對不起港人，對不起主席女士了。

胡經昌議員：

主席女士，要求政府一步到位，立即就二〇〇七及二〇〇八年普選諮詢市民意見，我認為是與基本法的循序漸進原則相違背的，因為香港政制發展的進程必須跟隨香港社會的「實際情況」來配合進行。

至於香港目前的政制實際情況，剛才在本會討論的一項口頭質詢亦已顯露無遺。政府統計處去年十二月發表，關於「對基本法的認識」的統計調查結果顯示，有高達 40.4% 的小學四年級及以上學生，完全不認識基本法的內容，而政府回應也指出，二〇〇二年公眾意見調查結果顯示，一般市民認為自己對基本法有一些或相當認識的人士所佔的百分比只有 48%，是一個不合格的成績表。從政府沒有回應我就市民認為對基本法有「相當認識」的百分率，可以推斷該百分率應是一個十分低的數字。

從這些數據可以體會，香港回歸六年多，仍然有很多市民，尤其是年輕人對國家的觀念非常薄弱，對「一國兩制」的理解更有嚴重偏差，只懂得高喊「兩制」，但對有關「一國」的認識卻極度不足，未能全面而正確地理解：必須在「一國」的前提下，才能切實推行「兩制」的原則，更遑論尊重國家的應有行為。

主席女士，香港在過去百多年的殖民地管治下，港英政府刻意忽視公民教育的意識，特別是關於國家的認同感方面，因而導致不少市民欠缺完整的國家觀念。雖然回歸後在香港特別行政區政府的推動下，市民對國家和民族的概念日漸提升，卻仍然談不上真正的深入理解。

我曾經在外國讀書和工作多年，深深體會到外國人的國家觀念比我們的是強很多的。他們不但國家觀念強，而且十分尊重以國家為首的原則。外國省市的政府部門、機構和學校等在懸掛旗幟時，一定是先有國旗才有省或市的旗幟，清楚顯示他們對國家的尊重，主次分明，愛國教育清晰明確。

反觀香港，回歸至今已六年多，才漸漸看到懸掛國旗等愛國教育的觀念在社會上開始得到認同，但我認為與外國比較仍然有很大的距離。為何特區政府在監管證券業方面，或對工商業的法規方面經常要超英趕美，甚至要超越全世界，而且經常強調國際大趨勢，好像取消最低經紀佣金的立場，便急得好像恐怕「死人塌樓」般，但談到「愛國教育」這國家大事時，卻好像「吃了幾擔豬油膏」般呢？

對此，我是感到十分悲哀的。

在外國，如果要入籍，第一件事就是要懂得唱國歌，而在日常生活上，例如在美、加等地球賽開始時，如冰上曲棍球或棒球等比賽開始前，高奏國歌是必做的指定動作，否則球賽便不會開始舉行。況且，除了奏出自己的國歌外，也會奏出對方球隊所代表國家的國歌，更重要的是在奏國歌前，全體球員和觀眾（不論是否該國的公民），在聽到一句「The National Anthem」時，都會自動自覺地起立。從這些行為表現，可以看到市民對國家的尊重。說到這裏，我有一個想法，回歸六年多，不知道行政會議和立法會的議員會否考慮帶頭表達對國家的尊重，在每次開會前，先有奏國歌的程序。對於剛才李卓人議員的愛情論，我雖不是專家，但我覺得在愛情方面，要維持一段婚姻，除了愛，其實還要大家互相尊重。我想，現時我們也看到有許多離婚的個案，而且越來越多，但如果雙方是彼此尊重的話，我相信這些離婚個案也會減少。主席女士，我為甚麼這樣說呢？尊重自己國家是每一個公民應有的責任，所以在政制發展的問題上，我們也應該尊重國家。要教育市民尊重國家，不能夠今天說了，明天便要立即學懂，也要循序漸進，讓市民日積月累地培養和學習。所以，政制發展的進程，亦不能一步到位，必須在穩定的前提下進行。正如我的座右銘所說，「繁榮中求增長，穩定時尋理想」。換句話說，便是要先達到穩定和繁榮的基礎，才能夠進一步尋求理想和增長。

事實上，美國等所謂民主國家的民主進程，是經歷數百年的歷史才能逐步向前推進至今天的基礎，而香港在過去百多年的殖民地管治時期，並沒有開始民主發展的步伐，而一直採用由英國委派總督、獨攬大權的政治體制。直至中英就香港問題簽署中英聯合聲明後，才加緊推行所謂的「代議政制改革」，司馬昭之心，路人皆知也！

主席女士，「未學行先學走」是很危險的做法，我們不應以整體社會的穩定作賭注，更不應以「博一博」的心態，試圖改變現實，擾亂香港過去一直賴以成功的「經濟城市」的模式，因為香港是一個「經濟城市」而非「政治城市」，絕不能被利用改變成為一個充滿政治鬥爭的城市，企圖鼓吹越級跳班地推行政制改革，只怕欲速不達，最終會損害到香港經濟的長遠穩健發展。

我們必須在「一國兩制」的原則下商討政制發展問題，因此，在市民對全面

準確地理解和貫徹「一國兩制」方針等原則性問題還未弄清之前，並不適宜立即進行二○○七及二○○八年的普選諮詢。既然政府已經就原則性問題透過不同渠道公開諮詢市民的意見，並表明會把諮詢結果如實向中央反映，況且，我們亦可以看到政制發展專責小組與中央磋商工作的透明度已經十分足夠，除了經常向記者講解最新情況外，從北京回港後還盡快第一時間向本會作出匯報，所以，在這些大前提下，我只能夠支持楊孝華議員的修正案。

譚耀宗議員：

主席，自從行政長官在施政報告裏宣布成立一個專責小組，研究政制檢討的原則和程序問題後，香港政制檢討的工作便已正式展開了。政務司司長領導的政制發展專責小組已即時開展諮詢的工作，約見不同的團體和人士，聽取各種意見。此外，也前往北京與中央政府的有關部門會晤，商討基本法中涉及政制發展的原則及條文。

在「一國兩制」的基本原則下，香港的政制發展不能，也不應繞過中央政府而單方面實行，這項理解已經是香港社會的共識，因此，加強與中央政府溝通，澄清一切的原則，是一項必須的工作，也只有這樣，才能為政制發展創造條件。

最近內地多位法律專家及多份傳媒都重申對「一國兩制」、「港人治港」等憲制性原則的解釋，香港社會也因此帶起熱烈的討論。本人認為作為香港人是必須全面理解「一國兩制」、「港人治港」的內涵的，因為這與香港的切身利益密切相關。中央政府當初設計「一國兩制」時，「一國」及「兩制」這兩個內容是一併考慮的，而並不是一面倒，或只側重其中任何一方的。「兩制」給予港人「高度自治」的同時，並不意味着中央政府完全放手不理，當中必須有個前提，即「一國」。香港是中華人民共和國不可分割的一部分，因此，在中華人民共和國之下才有「兩制」，如果沒有這個前提，香港目前實施的制度將不可能存在。

「愛國者治港」的討論，並不是一般的討論，而是在政治體制發展討論中涉及基本原則的討論。立法會議員作為參與香港管治工作的一分子，愛國是很自然、很合情合理的要求。鄧小平先生提出「愛國者治港」，就是要求治理香港的人是支持「一國兩制」的，支持國家領土完整，不損害祖國的利益，不損害香港的繁

榮及穩定的。這種要求一點也不過分，因此香港不應該成為搞獨立、搞分裂，或
顛覆中央政府的基地。重溫鄧小平先生當年的講話，可以對本港政制發展的討論
問題有更清楚的認識。香港的發展與內地、與中央有很密切關係，香港在政治上
要進行任何改變，均必須考慮「一國」這個大原則。因此，要推動香港政制的發
展，必須加強與中央政府的商討，而並非採取對抗要脅的態度，否則只會斷送香
港社會穩定的局面。

　　香港政制發展的藍圖並不單止局限於二〇〇七、二〇〇八年的普選，而且還
應該包括政制的穩定性、行政及立法的關係等。為了順利推動普選制度，香港社
會必須對政制發展所涉及〔＋的〕各個層面有清晰及全面的理解。

　　民建聯作為一個積極參與選舉的政治團體，我們爭取二〇〇七、二〇〇八年
進行普選，但我們也明白，政制發展的任何方案必須符合基本法規定的原則和程
序。現時社會上對政改方向有不同的聲音，民建聯將本着理性和衷誠的態度，與
其他團體和人士交流對政制發展的看法，並期望政制發展能符合香港社會整體的
最大利益。

　　香港內部現時對政制發展所涉及各種原則的討論，顯示出我們的社會對政改
的步伐有很多不同的意見，因此，特區政府在推動政制發展的過程中，必須更積
極地扮演應有的角色，充分疏導社會不同的意見，促進社會各界的協商討論，以
及處理好特區與中央的關係，避免造成香港市民與中央政府的對抗，保障香港的
社會穩定。

劉炳章議員：

　　主席女士，二〇〇七年的行政長官選舉和在二〇〇八年的立法會選舉是香港
市民關心的議題，因此，在政制發展專責小組在本月十日自北京回港後，各種消
息和傳聞不絕於耳，「愛國愛港」更是其中一個討論的焦點，並不斷伸延。我個
人認為不必對這種消息和傳聞太認真地看待，尤其是政務司司長已在訪京後馬上
在本會作出聲明，講述在京期間的工作。如果仍然煞有介事地對各種消息和傳聞
尋求澄清，在澄清之後再要求澄清，實際效果只會是令情況越描越黑，幫助炒作
這些消息和傳聞，對理性地討論政制發展並無好處。

　　過去，我曾多次在本會公開促請政府盡快就二〇〇七年的行政長官選舉和二〇〇八年的立法會選舉提出方案，讓市民可以公開討論和比較各種方案的優劣，從而凝聚社會最大的共識，讓在今年選出的立法會在適當時候通過相關的選舉法例。可惜，政府一直沒有提出任何具體的方案，讓有不同主張的政治團體可進行理性的辯論，以及讓全港市民作出自己的判斷。

　　現時，中央提出政制發展的方向須顧及中央與香港特別行政區的關係及基本法訂明的相關原則。政務司司長在十一日曾向本會交代中央部門對問題的看法：「他們表示中央對香港的政制發展高度關注，因為這事情關係到『一國兩制』的方針和《基本法》的貫徹實施，關係到中央和特區的關係，以及關係到社會各階層的利益和香港的長期繁榮穩定。中央有關部門強調『一國兩制』必須以『一國』為『兩制』的前提，『一國兩制』的概念是不可分割的，……特區行使的行政、立法和司法權力來源是經中央授權，沒有『剩餘權力』給予特區。香港的政治體制是按照憲法由人大通過基本法予以確定的，在研究行政長官和立法會兩者的產生辦法的問題時，必須聽取中央的意見。」

　　作為祖國的一個特別行政區，香港市民普遍認同政制發展必須得到中央的認同，因此亦要顧及中央的關注。中央近日提出或重提八十年代國家為香港定下的方針，「就是管理香港事務的人應該是愛祖國、愛香港的香港人」，當然是有重溫的價值，可讓大家反思「一國兩制」的意義。

　　不過，無論如何，中央關注的各項原則，最終是要體現在各項選舉安排的方案之上，哪個方案最能符合中央的關注和基本法的原則，是要根據具體方案，透過充分的理性討論和比較，才能得出結論，以凝聚最大的共識。正如我在月初的施政報告辯論中指出，在過去一年，香港內部對二〇〇七年行政長官選舉和二〇〇八年立法會選舉安排的討論，其實是非常狹窄的。有些聲音是支持一步到位的普選，有些聲音則反對作出任何變動，甚少有中間的方案可供討論。

　　現時，專責小組較為關注原則的問題，仍然未提出任何具體方案。雖然專責小組採取先解決原則問題的諮詢方式，是可以接受的，但我仍然期望，當社會就這些原則醞釀出普遍的共識後，政府便要提出不同的方案，以便社會可以有足夠的時間和空間，辯論哪個方案最能符合基本法所訂下的各項原則和香港的長遠利益。

......

主席女士，已故國家領導人鄧小平先生在一九八七年會見香港基本法起草委員會時曾經說：「對香港來說，普選就一定有利？我不相信。比如說，我過去也談過，將來香港當然是香港人來管理事務，這些人用普遍投票的方式來選舉行嗎？我們說，這些管理香港事務的人應該是愛祖國、愛香港的人，普選就一定能選出這樣的人來嗎？最近香港總督衞奕信講過，要循序漸進，我看這個看法比較實際。即使要搞普選，也要有一個逐步的過渡，要一步一步來。」從這段講話，大家可以看到鄧小平先生對普選有一定的看法，但他有胸襟和勇氣推行「一國兩制」。他在同一個場合說：「我們對香港、澳門、台灣的政策，也是在國家主體堅持四項基本原則的基礎上制定的，沒有中國共產黨，沒有中國的社會主義，誰能夠制訂這樣的政策？……我們搞的是有中國特色的社會主義，所以才制定『一國兩制』的政策，才可以允許兩種制度存在。」因此，我們應以坦誠和包容的態度，在兼顧國家利益的大前提下，按照基本法的原則，推動香港的政制發展。

政制事務局局長：

現在，我想就鄭家富議員的原議案，以及楊孝華議員和楊森議員分別提出的修正案，跟大家講述政府的立場。

鄭家富議員的原議案分兩個部分，第一部分是關於政制發展專責小組北京之行的工作透明度問題，第二部分要求政府立即就二〇〇七年以後的政制發展事宜進行諮詢。

首先談一談透明度的問題。

鄭議員表示我們這次訪京之行缺乏透明度，就此，我們認為完全與事實不符。

主席女士，其實，專責小組自從一月初成立以來，我們為自己訂立了一個宗旨，便是我們的工作要保持高度透明。

從我們接見的團體和人士所得到的意見，以及報章輿論，我們明白到市民的期望，我們亦清楚知道我們與中央的商討的這個過程是需要高度透明的。

事實上，就這次北京之行，我們特別採取了多方面的步驟和措施來確保透

明度。

我們在北京先後會見了兩個中央有關部門的同事和一批內地法律專家。在每一次正式會面開始時，傳媒的代表都可以進入會場拍照和作簡單的提問。每一次會面完畢後，政務司司長都會帶同專責小組的成員主動會見傳媒，希望透過各個傳媒機構，特別是電子傳媒的報道，可以第一時間向市民講述我們與中央官員和內地法律專家的談話的主要內容和要點。

在北京訪問行程完畢後，專責小組跟傳媒做了一個總結，向大家解述中央有關單位跟我們商討和會面的成果，以及專責小組下一步的工作。

專責小組在返港後第二天，政務司司長在得到主席女士你的同意後，藉立法會的例會作出聲明，向議員講述了專責小組在北京的兩天的工作，有不少議員對這方面的做法表示認同和歡迎。

主席女士，這是兩個星期前的事，大家都應該會記得。政務司司長當時詳盡地講述了專責小組如何向國務院港澳辦公室反映港人的意見，包括向港澳辦講述現時港人就政制發展普遍接受的原則、香港不同機構就有關問題進行的民意調查，以及將有關團體和人士的書面意見悉數及完整地交給港澳辦作參考。

政務司司長在聲明當中亦用了不少篇幅，透過立法會向市民大眾解釋中央對政制發展的具體關注。

上星期一，我代表專責小組出席了政制事務委員會的會議，也通報了專責小組在與不同團體和人士會面中最新得到的情況及意見，我亦進一步回答了議員就北京之行和其他相關議題的一些提問。

主席女士，我剛才作出這一番回顧，是想向大家說明專責小組是切切實實地兌現了我們的承諾，繼續努力保持專責小組工作的高度透明。因此，我們完全不能認同鄭家富議員的說法，指北京之行缺乏透明度。

至於楊森議員表示，我們要增加這次北京之行和日後與中央磋商的透明度，我可以清楚向大家表明，今後我們會不斷提醒自己，要堅守維持高度透明的原則，並且要如實向中央反映香港市民的意見，也會向市民和香港公眾解釋中央的關注。

主席女士，就鄭家富議員要求我們就二〇〇七年行政長官及二〇〇八年立法會所有議員是否應由普選產生立即進行諮詢這項問題，以及楊孝華議員的修正案

則希望我們能夠盡快就二〇〇七年及二〇〇八年的政制發展的議題諮詢市民。我們清楚知道這分別是民主黨和自由黨的立場，就此我作以下回應。

政制發展對香港的未來影響深遠，與香港的長期繁榮穩定息息相關，所以政府非常審慎地處理這個事關重大的課題。

自專責小組成立以後，我們已經為專責小組的工作的優先次序作了清晰的定位。現階段我們的工作重點，便是要就基本法中關乎政治體制的原則和法律程序的問題進行研究，並且在香港社會內部深化這方面的討論，務求中央及香港特別行政區能夠就這些問題，達成一個共同的理解，可以方便我們進行下一步的工作。

就基本法中的原則問題，政務司司長已經在二月十一日的聲明，向議員作了詳細的解釋。行政長官在上星期五亦向傳媒談及有關的問題。概括而言，主要涉及以下數方面：

首先是「一國兩制」，中央政府向我們特別指出，這是在「一國」前提下實行的「兩制」。對於「一國」，也很具體，便是中華人民共和國。

第二方面是「高度自治」，在香港實行的高度自治是在中央授權下的高度自治。

第三方面是「行政主導」，行政主導是基本法設計的重要原則，香港政制的任何演變，都不能夠背離這項原則。

第四方面提到的是「均衡參與」，均衡參與是我們的政制中一定要緊守的一項原則，我們有需要照顧到香港社會各階層、各界別。再者，政制發展要循序漸進和充分切合香港的實際情況。

第五方面，「港人治港」是以愛國者為主體的港人來治港，而對於愛國者也有很具體的標準，便是要尊重自己的民族、誠心誠意擁護「一國兩制」、不做損害國家和香港的事情，這便是愛國者。

近日，大家對「愛國者治港」這項原則尤其關注，有許多的討論。我相信絕大部分香港市民都是愛國、愛港的，並認同管理香港事務的主體必須是「愛國、愛港」的香港人。

有人問到愛國是否等如要愛黨。我認為要理解這項問題，要返回國家的憲法。愛國是一個整全的概念，黨是根據中華人民共和國的憲法來領導國家，中央

也是根據憲法和基本法成立香港特區，讓香港在「一國兩制」下實行高度自治和港人治港。要參與管治香港的人應該尊重這個憲制的秩序和安排。

主席女士，有關政治體制的原則不是新事物，是中央通過基本法為香港確立的政治體制的重要基石。

中央有憲制上的權責審視香港的政制發展事宜。事實上，香港社會也普遍認同中央在這方面的憲制權責。因此，社會各界應該對這些原則性問題進行深入和客觀的討論，我們這樣做可以為未來政制發展的工作打下穩固的基礎，這也是非常重要的一步。

為鼓勵大家就有關原則和法律程序的問題得以進行廣泛的討論，專責小組已經按照一月十四日發給政制事務委員會的文件，將這些問題以提問的方式，放置在上星期四我們正式啟用的政制發展網頁上。我們歡迎市民就這些問題向我們發表意見。

此外，專責小組也在剛剛過去的星期一，在本地報章刊登廣告，列出有關的原則和法律程序的問題，邀請市民多發表意見。我們也複製了政制發展的相關文件，擺放在各區的民政事務處，供市民索閱。這些步驟都是希望香港社會和市民大眾可以多接觸這項問題，多向我們發表意見。

主席女士，在總結前，我想回應一兩位議員提過的數項要點。余若薇議員提議我們應該將有關政制發展的討論帶回正軌，主席女士，其實，我們推動就基本法中關乎政制發展的原則和法律程序問題進行討論，正正便是為了這個目的，便是要返回正確的軌道。

基本法已經給予我們一套整全的規定，來處理政制發展的事宜。我覺得在這方面我們有數點是要緊握的：第一，基本法已經為香港啟動了民主進程，香港目前所有的民主成分比以前任何一個年代都為多。

第二，我相信在座各位議員都有民主的理想，大家都是根據基本法以普選為最終目標。民主不是任何一方或任何一派的專利，大家都希望香港的政制可以繼續發展，但對發展的速度、模式，確實是有不同的意見，所以我們大家都需要有這個兼容包備的態度來進行溝通和討論，這樣我們才有更大機會可以建立到一套共識。

第三方面，我認為我們不應該太看輕香港現時已經達到的民主地步和成果，

不應該對香港的政制太過妄自菲薄。香港有好幾方面的條件是非常有利的，是我們值得自豪的。香港有法治，香港有司法制度來保障我們的人權自由，立法機關和行政政府可以互相制衡，互相配合。我們也有廉潔的政府和公共架構。因此，我們應該一方面認定現有的憲制基礎，另一方面，我們要多討論基本法中有關政制發展的原則和法律程序的問題。這樣，我相信我們得以進一步討論和推動政制發展的工作會更有成效。

另一方面，我想回應吳靄儀議員所提及的，便是我們到北京的時候，究竟有沒有反映香港社會的意見呢？有沒有提及眾位議員要求我們應提到的香港究竟是否有獨立的傾向呢？我們有反映，中央亦清楚知道大部分香港市民是支持回歸，支持國家統一，支持根據基本法在香港落實「一國兩制」的。

吳靄儀議員提到的第二方面，便是民意調查方面。我們有提及香港各方面所做的調查，指出有一些調查是反映香港社會有七成人支持普選這個模式。我們也有提交一如基本法四十五條關注組交給我們的意見書、香港民主發展網絡交給我們的意見書等，這些意見書亦有提及民調方面的意見。因此，我希望藉今天的機會，再一次向吳靄儀議員強調，專責小組是有充分、全面地反映香港市民的意見的。

主席女士，自專責小組一月初成立以來，香港社會對政制發展事宜的討論越見熱烈。

在討論過程中，大家持有不同的觀點和立場是很自然的。事實上，也要經過一個百花齊放、兼收並蓄的討論過程，我們才可以集思廣益，逐步收窄大家的分歧。

我希望大家能夠以平心靜氣和實事求是的態度，推動有關討論，尤其是有關原則問題的討論。我們須在「一國」的前提下，以確保香港的長期繁榮和穩定為目標，共同處理好政制發展的工作，努力為此尋求共識。

2004 年 3 月 17 日
議案辯論：尊重及遵守基本法所訂定的原則

涂謹申議員：

主席，正當政制改革的爭論變成充滿怒氣、甚至人身攻擊的言論之時，國家領導人似乎正在採取另一種語調。溫家寶總理在十屆全國人大二次會議提到要「廣泛團結港澳地區各界人士」；而國家主席胡錦濤亦呼籲「各界人士要同心同德，團結進取，排除干擾，克服困難」，他更指出，香港對政制改革作出理性討論是好事。

（代理主席劉健儀議員代為主持會議）

政制改革的討論因為「愛國論」而變得情緒化，不但使討論變得不理性，甚至令社會陷入不必要的爭拗、分化及不穩。這些都是我們不願見到的。由行政長官發表施政報告，並宣布成立政制發展專責小組至今已兩個多月，究竟我們討論了多少？專責小組表示要就三大原則及五大法律問題進行諮詢，民主黨就此已多次表示過，現時討論政制改革的具體方案有迫切性，即使要諮詢，亦應同時諮詢具體方案。但是，回顧過去兩個多月，社會上便只就新華社發出的其中一點原則討論，就是治港者須以愛國人士為主體。

從新華社發表有關「不愛國人士」的定義看來，這場愛國辯論說穿了，其實只是一個排斥及打壓異己的過程。上次，張文光議員說，愛國愛港不是權力和名利的踏腳石，更不是排斥和打擊異己的工具，今天，愛國者的討論已經變質，成為政治跟風、效忠表態、秋後算帳的政治運動。我自己對此有很大的感受。

我今天提出這項議案的目的，就是要促請專責小組撥亂反正，將政制改革的討論由抽象的討論帶入正軌。前天，局長林瑞麟先生在回應議員的提問時表示，政府就該「三大原則、五大法律問題」諮詢團體，最少直至三月底才完成，實在是「不務正業」。現時最迫切的，就是立即就政制改革提出具體方案，而不是再

在抽象原則的問題上糾纏，除非是蓄意採取拖延的策略，則另作別論。

我們不但有需要回到正軌討論，集中辯論有必要及迫切的事，還要回到理性的討論。日前，蕭蔚雲先生表示基本法既要從文字上理解，又要從精神實際、立法原意來理解，「不能只從字面上看」。他舉例，基本法中雖沒寫到「行政主導」四個字，亦沒寫到「港人治港以愛國者為主體」——但沒有寫並不表示沒有。法律的表達形式是文字，如果條文內沒有的文字也可以引申來任意發揮，任意延伸，上綱上線，那麼這樣便叫做人治，而不是法治。

蕭蔚雲對基本法的理解固然令香港人側目，就連行政長官董建華在首次談論到這問題，也說「香港政制的任何發展，不能違背行政主導的政制原則」。究竟基本法內哪一條是說行政主導是一項重要原則？究竟基本法內哪一條規定立法會的組成方法是如何鞏固行政主導的原則？究竟普選行政長官及全體立法會議員如何違背行政主導的政制原則？事實上，基本法第四十五條及第六十八條清楚訂明最終目標是普選行政長官及普選全體立法會議員。

此外，邵天任先生亦說，「香港沉默的大多數」才是真正的民意，大多數沉默的香港人根本不想民主步伐太快。「沉默的大多數」越來越成為了當權者的工具，是否正因為他們沉默，便可以將他們據為己有，將他們說成是反民主的人呢？是否由於他們沉默，便可以強加諸他們，將他們說成是不希望民主步伐太快的人呢？沉默，可能就是沉默，自由社會尊重沉默的人，但投票就是投票，民主社會從來就是尊重投票的結果，請不要污衊沉默的人，請讓他們繼續享有沉默的自由而不會被抹黑。

許崇德先生也說過，五十萬人也只不過是六七百萬人之中的幾分之幾，這樣可看出他對民意是何等的輕視，令我不禁想起最近陳水扁太太說國親兩黨的三一三遊行，也只不過是小貓三四隻而已，兩者實在有異曲同工之妙。我不禁要問，長期有七成人贊成二〇〇七及二〇〇八年進行普選，又有五十萬人在七一上街，要求還政於民，反對就第二十三條立法這七成人及五十萬人是否香港的少數呢？政府從來都不敢輕視五十萬人頂着烈日，背着汗水，扶老攜幼，憤而上街的這一種表達。我只是想透過這些例子說明，現在有必要以理性的態度辯論政制改革問題。

究竟這場辯論對香港的政制發展有何影響？影響就是令香港人加深了對政制

發展的憂慮，擔心中央可在基本法的框架以外設限。為何這樣說呢？新華社在專責小組上京後，隨即發表了政制改革的三大基石及五大原則中〔中〕，其中「治港人士須以愛國者為主體」之說，其實在基本法中並沒有提及。如果在頒布了基本法十多年的今天，中央對政制改革才設下一些基本法從來沒有提及的原則，會令港人對中央是否遵守基本法所訂定的原則及是否尊重基本法失去信心。一旦政制改革不按基本法訂定的原則而發展，一旦開了「有法不依」的先例，港人與中央之間的互信便會動搖，香港便會出現信心危機。因此，今天，我要提出的另一個問題，就是促請專責小組向中央政府表明，在落實政制改革時須尊重及遵守基本法所訂定的原則。事實上，近來的民調顯示港人對中央的支持度和對政治的信心有明顯下跌。要防止香港可能陷入危機及社會不穩，必須以理性、務實的態度討論政改問題。

中央政府成立由前新華社副社長朱育誠負責的港澳研究所，並在港設辦事處收集民意。研究所的職責會否與專責小組重疊，出現所謂兩個權力和諮詢中心？還是專責小組已被中央架空？此外，當領導小組的政務司司長曾蔭權上月中到北京時，只獲港澳辦副主任接見，而專責小組現時仍在討論愛國愛港等大原則，但相反，民建聯、港進聯、自由黨的黨魁，在兩會期間已在北京見過國家副主席曾慶紅，並已就香港政制發展的具體問題進行過討論。

最近，民建聯的主席馬力埋怨有些極左的言論是不代表民建聯，但以〔似〕乎卻又「入了民建聯的數」，使他們的民望下跌。但是，民建聯的人大、政協在北京有否為香港人說過公道話呢？民建聯既然獲得曾慶紅接見，又說二〇〇七及二〇〇八年普選是民建聯的目標，他們有沒有向領導人反映香港人的心聲呢？如果有的話，為甚麼在會面後，又向香港人大潑冷水，說印象上中央對二〇〇七及二〇〇八年普選有保留，反而要勞動中聯辦的高祀仁先生出來說中央對二〇〇七及二〇〇八年普選尚未有定案呢？民建聯究竟對領導人說了些甚麼？為何在會面後沒有舉行記者會，沒有聲明，也沒有任何的交代呢？市民最擔心的，是有人對領導人只懂得說：很全面，沒有補充。

此外，中央政策組首席顧問劉兆佳日前表示，香港政制發展問題基本上已提升到全國性的層次，目前憲制主導權在中央政府手上，香港特區政府只是作出配合。我希望特區政府今天能澄清劉兆佳的說法是否代表政府。若然，專責小組還

有甚麼功能？是否只可以做花瓶來配合呢？倒不如提早解散好了。

如果特區政府只配合中央的主導，何來「港人治港」，「高度自治」呢？如果政制改革是要「京人治港」，這種「一國兩制」又怎能向台灣作示範呢？

今天是三月十七日，再過幾天，台灣便會舉行選舉。昨天，前美國在台協會的白樂崎先生在文章內說，當身處在「一國兩制」的香港人苦無選擇權利之際，台灣選民便更應該參與大選。我們作為香港人，看到別人是這樣看我們的「一國兩制」，我們又應怎樣看這項評估呢？我們是否應更積極來向中央反映香港人的意願，尋求共識，使香港成功落實「一國兩制」，俾能對台灣起更大的示範作用，更增強統一的可能性呢？

我只希望在座各位能一起促請政府提出具體的方案，徵詢市民的意見，使香港人能與中央尋求共識，盡快達致〔至〕二〇〇七及二〇〇八年全面普選的這項市民願望。

涂謹申議員動議的議案如下：

「本會促請政制發展專責小組以實事求是的態度，就政制改革的具體方案徵詢市民意見，避免陷入不必要的爭拗，引起社會分化及不穩，以及向中央政府表明，在落實政制改革時須尊重及遵守《基本法》所訂定的原則。」

譚耀宗議員：

代理主席，基本法是香港特別行政區的憲制性法律，是維護特區穩定繁榮的根本保障，基本法也是根據中華人民共和國憲法由全國人民代表大會制定的全國性法律，因此，嚴格遵守基本法的規定，是政府及我們每一位曾經宣誓擁護基本法的立法會議員所必須履行的責任。

最近，國務院總理溫家寶向全國人大作出政府工作報告時，就香港問題再次重申，我引述他的說話：「維護香港長期穩定和繁榮發展，是中央政府堅定不移的目標。中央政府堅持一國兩制、港人治港、高度自治的方針，嚴格按照《基本法》辦事。」引述完畢。

當前香港正就政制的發展諮詢公眾的意見，未來政制的改動必須嚴格遵守基本法所訂定的原則及程序，這一項要求是毋庸置疑的。政務司司長領導的政制發展專責小組在一月中提出多項有關政制發展的原則及法律程序的問題，就此社會各界紛紛踴躍表達意見。但是，亦有些人覺得討論政制發展所涉及的原則及法律程序並不重要，甚至以陰謀論的角度貶斥這種做法只是拖延政改，對於這種看法，我是不認同的。

推動香港政制的發展，涉及對基本法內數個重要原則的理解，包括「一國兩制」、「港人治港」、「高度自治」，也包括政制的發展「根據特區的實際情況循序漸進」等。我認為作為香港人，尤其是參政者，必須全面理解這些原則，因為這些原則是與香港的切身利益密切相關的，是香港長期繁榮穩定的基石所在。

有些參政者對現時的「愛國者治港」的討論表示極大的厭惡，難道他們不明白作為參與香港管治工作的一分子，愛國是很自然很合情合理的要求嗎？鄧小平先生提出「愛國者治港」就是要求治理香港的人支持「一國兩制」，支持國家領土完整，不損害祖國的利益，不損害香港的繁榮及穩定的。這種要求一點都不過分，因此香港並不應該成為搞獨立、搞分裂或顛覆中央政府的基地。

政制檢討必須涉及基本法所訂定的原則，討論這些原則就是為了更好地遵守基本法。例如基本法所提及的「港人治港」，我想指出「港人治港」並非「英人治港」，也不是「美人治港」——「美人」，我想說清楚，不是「美麗」的「美」，而是「美國」的「美」。明白這個原則，尊重這個原則，遵守這個原則，就斷然不會有人急不及待地走到美國，配合美國極右勢力「唱單簧」，讓美國插手干涉香港的內部事務。最近，海地政變，總統流亡海外，政局動盪不安，人民生活顛沛流離，這都是拜美國政府背後推動策劃所賜，因此，所有愛國愛港的市民肯定也不希望類似海地的情況會在香港發生。

同樣，我們談及遵守「一國兩制」的原則，就不能只側重其中任何一方，不能只要「兩制」，不要「一國」。尊重「一國兩制」的原則，就能夠理解香港的發展與內地、與中央政府有很密切的關係，香港在政治上要進行任何改變，均必須考慮「一國」這個大原則。因此，要推動香港政制的發展，必須加強與中央政府的商討，而並非採取對抗要脅的態度。

至於基本法第四十五條及六十八條內所寫的「特區的實際情況」應如何理

解，民建聯認為應該考慮四個因素：第一是社會各階層對政制發展的共識；第二是政黨及參政組織的發展水平；第三是政制發展能否達致〔至〕社會均衡參與；及第四是要符合國家和香港的長遠利益。

推動香港的政制發展，除了基本法所訂定的原則之外，有數項法律程序我們是必須先行釐清的，這包括由誰來啟動修改行政長官及立法會的產生辦法，用甚麼方式修改基本法附件一及附件二，有關的修改是否需要援引基本法第一百五十九條的規定等。只有盡快就這些程序釐定清晰的步驟，才能保證政制發展的方案能夠順利制訂，為香港創造民主及穩定的局面。

香港內部現時對政制發展所涉及各種原則的討論，顯示我們的社會內對政改的步伐有很多不同的意見。我們看到，一方面有不少意見要求盡快落實普選，另一方面也有不少聲音表示對普選的擔憂，這種情況和當年起草基本法的時候十分相似。我記得當年起草基本法的時候，起草委員會並沒有忽略社會上的任何聲音，經過「三上三下」多輪的諮詢，廣泛吸收社會各界的意見，最後才制訂了一個大家都能夠接受、平衡各階層利益的方案。

香港作為中國的特別行政區，香港的政制改革並不能、也不應繞過中央政府而單方面實行，這項理解已經是香港社會的共識。基本法委員會委員、港大法律系教授陳弘毅就曾經指出，在香港的政制改革問題上，中央政府是擁有參與權及最終的決定權的，而瞭解基本法背後的立法原意，將有助澄清灰色地帶。因此，特區政府在推動民主政制發展的過程中，必須更積極地扮演應有的角色，盡快和中央釐清政制發展的原則及程序，充分疏導社會上不同的意見，促進社會各界的協商及理性討論，為進一步制訂政制改革的實質方案和內容創造更好的條件。另一方面，也可以避免香港市民與中央政府對抗，保障香港社會的穩定。

代理主席，專責小組現正收集社會各界對政制發展所涉及的原則及法律程序的意見，我們認為一方面應該讓市民能夠充分反映意見，另一方面要與中央政府盡快釐清有關問題，然後再進一步制訂政改的具體方案，而嚴格遵守基本法的規定是政府及每一位參政者所必須履行的責任。香港回歸以來，中央政府嚴格按照基本法辦事，這是大家有目共睹的。我們要求他人尊重基本法，亦必須以身作則，否則會讓人覺得是「賊喊捉賊」。我因此提出修正案，希望各位議員支持。

譚耀宗議員動議的修正案如下：

「在『實事求是的態度，』之後刪除『就政制改革的具體方案徵詢市民意見，』，並以『盡快和中央政府釐清政制發展的原則及程序，促進社會各界理性討論；並與中央政府進行良性互動的商討，務求在尊重及嚴格遵守《基本法》所訂定的原則的基礎上，達致一個全面貫徹一國兩制、港人治港及高度自治的政制發展方案，為香港開創一個民主及穩定的局面，』代替；在『避免』之後刪除『陷入不必要的爭拗，』；及在『引起社會分化及不穩』之後刪除『，以及向中央政府表明，在落實政制改革時須尊重及遵守《基本法》所訂定的原則』。」

（編者注：修正後的議案內容如下：

「本會促請政制發展專責小組以實事求是的態度，盡快和中央政府釐清政制發展的原則及程序，促進社會各界理性討論；並與中央政府進行良性互動的商討，務求在尊重及嚴格遵守《基本法》所訂定的原則的基礎上，達致一個全面貫徹一國兩制、港人治港及高度自治的政制發展方案，為香港開創一個民主及穩定的局面，避免引起社會分化及不穩。」）

黃宜弘議員：

代理主席，我議為，在有關政制發展的討論中，當務之急是要清楚瞭解基本法的精神和原則。如果對基本法的精神和原則缺乏應有的認識，便很容易受人誤導，更談不上「尊重」及「嚴格遵守」。

關於基本法的政制發展問題，我已說過很多次。今天，我想着重指出一點，就是基本法已經頒布十四年，但過去對基本法的宣傳和普及工作，似乎做得不太足夠。例如基本法是如何形成的？核心的精神是甚麼？有甚麼重要的原則？立法的原意在哪裏？事實證明，對於這些問題，確有必要重新學習，認真掌握。

最近，多位基本法專家一再強調上述問題，便是針對香港的現實情況有感而發。根據我的理解，基本法的核心精神，就是「一國兩制」、「港人治港」、「高度自治」。圍繞這種精神，基本法確立了許多重要的原則，包括「一國」是「兩

制」的前提，必須以愛國者為主體管治香港；政制發展要循序漸進；要實行行政主導；更兼顧權利與義務等。

以「一國」是「兩制」的前提為例，基本法第一條便開宗明義規定「香港特別行政區是中華人民共和國不可分離的部分」。如果我們能夠正確理解基本法所訂的這項最重要的原則，便會很自然明白，香港既然回歸中國，主張愛國便是理所當然，強調愛國者治港更是天經地義，中央主導香港政制發展亦是無可厚非的。我們便會更明白，何以政制發展要循序漸進、均衡參與，並堅持行政主導，因為只有這樣做，才符合市民的長遠利益，而不會破壞香港賴以成功的基石。

最後，我想重申我在二月六日會議上所說的結論，就是「政制發展的最終目的之一，是要制訂一系列的機制，令瞭解『一國兩制』原則，擁護《基本法》，同時，富有民族意識而有能力為香港繁榮穩定作出貢獻的一些愛國愛港人士，可以被選為行政長官和立法會議員」。

吳亮星議員：

代理主席，由政務司司長所領導的政制發展專責小組已經展開工作，但開始之初，就已公開表明，中央政府較早前已向行政長官表示，希望香港特別行政區政府就基本法中有關政治體制發展的原則和程序的問題，與中央政府有關部門進行充分商討，然後才確定有關工作安排。現時可見專責小組正是處於這樣公開透明的背景下，有條不紊地進展和開展有關工作，一方面認真地研究相關問題，向中央有關部門徵詢意見，另一方面也不斷約見各方聽取本港各界人士意見。顯然地，在發表意見的過程中，根本沒有人、也沒有任何規定禁止提意見者探討政制的具體方案，這是沒有被禁止的。

其實，本人與議會各位同事就着今天的議案，在準備擬稿之際，很容易便會發現，本會今天已經是在一個月內重複辯論一個在內容、用意上十分類似的議題。本人在此不是挑戰代理主席，這議題本身要求政府及專責小組不談政制發展的原則及程序，只說政制發展的具體方案，甚至是某一種明顯有傾向性的方案。不過，今天的原議案卻又提出，要專責小組向中央表明，「在落實政制改革時須尊重及遵守《基本法》所訂定的原則」——這是他們本身的措辭。由此可見，政

制發展的原則問題，其實所有議員同事在任何時候進行討論都無法迴避。只不過所謂原則問題，究竟包含哪些原則，具體內容又如何？由於政治理念的差異，有些人的理解很不相同，他們認為並不包括以愛國者為主體治港這項原則。如果是這樣的話，就正好顯示釐清特區政治體制發展的原則和程序問題，並就此與國家中央政府有關部門進行充分商討，這個工作方向具有絕對的重要性與必要性。

本人認為，在目前進行的政制發展研究和討論工作中，要避免不必要的爭拗和社會不穩，最重要的一點，就是要重視與維護特區與中央政府之間的良好合作與互信關係。任何舉措都應該以促進這種關係為目標，而不是只為重複又重複自己的所謂政治喜好與政綱，又或不理「一國」這個現實的前提，甚至不惜損害兩地互信，更甚者在議案措辭中引起揣測和質疑中央政府會否尊重及遵守基本法所訂定的原則。當然，這種揣測與質疑的態度，加上一些越洋行動，也會引起另一個聯想，就是為何有本會人士將中央與特區社會的國家內部事務帶到外國的政治架構中討論。如果不尊重基本法規定下中央政府所擁有的憲制權責，如果不顧某些政治行為的客觀效果，社會大眾更會懷疑誰引入外來勢力干預本港政改？又誰令香港陷入不必要的爭拗中？又誰引起社會不斷分化及不穩？當然，又是誰才是真正維護香港整體市民的根本利益呢？

楊孝華議員：

近日在本港出現的一些爭拗已經變得白熱化，例如，在有關是否愛國的問題上，便拗得面紅耳熱，甚至湧現人身攻擊和謾罵的場面。我們實在不希望有近乎「文革式」的亂扣帽子、「無限上綱」的爭拗繼續出現，否則將會破壞社會的和諧，甚至導致分化與不穩，不利於剛剛才呈現的經濟復甦。

我們認為，正如中央領導人所相信的一樣，本港絕大部分市民都是愛國的，而既然已故領導人鄧小平已經為愛國訂下了明確的標準，我們實在沒有必要再爭拗，而應該爭取時間，重返理性的討論。

另一方面，我們也相信，透過與中央良性互動的商討，可以起着雙向交流的作用：港人可以藉此瞭解中央的看法，而中央亦可以更清楚地聽到港人的聲音，避免將來雙方對基本法條文有不同的理解，導致在政改問題上產生分歧，對本港

社會造成無法估計的震蕩。

自由黨一向強調，本港的政制發展必須依循基本法的規定，即按照香港的實際情況和循序漸進的原則進行。任何有關政制發展的決定，都必須以確保本港繁榮和社會穩定為大前提，並充分考慮各界的利益，亦不能漠視中央的看法。自由黨的黨綱，在政制部分完全依照基本法的字眼，正正就是為了更有效地體現基本法在這方面的規定。

此外，我們認為未來政制發展應該要依循「均衡參與」這項原則，以確保本港各階層、各界別、各方面的聲音都能得到充分的代表。我們認為立法會功能界別對確保「均衡參與」這方面，最低限度起了積極的作用，因此目前仍然有保留的價值。

事實上，自由黨近日收到不少來自中小企、中產和工商界人士的意見，他們都反對在二〇〇八年便「一刀切」取消功能界別，擔心有些政客會為了「撈」選票，而不顧後果地大搞福利主義，破壞本港經濟繁榮的支柱，例如行之有效的自由市場制度和鼓勵勤奮向上、自力更生的精神。我們不可以否認，社會上的確存在這類聲音的。

說到底，不論將來的政制往甚麼方向發展，最終都應該是為了在「一國兩制」下維持我們的繁榮和穩定，令人民安居樂業，任何政制發展的設計都不能偏離這個目標。按照基本法，本港最終是會實現全面普選的，自由黨對這項目標絕無任何異議。只是推行普選事關重大，也不是好像很多人想得這麼簡單的，因此，一定要經過深思熟慮，決不能操之過急，一步到位。

最後，對於原議案要求專責小組向中央表明，在落實政制發展時必須尊重及遵守基本法所訂定的原則，我們認為這種說法有點問題。因為按照這種說法，好像擔心中央在政制問題上，有不按照基本法、「不依本子辦事」的地方。但是，國家主席胡錦濤去年十二月接見到北京述職的行政長官時，也明確指出：「特區的政治體制必須按照基本法的規定，從香港的實際情況出發，循序漸進地發展」。連最高領導人也這樣說，難道我們還有需要質疑中央在遵守基本法方面的決心嗎？還要向中央「表明」些甚麼嗎？

既然中央和香港都是一家人，同坐一條船，自然萬事都好商量。剛才涂謹申議員提及一些政黨會見國家領導人時是閉門的，但我想指出，事實並非好像涂謹

申議員所說的，有三個政黨會見國家領導人，民主黨也有會見國家領導人，但恰巧不是中國國家的領導人。閉門會議，我覺得大家都會談論的，但我們覺得跟中國領導人談論的效果較好。我們目前所談的是要在基本法所訂定的原則上，討論一套合乎「一國兩制」、「港人治港」、「高度自治」的政制安排。

劉漢銓議員：

代理主席，近來有關政制發展問題的爭論，其中所涉及的許多問題，其實當年在基本法起草過程中已進行過討論。十多年前的爭論今天又再重現，說明了要尊重及遵守基本法所訂定的原則，首先就要學習和推廣基本法，認識基本法的立法原意。對基本法溫故知新，有助縮窄社會上出現的分歧，逐漸形成共識，為解決政制發展問題奠定良好的基礎。

一九九〇年四月，基本法由全國人民代表大會通過，基本法起草委員會主任委員姬鵬飛在向全國人大的說明中指出，香港特別行政區的政治體制「必須兼顧社會各階層的利益，有利於資本主義經濟的發展，既保持原政治體制中行之有效的部分，又要循序漸進地逐步發展適合香港情況的民主制度」。港進聯認為，特區的政治體制是一個完整的體制，包括行政長官、行政機關、立法機關、司法機關、區域組織及公務員等六個方面，每一個方面也互相聯繫和配搭，牽一髮而動全身。如果只是側重於其中一兩方面的改革，而忽略其對整個體制所引起的影響，則極有可能會破壞基本法原設計的本意，引起社會分化和不穩。

代理主席，民主是一種價值，是現代政治文明所確立的偉大理想之一，是很多不同民族和國家在現代史中追求的價值目標。但是，民主同時也是一種制度形式，世界上各個地方的民主制度並非千篇一律。法國政治思想家托克維爾在其名著《論美國的民主》中認為，美國的政治結構「只是民主國家可以採取的政府形式之一」，他「並不認為它是民主國家應當建立的唯一的和最好的形式」。很明顯的，價值是普遍的，但制度形式則會因應每個地方的社會、歷史、政治、文化和經濟的實際情況而有所差異和不同。

基本法是因應香港獨特的歷史和社會情況而建立的民主制度，有別於議會制、總統制、回歸前的總督制或內地的人民代表大會制，而且是在「一國兩制」

下適合於香港的民主情況的地方政治體制。因此，港進聯認為，香港的政制發展
必須體現「一國」是「兩制」的前提和基礎，不能偏離「行政主導」的原則，要
照顧香港社會各階層和界別的利益架構的平衡，要循序漸進，並充分切合香港的
實際情況。在任何社會中，民主的發展都要經歷一個發展過程，不可以「一蹴而
就」。在香港長達一個半世紀的殖民統治史中，從來沒有港人自己選舉的行政長
官；一九八五年，立法局才開始開放部分議席由間接選舉和功能組別選舉產生；
一九九一年，立法局部分議席開始由直接選舉產生。民主政治在香港的發展需要
一個過程。我們要尊重及遵守基本法所訂定的原則，才能保證特區的民主發展有
利市民福祉和社會穩定。

港進聯認為，通過理性的討論和切磋，深入瞭解和認識基本法有關政制設計
原則的內涵，才能取得共識，在維護政制健康發展和社會穩定的基礎上，抓緊實
施 CEPA 和國家一系列挺港政策帶來的發展機遇，和衷共濟，促進香港經濟繼續
復甦。

許長青議員：

代理主席，香港在進行政制檢討和發展的討論時，必然要尊重及遵守作為中
華人民共和國香港特別行政區基石的基本法所訂定的原則；「一國兩制」是基本
法的大前提，所以，有關特區的政制發展必然要有中央政府的參與，特區市民的
意向須向中央表明，同時也必須聽取和尊重中央的意見。

港進聯於今年一月下旬會晤由政務司司長領導的政制發展專責小組時，提出
以「一個基礎」、「兩個原則」、「三個步驟」來進行政制檢討。「一個基礎」便是
基本法，其中「一國兩制」和行政主導，是任何政改均不能動搖的。「兩個原則」
便是基本法第四十五條所述的「實際情況」和「循序漸進」。我們要檢討行政長
官、立法會議員的產生辦法時，要先看看香港的「實際情況」，在審視客觀環境
及市民的意願等多方面的情況後，於實在有需要時，還必須「循序漸進」地推
行。這些都是大原則，在沒有就這些大原則取得共識之前，都不能啟動有關任何
具體方案的討論，或展開任何修改程序。

其實，任何關乎本港長遠發展的討論，都應抱着實事求是的態度，要諮詢

市民的意見，我們作為立法會議員，更應推動理性討論。港進聯一向主張大家應從香港和國家利益出發，和衷共濟，避免陷入不必要的爭拗，引起社會分化和不穩，這對特區政府本身和國家都沒有好處。我們提出，政制發展專責小組在推行工作上，應同時在三個方面展開工作。

首先，特區政府有需要大力宣傳基本法，提供適當的機會讓更多熟悉基本法的專家表達他們的看法和詮釋。當市民對作為特區重要法律依據的基本法的內涵和背後的立法精神還沒有充分和正確的認識時，實在難以進行理性和實事求是的討論，許多不必要的爭拗和分化，可能源自錯誤理解和不認識，這實在是不值得。其次，特區政府應進行深入的調查和研究工作，就市民對特區的社會、經濟、民生和民主發展等多方面的意見和期望展開廣泛諮詢，收集各階層的意見。第三，做好特區與中央的溝通，因為特區的「港人治港、高度自治」全部由中央授權，全國人民代表大會常務委員會並擁有對基本法的最終解釋權，所以中央在特區行政長官和立法會的產生辦法中享有主導和參與權。

現時，本港社會上有許多不同的聲音。工商界人士憂慮普選會導致「福利主義」、「反商主義」，窒礙努力工作和投資，耗盡財政儲備。本港稅基狹窄，絕大部分基層市民不用納稅，政府稅收端賴中產階層和少數富有階層負擔；中產是夾心階層，稅務負擔重，但可享受的福利少。在各階層權益和義務並不均衡的社會經濟結構下，推行一人一票的選舉制度會否產生和社會大眾預期相反的結果？我們認為不同階層的利益有需要取得平衡，不同的意見和訴求亦有需要獲得尊重。

香港回歸祖國已六年多，我們都深切明白，香港的持續發展繫於與內地的經濟融合，在香港推行政制改革必須考慮到對國家的影響，就是所謂大局觀念。市民對於未來的治港者是否具有這種大局概念，是否真心實意地從保障香港和國家利益出發，即所謂「愛國愛港」，都有一個認識的過程。再者，對於中央就宏觀國內及國際形勢的各種考慮和意見，我們都有需要作進一步瞭解。所以，在現階段何來就政制改革的「具體方案」徵詢市民的意見呢？政制專責小組不見得已得出甚麼「具體方案」。因此，港進聯堅持，特區政制發展的定案，必須在社會上達成廣泛共識，並能確保維持香港的繁榮和穩定，亦必須得到中央的認可，否則欲速不達，揠苗助長，反而會令萌芽中的樹苗枯萎，拖慢了國家期望香港循序漸進發展民主的進程。

馮檢基議員：

總體來說，我認為涉及香港政制改革的問題主要有兩部分：第一，是本港政治體制的法律依據、詮釋、應用和修改的技術問題；第二，則是政制改革的具體進程和步伐所牽涉的政治問題。事實上，這兩大問題的法理源頭，正正就在基本法這份憲制性文件的有關條文和相關附件內，例如第四十五條和第六十八條分別闡明行政長官和立法會議席的產生辦法，而具體的選舉規定，則載於附件一和附件二之中。這些法律條文都是相當明確和清晰的。因此，我和民協一直認為，香港特別行政區政府只須圍繞着這數項相關的條文來進行香港政制改革的具體方案諮詢，便能完全符合和滿足基本法的要求和原則，其餘不包括在此範圍內的事項則沒有必要處理，以免分散討論焦點，偏離諮詢的原意。

可是，香港目前就政制改革進行討論的趨勢，卻出現與上述方向越走越遠的現象，先有爭拗「精忠愛國」的表態風潮，近期甚至已經發展至人身攻擊的階段，甚麼「小丑」、「漢奸」和「賣國賊」等字眼通通出現，更有中央政府的高層官員拿別人的家世作為攻擊對象，這些「翻舊帳，劃成分」的言論，完全與我剛才提到的基本法要求和原則拉不上任何關係，與香港未來的民主進程毫無關連，亦沒有幫助。我和民協認為，這些內耗的行為只會令政制改革的討論陷入不必要的爭拗中，浪費時間，亦會引起嚴重的社會分化和不安，更會把市民推向管治者的對立面，兩者的鴻溝只會越來越大。

有鑒於此，我和民協希望提醒政府當局和中央政府，絕大部分的香港市民都是理性和文明，而非野蠻和反智的；偏激和辱罵只會導致香港人對管治當局失去信任，對有極度需要爭取民心的特區政府來說，這更是一種背道而馳的自毀行為。我和民協在此促請政府的政制發展專責小組不單止要抱有實事求是的態度，就政制改革的具體方案進行諮詢，更須向中央政府表明，香港人早已摒棄了蠻不講理、「文革式」的惡意言論，我們要求的是認真的溝通，而不是無理的打壓。再者，香港各黨各派、有意見的人 —— 不論是香港特區政府的專責小組，即曾司長領導的小組，還是中央政府或是國務院港澳辦公室的官員 —— 如果能夠與不同的人，包括泛民主派，一同坐下來討論，這是有需要〔＋ 的〕、是好的和有建設性的。

對於譚耀宗議員的修正案，我和民協對刪去原議案當中「就政制改革的具體方案徵詢市民意見」的字眼有所保留，因為我們認為現時要討論的正是政制的具體方案，要徵詢的也是這方面的意見，而我們亦希望專責小組除了繼續研究和釐清政制發展的原則及程序外，更應該盡快展開對實質政改方案的諮詢工作，希望透過忠實和客觀的方式，收集香港市民對二○○七年普選行政長官和二○○八年普選全體立法會議員的具體選舉方案的意見。此外，修正案把「在落實政制改革時須尊重及遵守《基本法》所訂定的原則」一句刪去，亦未能完全表達我們堅持政改討論只應圍繞在基本法條文範圍的立場。

楊森議員：

代理主席，最近，本港的政制改革討論因為一場「愛國者」的爭論變得情緒化，甚至充滿怒氣，人身攻擊。這樣下去，只會令社會陷入不必要的爭拗、分化及不穩定，但對政制發展來說，只是有害無益。剛才民主黨的涂謹申議員已說過為何政府有需要撥亂反正，將政制改革的討論帶回正軌，提出具體方案，並諮詢公眾，令討論趨向理性化。

對於最近國家領導人在全國人大十屆二次會議的講話，我留下了一些印象。國家總理溫家寶在總結記者會上，提到政治體制改革的重要性。他提到要確立三個目標，我引述：「第一，建立科學民主決策機制，包括集體決策制度、專家諮詢制度、社會公示和公證制度、決策責任制度。第二，政府要依法行政，建設法治政府。……政府依法行政要做到合法合理、程式完善、公平公正、高效便民、誠實守信、權責統一。第三，政府要接受各方面的監督，包括人民代表大會的監督、政協的民主監督。要聽取各方面的意見，包括社會輿論和人民群眾的意見。」引述完畢。

代理主席，我贊成國家領導的人的講話內容。由此亦可見新一代的國家領導人對民主改革不但抱正面態度，而且亦認定我國的政治體制改革應朝着民主化的方向發展。溫總理亦呼籲港人應以大局為重，並表示會支持有利於香港繁榮穩定、有利於內地與香港共同發展的事情。

既然我們的國家領導人亦認定民主體制改革的重要性，香港作為我國的窗

口，就更有必要在民主改革的道路上走快一步。

在政制發展專責小組諮詢市民的所謂「三大原則、五大法律問題」中，包括香港特別行政區的政治體制必須保障香港的穩定繁榮，以及兼顧社會各階層的利益。民主黨認為，要體現上述原則，便應在二〇〇七年實行普選行政長官，以及在二〇〇八年普選全體立法會議員。

香港的長期繁榮穩定亦有賴於良好、健全制度的建立。最近，在政制改革的討論中，有人提到現時最重要的，是維持香港的長期繁榮穩定，而當務之急並非推行政制改革。這種說法似乎想把民主普選與維持香港長期穩定，造成互不相容的局面。但是，事實上，很多國家的經驗亦證明，民主發展有利資訊流通、公平競爭等，有利經濟發展。

（主席恢復主持會議）

過去數年，香港面對經濟轉型，最後有賴祖國的協助才得以走出困局。香港在祖國的支持下，有CEPA、自由行、可接受人民幣存款等，這些措施可在短期內令香港的經濟反彈，但香港的人均收入比起國內高數十倍，香港不能長期依賴祖國刺激經濟增長，更不能成為祖國的負擔。

要維持長期的繁榮，我們必須建立良好的制度，包括建立民主、公開、公平的政府，維護法治，令國際投資者及香港本地人士對制度有信心，才能真正維持香港的繁榮穩定，這才是顧全大局的做法。縱使香港的經濟基礎十分穩健，但記着，政府要就基本法第二十三條立法時，商界人士、銀行家等都紛紛表達他們的憂慮，可見不論香港市民、商界以致國際投資者亦十分重視公開、公平的制度，而建立民主政府與建立上述制度是相輔相成的。香港人要自求多福，從根本制度入手，盡快實行全面普選才是長治久安之策。

另外一點是，特區的政治體制必須兼顧各階層的利益，我們認為只有透過全面普選才能體現這項原則。對於現時由小圈子產生的行政長官，以及立法會選舉中設有功能界別選舉，根本違反了均衡參與的原則，令社會上一些界別或階層的利益獲得「過分代表」，亦有違公平、公正的原則。這樣的小圈子選舉，以及某些組別被過分保護的選舉制度，令市民得不到充分的代表，這亦是令政府無法有效推行施政的根本原因。一個高質素的政府有能力領導社會，迎接新挑戰，帶動社會改革，令市民有更好的生活。要達致〔至〕這個目標，政府必須有認受性，

必須有能力提出新思維及新政策建議，並在立法會得到支持。我們面對的政府，老實說，相距這個目標實在太遠了，因為政府的認受性很低，政策在立法會很難得到支持，長此下去，只會加深特區政府的管治危機。特區政府不但無法有效運作，更貼切的〔地〕說，政府根本便是「跛腳鴨」，不論短期或長期而言，均不利於香港的長期繁榮穩定。

民主改革雖然不是萬應靈丹，但最少可以解決現時的政治和管治危機。我們對於國家領導人的開放態度抱有希望，既然他們在多個場合認定民主改革對國家發展的重要性，並提出具體的改革方向，我們希望較開明的領導人亦會明白民主對香港而言，實在是有迫切性的。因此，希望政制發展專責小組實事求是，提出具體的政制改革方案，諮詢港人。

余若薇議員：

主席女士，最近幾個星期，香港陷入令人煩擾的「愛國者治港」爭論，民主派被轟，面對「掛羊頭賣狗肉」、「分餅仔」、「分裂」、「危害國家」、「通番賣國」、「吳三桂」、「小丑」及「拜洋廟」等各式各樣的謾罵，連別人的父親也被罵上了，當中言辭的激烈，令人想起回歸前中英政制爭拗的年代。

這些連綿不絕的攻擊，目的當然是要威嚇港人，希望港人不要再奢望有民主與普選，並且在日後九月的選舉中不要投民主派一票，要帶眼識人。然而，這種威嚇手段是否奏效呢？剛剛公布的港大民意調查顯示，政改爭議令不滿的人的比率從去年十二月 8% 的升幅上升至 54%，由此可見，這類爭拗實在會有反效果，這亦不是港人想看到的。

事實上，香港人爭取普選的心是非常堅定的。根據民協最近進行的調查，在「愛國論」的陰影籠罩下，仍然有 77% 市民支持二〇〇七年普選行政長官，以及二〇〇八年普選立法會；中大亞太研究所在上月中進行的調查亦顯示，近七成市民同意二〇〇七年普選行政長官。「四大護法」之一的邵天任，日前指香港沉默的大多數並不想民主步伐太快，不知他為何認為他可以代表本港沉默的大多數呢？

溫家寶總理日前在記者會透露，行政長官董建華已向中央提出進一步幫助

香港發展經濟的要求，中央正在認真研究。在此，我想強調，中央與香港加強經濟聯繫，其實是互惠互利的，香港特別行政區政府為了表示感激，將之說成「送禮」，是妄自菲薄，既影響了香港的形象，亦可能影響香港與內地各省市的關係。

無論如何，如果期望藉着經濟上的「優惠」，可令港人感恩圖報，不再堅持普選，這恐怕只是一廂情願而已。

港人希望推行普選，是出於熱愛香港的感情，是為了香港的長遠前途着想，希望能解決現存於政制上的結構性問題——政府認受性嚴重不足。我們並不是要做「忤逆仔」、「包拗頸」，亦非想跟中央對着幹，希望中央明白香港各界人士確實有這方面的訴求，希望特區——特別是政制發展專責小組——能將討論帶回理性的軌道，以求達致〔至〕最終的社會共識。

事實上，基本法已清楚訂明行政長官最終是根據香港的實際情況，按照循序漸進的原則經普選產生。因此，現階段各界要討論的，是怎樣的具體方案才可符合香港的實際情況和循序漸進的原則，而不是針對個別從政人士進行人身攻擊，或思想與言論的大審判。討論具體方式，可以促進理性討論，這是整項原議案的核心所在，所以我不能支持譚耀宗議員刪去這方面的字眼。

麥國風議員：

政制發展關係到全民的福祉，與每個市民息息相關，所有香港人都有權參與。可是，專責小組所做的工夫，根本不足以全面廣泛地掌握民意。就以專責小組設立網站讓市民發表意見為例，瀏覽網站的人根本不多，即使會瀏覽，也未必習慣在網上發表意見，最少我便不會了。此外，他們會接見社會人士。但是，我也曾向司長和局長表示，我擔心專責小組究竟如何將他們的意見據實——我是說據實——反映，以及如何掌握這些人的代表性。所以，你們應留意基本法第二十三條的教誨，便是如何可以真的如你所說，廣泛諮詢社會各界的意見，不要再像就基本法第二十三條立法時那般，製作一本錯漏百出、不公不正的匯編。希望政府不要重蹈覆轍，錯判民情，誤導中央政府。其實，最有效的方法，便是如我向司長、局長所說般，進行全民民意調查。這樣便可準確無誤地掌握民意，以此民意向中央反映我們的訴求。

　　早前，我的辦事處曾向我代表的界別進行一項關於政制發展的問卷調查，結果顯示，約有七成四的回應者認為二〇〇七年應該普選行政長官和二〇〇八年立法會應該由分區直接選舉產生，而有八成五的回應者認為政府應該就這兩方面的問題進行全民民意調查。

　　主席女士，奇怪得很，直至現時，竟然仍有人認為去年的七一大遊行、區議會選舉和元旦大遊行，未足以反映港人要求還政於民的聲音。《星島日報》在二月十九日的報道指出，香港一國兩制研究中心總裁邵善波先生早前出席一個研討會時表示，在七一大遊行裏，只有一小撮人爭取普選，只是民主派利用遊行和輿論攻勢，「騎劫」—— 他說騎劫 —— 社會上的不滿和各種問題，把鬥爭焦點放於爭取普選上。既然有人質疑香港人爭取普選的決心，政府便更應進行全民的民意調查，以調查理據反映事實的真相。不論調查結果為何，支持普選和反對普選的人也應該「心甘命抵」了。

　　自從行政長官於一月初宣布成立專責小組以來，有許多人藉着這個有關的議題，肆意無理地攻擊和謾罵民主派，挑起言論鬥爭，令香港出現「烽火連三月」的情景。根據《明報》三月六日的報道指出，全國人民代表大會常務委員會曾憲梓先生在三月五日罵三位民主派議員為「漢奸」，指立法會應該對他們實施紀律制裁。這根本便是無限上綱，以言入罪，扼殺言論自由的表表者。

　　根據香港大學三月初的調查顯示，市民對現時的政治環境、經濟環境及社會環境的不滿程度，最新數字分別為 54%、43% 及 39%。市民對政治環境的不滿程度是有關指標中表現最差的一項。市民可能對於無理的攻擊及不必要的爭拗感到厭惡，所以加深對政治環境的不滿。政制發展忠於基本法的原則，並不是忠於「元老」的言論，我們有需要就基本法有關政制發展的原則進行理性、理智的討論，大家一定要對事不對人，我們是可有和而不同的聲音的，我們不須作人身攻擊和無理謾罵。

　　最後，我希望政府盡快就政制改革的具體方案進行全民民意調查，尋求社會共識，避免社會分化至各走極端。我謹此發言。

吳靄儀議員：

主席女士，基本法是香港特別行政區的憲制性法律，「尊重及遵守《基本法》所訂定的原則」，是理所當然的。譚耀宗議員加重語氣，說要「嚴格遵守」這些原則，我更完全同意。但是，最近有一些言論說「不能只看條文，還要看立法原意和精神」，因而得出在基本法條文之外，「行政主導」與「愛國者治港」是「體現原意」，我認為這種說法與今天的議題和修正案都是相違背的。

我們要分開甚麼是「立法意圖」和「立法原意」。「立法意圖」是要從條文表達出來，但「原意」則超越了這個範圍，即是說，雖然條文沒有寫出來，但我原本的意思是這樣，所以現在便可以加上去了。

即使是普通人的契約，今天立了約，日後也不可能強詞奪理地說，雖然沒有寫出來，但我的原意是這樣的，所以便要作這樣的理解。即使當時的確有這個原意，但如果沒有在契約中寫出來，也不能夠隨便作實，當作是約束雙方的條款。

基本法的性質遠遠高出普通人的契約，所以更不能這樣做。基本法是中央政府對全世界的宣告，對香港特別行政區居民的莊嚴承諾，賦予我們在「一國兩制」之下，享有「港人治港」、「高度自治」，政制及政制的未來發展也是以條文落實。這個賦予，絕對不能好像剛才黃宜弘議員所說般，「港人治港」的原意不是根據條文的「港人治港」，而是「以愛國者為主體的港人治港」；而「高度自治」的原意也不是根據條文的「高度自治」，而是「在中央授權之下的高度自治」；還有，說到政制，也不是條文中的政制，而是要維持沒有條文可以遵從的「行政主導」。今天加一點註腳，說是「原意」；明天也可以再加一點，而每次都是由執政者說甚麼是「原意」，人民便只有接受。這活脫脫就是將法治變為人治。

法治的精神，是訂立了的法律便要依法實施，便要遵守，不能不顧條文有沒有這個意義，也以「原意」為題，或加或減的。

憲法的解釋，是要從其目標和宗旨予以實踐，所謂 purposive and generous interpretation，這是舉世接受的憲法解釋的原則，即是要確定條文的目標，以寬弘的精神解釋，令條文的目標能夠達到，而同時不能離開條文，又或歪曲條文的意義。中央和特區均要嚴格遵守基本法，原因很簡單，如果可以置條文於不顧，按

政治形勢隨時增減或重新定義，那麼公眾如何能依賴基本法的保障呢？「三上三落」、認真擬訂的憲法性文本，豈非形同一張廢紙？基本法豈非空有法治之名，無法治之實？

基本法有關香港特區的憲制地位和政治架構的發展，已經有條文清晰而全面規範，這些原則是廣泛接受而完全沒有爭議的。過去個多月的爭議，只是環繞「愛國者」及「行政主導」這些基本法條文以外的觀念，要將這些觀念化為基本法的憲法原則。這種爭拗破壞香港社會各界及香港居民與中央當局之間就政制改革的良性互動商討。

我不能同意修正案的地方，是刪去原議案「就政制改革的具體方案徵詢市民意見」的字眼，因為就具體方案進行諮詢，是早應展開的，事實上也是最須商議的地方。

在二〇〇七及二〇〇八年普選行政長官和立法會，是這次政制改革最高的要求，兩者均不違反基本法的條文，只要這是符合「實際情況」。既然如此，為何不切切實實地從實際情況來檢審討論不同方案的利弊，務求早日達到一個得到最大共識的方案，能夠讓它從容按照合法程序通過，有條理地付諸實行呢？

陳偉業議員：

主席，談到愛國愛港的問題，特別是談到愛國，絕對不可以一兩年或一兩個言論來界定的。我記得在讀書的時候，我對汪精衞的生平十分感興趣，如果汪精衞年青時便已被判死刑，又真的死了的話，他可能做了愛國的民族英雄，但最後卻成為了漢奸。因此，以一兩件事件、一兩個言論便指責某人不愛國，是出於政治動機及政治目的，是別有用心。曾鈺成議員剛走開了。我也不會因為他的太太移民而攻擊他不愛國。每個人在歷史的每一個時代、歷史的每一個發展階段，均會有一些看法和一些言論，這是歷史某個階段的特性。對於眾多的指責，我相信歷史自有定論。

涂謹申議員今天的議題有三個重點，第一是尊重及遵守基本法；第二是就落實政制改革作全面檢討；第三是採取實事求是的態度。對於這三個重點，我也覺得沒有甚麼理由要反對。

從香港的政制及社會現階段的情況，令我想起滿清期間一些政治發展的情況，因為這幾年間，中國——我們偉大的祖國出產的很多劇集，有不少也是談清朝的問題。如果大家看康熙整個朝代的管治，可見他早年立了胤礽為太子，對胤礽可說是愛護備至，他為這位太子提供了最好的教育，給予他最好的建功立業的機會。可是，胤礽表面上好像很服從康熙，但背後卻經常為非作歹，濫用權力，欺壓平民，糾結太子黨，勒索官員，更試圖密謀兵變，奪取皇位，引起其他皇子的不滿。例如他的大哥胤禔便曾經使用妖法詛咒太子，而各位皇子表面上仍要維護這位太子，因為康熙不喜歡太子與皇子之間有爭權奪位的情況。康熙容忍太子的罪行，不止是像我們容忍董建華這六年，而是容忍了二十多年，最後在康熙四十七年九月第一次正式廢了太子。康熙由於太過鍾愛這位太子，因此在同年十一月又再立他為太子，即廢完再立。同樣地，其他皇子亦不敢提出異議，包括很想爭奪權位的胤禛（即日後的雍正）也不敢提出不同的意見，因為這是康熙定立的。然而，胤礽復位後又再次糾結太子黨，再次縱容黨羽貪污舞弊，並賄賂官員，更嚴重的是，與康熙的妃嬪通姦。康熙再忍耐他三年，最後在康熙五十一年第二次廢太子，並命令清廷日後永不立太子。從這個例子看來，一個人以他擁有的特權，是無須為自己所做的事負上責任，因為會有更具權重的人包庇及支持；亦可以看到當有專權的時候，獲包庇的人可以任意妄為三十年，雖然最後被廢。從這個事例，我們可以看到制度是很重要的，而不是個人的喜愛。

說回香港現時的問題。為甚麼會有這麼多香港人——達五十萬人之眾——上街？為甚麼香港這麼多人，包括工商界的人、以往很保守的人，最近亦開始關注香港政制檢討，以及支持有直選或變相的直選，而不希望被一小撮人操縱壟斷？因為他們看到由一小撮人控制的事，最後是會導致災難產生的。

主席，關於香港現時面對的問題，剛才多位議員亦已談過。中央很照顧我們，訂立《內地與香港關於建立更緊密經貿關係的安排》，令香港經濟得以迅速復甦。中央給予我們無限量的支持，在這方面我們是很感謝的。自由行亦刺激了旅遊。但是，如果我們看看中國大地，我以西藏的例子，有人便會問，為甚麼中國不讓西藏也實施自由行？其他各省市是有怨言的。中央為甚麼要特別寵愛一個地區？因此，我覺得，如果我們有一個良好的制度，便沒有需要中央給予這樣特別的照顧。可能的是，如果有一個市民接受的制度，便會有一個好的政府，這正

正是政制發展專責小組應該要做的事，雖然最近此專責小組亦已經是「廢廢地」的了。

陳國強議員：

……在政制發展的議題上，彼此須釐清不同概念、不同立場的異同，才能夠求同存異。譚耀宗議員的修正，對討論政制發展有着莫大的啟迪。我們要求一個既民主又穩定的局面，這是市民的意願。

民主和穩定對香港來說，就如雙腳支撐着整個人。隨便失去一條腿，人便會倒地不起。我們希望大家明白，這是決定未來政制的關鍵，若不能達致〔至〕共識，所有討論只會莫衷一是，亦難以推進本港的民主發展。

相信民主的意義並不局限於選舉的形式上，民主是涉及一個國家的憲制歷史、社會背景和經濟情況，茲事體大，牽連甚廣。我們決不能單單將話題放於一些細節上，而不去弄清一些憲制原則，尤其是我們奉行「一國兩制」，問題的複雜性非三言兩語可以解釋到。

在討論政制的具體改革方案之前，我們應該重新鞏固我們的大原則，正如原議案及修正案均提及的基本法。本港基本法是中英聯合聲明產生的小憲法，而中英聯合聲明的要義，是「一國兩制」，是五十年不變！基本法亦在序言指出，我們奉行「一國兩制」，所以中央的意願是必須獲得尊重的。

可是，近來的政制討論已流向單一化，這一點是損害了香港的長遠利益。「一國兩制」就是以「一國」為先，「兩制」為後，這樣並不代表分了輕重，只是分了先後。我們必須體驗「一國」為先，才能維護完整的「兩制」，否則，我們是難以看到一個既民主又穩定的局面的。

因此，香港的政制發展專責小組必須先與中央進行良性互動的商討。中央近日的意見是善意和積極性的；而中央在政制問題上提出的原則，亦值得港人深思。縱使我們實行兩種社會制度，香港特別行政區仍是屬於中華人民共和國的一部分，在憲制上，我們隸屬於祖國。

所謂「良性」、「互動」，便是彼此互信，而非彼此攻訐。中央是貫徹「聽其言、觀其行」的原則，希望大家能夠冷靜明白中央的立場。我們不能遇到意見分

歧，便強行迫使特區政府改變現行的政制。這是無補於事，亦非常不智。

只有在互信的基礎上，政制發展的話題才能獲得進展，香港對民主的訴求亦一直受到中央的重視和尊重。香港時有政制的爭拗，大概源於對事物的理解有所不同。單是我們香港也出現意見分歧，中央自然希望我們先討論原則，而非一步進入選舉的方式，漠視中港關係的重要性。若要保持兩者關係，必須瞭解中央的意見。我十分贊同政制發展專責小組在未來與中央更緊密聯絡，將香港的不同訴求帶往中央，以便中央政府明白香港的情況。在未來日子，雙方可以就整個政制改革有一個全面的方案。

最後，我希望會內同事能夠明白客觀的環境，為着政制改革提出切實的建議。只有這樣，才能遵守基本法的原則：奉行一個國家、兩種制度。

梁富華議員：

……無論是二〇〇七及二〇〇八年普選，還是政制改革的具體方案，在諮詢市民意見之前，必須先訂出政制發展的原則和程序，否則，在完全沒有確立原則的基礎上討論何時普選、如何推行政制改革，是毫無意義的！同時，我們更不應該先設結論再定推理，否則，討論只會變得無意思和無結果。

我非常同意譚耀宗議員所說，專責小組應「盡快和中央政府釐清政制發展的原則及程序，促進社會各界理性討論，並與中央政府進行良性互動的商討，務求在尊重及嚴格遵守《基本法》所訂定的原則的基礎上，達致一個全面貫徹一國兩制、港人治港及高度自治的政制發展方案，為香港開創一個民主及穩定的局面」。先訂出原則和程序，然後在基本法所訂原則的基礎上進行理性討論，這樣才是我們討論政制改革的應有態度和程序。

事實上，按現階段情況看來，現在有關政制發展的討論，應該是原則和程序的討論，根本未進入選舉模式和議席數量的討論階段。過去，所謂民主派只會一味喊着要求盡快推行政制改革，包括在二〇〇七年普選行政長官，二〇〇八年普選所有立法會議席，究竟政制改革的原則和基礎是甚麼呢？所謂民主派根本沒有着眼在這方面，他們排除所有原則和程序，只會重複又重複將歪理說千遍，企圖以技術討論來代替原則討論，從而將整個討論重新引入歧途。

今天，《星島日報》刊登了一篇由香港發展論壇總幹事張志剛先生所寫的文章。他提到兩點：第一，「民主政治是一個很好，但很複雜的制度，它必須在運作時顧及秩序和效率的問題，否則便是壞民主」；第二，「民主的形式如選舉是很重要的，但民主的內容和實質也同樣重要。」

我絕對同意張先生所說，因為沒有秩序，即使是一個多有民主的地方，最終亦難以真正達致〔至〕民主。民主運作欠秩序，相信民主要運作良好、有效率，亦只得空談。再者，每一個國家和地區的真正民主實質內容均有所不同，同一樣的民主形式，例如一人一票的選舉方式，未必適合應用於任何國家和地區，還須考慮某些國家或地區是否具備一人一票選舉的社會條件。如果勉強推行，這個國家或地區根本無法形成一個形實俱存的民主選舉制度。

以香港目前情況為例，所謂民主派不停地借民主喊着要盡快推行政制改革，並要求盡快就政改的具體方案諮詢市民意見。我同意可以就有關方面諮詢市民意見，但我卻不同意在未有訂定清楚政改原則和程序之前，便先諮詢市民意見。我認為這樣做是罔顧民主運作應有的秩序，更看不到將來的運作會有效率，這樣不應該是我們追求的所謂民主的內容。

此外，我想補充一點，由於香港是中華人民共和國的一個特別行政區，是中國領土的一部分，所以香港在討論政制改革發展的原則和程序的時候，必須有中央政府的參與，這才能夠體現和貫徹「一國兩制」原則。

主席女士，最近，我看到兩篇文章，很想在這裏與大家分享一下。香港科技大學經濟系主任鄭國漢教授連續兩天在《信報》刊載兩篇署名文章。鄭教授在文章中仔細分析和指出，香港有一個四十五條關注組，在香港政制改革問題推理過程中，違反了基本邏輯法則，混淆是非黑白，誤導市民，所以他忍不住要撰文指出。

以下是引述鄭教授第一篇文章的部分內容，他說：「雖然《基本法》第四十五條並沒有把『實際情況』稱為原則，但意見書卻把它提升到『極為重要的指導原則』，以蓋過第四十五條明確標榜的『循序漸進的原則』。」他認為，關注組這樣做是「移花接木」，令第 45 條的「最終普選」在關注組手中變成「隨時普選」。之後，他在第二篇題為「先設結論再定推理」的文章中明確表示，不論關注組犯上邏輯錯誤的原因為何，但邏輯謬誤都是混淆是非的根源。

　　我非常同意，任何討論都不應該「先設結論再定推理」，政制改革發展的討論更不應該是「先設結論再定推理」。現在所謂民主派便是犯上這樣一個嚴重錯誤，例如他們在設下二○○八年普選立法會這個結論之後，便推算出以後幾屆立法會直選議席的數目。究竟這樣是民主嗎？這是專業人士、政界人士應有的邏輯思維嗎？

政制事務局局長：

　　涂謹申議員要求政制發展專責小組以實事求是的態度，就政制發展的具體方案徵詢市民意見。事實上，專責小組自一月成立以來，一直均以踏實的態度處理我們的工作，但我們的看法與涂謹申議員對實事求是的見解可能未必一致。

　　在政務司司長就辯論作出整體回應之前，我想借這個機會作出幾點回應。

　　在近日就有關基本法的討論當中，有人問及國家憲法是否適用於香港，以及憲法與香港政制發展的關係。

　　憲法是國家的根本大法，具有最高的法律效力，也是國家主權的體現。基本法在序言中規定，基本法本身是依據《中華人民共和國憲法》而制定的。

　　全國人大根據憲法第三十一條的規定，設立香港特別行政區；全國人大也根據憲法第六十二條決定香港特區的制度。全國人大通過基本法，規定香港實行的一系列制度，包括香港的政治體制。

　　既然香港特區所實施的制度，包括政治體制，是中央根據憲法為香港而定的，中央當然是有憲法的權力和責任，審視香港政治體制的發展。中央在這方面的權力和角色，並不限於基本法中附件一和附件二的規定。香港特區當然可以繼續按照基本法所賦予香港特區的角色，來參與和處理有關政制發展的事宜。

　　有議員表示，內地近日就原則問題有很多討論。在這樣的情況下，專責小組是否依然能主導民間就政制發展方面的討論。主席女士，我們的答案是肯定的。在過去兩個月，專責小組在引導香港社會就原則和法律程序問題進行思考和討論方面，取得一定的進展。

　　在一月期間，公眾的討論主要以法律程序問題居多。二月初，在我們訪問北京後，政務司司長在立法會作出聲明，詳細向大家講述中央的具體關注，以及

中央希望我們優先處理原則問題的信息。民間的討論自此便轉移到原則方面的問題。這正正切合專責小組現階段的工作目標。

此外，今天有好幾位議員問到，中央有關部門設立港澳事務研究所，會否與專責小組的工作重疊。我相信中央有關部門這樣的安排，其實是顯示中央對香港未來發展的重視。中央關心香港的發展，希望透過不同途徑作研究，其實非常自然。但是，有關政制發展的事宜，有需要在香港跟進的話，今後依然由特區政府推動。香港絕對不會出現兩個權力中心，中央領導人也一再重申，支持行政長官在香港依法施政。

今天，有好幾位議員提及立法會議員到外國出席聽證會，就香港政制發展提供證供，是否恰當。主席女士，特區政府已經表明，香港政制發展是國家的內部事務，是由中央和特區根據基本法的原則和規定來處理。

作為議員的，一如我們主要官員，在座的每一位在宣誓就職時表明會擁護基本法，以及效忠中華人民共和國香港特別行政區，所以我們難以理解為甚麼香港的議員要就一項內部事務，跑到外國的議會提供證供。我們認為有關議員的決定，是不恰當的。

主席女士，我也希望在此就兩位議員所提出的論點作出一些回應。

劉慧卿議員提到我們今年的選民登記活動，因為劉議員處理數字有她一套方法，我有需要作出澄清。

目前的情況並不是有四十萬名熱衷登記的選民自行來取表格，只是有數十個政黨、政團在我們的辦事處取了這些表格。至於有多少會成功登記交回，現時我們其實是不得而知的。

此外，我們為今年選民登記活動所定的目標，希望可以得到四十八萬張表格，包括更新地址和新的登記，其實已較二〇〇三年三十多萬表格的目標為高；也較二〇〇〇年我們取得的四十四萬份表格為高。

我們在二〇〇〇年用了四千多萬元進行選民登記工作，今年我們定了希望取得四十八萬表格這目標，只是用一千二百萬元。因此，以衡工量值的原則來看，我們今天的目標是積極的。

主席女士，吳靄儀議員提到，究竟我們應該從基本法條文來理解立法原意，抑或可以看背後立法原意的政策是甚麼？

我們重提姬鵬飛主任在提交基本法草案時，向人大所發表的談話，我們認為是可以反映立法原意的。我們亦提到中央對香港在八十年代所定下的長遠方針政策。在普通法制當中，其實亦有這一套法理的。在奉行普通法的制度中，往往部長在議會內提交草案時所發表的言論，是可以反映立法原意的。因此，在現階段，我認為不能抹煞我們在討論基本法的原則時，可以研究基本法的立法原意，以及我們須進行這套研究，確保我們符合這立法原意和國家對香港恢復行使主權時所定下的長遠方針政策。這套做法是絕對符合法理及憲制原則的。

主席女士，我們討論香港的政制發展，往往有一個傾向是比較感性，這也是很自然的。但是，作為特區政府，我們一向推動香港社會要冷靜理性討論這套問題，這樣我們才可以最有效、有最大機會妥善處理這議題。

政務司司長：

胡錦濤主席在去年十二月會見行政長官時，表明了中央對香港特別行政區的政治體制發展高度關注。接着，行政長官今年一月七日在施政報告中宣布，由我與律政司司長、政制事務局局長成立一個專責小組，就基本法內有關政制發展的原則及法律程序，進行深入研究，就此徵詢中央有關部門的意見，並聽取香港各界對這些問題的意見。可以說是，自今年一月以來，香港社會就政制發展正式展開了討論。

直至現時，最踴躍表明立場、表達意見的，就是各個政黨和論政團體，一些機構也就相關問題進行了民意調查。政制發展專責小組對各界的意見採取公正、坦誠，以及高度透明的態度。專責小組自一月中成立以來，主動約見了不少團體和人士，聽取他們對政制發展的原則及法律程序的意見。我們也將相關的文件放在專設的網頁和各區民政事務處，並通過電視、電台和報章宣傳，鼓勵市民發表意見。

政制發展是一件複雜的事情。它不是簡單的主張，不單止是選舉方法的問題。相反，政制發展觸及更深層的問題，包括社會各階層的利益、香港未來的管治、經濟的繁榮、社會的穩定，還涉及中央與香港的關係。我希望各位議員和關心政治的團體和人士，能協助市民明白這種複雜性。我們不能把香港作為政治制

度的試驗場。香港政制的任何發展，都必須符合基本法，而且都必須謹慎進行。

政治從來都是具有爭議性的。我們可以預見，社會上難免會就政制發展出現不同的意見，甚至爭拗，但我們希望各界能以理智和思考代替急燥〔躁〕的情緒。市民所渴望和需要的，是理性和周詳的討論。

各位議員或許仍然記得，專責小組在一月成立時，已表明會爭取盡快與中央有關部門會面，瞭解中央對政制發展的具體關注。在國務院港澳辦公室的安排下，專責小組已在今年二月初訪問了北京。一如承諾，我們如實向中央有關部門反映了當時已約見的團體和人士的意見，表達了香港社會普遍對現時政治制度要改進的訴求。我也在二月十一日向立法會講述了中央關注的具體問題。這是專責小組作為橋梁〔樑〕的工作模式，也說明了特區在憲制上的角色，就是說在「一國兩制」和基本法之下，香港直轄於中央政府，香港是國家不可分割的部分；香港社會可以就政制發展進行討論，但同時必須與中央商討，並得到中央的支持。

我相信大家也清楚知道，中央官員多次明確地指出，要在「一國」的前提下實現「兩制」；「高度自治」是中央授權下的高度自治；政制發展不但是香港內部的事務，也必須得到中央的同意。

我相信，中央渴望看到香港各界尊重它有權責審視及同意政制發展這一原則。專責小組所會見的團體及人士，也是接受這一原則的。我希望大家能在這一原則下，平靜對待與中央商討的整個過程。香港各界對政制發展有不同的意見，那麼中央有它的看法也是自然的，但這並不表示我們之間有對立或存在甚麼爭議。香港市民都認同有需要保持香港繁榮穩定；國家訂立「一國兩制」方針，也是為了保障香港的長期繁榮安定。因此，歸根究柢，國家與香港的利益是一致的。我希望市民對此能作出冷靜的判斷。

事實上，根據基本法，任何有關修改行政長官和立法會兩個產生辦法的建議，必須得到立法會、行政長官和全國人民代表大會常務委員會的同意，若有任何一方不支持，都不能成事。因此，問題的關鍵不單止是在法律層面上誰有權啟動修改選舉辦法，更重要的是，必須在三者之間達致〔至〕政治層面上的共識，以商討為重，這樣才可以推動政制發展。這正是專責小組、立法會與社會各界未來要共同面對的真正挑戰。

有議員指出現時討論的原則過於顯淺，不值得花費精神理會。他們認為直接

討論政制方案，一切問題就可迎刃而解，但現實的政治運作是否如此簡單？我認為要對此三思。

首先，政治體制發展，都是每每先要確立了原則，然後才設計具體體制。很難想像，不經過對原則問題的深入探討並取得共識，就可以設計出各種方案來，讓社會考慮和選擇。原則代表大家認同的共同利益，方案則是市民在這個基礎上所作出的選擇。

再者，專責小組在二月初訪問北京時，中央有關部門明確地指出，特區的政制發展討論，應優先處理基本法的原則問題。由於討論的方案必須符合基本法的原則及法律程序，只有在共同理解的基礎上，政制發展工作才能穩妥地踏出下一步。香港若走捷徑，匆匆推出單方面的方案，不但違背在憲制下必須與中央商討的責任，而且在政治現實中，假如日後的具體方案不符合基本法的原則，只會為社會帶來更大的沖〔衝〕擊和爭拗，受害的最終都是香港市民。

表面上，政制原則不像政制方案那麼具體，但它卻實實在在的〔地〕涉及市民的利益和香港的繁榮安定。例如，基本法談及兩個選舉的產生辦法時，說明要根據特區的「實際情況」和「循序漸進」的原則決定。現時，專責小組就「實際情況」和「循序漸進」所接獲的意見相當紛紜，有些人認為單單看政府管治的成效或去年的民眾遊行活動便可以了，但有人則認為要考慮政黨的普及程度和有否足夠的政治人才可供選擇。如果政治的硬件和軟件無法好好地配合，結果將會不利於社會。

此外，姬鵬飛主任一九九〇年把基本法立法草案及相關文件提交給第七屆人大會議時就作出聲明，表示香港的政治體制必須兼顧各階層的利益和有利於資本主義經濟的發展。立法會內的功能界別，原意就是體現「均衡參與」原則。現時，如果我們修改兩個選舉方法，大家也必須考慮如何貫徹「均衡參與」的原則。有意見認為，市民要考慮自己所屬的界別或階層在議事會堂內有否足夠的能量和代表聲音，也要考慮如何保證制訂的公共政策有利於資本主義經濟及香港的繁榮安定。

同時，當年起草基本法時，經過深入討論後，決定「行政主導」是香港原有政治體制中行之有效的部分，因而應該保留，並且通過基本法的有關條文，具體體現「行政主導」的原則。例如，根據基本法第四十八條，行政長官領導特區政

府，負責決定政府政策和任免公職人員。財政預算由政府編製，法律草案由政府提出。

此外，行政長官在立法過程中也有一個重要的地位。立法會通過的法案必須經行政長官簽署、公布，方能生效。行政長官如果認為立法會通過的法案不符合特區的整體利益，可在三個月內將法案發回立法會重議。

「行政主導」成為特區的政治體制設計的主要原則，目的是有利於促進行政效率，維繫有效管治。此外，中央有關部門也指出，按基本法規定，行政長官要對中央人民政府負責，也要對特區負責，要同時做到這樣，必須依從行政主導的原則。

因此，當我們考慮行政長官和立法會兩個產生辦法是否有需要修改和如何修改的時候，便要小心研究有關建議會否影響特區行政主導的政治體制，以及如何能夠完善和鞏固它。

目前，專責小組接見的團體和人士，就這項原則發表意見的較少。我希望大家能夠對「行政主導」的原則，作出更深入的思考和討論。

最近，引起熾熱討論的還有「港人治港」，即以愛國者為主體來治理香港這一項原則。我希望社會各界都以平常心及成熟的態度來處理這個問題。以愛國者為主體來管理香港，是國家自八十年代為管理香港所訂下的長期政策方針。現在，正當特區進行政制檢討的時候，中央重申這個政策，是要讓大家明白，這個立場沒有改變。

我曾多次提及，普羅市民也明白到，由不損害國家利益、不損害香港利益的香港人管理香港，最符合市民的利益。雖然香港在歷史上與國家分離了一段時間，但市民心底裏都知道，維護香港的利益，並在香港有困難的時候，無論是金融風暴或 SARS，也立即施予援手，全力支持，無求回報，不離不棄的，也是自己的國家。香港市民對國家所取得的驕人成就，均感到自豪。

愛國，出於心，表於行。我相信香港人對管治者也會有他們的判斷。同時，大家都知道，我們的選舉一向都根據基本法所訂定的選舉法例進行。

香港人素來講道理、明事理，慣於實事求是，好守中正之道，無過，亦無不及。我希望各位能夠努力，讓市民在基本法及保障香港長遠繁榮和穩定的基礎上，就政制發展所涉及的問題，進行深入的分析和理性的討論。基本法已經訂明

最終的目標是普選，我們現在要談論的是步伐和形式，政制發展始終只是一個過程而已。

專責小組聽取各界團體和市民意見的工作會在三月底 —— 即這個月內完成。屆時，我們會再向各位議員講述我們所聽取的意見。我們也會繼續把團體和個別人士呈交的書面意見，除非他們要求不作公開，否則我們也會把書面意見放在五區民政事務處諮詢中心，供市民參閱。我們屆時亦會聯絡國務院港澳辦，要求安排向中央有關部門再反映香港的意見。

我必須強調，中央和特區政府均會完全按基本法的原則和法律程序，處理政制發展事宜。事實上，中央自回歸以來，一直嚴格遵守「一國兩制」。特區政府也是依據基本法治理特區事務，我希望涂議員對此可以明白。

我亦相信在政制發展問題上，中央也會出於無私愛護香港之情，與香港一起尋找最佳的安排，維持香港普羅大眾的生活方式和繁榮安定。

2004 年 4 月 22 日
休會待續議案辯論：行政長官向全國人大常委會提交關於二〇〇七年行政長官和二〇〇八年立法會產生辦法是否需要修改的報告

馮檢基議員：

主席，我今天提出這項議案，其實有一個很重要的原因。我相信大家也知道，行政長官是在報告公布後不足四十八小時，便已把這份報告提交人大常委會，我以下簡稱這份報告為「報告」。其實，我們今天的速度是相當快，這是平常少見的。大家也知道，行政長官通常是習慣一步、一步、一步的〔地〕做，但今次卻是「一步到位」。

此外，今天我們民主派有三位議員，包括麥國風議員、黃成智議員及我自己，到了深圳見過人大法制工作委員會副主任李飛先生。我們爭取要求人大常委會在諮詢過程中，特別在有關香港的事務上，能夠把立法會或立法會議員包括在內。當時，李飛先生給我們的答覆，反映了為甚麼我們須進行今次休會辯論。我覺得其中一個可能性是中央，即人大常委會在諮詢的問題上，在「一國兩制」的因素下，忘記了我們「第二制」的立法會。為甚麼這樣說呢？他告訴我們，這次諮詢是基於人大委員長的一項指令，要他們在人大的平常工作規矩下徵詢意見，而他們所徵詢的意見，範圍包括該區，即香港的人大代表、香港的中國人民政治協商會議委員，以及香港的一些團體或知名人士等。

我問他為甚麼沒有立法會呢？原來是這樣的。大家知道，在「一國」裏，除了香港有立法會外，其他省市均沒有立法會的。在「一國」的制度下，可能剛才所說的人大代表、政協委員、組織等，真的可能是該省市、該地方的一些很重要的代表，但香港卻有一個立法會。立法會這機構是除香港外，中國其他地方所沒有的。

　　我問的第二個問題是：究竟立法會、立法會議員的意見放到哪裏去呢？如果沒有聽到我們的意見，為甚麼又說已進行諮詢呢？李飛先生跟我們說，他把特區政府視作憲制上的一個機制，而在這個機制內所提交的資料、特區政府的建議或意見，已包括了立法會。換言之，理論上，在曾司長提交人大常委會的第一份、第二份報告內，如果已有立法會議員的意見，而他們又看過了，那麼從他們的角度看，報告便已經是諮詢了立法會或立法會議員。於是，我又提出另一個問題：是否我們的特區政府又遺留了一些東西呢？我們剛才說在不足四十八小時內，報告已提交人大常委會。那最少在立法會的正式議程內，正如主席剛才開始時說，在正式議程上是沒有討論過報告的。那麼，究竟是否我們的特區政府又做「漏」了這件事呢？

　　無論如何，我們也向李飛先生提出了建議。第一，類似情況再發生時，希望人大常委會也能提醒——我不敢說忠告或警告，因為那是要有「老虎膽」才敢說的——特區政府真的要在議會上開一個正式的諮詢渠道，給予立法會或立法會議員。第二，將來人大常委會再進行類似的諮詢工作時，是否也能把香港的立法會或立法會議員放到被邀請進行諮詢的名單上？這兩者之中隨便做其中一樣，也能填補了剛才提出的「可能漏洞」。李飛先生說他願意向喬曉陽副秘書長提出這個意見，看看副秘書長的意見如何，然後再答覆我們。這也正正反映了，如果人大常委會真的在將要來臨的星期日、星期一討論這份報告，那麼今天正正便是一個很好的，也是唯一正式在議會的機會，讓我們討論行政長官在這份報告內所提出的看法和意見。

　　就着這份報告，主席，我也想提出第二個值得討論或留意的地方，那便是報告為甚麼會產生的呢？主要原因是下一屆，即二〇〇四年後那一屆的立法會選舉及行政長官選舉須予以檢討，而檢討是受基本法附件一、附件二影響的。究竟我們是沿用現時的制度，還是依照附件一、附件二所述可檢討的地方，修改現時選舉立法會或行政長官的制度呢？於此之前已有很多討論，而討論過程中亦凸顯了中央政府認為「一國兩制」是建基於「一國」之上，「高度自治」並非等同「自治」。因此，大家也知道，上個月便以釋法的方法處理爭論，亦提出了五個步驟，讓香港特區政府在檢討政制時可以依循。在這五個步驟中，第一是要特區行政長官提交報告，提出是否要就政治制度作出修改，然後交給人大常委會，人大

常委會同意後才可開啟修改機制。

我們看到，在這兩件事上，人大常委會由提出到通過，是花了十二天來釋法，而報告由提出到提交人大常委會，則只花了不足三天。我感覺到兩件事均是「快刀斬亂麻」。「快刀斬亂麻」的好處是快，很快便有結果，大家會明白最後的結論，然後跟着結論做。壞處是如果有人不同意「快刀斬亂麻」的結果，又或有不同意見或有更好的方法，卻會因太快而無法反映出來。因為太快，意見無法被吸納；因為太快，無法成為日後政策的一部分。因此，很容易便產生一種激化作用，使本來有意見，甚至可能有好意見的人，由於認為決策者不聽、不理會，導致增加了彼此的矛盾和摩擦。我們覺得，香港要發展「一國兩制」，這個情況如果延長下去、嚴重下去，那將是不利的。

主席，我想開始討論報告內提出的九項原則。由於時間關係，我無法提出每項原則來討論，只想重點地談數項我個人比較重視的原則。我相信其他議員其後也會在其他方面談到的。

首先，我覺得在談報告之前，雖然談了一些修訂的原則、因素，但我覺得報告內沒有提及最基本的原則。我本身是修讀政治的。劉兆佳教授剛才也在這裏，但現在剛巧不在，他其實也是我的其中一位老師。修讀政治很重要的一點是，當考慮政治制度時，最好、最理想的情況是，有甚麼經濟體制通常可自行運作出一套模式，又或我們稱之為政治制度，而這個政治制度與經濟體系應該是配合的，正好像一把劍，一定是放進劍套內，便可以很順暢；但如果把劍放進刀套內，即使可放進，也會是「周身唔舒服」，總是像有東西阻隔着似的。

我們看到香港是一個自由市場經濟的經濟體系，而且這個國際城市已有非常高度的發展，無論在經濟、金融、貿易等方面，都非常發達。在同類的經濟體制中，我看到他們用以管治該地方或國家的制度，概括來說也是民主制度，而且通常是以選舉或普選的形式選出他們不同位置的決策者或領導人，以及立法成員。從這個大原則，我們可以看到，幾乎沒有人會說香港在發展經濟上不是自由市場經濟，不是位於全世界最高的五名、十名之內，甚至可能是最高三名的一個經濟體制。在此情況下，我會問政府，這個經濟體制應以甚麼政治制度配合？為甚麼不談這個大前提、大原則呢？如果政府只說其他的一至九項原則，其實是沾不上邊際的，因為任何其他制度，如果不配合自由市場經濟，根本是怎樣搞也沒有用

的 —— 制度不配合，即是那把劍永遠無法插入劍套內；即使插了進去，也是很難才能拔出來的。這正正便是我們這六年的經濟，除了受國際因素影響外，為何至今仍不是這裏「唔舒服」，便是那裏「唔妥」，不是這裏「唔得」，便是那裏「唔掂」的原因了。

談完了這個大前提，我看報告第（vi）點提到有關要衡量實際情況、考慮市民訴求及其他因素、政治制度發展、經濟發展等。如果聽了我剛才的理解、邏輯，以及參考了其他國家的經驗，第（vi）點根本不是問題。換言之，如果香港是自由市場經濟，很多國家已有百多二百年的經驗，我們便無須重複那百多二百年的過程了。這等於說我們現時所用的電燈。在英國的科學家發明了電燈後，我們便無須再花兩千年時間來發明一個電燈泡。我買回來或自己做便已經可以了。因此，有些人說，人家有二百年，但香港只有十多年，這根本不是理由，也是不合邏輯的。如果我們從來沒有用過某一樣東西，便要回到數十年前，那是不應該，也是不可能的。

其次，在目前的自由經濟體制的政治制度內，選舉本身的結果，其實是符合其制度的需要的。換言之，如果自由經濟是以搞經濟為主，它要有不同的經濟人才，顧及不同行業的利益，那麼，選舉制度自然會顯示這樣的結果。這也便是說，這些人自然會被選出，否則便不能配合了。因此，我覺得第（vii）點不是問題，第（viii）點也不是問題。當然，不用多說，第（ix）點亦不是問題。因此，我覺得我剛才所說的第（vi）、（vii）、（viii）、（ix）這四點與政制、經濟有關的問題，如果是熟悉和瞭解自由市場經濟的制度，便知道一個民主的政治制度是必須的。

「快刀斬亂麻」這個方法，其實真是可大可小的。小的是沒有人發聲，「快」便覺得是有效率、有速度；大的是「大石壓死蟹」，「快快脆脆搞掂件事」，令市民沒有機會、沒有條件、沒有能力、沒有途徑反映他們的看法。因此，我覺得這次釋法及行政長官的報告兩件事，也引起了市民相當大的反應，其中一個原因正是由於「快刀斬亂麻」。

我覺得如果真的要做好這件工作，無論是中央政府或特區政府，是要把不同意見納入其中。從三個臭皮匠勝過一個諸葛亮的角度看，政府應該要多聽。如果要求市民服你，便更要多聽。如果連聽也不聽，又教人如何心服呢？如果想管治得更好，不單止要多聽，更要採用那些意見、接納那些人，把他們變為政府的一

部分。這樣，特區政府才能廣納人才，否則便只會繼續枯燥〔躁〕，繼續沒有了一個部長，不知再從哪裏找一個部長回來；沒有了一個部長，便找一個公務員回來。如此這般，這個制度便永遠無法發展下去。我希望今次的討論能刺激政府想多一點、想深一點、想闊一點。

馮檢基議員動議的議案如下：

「本會現即休會待續，以就香港特別行政區行政長官向全國人民代表大會常務委員會提交關於香港特別行政區二○○七年行政長官和二○○八年立法會產生辦法是否需要修改的報告，進行辯論。」

楊森議員：

主席女士，全國人大常委會釋法，在基本法附件一及二有關修改行政長官及立法會的產生辦法，加上先由行政長官就是否有需要修改，然後交人大常委會審議及決定確立行政長官建議的關卡，變相修法，嚴重打擊「一國兩制」及「高度自治」。但是，最令我們痛心疾首的，是我們的行政長官根據人大釋法，就是否需要修改行政長官及立法會產生辦法提交的報告中，加設了九項條件和因素，自設障礙阻礙二○○七及二○○八年普選，出賣港人利益。

民主黨不接納行政長官向全國人大常委會提交的報告。我們認為這份報告既欠缺法理基礎，亦不合理，更重要的是完全沒有反映港人的主流意見。首先，行政長官在報告中提出有需要修改二○○七年行政長官及二○○八年立法會的產生辦法。但是，有關有需要修改的基礎、原因、民意取向各方面，其實完全欠奉。曾蔭權司長的《政制發展專責小組第二號報告》中，提到最近的民意調查顯示過半數市民支持二○○七年普選行政長官及有六成的市民支持二○○八年普選全部立法會議員。但是，行政長官的報告中完全沒有提及這個主流意見，反而列出九項條件。我覺得這九項條件無疑自行設置障礙阻撓普選，再一次將「高度自治」拱手相讓，這是令人感到非常遺憾的。

在該九項條件和因素中，有些是在基本法內欠缺基礎的。例如第（iv）項「方

案必須鞏固以行政長官為首的行政主導體制」，不但欠缺法理基礎，甚至與基本法中行政機關須向立法機關負責一項亦有矛盾。又例如第（v）項「達致普選的最終目標必須循序漸進，按部就班，步伐不能過急」，基本法中只有「循序漸進」，這項無疑是行政長官自設關卡，阻礙二〇〇七及二〇〇八年普選。究竟何謂過急？當時的基本法起草委員會主任姬鵬飛先生表示，由回歸起計的十年內不宜有普選，基本法所限制的亦只是首十年。此外，當年的港澳辦主任魯平先生亦在一九九三年指出，二〇〇七年後即第三屆的立法會選舉方案完全是香港內部決定的事，香港人有充分條件落實民主。現在，行政長官在報告中提出「步伐不能過急」，很明顯是在人大釋法後，香港特別行政區政府自動「配合」中央，「自廢武功」，自設障礙阻礙二〇〇七及二〇〇八年普選。我試問行政長官如何向大部分要求在二〇〇七及二〇〇八年普選的香港市民問責及交代？

第（vii）項條件指出，我引述：「方案必須有利於社會各階層在政治體制內都有代表聲音，並能通過不同途徑參政」（引述完畢）。市民難免認為，行政長官所指的所謂「社會各階層通過不同途徑參政」，其實是暗示必須保留功能界別選舉，令立法會無法落實全面由普選產生。但是，事實上，普選基本上是體現「均衡參與」的最佳辦法，但假如有些既得利益者沒有為普選作好準備，其實不應為保障商界利益而改變遊戲規則，背棄我們大多數市民的訴求。

雖然中央及特區政府擁有各種途徑和方法打擊港人對民主訴求的意願，中央更對政制改革有最後決定權，但打壓港人的民主訴求，其實只會令現有制度衍生的問題根本得不到基本的解決，令政府繼續欠缺認受性及管治威信，立法會繼續不能有效地監察政府，市民的意見繼續不能有效地反映。這樣的政治生態，對香港的政治穩定及安定繁榮有害無益。近日的民意調查顯示，市民對特區政府及中央政府的信任程度不斷下降，如果情況持續下去，我恐怕民怨沸騰的程度會比去年要就基本法第二十三條立法時所表現出的情況更甚。

人大常委會即將在月底召開會議，審議行政長官提交的報告，民主派議員今早到深圳向人大常委會成員表達意見，我們真的希望人大常委會能用開放的態度聽取港人的想法，更希望人大常委會不要一鎚〔錘〕定音，關上二〇〇七及二〇〇八年普選的大門。人大常委會一旦接納行政長官的報告，甚至如一些報道所說，甚至會加設其他嚴苛的條件，便會開創一個很壞的先例，容許在憲法以外加

設其他規定或條件，基本法的公信力便會蕩然無存，亦會嚴重地破壞本港的法治精神及市民對基本法的信心。

我很希望中央政府能關注港人的民主訴求，二〇〇七及二〇〇八年普選行政長官及立法會，對改善特區政府的管治危機、穩定本港社會發展，甚至對和平統一台灣，都有很大的裨益。我希望中央政府能夠自我克制，讓特區有落實「高度自治」的機會，對特區「一國兩制」的發展，甚至對國家的貢獻，都有很大的積極意義。

楊孝華議員：

主席女士，本月初，人大常委會就基本法附件一及二，即二〇〇七年行政長官和二〇〇八年立法會兩項產生辦法是否可以作出修改的問題作出解釋，並確認行政長官董建華可以按照程序，向人大常委會提出，要求確定本港可以展開政制發展檢討。

行政長官上周四便迅速地作出了回應，就上述兩項產生辦法是否有需要作出修改的問題，向人大常委會提交報告，在當中肯定了應該作出修改，並希望常委會能夠予以確定。

我們認為行政長官這樣做，事實上是因為他深切瞭解到市民對香港政制發展有所期望，希望有所改變，而如果要作出改變，展開政制檢討的工作更是刻不容緩的。所以，行政長官向人大常委會作出報告，期望啟動本港的政制檢討工作，自由黨是贊成的，並且認為這樣做正正是反映了市民的心聲和訴求，絕對是一件好事。

人大常委會亦已決定就行政長官的報告，迅速地在周日及下周一，一連兩天召開會議，以便盡快給予一個明確的答覆，可見行政長官以至中央也是十分看重本港的政制檢討安排。事實上，人大常委會也派出了代表於昨天和今天，專誠南下深圳，聽取本港各界的意見，包括今早專誠到深圳表達意見的三位立法會同事的意見。正因為這個原因，自由黨認為今天其實是沒有甚麼必要就行政長官的報告再進行一場辯論。

更重要的是甚麼呢？行政長官的報告基本上是採納了政務司司長領導的政制

專責小組早前廣泛收集本港各界對政制發展的意見後綜合而成的報告。

所以，我們認為目前最重要的，是等待人大常委會能盡早確定行政長官所提出的報告，讓香港特別行政區政府早日拿出具體的政改方案，來廣泛諮詢社會各界；事實上，現時已有政黨急不及待地提出建議方案。我們期望特區政府能夠盡快提出具體的政改方案，讓立法會各黨派和社會人士有時間作出研究和諮詢，並且可以有充分的時間，作出理性的討論，從而達致〔至〕一個社會大致上可以接納的安排。

自由黨亦準備在人大常委會作出決定後，盡快考慮黨內及廣大市民的意見，並參考行政長官的報告中所列出的九項考慮因素，訂定我們的具體政改方案。

按照基本法的基調，行政長官和立法會應該有步驟地達到全面普選，所以，我們認為一旦政檢工作亮起綠燈，市民大眾和各政黨都應該設法謀求共識，使特區政府爭取到中央的信心和支持，在保障經濟繁榮及社會穩定下完成政改。我們重申，自由黨必定會盡一切努力，提出理性可行的具體政改方案，並尋求各黨派建立共識。

劉漢銓議員：

主席，行政長官向全國人大常委會提交關於二〇〇七年行政長官及二〇〇八年立法會產生辦法是否需要修改的報告，提出了「應予修改」的明確主張，同時，也提出了九項「必須顧及」的相關因素。社會各界對九項「必須顧及」的因素有不同的意見。社會上有許多意見認為，二〇〇七及二〇〇八年不宜實行全面普選，是由於二〇〇七及二〇〇八年普選不適合香港的實際情況，不符合循序漸進的原則，與行政長官的報告所列舉的九項因素亦有衝突。正因為如此，工商界和中產階級對激進普選方案有很大的憂慮和保留。港進聯作為代表工商界和中產階級的政治團體，充分理解他們的訴求。

在此情況下，全國人大常委會副秘書長喬曉陽等人代表中央，昨天開始在深圳一連兩天會見香港各界人士及政務司司長曾蔭權率領的政制發展專責小組，聽取香港社會對行政長官的報告的意見。喬曉陽在會見本港各界人士後表示，香港與會發言的人士有不同的意見，並非一面倒。港進聯認為，這些不同的意見，對

於人大常委會開會審議行政長官的報告有很大的幫助。港進聯希望人大常委會在充分考慮香港各界意見的基礎上，盡快確定二○○七年行政長官和二○○八年立法會產生辦法可以修改，而且希望人大常委會就如何修改作出原則說明和範圍界定，使下一步的政制發展進一步明朗化，並順利發展。

何俊仁議員：

主席女士，釋法其實已造成了三個十分致命的傷害。第一害，全國人民代表大會常務委員會再次任意、無限制地採用基本法第一百五十八條來解釋香港的法律。雖說釋法可以是補充立法，但我們實際看到的是具體地修改法律。這使我們自治範圍的界線、終審權的確立等受到動搖。釋法中所用的理據，使我們難以理解，不單止是曾接受普通法訓練的法律界人士覺得難以理解，我相信任何有常識、懂得文字的人也覺得難以理解。以修改選舉法為例，當中早已清楚寫明必須通過的三個構成部分，便是三分之二的立法會議員、行政長官，以至人大 —— 不論是批准還是備案也好。可是，霎時間卻變成五個關卡，多了兩個關卡；而備案又霎時間等於批准，甚至是事先批准。就是曾經正式代表國務院主管香港事務，對基本法事宜具有權威地位的魯平先生所說的話，也會完全不算數，甚至自動失蹤。這種種情況，除了令我們再三質疑外，還可有更好的答覆嗎？

在上次釋法時，人大常委經常強調立法原意，指出文字中包含了一些不明顯的意思，所以有需要補充。今次，不能再依靠這一點了，因為今次是無中生有。因此，今次喬曉陽副主任除了提出法律的含意外，還提到時勢的發展，表示要視乎時勢的發展，這樣令我們更不明白他究竟想說甚麼。原來立法原意和時勢發展這兩項原則，是可以並用的，是可以一致的，是不矛盾的。換言之，立法原意可以隨着時勢發展而改變，這是甚麼解釋法律的原則呢？我希望稍後有機會的話，律政司司長可向我們解釋一下，這兩個原則如何可以一致地使用？原來我們要視乎時勢的發展，來瞭解法律的原意。

主席女士，如果人大可以任意、隨時、無限制地釋法，可以解釋基本法任何一條條文，可以透過訴訟或不經訴訟的程序來釋法，那麼我們在「高度自治」上的保障，司法終審權的保障，在基本法這個作為重要憲制的法律工具或文件中，

是否還有很大的具體意義呢？

　　至於第二害，正如許多法律界人士和社會人士所說，今次釋法是完全漠視恰當的法律程序。這次釋法是在七天前才公告釋法的意圖，在五天內便完成。在釋法之前，全無提及釋法的內容和議題。就是在釋法前數天，我也在立法會會議上問過曾司長是否知道釋法的內容。他既然推薦我們接受釋法，指釋法會對香港好，那麼，他是否知道釋法的內容，是否知道文本所說的議題呢？曾司長表示並不知道，我假設行政長官也不知道。換言之，香港人無從表達意見，亦全無諮詢可言。可是，我們的行政長官、我們的官員，卻叫我們無條件支持釋法。更令我們震驚的是，原來釋法的其中一項議題，是我們從來也沒有討論過的，便是附件中所提到的「如有需要」，即修改立法屬「如有需要」，這一點連曾司長在事先諮詢時也沒有提過，原來這一點是如此重要的。因為，我們清楚看到，要是提及「如有需要」的話，便是指在那三個組成的部分（即那三個有分〔份〕參與修法的機構）經考慮後也認為有需要時，在他們同時認為有需要時才能啟動修改，原來「如有需要」這數個字可以衍生一套啟動機制。因此，如果這些還不算是修改法律的話，那算是甚麼呢？不過，最大的問題是，即使是要修改，為何不能事先進行諮詢，讓我們知道討論的內容，發表意見，多作討論，作周詳的考慮呢？主席女士，這方面完全沒有做，現在所做的，是「一錘定音」，那麼，還有甚麼恰當法律程序可言？

　　第三害，當然是中央與特區之間的互信被嚴重破壞。因為日後在政改問題上，中央政府便會完全肩負這個重任，我相信行政長官和他的三人小組，只能成為執行中央旨意的工具。在這情況下，我也不知道還有甚麼可說了。因為日後在這問題上，將會是市民與中央之間的抗衡，要是我們不向中央爭取，便沒有可能再有任何爭取的空間了。

　　較早前我們與行政長官會面時，我們再三苦苦追問行政長官，可否告訴我們下一步將會有甚麼事情發生？我們有甚麼可以做呢？我們如何能最有效地表達意見呢？當時他已經提交了報告，因此，我便說不要再罵了，報告也已經提交了，我們請他說說下一步會怎樣吧。答案是：無可奉告。主席女士，是無可奉告。我不相信行政長官或三人小組完全沒有腹稿，沒有計劃，即使是未成定案的也好，也可以告訴我們吧，為何不能與我們分享一下？即使說最後是由中央「拍板」，

他也可以把苦衷告訴我們,但答案竟然是無可奉告。

因此,當天,我們是覺得完全沮喪,雙方的對話是完全沒有意思的。這次令我們覺得,行政長官和三人小組的工作純粹是服務中央,即使不是信差,高級一點也只不過是執行秘書。這樣真的變成了罵之無味,棄之亦不可惜。這樣下去,怎麼辦呢?

主席女士,四月六日釋法後,三位中央官員來港,以軟性方法推銷硬材料。其實,大家都知道,他們每個人都緊守着十分清晰的政治路線,只是態度上略為溫文而已。我們當時面對的,是如何爭取在行政長官遞交的報告中,能經過真正聆聽民意,以及不要再妄加一些不必要的關卡,最少可以讓香港人有多點空間討論,不論最後的結果是甚麼,因為大家也知道,要改報告內容並非一件容易的事,但這樣卻可讓香港人有機會暢所欲言,表達意見。四一一遊行後,我們剛剛喘一口氣,因為遊行過後,我們得以表達對釋法的強烈抗議 —— 至於我們為何這樣強烈抗議,原因我剛才已經提過。我們希望可以坐下來向行政長官表達意見,所以我們把信件交給了行政長官,誠懇地要求他與我們會面,誠懇地要求他在遞交報告前,不要完全不給我們機會與他討論,表達意見。司徒華議員更在大會上正式要求他就報告的草稿進行公開諮詢。可是,主席女士,你知道發生了甚麼事嗎?四一五,行政長官遞交報告,其後才把報告交給我們。雖然我們在前一天約他見面,但他仍不讓我們有機會游〔遊〕說他把這個程序稍為押後。這其實完全不是急於在一兩天、一兩星期要完成的事情。

主席女士,現在看過這份報告,大家都心中有數,這九項因素清清楚楚的是整份報告的核心。其實,二〇〇七、二〇〇八年的普選是可以修改的,甚至中央政府已預備讓我們稍作修改,不論是透過輿論或各個途徑,大家好像也預期這是會發生的。至於如何修改,我們並不知道。不過,市民是須有空間來辯論,須有空間來爭取的。可是,今天遞交的報告,竟然包括九項因素。如果細讀這九項因素,再加上曾司長的報告作為基礎,大家應知道已涉及很多的價值判斷,很多的觀察,很多分析後得出的結論。最後,我們甚至看到就我們的選擇所作出的許多清晰的限制。我們的同事剛才也提過,這九項因素中,有很多項是基本法中沒有的。許多點是三人小組加入的判斷,而這些判斷正好表現他們保守和偏見的價值觀,例如他們認為不要輕易作出轉變,轉變時又不可影響其他制度的運作,而這

個行政長官是要行政主導的，他的主導權不應受到任何影響。可是，報告完全沒有提及民眾的期望、民眾的參與、民眾的制衡，這些全部都沒有提及。

說到其他因素，我們覺得結論似乎已經很清楚。不過，我只想說一句，民心對民主仍有強烈的期望，所以我們要繼續、持續地爭取。多謝主席女士。

羅致光議員：

我只想就司長的報告中，以參政團體的成熟程度作為政制發展的考慮因素一項，表達一些意見。

一九九〇年起，我協助籌組當年的港同盟。一九九一年，我出任秘書，接下來是民主黨，我共做了九年。對於組織政黨發展的工作，看過司長的報告後，我有很深的感受。他其中一點提到，現在的政黨的人數很少，市民不太熱衷參與政黨，然而，以此作為一個指標或一個考慮的因素，我則認為有點屬於反果為因。今天政黨的發展面對很大的限制，因為政黨唯一可以參與的事務，便是參加區議會和立法議會的選舉。可是，立法議會只有六十席，大部分都是由功能界別投票、排資論輩的席位，因此並非政黨可以輕易取得的。

至於很多市民不熱衷參與政黨，亦因為今天的政黨在整個政治體制中所能夠發揮的效用受到很大的限制。如果有行政長官直選，而政黨又可以參與的話，我相信這個世界將會在一朝之間變得不一樣。因此，只要將空間擴闊，容許行政長官經由直選產生，我相信將會有成千上萬的人有興趣參與政黨的工作，因為這變成實質上有意義的參與和有具體作用的工作，這樣便會有更多人樂意參與。

司長在同一段中，另有數句提到，「政黨當中資深的成員，雖然很多都具備豐富的議會運作經驗，但擁有公共行政或管治經驗的則為數甚少」，對此，我有更深的感受。在港同盟或民主黨的年代，有不少黨員在政府架構中晉陞至某個職位或職級時，他們便要脫離黨籍。最近，有一位已退休的資深黨員曾經在某段時間因晉陞至某個職級而要辭去黨籍，但現在他退休了，便再加入民主黨。大家想想，這樣又何來會有參政人士具有公共行政和管治的經驗呢？照司長這樣說，是否永遠都不用做呢？除非司長打算把現行的政務官制度完全更改，把所有政務工作都交由政黨執行，即是說任何人出任行政長官，一上任便可立即聘用成千上萬

的公務員，只有那樣才可有管治經驗。司長是否這樣想呢？司長是否想推翻整個公務員架構現行採用的理念，特別是聘用政務官的理念呢？如果是這樣的話，便請他說清楚，因為這是很值得討論的。換言之，現時政務官的系統，是否阻礙了整個香港的管治發展呢？我又並非這個意思。不過，這句話背後的含意，實際上便是說，只要繼續由政務官負責這些工作，便永遠不會有民主政制。因為根本上不可能有很多的人會有實質的行政和管治經驗。這是一個邏輯問題，如果從這個角度考慮這問題，便等如是「一刀切」，即以後都不用想了。

此外，報告亦提到，「目前參政團體比較側重當下的時事問題及個別政治事件，缺乏整體管治理念和對各項政策的宏觀研究」，就此，我敢向司長挑戰。在早年進行有關人口政策的研究時，民主黨只是用了一個研究助理來進行，他的薪酬還比不上當局的工作人員的五分之一，那麼我們所做的人口政策的全面性，跟政府的人口政策研究的全面性會有多大分別呢？如果說現時的政黨做不到這些宏觀的研究，深入的、核心的問題，便是資源問題。我們聘用的人員的工資，只是當局其中一名工作人員不足四分之一或五分之一的工資，他們又可以做到甚麼呢？如何為政黨進行政策研究呢？這又是雞與雞蛋的問題。如果政治得不到發展，不能達致〔至〕透過民主的發展來參與選舉，或不能在制度上增加一些資源，又何來可以進行深入的政策研究呢？這又是雞和雞蛋的問題。

還有一點是我一定要回應的，便是他說「市民因此較難肯定參政團體能否做到兼顧各階層、各界別的利益，以及特區的長遠發展的利益」。當中特別有一句話，是我實在無法可以認同的。為何所有參政團體均須兼顧各階層的利益呢？這是甚麼的政治理念呢？大家看看有哪一個國家，哪一個地方的政黨，是可以全面兼顧各階層的利益呢？是否必定如此才行呢？工黨是否如此呢？要這樣說的話，工黨也不合這個資格了。為何說要兼顧各階層的利益呢？難道保守黨便可以嗎？這根本不可作為一個準則。因此，當我們考慮有關參政團體的問題時，大家實際上一定要從一個系統 —— 從整體政制系統 —— 設想，不要反果為因。有很多因素其實是因為制度的不開放所致，但我們卻把這些說成是問題所在。我當然亦明白這與政團的成熟程度確實有點關係，但問題是如何令他們成熟呢？這便要有開放的系統，可以提供更多參與機會的政制系統才能做到。全面的民主才是唯一的解決方法。

張文光議員：

主席，今天我們討論行政長官的報告。這份報告是行政長官向中央「跳忠字舞」的報告。

所謂「忠」是「愚忠」，是「盲中中」，令普選帶着沉重的枷鎖，被行政長官的報告鎖足三十年。這是一份向中央效忠，向中央「跳忠字舞」的報告。第一，是政制必須聽取中央的意見，但眼裏沒有人民，沒有聽取人民的意見。政治是眾人之事，民主是人民作主。一份沒有人民只有中央的政制改革的報告，其實只是獨裁，並非民主，是與民主背道而馳。

報告中最礙眼的結論，是必須鞏固以行政長官為首的行政主導體制。這段話說得非常共產黨，非常社會主義及非常獨裁。我們的行政長官並非由普選產生，憑甚麼要香港人鞏固他的統治，憑甚麼要香港人以他為首，憑甚麼要香港人無條件地支持他一切的政策，包括愚蠢的政策，包括「八萬五」的政策，包括就第二十三條所訂的政策，包括他包庇梁錦松買車醜聞的做法呢？還包括這份愚蠢、荒謬、要殺死普選的報告呢？曾蔭權領導的三人小組，要向中央和行政長官「跳忠字舞」。這是他的選擇，但千萬不要迫市民和三人小組一齊跳，與行政長官一齊跳，我們寧願跳海，也不願意跟行政長官「跳忠字舞」。

第二，這份報告是患了「民主恐懼症」，患了「民主蝸牛病」。香港的民主，已經比蝸牛更「蝸牛」。爭取民主已經二十年，但民主普選仍然遙遙無期，這是香港的恥辱。當香港人千辛萬苦，捱畢董建華的十年浩劫，還要染上董建華的「民主蝸牛病」。報告指民主要「按部就班，步伐不能過急」，莫非我們要像蕭蔚雲所說般，要再多等三十年，二十加三十，前後共五十年才能看到民主？五十年呀，不知是多少代的人的青春和奮鬥了，這樣的蝸牛式的民主，要讓港人這樣等待半個世紀，這還不是「民主恐懼症」，不是「民主蝸牛病」，又是甚麼呢？

第三，報告視民意如螞蟻，行政長官隻手遮天，一隻手指便「捽死你」。曾蔭權的報告，明明說有六成香港人支持普選，但這個主流民意在報告中，竟然成為推行普選的實際情況的九分之一，是九分之一。況且，在九分之一以外，還有其他八項條件，連市民對基本法的認識程度，也是能否推行普選的其中一項原因。現在談的是普選，難道是考基本法的基準試嗎？要熟讀基本法才有資格投

票嗎？普選是人權，即使他是文盲，即使他一字不識，即使他沒有翻過一頁基本法，他還是一個人，他也有人權，也可以投票。為甚麼認識基本法與否，竟然有高於人權的價值呢？竟然可以奪去一個人的投票權呢？董建華的報告反對普選，「茅招」盡出，無所不用其極，視民意如螞蟻，一手「捽死」，並且死不足惜。

第四，董建華的報告是假中立，反民主，這是「政治虛偽病」。有人說，報告只是如實反映民意，報告沒有對政制，甚至是普選持否定的立場，但請看看「董九條」說甚麼。「董九條」說，各階層的代表在政治體制內都能通過不同途徑參選。普選，如果是全面的話，就只有一種途徑。所謂不同途徑參選，就是在普選之外，還有其他途徑，而當前的途徑就是功能界別。要功能界別千秋萬世，要這種政治制度五十年不變，這樣又怎可說報告是沒有立場的呢？怎能說報告是中立的呢？以功能界別制衡普選，讓普選遙遙無期，這份報告，何來中立？何來獨立？「董九條」條條大路反民主，但卻膽敢披上獨立和中立的外衣，這便是「政治虛偽病」。

第五，董建華的報告，是一份愚忠的報告，是一份愚民的報告，是一份蝸牛的報告，是一份扮中立、但骨子裏反民主的報告，是一份矮化民意、踐踏民意、視民意如螞蟻、將民意「一捽捽死」的報告，因此，我們拒絕接受這份報告。這份報告是一份阻礙民主的垃圾報告，唯一的用處，就是讓市民一把火燒掉，以擦亮人民的眼睛，以燃點民主的怒火，以激起大眾的憤怒，以爭取民主普選的到來！

梁耀忠議員：

再者，這裏不少民主派團體像我們一樣，在意見書中提到二○○七、二○○八年應該進行普選，而且也是適當時機，為何在九點的原則中沒有反映出來呢？一份偏頗、對於支持政府的意見全面接收，對反對者則完全拒諸門外的報告，竟然被認為適合作為決定香港未來政制改革的重要文件。如果說這是九個關卡，我們還會好過一點，因為這是比較樂觀的說法。因為政府「扭曲民意」的結果就是炮製了所謂的九點原則。有人認為這九點原則其實是九個關卡，不過，我則認為

這是比較樂觀的說法，因為關卡還有機會闖得過，但我最擔心的是，這九個不是關卡而是扼殺民主的九份毒藥，毒藥是會毒死人的，死了便難以復生。所以，我認為就這個問題而言，最重要的，就是我們不希望中央政府接納這九個關卡、這九份毒藥，因為我們不希望我們的民主政制改革不能得以存在，不能得以發展。

至於九項的原則，有很多同事已就其中多項要點提出了很多意見，但當中有數點我想提出來。其中一項就是，報告提到要兼顧不同社會各階層的利益。我認為民主制度正是在於這做法，就是要兼顧不同社會階層的利益，才能有民主體制。事實上，我們反觀目前我們議會的構成，正是一種不民主的體制，致令很多民意、很多不同的社會階層的利益均不能反映出來。我們看見很多有關勞工的權益往往都被扼殺，很多基層市民的要求都不能得到申訴，原因何在？因為我們有功能界別選舉，在我們的功能界別選舉中，選出來的人大都來自甚麼地方呢？他們是「老闆」的代表、是財團的代表、是利益集團的代表，令我們這些基層市民、普羅大眾的要求，不能得到申訴、不能得到伸張，這正是甚麼緣故呢？就是不能兼顧我們社會大眾各階層的利益。所以，既然說要兼顧各不同社會階層的利益，為何我們不進行普選呢？為何我們不朝着一般民主體制發展呢？如果有人認為自身的利益不受兼顧，為何他們不來參加這選舉呢？選舉正是一個好方法，民主普選的方法是甚麼呢？就是若有不同階層的利益覺得不受保障，那便出來選舉吧！就是這麼簡單，為何大家不這樣做呢？

主席，對於整體政制改革過程，有人擔心的另一問題是民主，認為民主會帶來民粹主義和福利主義，會影響資本主義制度運作。主席，其實這是不時均有討論的問題，可是，我們試看，很多西方國家皆有普選，皆有民主制度，是否很多國家都出現了濃厚的民粹主義、濃厚的社會福利主義呢？大家看到其他的西方國家是否如此呢？事實上，這是有樣板或榜樣給我們看到的，為何我們那麼懼怕這些事呢？事實上，一種開放的制度，應該是由人民自行選擇自己的社會制度，只要我們不是崇尚可怕的、殺人放火的恐怖主義，其實有很多的社會體制，是我們也可以共同討論和探討的。社會只要開放民主討論，對這個問題，我們認為不必擔心，因為大家都不希望社會走向死胡同，步向滅亡，大家都希望社會走向繁榮和安定，而民主體制正是確保這些事情。

主席，時至今天，我們只感到行政長官是不斷地把香港的「高度自治」拱手

相讓，如果「高度自治」是香港特區的主要制度的設計和原則，我希望行政長官不要違反這個原則，我希望行政長官能收回這九項原則，讓我們的民主政制改革得以實踐。

吳靄儀議員（譯文）：

我本身作為成員的基本法四十五條關注組認為正在發生的事件非常重要，鑒於事態緊急，在昨天發表了第三號意見書。由於我衷心認同此意見書所載意見，因此，在時間許可的情況下，我會在我的發言中盡量加入此意見書的內容。

人大常委會最近在二〇〇四年四月六日頒布釋法，引起重大的憲制問題，觸及「一國兩制」的核心。

有關釋法要求行政長官就有否需要修改行政長官及立法會的產生辦法，向人大常委會提出報告。此外，也要求人大常委會根據基本法第四十五及六十八條的規定，按照特區的實際情況和循序漸進的原則作出「決定」。

四月十五日，行政長官接受了政制發展專責小組的第一及第二號報告後，隨即向人大常委會提交報告。在其報告中，行政長官表明他認為應該修改行政長官及立法會的產生辦法，並且提出九項因素，即在考慮如何修改有關產生辦法時「須顧及」的因素。

人大常委會現正準備因應行政長官的報告作出決定。有鑒於此，關注組的第三號意見書集中討論釋法中的這一方面，並針對以下四大範圍探討：（1）釋法的涵蓋面；（2）其合憲性；（3）憲制上的自我約束的重要性；（4）程序上的保障。

我們認為，人大常委會這項「決定」權必須細心審度。它並非基本法任何條文所確實賦予的權力。當基本法給予人大常委會一項權力或角色時，在其條文內會確切地闡述及規限該項權力或角色，例如第十七及十八條。

即使從表面看釋法，人大常委會要決定的只是有否需要修改產生辦法而非其他問題，尤其不應作甚麼修改或不應作甚麼修改。有關的決定須根據特區的實際情況和循序漸進的原則而作出的。

這點十分重要。當行政長官在其報告中要求人大常委會決定有關產生辦法「是否可以修改」時，他並非指某項具體建議。他只是要求人大常委會決定有修

改產生辦法的需要。決定的結果就是按照釋法的規定開綠燈，啟動特區內進行的程序。

專責小組提交並獲得行政長官接納的第二號報告所提出的建議中，也清楚地說明了這點。

簡而言之，不應以釋法作為工具，將基本法所沒有的束縛加諸特區，以剝奪中英聯合聲明承諾及基本法賦予實為其「高度自治」一部分的決定權，也不應以釋法作為保護傘，假借法律解釋或進一步法律解釋的名義衍生施加政治束縛。

我會簡略地談談釋法本身的合憲性。尚請各位議員就有關詳細論點參考關注組所提出的意見，而其副本已經分發各位議員。

問題不是單單人大常委會在中國憲法之下是否有權解釋、補充、甚至在若干受限制的範圍內修改中華人民共和國的法律，而是在於任何一次表面上為這項權力的運用，是否真正符合基本法所訂立的憲制架構。根據基本法第一百五十八條，人大常委會有權「解釋」基本法。然而，基本法的修改，卻是由第一百五十九條規定，訂明修改權是屬於全國人民代表大會而非人大常委會。

事實上，第一百五十九條也規定，基本法的任何修改，均不得同中華人民共和國對香港既定的基本方針政策相抵觸。這項限制並非載於中國憲法，而是載於基本法。

其涵義就是，人大藉基本法第一百五十九條作出了憲制上的自我約束，規限了本身對基本法的修改權。我們只能假設人大此舉是為了要提供一個憲制保障（因而使香港人及全世界感到放心），令這些得到具法律約束力的國際條約保證的基本政策，不會受到單方面的改變。各項基本原則之中，其中一項就是授權特區實行高度自治。

這也表示作為中國憲法之下的最高國家權力機關的人大，限制了人大常委會的權力。因此，我們不能單看人大常委會在中國憲法之下就一般的中國法律方面擁有甚麼權力，而不考慮基本法可能包含的有關限制。把基本法當作一般的中國法律看待，就是漠視根據中國憲法第三十一條訂立的「一國兩制」的基本原則。

中央實行憲制上的自我約束，重要無比。除非宗主國在行使權力時小心慎重，否則「一國兩制」就無法生存。由於中華人民共和國是一個單一制的國家，中央擁有一切權力，這些權力既可以用來保護及鞏固已承諾給予特區的「高度自

治」,也可以用來摧毀它。正是這個原因,基本法第二十條賦權中央人民政府「授予」特區「其他權力」,即比已經授予的更多的權力。基本法沒有預算收回作為中華人民共和國對香港既定的基本原則的一部分而已經賦予的權力。

人大常委會不顧上述要點而行使權力,結果只會令兩制混淆,特區的法治受損,而「一國兩制」也有變為「一國一制」之虞。基本法明文規定的保障會變得不肯定,其涵義也會隨着人大常委會的「解釋」而改變。

也許「法律現實主義者」會說,無論我們的看法對與否,釋法是否增設關卡,或人大常委會是否企圖給予自己基本法本來沒有賦予的「決定」權,都沒有多大分別;也許「法律現實主義者」甚至可以說,不管我們的看法怎樣,我們必須接受釋法是既定事實,即使有人挑戰其合憲性,也無法想像人大常委會會否決自己,或人大會撤銷人大常委會的決定。

對於政治現實,我們自然深切地感受得到,但作為堅決維護法治的律師,我們對憲制權力的存在和極限抱着嚴肅的態度,要是認為這些極限已遭逾越,或有關當局在行使權力時沒有充分顧及憲制上的自我約束,或沒有給予恰當的程序保障,我們就有責任如實表達我們的意見。解釋法律和修改法律必須區分清楚(基本法正是作出這個區分),甚麼是釋法的正文,甚麼是利用「解釋」或任何其他方法企圖附加而本身沒有法律效力的東西,也必須區分清楚,這實在是十分重要的。

成就「一國兩制」的是我們的共同利益。憲制及程序上的保障實有需要,為此,要採取的其中一些措施如下:

(一)透過在特區內進行相互磋商及廣泛諮詢,在考慮「一國兩制」、香港的「高度自治」及香港各種原有制度包括普通法體系下的法律規則保持五十年不變等因素後,訂立人大常委會在行使權力解釋基本法時必須依循的原則和規條;

(二)透過相互磋商及廣泛諮詢,訂立應有的程序以給予香港居民機會,在人大常委會決定應否作出「解釋」之前提出意見,而假如決定作出「解釋」,則就該項解釋草案提出意見;

(三)透過諮詢特區,就行政長官向人大常委會提交報告訂立程序及格式,並就人大常委會作出任何「決定」訂立範圍及規限,以確保最高的透明度和問責性;尤其重要的是必須訂立程序,讓香港居民在有需要修改有關產生辦法而行政

長官不提交報告的情況下，促使行政長官提交報告。

主席女士，對於人大常委會在作出釋法時並沒有採取上述程序，甚至完全沒有考慮採取這些程序，我們關注組深感遺憾。我們認為事後為解釋既成事實的釋法所舉行的會議，並不能代替事前的各項程序。我們呼籲中央與特區各界不分政見，設立更多定期及公開的溝通渠道。

劉慧卿議員：

⋯⋯主席，也許你小會同意，有時候，我們辯論的，差不多都是關乎較雞毛蒜皮好一點的事項，而就這些議案，我們也要在十二整天前作出通知。可是，為何今天我們辯論這個很有迫切性、很重要的議題，卻不可能有十二天的通知呢？其實，馮檢基議員已經作出了通知，會在五月五日進行辯論，不過，如果在五月五日再辯論，事情已經全部過去了。究竟我們現時生活在一個怎麼樣的社會呢？

在三十天內，由三月二十六日至四月二十六日的一個月內，可以提出釋法，然後就釋法向人大常委提交報告。我相信很多香港市民也會知道，在本月二十五、二十六日，人大常委有很大、很大機會宣布二〇〇七及二〇〇八年沒有普選。其實，他們有這個想法並非甚麼秘密，但以迅雷不及掩耳的速度，在一個月內，完全沒有經過諮詢，在甚麼也沒有的情況下，一連做了四個程序，致令我們不能做到符合立法會《議事規則》第 29（1）條所作出的十二整天預告，因而惟有引用第 16（2）條而進行此項辯論，這又成甚麼世界呢？

主席，我相信當時草擬第 16（2）條條文的人 —— 我也不知道他是誰 —— 發夢也想不到，《議事規則》這項條文會被用來提出辯論香港開埠以來最重要的議案。我覺得這件事真的很荒謬。

主席，有些人要行使強權，不講公理，固執行事，大家也會明白。但是，速度竟然快得連議會、香港市民，也沒有機會去想、沒有機會提意見，甚至是作出了決定後才告知大家，而我們的官員還可以 —— 我不想作人身攻擊，但我也要說一句，是厚顏無恥 —— 叫人支持。我說要支持甚麼呢？他們說已差不多了，但卻是不知道的，而他們仍然叫市民支持。難怪有人會致電電台，說問責高官斷送了我們的「高度自治」。

主席，去年，我到台灣，受到很多人批評，我仍然說「高度自治」並未「完蛋」，但我很擔心，再過兩三天，我便可能要說是徹徹底底的〔地〕「完蛋」了。今天，原本我要到香港大學參加一個台灣論壇的，後來他們在十一時致電說要取消，因為有些講者要到深圳，這並無問題，論壇會在下星期二再舉行。然而，這啟示了甚麼——台灣對香港啟示？我真的不願意想，但我擔心下星期二到香港大學時，我會說我們的「高度自治」可能是徹頭徹尾的〔地〕「完蛋」了。但是，這個「完蛋」並不代表香港也「完蛋」，主席，我從來也不相信民主、自由、法治是會從天而降的。我亦明白，多年前，中央政府仍有一點克制，這是吳靄儀議員剛才也提到的，不過，克制的時間已經過去了。我不明白中央政府為何這麼緊張、這麼害怕，七一大遊行後，要收回公安法（因為田北俊議員及自由黨不支持），十一月的區議會選舉，民建聯大敗，一一再有十萬人遊行，是否因為有這樣的情況便要嚴厲地摧毀「高度自治」，摧毀香港人對中央的信心呢？這代價有多大？

主席，這事情暴露了基本法並不算數，附件二說明如何修改立法機關的選舉，是有機制的，最終是由人大常委備案，但現在由備案變為由中央批准。魯平主任以前亦提過，這是由香港自行決定的，現在又不算數。所以，喬曉陽、胡錦濤、溫家寶，任何人說的話，很多香港人也覺得是會不算數的。法例上寫的是甚麼？基本法所寫的，全部也會不算數，原因是甚麼呢？因為今天所寫的，明天可以改，明天也可以解釋。全部都是指鹿為馬，我們現在要做的，便是把死馬當活馬醫。

黃宏發議員：

我今天想說的只是兩點，有一點是有關釋法內容的第三條，大部分的意見與吳靄儀議員的相同，不過，亦有些可能不同。我不同意要先提交報告，由人大常委拍板後，才可能進行討論，我認為在附件一內沒有這樣的條文，所以我不同意這內容。但是，無論這內容是否正確，根據第三條是這樣說的：「是否需要進行修改，香港特別行政區行政長官應向全國人民代表大會常務委員會提出報告，由全國人民代表大會常務委員會依照《中華人民共和國香港特別行政區基本法》第

四十五條和六十八條規定，根據香港特別行政區的實際情況和循序漸進的原則確定」，即是確定是否有需要。

我的問題在哪裏呢？我的問題是如果人大常委〔＋會〕在這報告第三段的解釋是正確 —— 我當它是正確，那我剛才讀出的幾句話又應作何解呢？即人大常委〔＋會〕是否一定要看過行政長官提交的報告，說明了有甚麼方案，才可根據第四十五條和六十八條所提的兩項原則，按當時的實際情況決定是否有需要作出修改？以及這修改方案是否須循序漸進呢？如果完全沒有提出方案時，我不知人大常委〔＋會〕是掌握着甚麼準則來決定究竟是否有需要作出修改了。

很簡單，舉例來說，我的兒子長大成人要結婚了，他問爸爸他可否結婚。如果我說他一定要先得到我的同意才可，我便會要求兒子先讓我看看未來「新抱」才決定，我會說我連未來「新抱」也未看過，你又如何可結婚呢？假如我是一個這麼專橫的爸爸，說明兒子一定要問准我同意才可的話，我當然也要先看看「新抱」。

如果沒有方案，我認為基本上提交這份報告，把那九項原則寫出來，與其說當中有否畫蛇添足，我反而在 ICQ 上回答這情況是劃〔畫〕圈自保，劃〔畫〕地為牢，是自己綁着自己。所以，我認為這份報告本身應該是不符合第三條的要求，除非我們要求人大常委〔＋會〕說釋法這點必須由他們啟動，要先問准〔準〕他們才可開始討論和提出方案。

我想說的第二點，是羅致光議員剛才已說了很多的，不過，我還希望特別說一說，便是關於第（vi）項原則中所謂有數點要考慮的其他實際因素，其中一點是公民參政的意識，第二點是政治人才，第三點是參政團體的成熟程度。主席，我曾在本會上提出過一些較具學理性的說法，我希望今天能重新說一次。有一位很有名的經濟學家名叫海耶克（編者注：Friedrich August von Hayek，又譯哈耶克），他亦是一位在法律及政治方面有名的哲學家，如果我可以這樣形容他的話。他在本身的著作中說，民主是講求普選。他說一般說法有三個論據，但他認為第一個論據是站不着腳的，他說，「只有民主制度下才能保障自由」是站不住腳的，所以不應依靠它為理據。為甚麼呢？因為多數人可以欺壓少數人，因此一個多數人「話事」的社會仍然可以具有欺凌性，是可以剝奪人的自由，所以不一定可以保障自由。但是，在另外兩點上，海耶克引用了另外兩位學者的說法，其

中一位是寫 *Democracy in America*（《美國民主》）的法國歷史學家，名叫 Alexis de Tocqueville（編者注：一般譯為托克維爾）。Alexis de Tocqueville 的說法是：只有在普選情況下，即統治者經由人民普選產生，人民的參政意識才會提升，人民參加公共事務的認知程度才會提升。這是可作如何解釋呢？因為在這情況下，人民便無法提出任何藉口，例如說上次被別人欺騙了，他們本身也有責任，又或說上次冷淡不參政，他們本身亦要負上責任的。可是，如果不讓人民有權作選擇的話，他們便永遠不會成熟。主席，這便等於教小朋友，如果永遠保障着、保護着和維護着他們，他們便永遠不會長大。這是一個很重要的論句〔據〕。

同樣地，在普選情況下，由這些人組成的團體才會成熟，因為他們有權「話事」，因此，由那羣「話事」的人選出來的人，組成政團作出決定，最後影響一般市民，才會令他們的參政意識提高，他們參加公共事務的知識程度又會提升，而參政團體亦會提升本身的管治能力。這一切也是一種本末倒置的說法。如果不讓人民進行普選的話，是永遠不會令他們的參政意識提升，永遠不會有成熟的參政團體，永遠不會有政治人才。除非參政團體只是一些小圈子，參政人才全部只是懂得「擦鞋」的人，這些人當然永遠都會說有人才，但被選出來的人全部都是不可靠的。最主要的問題是，如果不先實行普選，不把權力交給人民的話，人民是永遠不會成熟的。

我可以清楚地說明，我不贊成這份報告，但基本上，報告上的九個因素都是抄錄自三人政制發展小組的第二號報告。我完全同意第一份報告的內容，只是對就釋法上說明要由人大常委啟動這一點感到有些問題而已。但是，對於第二份報告，我可以說是全部都不可以同意的。

我希望今天正如主席所說，是讓我們有機會把自己的意見說清楚，並記錄在案，讓後人可以看清楚究竟誰說的話是有道理。只有在言論自由的制度下，才能令政府有機會很快地改錯，因為如果事後果然驗證我今天所說的話是正確的，而政府現時所說的是不正確的話，希望政府屆時可以引以為戒，立即改過前非。

余若薇議員：

主席，就今天的議題，我有數點想說一說。第一，是人大釋法究竟是否合憲

或違憲的問題。市民有些時候會問，我們常說人大常委會有權解釋法律、解釋基本法，但為何當人大常委會這樣做時，我們便說不合理或不合憲呢？黃宏發議員剛才也有提到這個問題。當然，根據中國的憲法，人大常委會有權解釋法律、憲法。基本法第一百五十八條亦說明人大常委會有權解釋基本法。因此，在權力方面，我們是同意的。但是，何謂「一國兩制」？「一國兩制」核心本身的含意是甚麼？為何會有「一國兩制」？為何不是「一國一制」？它的含意便是國家對香港會有一個自我約束。它授權香港「高度自治」，這不是隨時可以收回的「高度自治」；不是說它有絕對權力，給我們一點後隨時可以收回。這是基本法說明的，是根據基本法的規則的「高度自治」，在基本法下授權的權力是不能隨時收回的。即使是第一百五十九條所說的修改基本法，也是一種自我約束的體現，因為國家本來應該可以隨時修改基本法，它是有絕對權力的，但為何在第一百五十九條中訂下這麼多規則，甚至說到所修改的地方不可以超越香港的基本方針和政策、「一國兩制」的基本方針和政策？這便是自我約束的體現，何況是解釋基本法？

喬曉陽副秘書長說解釋法律是一加一等於一，又或即打深一點手印，其實明眼人也可以看到，這次的所謂解釋，其實是修改。不錯，在中國的憲法下，是可以補充立法的，但在「一國兩制」下，要保障香港基本法的制度時，便不可以這麼輕易行使這項權力。最痛心的是聽到香港法律界少數人士 —— 幸好是少數人士 —— 說我們不懂得中國的憲法，所以作出批評。這簡直是危險的說法。香港的基本法是保障香港實行普通法制度，所以他們說我們反對、我們作為律師提出反對，是因為我們只懂得普通法，這是一個錯誤的思想。由於基本法保障香港實行普通法制度，而且在基本法下，中央應該自我約束，所以不應該在這情況下修改我們的基本法，而且明眼人也看得出這是修改。「如需修改」這四個字，忽然變成整段文字，釋法有第三項。四個字可以演繹成整段文字，然後告訴我們是相同的，搞出了行政長官的報告，然後再搞出人大常委會確定的報告。

主席，我想說的另一點是釋法的範圍。我絕對同意黃宏發議員剛才所說，釋法的範圍如果只看其起源，便是這四個字，「如需修改」，所以行政長官的報告只須說是否有需要修改，人大常委會亦只是確定有需要修改便「開綠燈」，不應該再生枝節，要確定其他因素或條件，因為這樣便是釋法上再釋法，而且是不合程序的人大常委會的釋法。我非常渴望和懇求人大常委會不要在本星期六或下星期

一,在釋法上再次不合憲地釋法。

　　主席,另一點我想說的是程序。自三月二十六日人大常委會宣布釋法,至下星期一表示會通過行政長官的報告,前後一個月的時間,是完全、完全沒有一個恰妥的程序的。這是一項重大的事,即使只是解釋基本法,而不是修改基本法,也是一項重大的事。不可能一個這麼大的國家,對於香港這個「高度自治」的城市,可以在一個完全「黑箱」的情況下,在一個月內做出這些事。我相信稍後曾司長回應時,必定會說他們已進行諮詢,他們已會見了多少人、團體,接收了多少份意見書,當中包括我們基本法四十五條關注組。他們所進行的諮詢在釋法前已完成,他們的報告,即那份有關原則的報告及第二號報告是在四月四日兒童節完成,而釋法是在四月六日。他們撰寫那份報告時,還未知道釋法的內容。因此,他們說已諮詢香港人或立法會議員有關釋法的事宜,或行政長官報告中的九個因素,根本是在欺騙小孩。我真的不能明白,為何在今時今日的社會還可以發生這樣的事,可以在這麼短的時間內,在沒有諮詢的情況下做完;而且這並不是十分緊迫,或沒有時間做,而是我們多年來一直說是非常重要,要盡早、盡早、盡早做,但他們一直說還有很多時間做,然後在一個月內卻甚麼也做完了。

　　主席,關於程序和我們的建議,吳靄儀議員剛才以英文發言時,其實已經說出了我們基本法四十五條關注組的第三號意見書中的三項主要建議,我在這裏不再用中文重複。

　　主席,最後,我想說,這並不單止關乎二〇〇七年、二〇〇八年的政制這麼簡單,因為行政長官報告中所提出的所謂九個因素、這次人大常委會怎樣撰寫所謂確定的決定或議決,以及整個程序,這一個月的程序,其實是一個先例,而且是一個很壞、很壞、很壞的先例,因為日後的政改也會循這先例來辦事。這次亦帶出一個很壞的信息,便是有些香港人可能覺得二〇〇七年、二〇〇八年進行普選不夠成熟,那麼,不如在二〇一二年或二〇一七年進行吧!但是,這完全是絕對不會發生的事,因為中央政府是不會跟我們說,雖然我們今天不准許你們進行普選,但未來五年或十年也未必會准許,於是每一位行政長官「上場」,市民第一件事便問他何時提交報告;他的報告會如何撰寫;我們怎樣進行政改。我們希望盡早解決這個制度的問題,然後我們便可以安心談論其他很多政策、很多題目,因為香港有很多事情要做。但是,現在這處理方法,是最壞的處理方法,因

為日後每一位行政長官「上場」也要面對這個問題。我真的不明白為何中央政府
會覺得這是一個明智的選擇。這是對香港社會很大的打擊；對「高度自治」很大
的打擊；對「一國兩制」很大的打擊，而且分化市民，令市民對中央、對特區政
府都失去信心。

主席，就政改的問題，中央政府其實可以做得更好。我只希望能夠如劉慧卿
議員所說，不知中央政府會否懸崖勒馬，但機會可能很微。不過，我和劉慧卿議
員同樣希望香港人不要放棄、不要失望，因為我相信對於基本法第四十五條和第
六十八條中說明的理想、普選的理想，香港市民會懂得怎樣爭取。我希望他們會
登記做選民，會記得在選舉時怎樣投票。

譚耀宗議員：

全國人大常委會四月六日通過基本法附件一第七條及附件二第三條的解釋的
議案，釐清了香港政制發展所必須依據的法律程序，而行政長官上星期亦根據上
述議案，向人大常委會提交報告，要求人大常委會確定可以修改二〇〇七年行政
長官和二〇〇八年的立法會產生辦法，正式啟動了香港政制發展的火車頭。

過去三個月，特區政府政制發展專責小組經過多方面的工作，廣泛諮詢香港
社會各界的意見，從而編定兩份報告，並因而得出二〇〇七年行政長官和二〇〇
八年的立法會產生辦法應予以修改的結論，整個過程是公開而具有透明度的。行
政長官向人大常委會提交的報告，是建基於專責小組的諮詢結果，因此，報告直
指現時香港的政制有需要修改，正正反映出香港社會的普遍要求。昨天我在深圳
會議上也支持這項要求。

香港未來政制的改動必須嚴格遵守基本法所定的原則，這一項要求是毋庸置
疑的。行政長官報告及政制發展專責小組的第二號報告中提出，在考慮二〇〇七
年行政長官及二〇〇八年立法會產生辦法如何確定時，須顧及九項因素，這些都
是基本法所定的「一國兩制」、「港人治港」、「高度自治」，以及政制的發展「根
據特區的實際情況循序漸進」等原則的體現。這九項因素既歸納和重申基本法的
原則，同時也反映出市民對政制發展的意見及期望。這些因素是事實存在而不能
視而不見的。但是，有些人覺得這些因素只是設置關卡，製造政制發展的障礙，

對於這種看法，我是不認同的。

在爭取普選的立場上，民建聯早已在一九九七年寫進了我們的政綱內。我們明確主張在二〇〇七年前檢討香港的政制發展，爭取隨後一任行政長官由普選產生，立法會全部議席由比例代表制普選產生。作為一個積極參與選舉的政治團體，我們明確這個目標。在昨天深圳的會議中，我也表達了這個立場，但同時我們贊成就香港未來的政制發展要作全面的諮詢，聽取各方意見，爭取建立社會共識。我們將繼續在符合基本法規定的原則和程序下，為普選創造有利條件。

民建聯期待人大常委會早日通過行政長官報告，確定有關選舉辦法可予以修改，使未來政制發展進入具體修改的實質討論。從專責小組所收集到的意見中可見，至今香港社會內對政改的步伐仍有很多不同的意見，一方面有不少的民意要求盡快落實普選，另一方面也有不少的聲音表示對立即全面普選的擔憂。最近，我也聽到一種意見，希望政制爭拗可以早日完結，可以把各方力量包括政府和民間聚焦到香港經濟發展和解決民生問題上。

因此，我們希望社會各界能夠嚴格按照基本法所訂的原則及程序，以及人大常委〔十會〕的有關決定，就政制發展的不同方案進行理性的討論，並最後制訂一個大家都能夠接受，平衡各階層利益的方案。

麥國風議員：

行政長官在沒有公開諮詢港人及立法會前，於四月十五日向全國人大常委會委員長吳邦國提交《關於香港特別行政區二〇〇七年行政長官和二〇〇八年立法會產生辦法是否需要修改的報告》。政制發展專責小組在四月十四日，即早一天前，才向行政長官提交政制發展專責小組第二號報告，行政長官在四月十五日中午便派政制事務局局長速遞這份報告到北京。在短短一天內，其實隨時一天也不夠，便可以把第二號報告消化，製造了一份這樣的報告，簡直是神乎奇〔其〕技，令我們以前對行政長官慢數拍、慢三拍的印象完全改觀。我希望香港市民大眾記着一定要對董先生的印象改觀，尤其是在這份報告「出爐」之後。他這幾年給我們的看法，希望在哪一方面再反映給我們看？不過，我相當擔心，主席女士，他這種工作態度，又怎可以真真正正、完完全全反映港人在重大議題、重大

事項上的真正意見、立場及價值觀呢？

　　政制發展與全民福祉息息相關，行政長官此舉完全是「快刀斬亂麻」，繞過立法會，剝奪市民參與政制討論的權利。全國人大常委會副秘書長喬曉陽這兩天在深圳會見本港各界人士。主席女士，他說明是各界人士，而我們肯定是各界人士，我們肯定絕對有代表性。在六十位議員中，有很多位議員也有前往，但他們一定不是以立法會議員身份前往，真的很奇怪。說聽取各界人士的意見，但他們又不是代表立法會議員，我也不知道他們代表甚麼。可是，今天我與馮檢基議員上去後，終於知道原因，原來他們說政務司司長已代表我們立法會議員。我不知道政務司司長在憲制上、在任何架構上，如何代表我們。我們是市民選出來的代表，但竟然公然被拒諸門外。我們被人標籤為「闖關」，我感到非常「心噏」。我怎麼「闖關」呢？我是進入自己的國家。我持有有效的回鄉證！我是中國人！香港回歸中華人民共和國這麼多年，為何我們沒有資格回去自己的祖國呢？雖然我們三人成功回去，但為何其他議員不可以回去反映意見呢？再加上為何其他議員不獲邀請呢？請你們向我們解釋。

　　因此，我今天告訴李飛副主任他很笨，他被市民大眾、傳媒及我們覺得他是刻意排斥我們。我其實相當有意思與大家協調及合作，希望他給我們一份報告，我也希望盡量、盡量、盡量接納那報告。他也不想有太大的反對聲音的，是嗎？他竟然連見我們一面也不願意，那何謂誠意呢？說喬曉陽副秘書長及李飛副主任很有誠意接見我們，因為昨天有中聯辦官員告訴我，喬副秘書長相當有誠意接見我們，但礙於安排問題，不可以今天在深圳接見我們，可是，我們今天清楚向李副主任說，給五分鐘我們與喬副秘書長見一面也可以，握一握手也可以，但終於也是不得要領！

　　主席女士，行政長官經常向我們說，而我也問過數次，何謂「急市民所急，想市民所想」。他經常把這句話掛在嘴邊。他那老成持重的態度，令我有些時候真的很「心噏」。「講便天下無敵，做則完全一文不值」，是經常自相矛盾的。最好的證明是「市民所急」的是政制發展，希望透過他們的一票選舉他們的行政長官，選舉他們的立法會，但行政長官竟然把這些意見拒諸門外，充耳不聞。行政長官提交這份報告，完全沒有回應二〇〇七年及二〇〇八年行政長官及立法會由普選產生的可能性，還設下九個關卡，主席女士，是多設九個關卡！

九項因素包括政制發展要聽從中央的意見。基本法哪處載明一定要聽從中央的意見？有一天，某位議員在政制事務委員會會議上，說這九項原則完全載於基本法內。我十分欣賞司徒華議員，因為他立即駁斥那位議員，說他簡直是荒謬。司徒華議員，如果有機會，請你再說一次，讓我欣賞一下你對他的駁斥。

此外，報告又指方案不能影響中央對行政長官的實質任命權，必須鞏固以行政長官為首的行政主導，即要按部就班，步伐不能過急，暗地設下重重關卡。行政長官亦提到要衡量實際情況，表示要考慮市民的訴求，以及檢視其他因素如經濟發展、社會情況、公民參政意識等。但是，報告卻隻字不提市民對普選的訴求，肯定沒有向中央如實反映香港的實況。

自一九八二年起，香港至今其實已經舉行了七次區議會選舉、五次市政局及區域市政局選舉，以及四次立法會選舉。去年十一月二十三日舉行的區議會選舉的投票率，由一九九九年的 35.82% 大幅增至 44.06%，上升超過 8%，投票人數多達 106 萬。此外，香港在經濟發展、教育程度、法治制度、社會和諧、資訊流通及政治文化等多方面，均完全符合普選的條件。香港同樣擁有具有能力治港的候選人。為何行政長官不把實際情況在報告內反映呢？

去年七一遊行，我一向認為有多達一百萬人上街，他們的聲音十分清晰，是要求普選，要求還政於民。去年，區議會選舉中，有 106 萬人投票。今年元旦有十萬人上街；四月十一日有兩萬人，他們均提出類似的訴求，爭取民主。我實實際際地告訴大家，即使日曬雨淋，我們也照樣上街。因此，七月一日，我呼籲大家以你們的行動向大家表示，向市民大眾表示。我不期望在二十六日有甚麼驚天動地、平地一聲雷的報告公布。我想也不會「太驚」，因為不可能會告訴我們有可能在二〇〇七年及二〇〇八年進行普選。黃毓民先生曾說，可能要到二〇四七年，他的兒子也數十歲了，我們才可能有機會進行普選。

司徒華議員：

主席，人大釋法有如迅雷不及掩耳。行政長官活學活用，向人大常委會提交關於二〇〇七年行政長官和二〇〇八年立法會產生辦法的報告，也快如閃電。人大常委會對這個報告的確定，亦採取同樣的手法。最近這一段時間以來，迅雷快

電交作，好像暴風雨的前夕。究竟是甚麼緣故呢？這些迅雷快電，就是要把香港人嚇得魂飛魄散，目瞪口呆。還未搞清楚究竟是怎樣的一回事，便大局已定，死了爭取普選這條心，政制改革的討論因而胎死腹中。這樣，既扼殺了香港的民主發展，更重要的是，避免保皇黨在爭論中暴露面目，要「為黨捐軀」，在九月立法會的選舉中，被選民唾棄。

人大常委會只要求行政長官提交產生辦法是否須修改的報告，但他一方面認為應予以修改，另一方面又「加料」，加多了九個因素。其實，是用後面的九個因素，來否定前面的所謂應予以修改。所謂應予以修改，只不過是一個幌子。

應予以修改，怎樣修改呢？在這九個因素的框框之下，普選無望。假如產生行政長官的選舉委員會，由 800 人改為 801 人；立法會的直選議席，由 30 個改為 31 個，這樣算不算是修改呢？算不算是循序漸進呢？相信這樣的方案，是不會得到立法會的三分之二多數通過的。但是，人大釋法的第四點，早已留下一條後路，在這種情況下，這個方案通過不了，便會沿用舊的產生方法。這樣即是說，政制的發展會原地踏步，一成不變。你不要說是我不讓你改，是你們自己通過不了，所以，「照舊」吧。這是我估計的稍後發展。

九個因素的第（i）個：「特區在研究政制發展的方向及步伐時，必須聽取中央的意見」。我覺得行政長官在提出這九個因素之前，已經聽取了中央的意見。否則，以他的政治智慧，是想不出這樣的框框的。

第（iii）個因素是：「方案不能影響中央對行政長官的實質的任命權」。甚麼是實質的任命權呢？即是說，「你不要選出我不會任命的人，當選的人在選舉之前必須得到我的欽點，這樣，便無須我在選舉後運用否決權」。有這樣的實質的任命權，使香港人變成沒有實質的選舉權。

第（iv）個因素：「方案必須鞏固以行政長官為首的行政主導體制，不能偏離這項設計原則」。整份基本法都沒有「行政主導」這四個字，究竟它是一個怎樣的體制呢？說穿了，這個因素就是說，按照新方案選出來的立法會，不能具有制衡行政長官的足夠權力，只能是保皇黨佔優勢的一個軟弱的花瓶。這樣就是鞏固行政主導、保證行政主導了。

第（vi）個因素，其中有「市民對『一國兩制』及《基本法》的認識程度、公民參政意識、政治人才及參政團體成熟程度」等。怎樣檢視這些程度呢？現時

教師要舉行語文基準試，是否要舉行一個「政治基準試」或「政改基準試」呢？

第（vii）和第（viii）個因素，其中的所謂「都有代表聲音」、「通過不同途徑參政」、「兼顧社會各階層利益」，這等於宣布功能界別的議席，將會在立法會內永恆存在。

第（ix）個因素：「方案不能對現行載於《基本法》的經濟、金融、財政及其他制度產生不良影響」。其他因素範圍是否太大？一網打盡所有制度？如何衡量良或不良的影響呢？由誰衡量呢？

這九個因素，是香港民主發展道路上的九座大山。愚公要移去的大山只不過是兩座，所以，香港人最少要有愚公四倍半的決心和恆心，來面對我們的命運，掌握我們的命運。

何秀蘭議員：

在人大釋法後，中央取得了政改的啟動權，這是在基本法的條文中沒有寫明的，是透過解釋而出現的新生事物，無中生有。現在更多了一份行政長官的報告，由行政長官把報告交給中央確認，才再決定是否啟動民主政改，這也是基本法內所沒有的起啟點。這是一件很重要的事情，但卻是非常倉卒地發生了。這份報告由人大常委會在四月六日公布說它需要存在以來，以至它在四月十四日真正出生，編印了出來，只是短短八天，當中只有一千五百字，便決定了香港未來民主政改的很多關卡。

事實上，整個政改的諮詢時間也非常短。行政長官在一月發表施政報告，忽然提出希望推行民主政制改革，三人小組在一月七日開工，三月中已完成第一號報告。三月二十六日宣布釋法，四月六日釋法。在四月六日前，我們根本不知道釋甚麼法，也不知道解釋甚麼內容，然後四月十四日便已經有第二號報告及行政長官的報告。這些程序比去年的第二十三條還要差很多倍，可是，也正因為這樣快，市民的關注亦未曾得到累積。我相信這也是特區政府和中央的意願，便是以這麼快的程序，令大家迅雷不及掩耳——這是今晚聽得最多的字眼，就被這些關卡卡着。

時間這樣急促，怎可以在這麼短的時間內完成一份對香港影響深遠的文書

呢？主席，最令人氣憤的是，我們本來是有很多時間進行的，你在擔任立法會主席期間，也聽過很多議案辯論，促請政府推行民主政制改革。劉慧卿議員每年都提出，梁耀忠議員也是每年提出要修改基本法。可是，政府一直也聽不到。甚至有一次，前政制事務局局長孫明揚先生在十月時說會推行，但也是不了了之，急剎車，剎了下來，也不知是誰剎車的。

我們上次會見行政長官時，他很高興的〔地〕說，在四月六日釋法後，很多聲音催促他快些做。結果，他真的很快，在十四天便撰寫了這一千五百字。我真的很奇怪，為甚麼在這八天期間，他忽然會聽到這些聲音，這些不知是從哪裏來的聲音，他可以這麼「快手」。但是，過去六年，他卻完全甚麼也聽不到，這是否偏聽的最好證據？還是由於這份報告早已有定論，根本沒有需要用那八天時間撰寫出來？究竟行政長官是聽他身邊的人說，還是聽中央說，還是像讀默般，有人告訴他，他便全寫下來？

主席，這份報告不可以代表香港人。首先，董先生並非由我們一人一票選出來的，他有 712 個提名，他在上次選舉是沒有票的，只有提名。但是，事情既已發生，他用八天寫出了這份報告，是否應有最低限度的道德，拿出來讓市民確認呢？曾司長也答應了我們，他的第二號報告在提交中央前會公開發表，讓市民討論諮詢。結果又怎樣呢？曾司長一會兒可否談一談你當時的承諾，為甚麼會弄致現時如斯田地？你有口難言，香港人便更氣憤。剛才李卓人議員說猶大，我還以為他說的是曾司長。作為最低限度的道德，也要把這份報告拿出來讓香港人確認，經過一個確認的程序，讓大家看看有沒有錯字，內容有沒有錯誤？經過諮詢後，如果市民同意才提交；不同意便應該修改，應該補充。

釋法的程序不只是限於行政長官寫一個報告，行政長官可以寫兩個、三個、四個報告。可是，我們當天會見董先生，他很快便拒絕，曾司長也很快拒絕。幾個月的諮詢便說是足夠了，完全不覺得自己有錯。曾司長，你是否記得，你看民主黨去年那份影子施政報告，也找到一些錯字，為甚麼你這麼有信心，在這樣快的過程中，覺得自己可以完全代表香港人撰寫那份報告，然後交由行政長官提交中央。

專責小組報告的諮詢過程也好不了多少，從一開始便以原則及法律問題設下界限，以致諮詢對象、人數遠遠不足。直到現在也只是會見了 86 個團體，收了

六百多份意見書。這真是非常、非常、非常少的人數。這些團體可能會號稱自己有很多會員，代表很多人，可是，司長，我們不要自欺欺人了。很多人參加一些組織，是為了報讀一些課程，提供較便宜的書券和很多購物折扣，而不是因為他們贊成該團體的政治立場。因此，如果大家說這些團體的幾個委員和頭目便可代表他們數以萬計的會員，我們不要欺騙自己，也不要欺騙香港人。

行政長官在報告中，前部分寫的是事實的描繪，接着的一句說話相信大家也不會反對。這句話便是，他認為二〇〇七年行政長官及二〇〇八年立法會的產生辦法，應予以修改，使香港的政制得以向前發展。「向前」，我希望真是「向前」的解釋，而不是「向後」的解釋，可是向前行多快，這在我們以後的九項因素中，一看完便很心寒。因為這九項因素，其實是一堵比一堵高的圍牆，它比基本法附件一、二的關卡更高。附件一、二已經訂明需要很多人及三方贊成的程序，才可啟動民主政改機制。

現在加上釋法和中央確認，再加上這九項因素，這些「欄」真是越跨越多。這九項因素是如何訂出來的呢？如何歸納的呢？是否便是聽了那八十六個團體和六百多份意見書而歸納出來的呢？司長是否知道，民意調查其實一直顯示有六成或以上的市民，支持在二〇〇七及二〇〇八年雙普選呢？這六成以上市民的意見，在行政長官的報告中，究竟又在哪裏反映出來呢？九項因素，其實也是拖着普選的後腿，也給予很多保留。為甚麼不贊成的四成或以下的意見，可以佔這麼多篇幅？但是，贊成雙普選的意見則只剩下第六段內的六個字：考慮市民訴求。相對於整份文件的一千五百個字，遠遠不成比例，這不單止是偏聽，而且是嚴重地歪曲民意。

主席，我希望特別提出第（vi）及第（vii）項談談。關於第（vi）項，司長其實在他的報告中談得更多，他指參政團體未曾成熟，這是誰的過錯？特區政府本身付出了很多努力，令參政團體不能成熟。在《行政長官選舉條例》中，我們就其中一條條文爭拗了許久，就是行政長官不能有任何政黨背景，即使他是政黨中人，選出了也要離開。政府取消市政局時收權，令一個可以培養參政人才的場合消失了，權力收回中央，區議會真是很「弊」。主席，我最近也做區議會的工作，才體會到這些議會原來是由一個身為公務員的專員坐在主席身旁，時不時提點一下主席應該如何行事，如何下結論。

主席，我相信今時今天，如果有一位公務員的專員坐在你身旁，教你如何裁決，如何辦事，你也會非常反感。政府很想培養自己人成為參政人才，用委任制度去培養，可是，對不起！此路不通。通常有能力的人也不屑「擦鞋」，要靠「擦鞋」為生的，大多是能力不及。如果要人又有獨立思考、又聽話，是非常困難的，怪不得特區政府找人出任諮詢法定組織架構時，來來去去也是那一羣人。不是香港沒有「叻人」，但政府很明白是他們一定要聽話。

主席，關於成熟程度，兩個月前，還有市民和我說，叫我不要對行政長官那麼苛刻，說他是生意人，他是不懂的。但是，主席，他當了行政長官快七年了，我告訴這位市民，如果他的兒子讀了六年書，還是一年級，小學還沒有畢業，我相信他也會氣得冒煙。我們對自己的子女非常緊張，但對一個日日夜夜影響着我們生活、經濟、民生的人，我們卻可以如此容讓。可是，政府卻反過來說，現時參政團體不成熟，所以不能推動民主。我們有一個做了七年仍未能成熟的行政長官，透過不民主的機制管治香港。說得通俗一點，人是特區政府，鬼也是特區政府。

主席，至於第（vii）點的不同參政途徑。這確實是以一個間接的方法確定功能界別必須保留。功能界別與普及平等選舉是有衝突的，除非政府回到使用「彭定康模式」，分三十組，每人有兩票，在數量上做到普及平等。政府會否這樣實行呢？恐怕也不會。如果民主派在二〇〇四年所佔的立法會議席不多於三十席，我想特區政府也會加快提交繼續收緊功能界別選民基礎的法例，使民主進程更形艱難。

這些一次過地以強權阻礙日後民主政制改革的手法，是不得民心的。釋法是可以勉強把新的意義加諸條文，卻不能處理現時的管治危機，也不能處理民心的不憤。強權其實只會造成更多的反彈，香港的根本管治問題，正正是由於行政長官不是由普選產生，他沒有興趣向市民問責。所謂問責高官，也只須向行政長官問責，漠視市民的意見，正如專責小組現在擬備政改報告的態度，是一模一樣的。於是，政府與市民的距離便越拉越遠，到最後自絕於人民，無法維持管治。譚耀宗議員剛才說，大家現在不如集中精神搞好經濟民生。大家可否確認，現時經濟民生上的種種問題，導致民不聊生的，其實正是由於我們的政制有缺陷所致的結果。

主席，人民的眼睛是雪亮的，我們會在九月以投票進行自己的全民公決，告訴政府，大家支持普選。

李柱銘議員：

主席女士，在一九八四年九月二十六日，我首次看到聯合聲明，我很高興，認為聯合聲明是可行的，「一國兩制」、「港人治港」及「高度自治」給予我信心，我也決定留在香港和參政。後來，我被委任進入基本法起草委員會擔任委員，我亦參選和進入了立法局。可是，當時我已經表明，雖然聯合聲明內的保證不會容易成功地做到，卻仍然有這樣的可能，問題是在於「港人治港」中的「港人」是甚麼人。我當時發表言論，說如果那個港人是我們香港人自己選出來的行政長官，以及他須向香港人選出來的立法會負責，我便覺得是很有希望。可是，如果這個港人是北京欽點而不是我們選出來的，那便有問題了，因為每逢遇上中央與香港特別行政區有衝突時，這個由北京欽點的人和沒有人民授權的人怎會站在我們那邊呢？

可惜，我當時說的話，現在卻真的應驗了。現在這個港人，正是在和江澤民握過手後被挑選出來的港人，他當行政長官五年後，再握一次手，又再當行政長官五年。其實，制定基本法並不容易，我們有很多爭拗，以及爭拗了很久，但到最後，寫出來的基本法仍然可以給我們一個目標。其實，這個目標已經是令我們失望的了，因為在最初我看到這份聯合聲明時，我以為到了一九九七年七月一日，那個行政長官應該已經是由我們普選產生的了，也以為所有的立法會議員在那天起也會由普選產生。對，聯合聲明並沒表明他們是以甚麼選舉方式產生的，可是，聯合聲明也很清楚地表明我們香港將來要實行的是資本主義制度，而並非內地所實行的那一套社會主義制度。那麼，我便問自己，在全世界這麼多國家、這麼多地區中，在實行資本主義制度，而又有選舉制度的地方中，有哪一個地方、哪一國家的選舉制度不是一人一票的呢？因此，我以為會是很妥當的了，可惜，卻又是不太妥當，因為基本法頒布當天是一九九○年四月四日，正是六四事件之後剛好十個月，中央領導人要抓緊對香港的政策，因此，基本法給我們的民主其實是延遲了十年的。大家可以看到，姬鵬飛在一九九○年三月二十八日提出

基本法草稿時的演辭內很清楚地表示，基本法只是管束香港的民主發展十年，但現在聽到人家說的是甚麼呢？是說還是太快。我們看看在行政長官的這份報告內列出的九項因素，是從哪裏來的呢？正正是來自《政制發展專責小組第二號報告》的總結，即第 5.23 段的那九個分段。其實，我是不同意小組的這個名稱的，我認為那不是政制發展專責小組，而應該是「政制窒息專責小組」。我又問，為何要定出這九項因素呢？其實，這是要為人大常委會鋪路，因為一旦接受了這九項因素，便不是人家不讓你在二〇〇七和二〇〇八年推行普選，而是以後每一次在想推行普選時，它也引用這九項因素、九個關卡，可以通過嗎？

我們不用看得那麼遠，只要看第 (i) 項因素便可以了。關於其他的因素，很多議員均已經提及過了。第 (i) 項因素指出，特區在研究政制發展的方向及步伐時 —— 是研究時 —— 必須聽取中央的意見。那麼，舉例而言，在我們的職員在替我們做事，想制訂一個方案時，那便是研究了吧？也就是說，特區的所有人在進行研究時，便已經須聽取中央的意見了。我說我真是好運氣，不能到北京去，不然怎麼辦？研究時已經要聽意見，是「聽取」，是已經要「取」了，那還有甚麼商量的餘地呢？我不明白為何還要列出那八項因素。還要那八項因素來做甚麼？一項不是已經足夠了嗎？

其實，香港人不太喜歡那個鄔維庸醫生，但他曾經說過一句話，我卻是非常同意的。他是在很多年前這樣說的。他說如果民主黨繼續贏得選舉，香港便永遠沒有民主，但如果民建聯贏了下一次選舉，那麼香港明天便會有民主。就是這麼簡單。

在看過人大常委會最近的解釋之後，發覺三步曲變成了五步曲。第一步曲是由行政長官提交報告，可是，他提交的報告只須表明是否需要修改行政長官和立法會的產生辦法而已。我完全同意基本法四十五條關注組提出的意見，即只須這樣說便足夠了。如果行政長官說應該、說是有需要修改，那麼，提出這份報告不就行了嗎？為何還要加設這九個關卡呢？為何要限制自己，不讓自己發展呢？

坦白地說，我想問這是中央的意思，是行政長官自己的意思，還是我們這個非常英明的三人小組自己的意思呢？或許答案已經寫在行政長官的報告的第二頁。它一開始便說，「在考慮香港 2007 年和 2008 年的香港特區行政長官和立法會的產生辦法如何確定時」——對不起，讀了後面的部分——應該是在第二頁，

「2003 年 12 月，我在北京述職時，胡錦濤主席向我表明了中央對香港政制發展的高度關注和原則立場」。那就是說，行政長官在去年十二月已經得到胡主席的指示了。胡主席已表明了他對這項問題的看法、原則和立場。接着第二段說，「特區政府在今年 1 月 7 日成立了一個政制發展專責小組，這個專責小組就此徵詢中央有關部門」。看，在行政長官聽過意見後，專責小組又去聽中央有關部門的意見。接着下來，報告說「專責小組就此事於今年 2 月前往北京與國務院港澳事務……」——即是港澳辦——「……和人大常委法制工作委員會會面，就政制發展事宜進行商討」。在三個月內，討論了三次。因此，可想而知，這些事情並不是我們這三個人這麼高明地想出來的，他們只是依照別人的指示做而已。即使別人不是逐個字說出來，也很明顯地是他們知道別人的心意，接着便寫了出來。

很清楚地，中央不想成為「醜人」，想行政長官親自提出來，而行政長官也不是傻的，也不想自己當「醜人」，於是便想到由三人小組提出來，就是這麼簡單。可是，我想問三人小組中那三個這麼英明的成員，為何你們要甘心情願當奴才呢？有人說，如果要當奴才，便要當一個徹底的奴才。或許奴才不好聽，那麼可能曾司長那天不經意地說是「工具」，那便好聽得多了。為何他要成為這件工具呢？為何你不可以站在全港市民那邊呢？或站在大多數市民的那邊呢？寫出一個公公正正的報告，反映出大多數香港人的民主訴求，提交給行政長官，而且不單止是交給他，還要努力游說他，把香港人的這個民主訴求帶到北京，讓行政長官說服人大常委會那些「阿哥阿姐」，那麼，我們的民主便有希望了。這並非是做不到的，是可以做到的！只是你們沒有做而已。你們站在香港市民的對面，對着幹，提出這九個關卡，扼殺香港人的民主發展。

有人說，想在二〇〇七年直選行政長官，在二〇〇八年直選所有立法會議員，便是一步登天。真是豈有此理，甚麼一步登天？他懂歷史嗎？我們基本法起草委員會在頒布第二稿時，那是一九八九年二月，附件一和附件二中提出的進程較最後的那份稿，即現在的那本基本法還要慢了一拍，是訂明要到第四任行政長官，即是到二〇一二年，才可以開始普選的，而立法會則要到二〇一一年才可以開始普選，即全部普選。為何後來提早了呢？便是因為發生了六四事件，起草工作停止了，諮詢工作也停止了，但因為鄧小平說要在五年內完成這項工作，因此在一九八九年十二月便恢復了工作，但司徒華議員和我卻沒有去，鄺主教和查

良鏞先生兩位還辭了職。香港的起草委員只剩下十八位，其中十一位聯名去信中央，要求加速民主步伐和取消分組點票。我真的對他們很欣賞，那一羣人在此以前是不敢做這些事情的，之前只有司徒華議員和我會做這些事情。在十八個人當中，有十一個人這樣做，最後，他們爭取成功了，現在寫入了基本法內，是提早了一屆的。因此，如果現在說在二〇〇七年普選行政長官，在二〇〇八年想普選所有立法會議員，便是一步登天，那些人如果不是盲的，便是故意不看基本法的第二稿。如果你沒有第二稿，來問我，我可以借給你看。

主席女士，基本法其實是根據聯合聲明寫出來的，它沒有引用聯合聲明，但在序言中卻說，「國家對香港的基本方針政策，已由中國政府在中英聯合聲明中予以闡明」。因此，「一國兩制」、「港人治港」、「高度自治」，這些在聯合聲明中提及的事情，其實也是基本法最中心的原則。可是，我現在看到行政長官的這九項所謂因素，卻沒有包括這些，「港人治港」和「高度自治」也不見了。我想問三位司長，為甚麼你們這麼「烏龍」，在那九項原則中也沒有提及這兩項原則？真是豈有此理！麥國風議員告訴我們，今次，他在今天到深圳後，聽到李飛先生說，他認為在他們的體制中，是無須邀請我們立法會議員到內地的，因為他們認為曾蔭權司長已經能夠代表我們立法會了。啊，那麼便糟糕了。那樣，你便變成代表了我們，那九項因素便寫入了報告內，即是說立法會原來是同意那九項因素的了。幸好那三位議員過了關，否則人家便以為那些是立法會的意見了。

雖然這是很令人生氣的，主席女士，但怎麼辦好呢？我知道這是很困難的，因為這九項因素很可能是「上頭」想他們這樣寫的，現在寫下來了，難道不確認嗎？可是，希望是永遠在人間的，我也好像某些議員一樣，抱着希望，希望人大常委會看到真正的實際情況並不是像我們司長反映出來般。可能它會聽到我們的聲音吧，希望是這樣吧，希望他們看到報章的報道後，真的能夠臨崖勒馬，只是確定一件事，便是特區政府可以修改二〇〇七和二〇〇八年的行政長官和立法會產生辦法，而不要確定這份報告內提出的九項多此一舉的因素 —— 九項出賣香港人的因素。

吳亮星議員：

......首先，我仍然認為這項辯論在實質上是沒有迫切性的，原因有以下數點，這是我個人的看法：

第一，全國人民代表大會常委會是根據香港特別行政區的實際情況和「循序漸進」的原則來決定是否有需要修改二〇〇七及二〇〇八年行政長官和立法會的產生辦法的。這是依法行使其憲政權力的體現。人大常委會最終如何作出其結論，這是它自身的職責所在。

第二，行政長官就此向人大常委會提交的報告，以及他夾附的政制發展專責小組報告，已經充分反映了 ——（雖然有人不同意）但仍然是反映了 —— 社會上來自各方的不同意見，也詳細和全面地總結了各項須考慮的因素。

第三，就今天這個題目，立法會政制事務委員會已經作出相同的討論，不同的意見早已可以充分地表達。在過去一段時間內，就整項政制發展問題，社會的討論和政府的諮詢工作也是十分全面的。因此，毫無理據（包括在我剛才聽過一大羣議員所表達的意見中）顯示有何新的、具體的和有建設性的意見，須急於在本會的討論中提出，我覺得今天的辯論是有姿勢而不實際的。

其次，作為特區的民意代表，必須尊重和全面反映各種不同的意見，而不是自以為是 —— 甚至最近也有在香港相當長時間、擔任過相當不同職位的人也這樣作出批評，說這是「唯我獨尊」—— 宣稱「我就是民意」，動輒便說是代表全港市民。剛才有位議員也說漏了口，說是代表全港市民，後來才更正說不是代表全港市民。無論用甚麼形式來表態，無論製造怎樣的新聞價值，看來也不可以改變香港社會對政制發展確實存在種種不同意見，而並非單一意見的這樣一個現實。

主席女士，我認為香港社會就這項問題不斷爭論，並且不斷分化，須盡快有一個明確的結論，即在二〇〇七和二〇〇八年不應該過速地推行普選，應讓社會集中精力於社會經濟的發展，讓投資者安心於未來的前景，讓各行各業產生更多的職位，讓市民有工做和有收入，讓大眾都能安居樂業。

政制事務局局長：

……在辯論終結前，我想就三方面作數點回應。

第一，我想談談基本法及政制發展專責小組的九點看法、九點因素之間的關係。第二，我想特別談談參政團體方面的事宜。第三，我想趁此機會，談談釋法、基本法和司法制度、香港法治體制之間的關係。

我們專責小組是沒有權力，也不會在基本法下添加任何條件。我們在第二號報告中，開列九個因素，完全是建基於基本法本身的規定及概念。第（i）點，有關中央有權責審視及決定特區政治體制這方面，我們提到必須聽取中央的意見。這是基於國家憲法第三十一條、第六十二條，由中央決定成立特區及決定特區中所奉行的體制。就這方面，也有其他基本法的條款是與此有關係的。基本法第一條表明，成立特別行政區；第十二條表明，特別行政區直轄於中央人民政府；第二條表明，我們在香港所行使的立法、終審、獨立司法權力，也是在授權下行使的。基本法附件一、附件二本身，以及人大常委就基本法附件一、附件二有關規定所作出的解釋，也是支持第（i）點的因素。

至於第（ii）點，我們說基本法規定中，我們不能輕言修改。基本法的政治體制的設計及原則，我們不能輕言修改。其實，長期以來，特區政府及中央政府的立場也是按照基本法原則的規定：不可輕言修改。為甚麼呢？因為整套「港人治港」、「高度自治」、「一國兩制」的概念，是一個整全的概念。在八十年代，設立基本法時，是根據聯合聲明中，中央為香港恢復行使主權下所定的國策而定。這套整全的制度，包括經濟的、人權的、司法的，保障其他制度的，這套制度是整全的設計，是不能輕言修改的。可是，在這政治體制下，這兩個選舉產生的辦法，我們建議應該考慮修改。

說到第（iii）點，中央對行政長官的任命權是實質的，這是明確基本法第四十三條、第四十五條本身的規定。

第（iv）點，說到行政主導的體制。主席女士，我認為張文光議員言重了。政治體制當中，行政主導的原則不單止是社會主義或這類型的制度才有的。世界各地先進的社會，很多也是行政主導的體制，行政主導體制也是原有香港制度行之有效的一部分。

我們在第二號報告的第 5.11 段註釋六中，也詳細開列了超過十條基本法的規定，表明行政主導體制如何在基本法中體現，例如：大部分的法案、預算案是由行政機關提出，而由立法機關審議、通過，這就是行政主導原則下，行政與立法機關互相配合的原則的實施。

第（v）點，說到循序漸進、按部就班，步伐不能過急。這是我們在聽取多方面意見後，總結出來的一個因素，一種觀點，也是很多不同的團體與我們談及，他們所看到、以常理解釋的循序漸進。當然，循序漸進本身這項規定在基本法第四十五條、第六十八條中也有列明。

第（vi）點，說到實際情況，我們列明了必須考慮市民的訴求，但我們也必須考慮其他因素。作為一個負責任的政府，作為負責任的議會，如果我們有一天要考慮是否要修改兩個選舉的產生辦法，這些其他的因素是重要的，包括在香港參政的團體，我們是否有足夠的參政人士、政治人才。

第（vii）點，談到方案必須有利於社會各階層在政治體制內有代表聲音，並能通過不同途徑參政。這是源於姬鵬飛主任一九九○年三月二十八日向人大提交基本法草案時的說明，第（viii）點、第（ix）點也是源於這個說明，但這不表示，功能界別永遠如現在般存在。其實，在另一個場合我們已表明，立法會最終的全部議席會由普選產生，這是基本法本身的規定，我們是會依從的。可是，現在我們面對的現實是，在現有的議會中，有三十個議席代表不同的功能界別，在過去數月，有不少團體、不少代表已向我們表明，他們認為在現階段，大家應該考慮保留這些功能議席。因此，不論我們考慮任何方案，現實就是，直選產生的議員、支持直選的黨派、功能界別所選出來的議員以及他們所代表的團體，大家在兩方面也要謀求共識，我們才可推動這些政制改革、政制發展的方案。我們只是寫出這個道理和現實。

正如剛才所說，第（viii）點，方案必須確保能繼續兼顧社會各階層的利益。

第（ix）點，方案不能對現行載於基本法的經濟、金融、財政及其他制度產生不良的影響。這些也是姬鵬飛主任在一九九○年在人大發表該說明時所提及的。因此，我要清楚向大家開列所有我們所說的這九點因素，也是建基在基本法本身的規定及概念之上而提出的。至於姬鵬飛主任的說明，單是看我們本身普通法的制度下，亦有法庭的判決可以視之為立法原意的一部分。

　　主席女士，再說下去，我希望談談政治人才及參政團體的事宜。鄭家富議員現在不在這裏，但剛才他提及多個觀點，並質疑政府提出的這些理據，是否基本上把責任放在政黨政團的門外，我們並不是這意思。其實，我們只是寫清楚香港歷史的因素和現實。因為種種原因，我們在香港發展政制選舉、參政的制度比較遲，以致自一九八五年開始，才有立法機關的選舉，而大家也很可能記得在八十年代、九十年代初，也很少提及某一個團體是政黨，這是近年才較多提及的。然而，從我們政府同事的角度來看，那是很清楚的，政制要積極發展，必須有軟件及硬件。硬件便是選舉產生辦法的改變，軟件則是政治團體的發展及政治人才的培訓。因此，我們希望在人大常委會就行政長官這份報告作出決定後，我們可以研究在香港這個政治體制選舉產生辦法中，有甚麼空間可以讓我們改變、創造，讓有志參選和參加政治的人士，可以投身服務社會、服務公眾。在這項工程上，政府與政團、政黨，願意參政的候選人，每一個人也是有責任的，而我也希望每一個也有空間，繼續創新地發展。

　　主席女士，我想談談釋法的問題。人大常委會釋法的權力，就基本法釋法的權力，是我們憲制的一部分，也是基本法憲制基礎的一部分。人大常委〔＋會〕的釋法並不是無中生有的，對政治體制，人大是有決定權的，這是建基於國家憲法第六十二條。其實，人大以往曾有兩次為香港釋法，第一次是在一九九六年，就中國國籍法在香港實施而作出釋法，方便容許移居海外的香港人回港，繼續擁有外國的證件作為旅遊證件，以及可以繼續申請特區護照，保持永久居留權；第二次是一九九九年的人大釋法，為香港解決了居留權的問題，當然是有爭議，但整體而言，香港社會是支持的。

　　今次的釋法，為我們修改這兩個選舉產生辦法提供了一套清晰的法律程序，讓我們可以有所依從。但是，人大釋法的權力，是基本法第一百五十八條〔＋第〕一款清楚列明的，基本法第一百五十八條〔＋第〕二款亦清楚列明，香港的法院是獲授權可以解釋基本法的，在審理案件的過程中可以解釋基本法。人大常委的立法解釋權及香港特區法院的司法解釋權是並行的，但中央授權香港的法院行使司法解釋權，並沒有削弱它本身就基本法立法的解釋權，亦由於香港的憲制地位那麼獨特，香港的法院有終審權，所有的案件也是在香港終審的，案件永遠不會帶到北京審議。由於有這樣的安排，香港的普通法，香港本身所立的法例，終審

及最終解釋權也止於香港的終審法院。終審法院在這方面的權力、司法解釋權，是不會受到人大常委的立法解釋權所影響的。終審法院終審的案件永遠受到尊重，即使是一九九九年人大釋法的情況下，也沒有影響到數千名與一九九九年一月底判決有關的人士繼續留港定居。因此，我再不希望聽到有議員聲稱，人大釋法便會沖〔衝〕擊本港法治或削弱香港的司法獨立，這是魚目混珠的說法。在過去六年、七年，事實證明，香港的司法制度、法治制度是健全的，是可以保障香港人的權益、保障香港人的自由及人權、保障香港各方面的制度。主席女士，我說這一番話，只不過是向議會反映現實。

最後，我想向各位議員重提兩點根本的要點。在處理政制發展事宜上，如果我們希望有進步，有兩點是大家也應該緊握的：普選這個最終目標，我們在座每一位也是認同的，沒有人是可以獨佔它的，它是共享的一個目標。理想是共同的，我們在香港社會，在議會內外，有需要辯論、研究的便是它的速度和形式。第二點，任何政黨、政團、參政的團體也不可能永遠如鐵板一塊，政治是尋求共識的藝術，大家要共同努力為香港找一條路。創造共識是艱難的，政府和議員也是有這個共同責任的，挑戰越大，我們要共同發揮的努力也越大。

政務司司長：

主席女士，我很感謝馮檢基議員給我與我的同事，就政制發展專責小組的第二號報告及行政長官就修改二〇〇七年行政長官的產生方法，以及二〇〇八年立法會產生方法向人大常委作出的報告多一個重申我們看法的機會。

首先，行政長官向全國人大常委會呈交報告，主要目的是提請人大常委確定二〇〇七年行政長官和二〇〇八年立法會產生辦法是有需要修改。換言之，這是「啟動」基本法附件修改的機制，在政制發展的工作上，這是正面的一步、是積極的一步，亦是必需的一步。我們深信這是特區社會的主流共識。在座很多位議員曾要求政府盡快展開政制發展工作，盡快開啟具體方案諮詢工作。行政長官的報告，正正是回應這些訴求。

第二，有關諮詢工作的問題。專責小組自今年一月七日成立以來，一直通過多種渠道，包括直接會面、座談會、電郵、書面意見等，收集社會各界就政制發

展有關原則及法律程序問題的意見。我們收集到的意見，已完整地公開予市民參閱，亦全數交予人大常委會。可以說，我們在這方面的諮詢工作，是廣泛而相當全面的。在此基礎上，專責小組撰寫了第二號報告，總結了我們對原則問題的看法，提出了我們對現時實際情況的觀察，而且建議行政長官提請人大常委會確定修改兩個產生辦法。行政長官接納了專責小組的報告及建議，並作出了決定，向人大常委會呈交報告。

行政長官的報告是以專責小組的報告為準，都是有充分的民意基礎，都是經過三個多月以來廣泛諮詢社會各界不同意見的成果。有議員投訴我們沒有先將報告內容諮詢公眾，這是不公允的說法，有點倒果為因。

第三，關於行政長官報告所羅列的九項因素，這些因素是本源於專責小組第二號報告的總結。正如我上星期在本會政制事務委員會上清楚表明，這些因素不是先決條件，亦不是甚麼關卡。這些因素只是混合了港人和中央的意見，我們在考慮具體方案時須顧及的因素，目的是幫助社會各界提出具體方案。任何方案，越能顧及這些因素，能取得共識的機會便越高。

剛才劉慧卿議員及李柱銘議員發表了慷慨激昂的講話。我多年來都很佩服劉議員及李議員為香港爭取民主、爭取普選的熱誠。對於普選為香港政制發展的最終目的，在香港是無人有異議的。但是，他們兩人繼而大罵特區政府及專責小組，指他們斷送了香港的「一國兩制」及「港人自治」，兩位議員不單止是言重了，我敢大膽說，這是無理的，是完全罔顧了基本法很清楚的條文及立法的原意，拋棄了「一國兩制」的「一國」，並將「高度自治」變為「絕對自治」。根據基本法，中央是有憲制的權責審視及決定特區的政制發展，專責小組第二號報告第三章及第五章已清楚寫明，我沒有需要在此詳述。該兩位議員是十分聰明的人，但我希望他們不要銳意曲解「一國兩制」及「高度自治」，亦不要把它們無限上綱，用曲解來侮辱或詆毀專責小組，我們三人是受得了的；但用曲解的理據，用謾罵的語言，來激化市民反政府及反中央的情緒，這不單止是誤導大眾，而且更危害到中央與香港市民就政制發展的諒解及共識，這樣香港是會受不了的。我希望兩位議員為香港而自重。

主席女士，我再次希望各位議員能以正面、積極的態度來處理政制發展的問題。我亦期望在未來日子裏，與各位議員，包括劉議員及李議員，共同努力，推動特區的政制發展。多謝。

2004 年 5 月 5 日
議案辯論：要求行政長官向人大常委會提交補充報告

馮檢基議員：

　　主席，對於今天這項辯題，有些議員可能認為已是過時或是明日黃花，人家人大常委會已經作了決定，但如果大家看清楚，今天的討論是基於兩個情況而進行的，所以我仍然認為是應該繼續進行的。

　　第一個情況是，當行政長官董建華先生提出報告呈交人大時，其實我已在第一時間向秘書處提出今天的議題，今天是本會自三月休會以後的最快一次能夠提交議題的日子，只不過董先生提交報告，加上人大常委會作出這項決定的速度，較我們議事程序的日子為快，而我們無法在目前的程序下及早提出一項議案而已。這可以說是制度令我慢了下來。

　　第二個情況是，我的議案包括兩部分，第一部分是我們作為立法會是否接受行政長官提交給全國人大常委會的報告，而第二部分當然是希望能夠提交一份補充報告，來反映香港人對二〇〇七及二〇〇八年普選的期望。第一部分是有關態度及立場，我認為我們作為議會是可以商討的；至於第二部分，縱使人大常委會已經通過了，我認為在人大常委會即將有決定的情況下，作為特區政府，是否應該提出客觀而實際能反映市民對二〇〇七及二〇〇八年普選的看法、科學性的研究或調查的報告，我認為這點是值得大家討論的。

　　主席，就今次的議題，我認為是有好幾部分的，因為這個題目其實牽涉到幾宗事件。第一宗事件是人大常委會在三月二十六日提出四月六日的釋法工作。第二宗是我們的行政長官董建華先生就釋法工作提出基本法以外的兩個新機制，其中一個包括如果要檢討香港的政制，要由行政長官董建華先生提交報告，其二是要人大常委會就該報告，決定是否可以開啟政制檢討，所以這是跟第二部分有關

的。至於第三個部分，那是有關人大常委會的決定，跟我們董建華先生的報告一些有關係或無關係的，尤其是有關係的一些看法。當然，第四部分跟這項題目有關的是，人大常委會依據行政長官董建華先生的報告所作的決定，可能對香港社會所造成的影響。

當然，我認為這四項題目是在範圍之內，是可以商討的，但我無法把這四項題目詳細地討論，所以我會特地把最有關係的，放在我的演辭中，一些可能是較「皮毛」、較遠或不太直接的，我都不會在這裏談論。

主席，就釋法的問題而言，由於那不是今次最主要的題目，我在剛才贅述時已經說過了，所以我也不重複。至於第二部分，就這個報告而言，我記得在四月二十二日的一次休會待續的辯論中，其實我已對這報告中第（vi）至第（ix）項提出過一些評論和看法。我今天也不會重複，大家可以參考我當天所說的話。當然，當天有很多同事亦就第（i）至（v）項提出了他們的看法，雖然我在這題目上是可以就這些討論一下，但我也不擬在今天重複說一遍。我反而認為值得一提的，是當報告公布後，我們特區政府如何處理這份報告，我認為這方面值得在此一提。

這份報告由公布至提交予北京，整個過程不足四十八小時。雖然我們的司長和局長——即負責這個政制檢討的曾司長、梁司長、林局長，都表示報告其實是根據一些以前的諮詢及得出的結果寫成的，但我認為有些內容是在諮詢時並非那麼仔細的，最少當專責小組提出一些問題要我們解答時便發覺，例如：「循序漸進」是否應加上「按部就班」、「不能過急」等？又例如說到「人才不足」，在諮詢時可有問我們對香港的人才是否足夠的看法？或民主制度和經濟制度究竟有甚麼關係呢？對於這些題目，在諮詢過程中，我並沒有被這些問題所帶動來進行討論。因此，在這份報告公布後才提出這些問題，我認為要是能再進行一個諮詢過程，便會更好，最少我看到人大常委會也這樣做了。人大常委會在收到行政長官這份報告後，已訂定在四月二十五日及二十六日開人大會議以便作出決定，他們還在二十一日及二十二日諮詢香港全國人大、政協、團體領袖等。

為何別人在這般緊迫的時間內仍可以安排得到？其實，向人大常委會提交報告的日期，理論上應該由特區政府來控制的；特區政府既可以在四十八小時內提交，也可以在兩個星期後才提交，如果特區政府在兩個星期後才提交，那麼便

有足夠時間進行諮詢，但要在四十八小時內提交，當然是沒有時間進行諮詢了。這是否導致諮詢工作不足的原因呢？當我們在（四月）二十二日到深圳跟李飛先生，即人大法工委副秘書長討論時，按他所說，原來我們立法會是不被納入人大常委會的諮詢機制之內，因為向我們進行的諮詢是靠特區政府的機制兼任的，因而可見我們的立法會似乎變成完全給篩出了這個諮詢範圍之外。這使我感到，按目前如此的建制，我們一向以為人大常委會是不會進行諮詢的，說做便要做，說決定便要決定，但他們今次似乎卻比我們特區政府，尤其是我們的三人小組，做得還要好。

第三點我想一提，而我認為是頗重要的，就是人大常委會在四月二十六日所作的決定跟我們行政長官的報告的關係。大家可見，由釋法至人大常委會作決定，且讓我給主席把時間列出來：

> 3 月 26 日　我們從報章上獲得消息，知道人大常委會要釋法。
> 3 月 6 日　進行釋法。
> 4 月 8 日　我們的報告公布，並在翌日提「上京」，即在（四月）8 日上京。
> 4 月 21 日及 22 日　人大常委會在深圳進行諮詢。
> 4 月 26 日　人大常委會作決定。

這個時間表對我們來說，是很快，快得要在頭尾三十天之內把所有工作完成。每一個定下的日子，是因為到達了某一個步驟而定出下一個步驟，還是最初在第一個步驟已經定出了所有的步驟呢？兩種做法是有所不同的。因為如果一開始定下某一個步驟，到達第二個步驟後才定下第三個步驟的話，即是說，行政長官何時向北京提交報告，其實是可以有彈性的。但是，如果一開始便定下要在三十天之內完成的話，那便沒有彈性了。如果在四十八小時內不提交而改在兩個星期後才提交，人大怎能在四月二十六日作決定呢？因此，這點其實是相當重要的。我希望稍後曾司長在答辯時，他可以說說究竟曾否跟人大常委會商討這些時間、日期呢？如果沒有的話，為何不商討？如果有的話，為何不向他們反映一下，譬如把日子拖長兩至三個月來做呢？

更奇妙的是，我們港區人大常委會的委員曾憲梓先生曾向傳媒公開表示，我

們行政長官的那份報告其實事先已獲人大常委會討論和商談，所以今次召開人大常委會，大多數是會通過的。當然，這只是我的複述，並非每個字眼也是曾憲梓先生所說的，但意思正是這樣。

經傳媒作出此報道後，我作為香港人、作為立法會的一名議員，覺得如果曾憲梓先生所說的真正屬實的話，我便會認為那三十天內的情況，只是整個香港，包括我們立法會議員，跟人大一起表演了一場戲而已；劇本早已完成，日期已訂好，任何事情亦已經定下了。但是，如果曾憲梓先生所說的並不屬實，只不過是他喜歡在當晚公開這樣說而已，則我認為特區政府亦漏做了一點，尤其是曾憲梓先生做漏了一點，便是他們應該站出來澄清，說這是曾憲梓先生所說的話，情況不是這樣的、是不符合事實的，又或你們不是已經談妥才公布的。否則，這還是否事實呢？我認為是少了一份這樣的交代。

主席，我還要謝謝你在四月二十二日容許我進行一次休會待續議案的辯論，以不表態的形式討論該報告。主席，也許你還記得，當天曾司長在答辯時，他曾說過一番很重要的話。他告訴我們九項原則只是規則，是沒有制約性的規則。不過，他告訴我們如果將來的方案符合這九項的話，獲得通過的機會會很高，如果不符合這九項，很大機會是即使不給這羣人反對也會給另一羣人反對，屆時通過的機會便小了。

第二，他更強調這份報告是完全容許二○○七及二○○八年可以有普選，普選的門是沒有關上的。我不知道曾司長可還記得說過這番話。如果曾司長在這議堂上說得出這番說話來（現在這樣說可能是事後孔明），我只能說我欣賞曾司長的天真，但我不喜歡這種天真；欣賞的意思是指你不知為何當時說出一些自己相信、但與實際結果不符的事，而你卻有膽量說出來。這是欣賞的原因。

為何不欣賞呢？我們作為政治人，而曾司長又已到達司長的級數，是否真的要這般天真呢？其實，最後的結果是，人大常委會根本不聽取曾司長所說的話，完全不接受他的看法，而且是很斬釘截鐵的〔地〕表示：二○○七及二○○八年沒有普選。再加上曾憲梓先生說的話，使我看到很多問題。如果曾憲梓先生所說的是事實，究竟特區政府跟中央政府是否一早已經「打同通」，以致曾司長在（四月）二十二日說的一番話，只不過是劇本要他這樣說，只不過那場戲要有黑臉、白臉——是由曾司長扮白臉的，而人大常委會則扮黑臉而已，因為司長仍要面對

我們這羣六十位的立法會議員。

如果人大常委曾憲梓先生的言論並非反映事實的話，那麼我會認為曾司長作為一個小組的領導人也是失職。為甚麼呢？因為行政長官董先生在施政報告中提到，請曾司長領導這個小組，最重要的目的是要瞭解中央在政制上的關注。司長在（四月）二十二日所說出的結論，原來跟二十六日的決定有這般大的矛盾，是否關注不來呢？是否中央不信任司長呢？是否司長找錯了人，以致無法找得出中央的立場和態度呢？為何在頭尾四天之內，結果可以是如此的呢？如果司長不是失職的話，便是職權不夠大，即是說，他的這個位置應由行政長官董先生來出任。

第四個部分，主席，我曾提過人大常委會——還有，我漏了一點，在第三部分，我還要補充，就是這份報告內，其中一個要點是反映了喬曉陽先生會來港。他在會展中心所說的一番話與司長的看法產生了很大的矛盾。他曾提出，香港人對「一國兩制」和基本法的認識不足，但在我們的第二號報告中的第三章，尤其是第 3.18 節，曾司長說香港人很妥當：「一國兩制」落實了、大家有歸屬感、對國家的認同日漸提高，在基本法的保障下，香港人會為帶來的利益而喜歡參加各類事務。然而，一棒便打下來。不！對不起。香港人是不懂一國的！為何會這樣呢？因此，我認為這份報告不單止是我們接受不來，原來我們的人大常委會也沒有接受呢，曾司長！

馮檢基議員動議的議案如下：

「本會不接受行政長官提交予全國人民代表大會常務委員會的報告，並對當中就政制改革提出的 9 項因素表示不滿，認為此舉等同於為本港推行全面普選設下更多關卡，窒礙民主發展；同時，本會促請行政長官立即諮詢港人，提交一份全面反映民意的補充報告，以實現港人要求分別在 2007 年及 2008 年普選行政長官及全體立法會議員的期望。」

吳亮星議員：

主席女士，在討論本議案時，首先便決不能離開法理基礎。人大常委會就二〇〇七年行政長官與二〇〇八年立法會的產生辦法所作出的決定，其憲制法律依據首先是來自基本法關於香港政制發展的規定，以及人大常委會的相應憲制權責。其次是來自人大常委會不久前就基本法兩個附件有關條文所作出解釋。有人質疑，根據釋法內容，人大常委會只能決定行政長官與立法會⋯⋯

⋯⋯

⋯⋯由於今次有人質疑釋法內容，認為人大常委會只能決定行政長官與立法會的產生辦法是否有需要修改，而不能指明如何修改。雖然今次主席提醒我們，要注意今次議題是關於報告的內容，但由於報告內容引起了是否有需要釋法的問題，所以我想在這裏約略作出解釋。

基於在基本法兩個附件中，對選舉辦法的修改分別規定批准和備案均須以基本法作為根據，運用此權力便自然會最終決定選舉辦法是否修改及如何修改，這是人大常委會擁有的法律權力。我們亦相信，人大常委會決定作出這項方向性的決定，會有助特別行政區無須經過冗長的紛爭及擾攘便能作出更好的安排。

至於普選方面 —— 由於報告提及普選的條件問題 —— 有人認為普選有助行政長官的認受性，以解決目前政制中的運作問題。正如喬曉陽副秘書長其後所說，他認為認受性最終來自憲法、憲制法律的認可，這是法治的基礎或法治的根本。所以，如果要離開憲制和法律，挑戰有關報告所造成的政制安排問題，包括行政長官的認受性等，我覺得必須注意的，是法律基礎問題。

至於人大常委會今次會參考報告有關內容才作出決定，而由於報告能夠引導人大常委會作出更好決定，有助及早明確顯示政制在特區如何發展的道路，最少可在一定程度上減少各種利益，甚至出於各種動機、來自本地或國際的政治紛爭，讓香港社會能集中精力處理經濟民生事務，是符合香港長遠利益的發展。

事實上，香港在回歸以後所擁有的「高度自治」、自由及民主成果，相比殖民地時期不但沒有被削弱，反而大大增加。我們看到一些本地政治人物為着自身的利益，一方面坐享國家收回主權所帶來的行政、立法與司法等多方面的高度自治的利益，另一方面卻只談「兩制」，而排斥「一國」，抗拒中央政府在「一國兩

制」憲制框架下所擁有的地位、權力與職責。如果我們真的是為香港市民着想，有意讓這份報告帶出更好的前景，那麼，他們的所作所為究竟是令香港的政治經濟發展更順利，還是導致更多互不信任的紛爭，令政局更複雜和困難？相信理智的市民會作出清楚的比較。

不少市民均同意，特區的民主發展必須恪守基本法，根據實際的情況循序漸進，而不是一步到位。報告已列出多點來解釋有關的實際情況，自然便看到二○○七及二○○八年因為條件未成熟而存在暫時不能進行普選的空間。為了香港的長遠和整體利益，我們要考慮的實際情況必須包括兩方面。首先，在「兩制」下「一國」原則的體現，與內地良好合作關係的維繫。但是，在現實中，特區去年連保障國家安全的法例也不能在本會通過，國家利益與安全這樣最基本的概念或觀念，在特區似乎尚未得到充分成熟的認知及接受。其次，必須考慮的實際情況，還包括我們用甚麼來保證香港原有的資本主義制度不變？例如香港的成功有賴於低稅制，如何能應付因普選或報告所提及的未來政制發展而極可能帶來的福利主義？我們又用甚麼來保證對經濟發展貢獻極大的工商界 —— 香港的工商界 —— 在政制中的發言權呢？工商界與中產專業人士決非好像一些旨在分化社會的論調所言，要享受政治免費午餐，相反，他們負擔了香港絕大部分的稅收，為社會公共開支作出了巨大貢獻，他們的努力更為社會提供就業，促進社會經濟各方面的發展。如果說這是政治午餐，這肯定是高消費的午餐了。

在此，我仍然要談這份報告。這份由三人小組提交的報告，可以促使今後人大常委會為香港未來的政制發展作出更能關顧香港長遠及整體利益的決定，而我亦相信，為香港長遠利益着想的市民都會認同，這次人大常委會為特區所作出的決定亦是正確的。

楊森議員：

民主黨不接受行政長官提出有關政改的報告，主要理由有三個：第一，報告呈交中央政府前，並沒有廣泛諮詢香港市民的意見，因而給我們一種黑箱作業的印象。第二，報告並沒有充分反映香港的主流民意，因為曾司長的報告提及基本上大部分市民的主流意見也是支持二○○七年普選行政長官及二○○八年普選立

法會。第三，這份報告亦為二〇〇七及二〇〇八年的普選加設障礙。基於上述三點理由，民主黨支持馮檢基議員提出的議案，不接受行政長官這份報告。

主席女士，其實行政長官這份報告，不但犯了上述三點錯誤，而且我們覺得行政長官是把香港「一國兩制」，「高度自治」拱手相讓，違反了基本法讓香港人實現「一國兩制」，「高度自治」的原則。由行政長官和我們的三人小組親手拱手相讓「高度自治」，令我感到非常遺憾。其後，中央也很快確認了這份報告。有關人大所決定的內容，我會留待下次辯論何俊仁議員動議的議案時才詳細說明，但我也可以總體地說，中央今次是親手破壞了香港的「一國兩制」。

今次溫家寶總埋建議經濟宏觀調控，但我想不到中央政府竟然同樣會對政治進行宏觀調控，並以迅雷不及掩耳的方法剝奪了市民二〇〇七年普選行政長官及二〇〇八年普選立法會的權利。現在曾司長快要提出第三號報告，要求香港市民提出政改方案之際，香港人也只能在有限的框框內進行修改。

主席女士，回想八十年代，我和一羣朋友首次站出來支持中國收回香港的主權，因為我們認為在不平等條約下的殖民地歷史，時間到了，香港便應該回歸我們的祖國。當然，當時我們所指的中國並非指某個特定政權。想到現在，回歸七年後，我的心情仍是起伏不已。當時我們支持中國收回主權時，也提出了民主回歸的信號、提出了民主治港的理念。其後，基本法在鄧小平先生領導下，亦提出了一些口號及落實基本法，充分體現了「一國兩制」、「高度自治」。因此，大家可以看到，當時基本法與中英聯合聲明受到海外的支持，也正因為這樣，我和一羣香港民主同盟及香港民主黨的朋友，一直支持「一國兩制」，並盡力爭取落實「高度自治」，以體現基本法給予我們的承諾。但是，主席女士，到了今時今刻，我可以說香港有些基本的價值已受到空前的破壞。

第一，政府不尊重香港市民的民意。曾司長的報告亦提到大多數市民支持二〇〇七年普選行政長官及二〇〇八年普選立法會，但主席女士，你看看行政長官的報告，有沒有反映這意見？香港市民很重視一個開放的政府，很重視一些合理的程序，吳靄儀議員常常說的「due process」，試問今次，無論是我們特區政府，以至中央政府，有沒有尊重香港市民，以開放、合理的程序來處理有關政改的問題？大家是否覺得有一種鋪天蓋地、強權勝於真理、「大石壓死蟹」的作風？這種作風是否把我們香港人基本的價值也徹底破壞了？一次已經很足夠了，曾司長。

第二，主席女士，我特別想談行政長官的報告第（vii）點，就是說社會各階層能通過不同途徑參政，我覺得這一點其實是凸顯了功能團體的重要性。我其實也想談一談喬曉陽副秘書長和李飛法工委副主任的說法，不過，這點我留待在何俊仁議員動議的議案辯論時才再說。無論如何，在我們特區政府行政長官的報告中的第（vii）點是突出了工商界在香港的一種特權，一種特權：「有錢人話晒事」。這種作風，對於我們香港人來說，實在是很嚴重的打擊，曾司長。因為我們香港人重視「本事」，我們不重視「門第」，亦不重視社會階級，誰有「本事」便能冒出頭來，因為大家相信的是「meritocracy」。但是，現在行政長官 —— 我遲些有機會再談人大的說法 —— 基本上是突出工商界的特權，他們享盡了香港的政治免費午餐，他們不參政，也不準備參政，並阻礙香港普選的出現，這是令人感到非常遺憾的。

第三，我覺得政府沒有堅持「一國兩制」，而把整個政改交由中央一手主導。主席女士，其實中央這次確認了這份報告後，我覺得造成了數項影響，導致香港人將來對中央的反感越來越大。最近，香港大學的一項民意調查，明顯地顯示了市民對中央的不滿提升了，這其實是很可惜的。此外，我相信這次也令中國喪失了以「一國兩制」作為手段實踐和平統一台灣的機會。主席女士，最重要的，也是令我最感遺憾的是，政府的管治危機始終會延續下去。曾司長的報告提及行政長官在立法會未能得到議員的配合；行政立法關係的不配合、不調和，其實至今仍未得到解決，意思是，政府的管治危機會延續下去。不過，最後，我只希望香港人能夠自求多福，堅持以和平的方式繼續爭取民主自由。

吳靄儀議員：

當然，馮檢基議員的議案裏，提出不接受的原因，便是因為那九項因素設下關卡，窒礙民主發展，這一點我是同意的，自不待言。

但是，我想提出另一點，就是行政長官這份報告，其實是不對題，是超出人大常委會在四月六日的解釋基本法附件一及附件二下的範圍，亦是不合邏輯的。人大常委會在四月六日的解釋，是針對「如需修改」四個字，就此，行政長官的報告，只須提出一個問題，就是現在產生行政長官和立法會的辦法，是否有需要

修改呢？如果要作任何附加的解釋，便應該分析有需要修改的實際原因，即是說，在現行制度下的問題，為何行政長官和立法會的產生辦法，會令現行的制度出現問題，從而有需要修改呢？這是行政長官的報告裏唯一應該提出來討論的問題，這亦是行政長官的報告裏完全沒有提出的問題。

據稱行政長官的報告，是基於政制發展專責小組第二號報告，但第二號報告亦沒有提及上述內容，反而處處為現在的制度辯護，說現在種種是如何的好，而過去產生的問題，也是因為其他的，例如經濟轉型、很多結構上的問題、金融風暴、SARS 等，卻沒有提及現在的行政長官和立法會的產生辦法出現了甚麼問題，以致有需要修改。

當然，不可以這樣的，因為第二號報告裏所討論的內容，是來自甚麼諮詢呢？有關諮詢不是問香港人究竟現在的制度是否有需要修改，而是邀請香港的市民，就基本法有關的原則和程序提出意見，當然無怪乎人家是不會說有需要修改還是沒有需要修改，即使有人說，也不會被當作一項主要的論題來討論。其實，第二號報告所提的基本法的種種原則、架構、程序等，並非是否有需要修改的理據，這些根本是一直，是永遠也會存在，是五十年不變的，除非基本法改變，否則這些原則也是會存在的，這些是經常，恆常的，不是你說有需要還是沒有需要修改。因此，唯一稱得上是對題的，就是專責小組報告裏的第 3.21 段，主席，讓我引述第 3.21 段，它是這樣說的，「在此背景之下，社會上有不少市民期望能夠在政治體制中尋求更大空間，使他們可以積極表達意見及參與社會事務，甚至可以直接參與決定行政長官人選。社會上有不少政團把這些訴求轉化為要求『兩個普選』，認為普選可以解決現有管治問題。最近民意調查顯示，在受訪者當中發表意見支持由二零零七年開始普選行政長官的超過五成，而支持由二零零八年開始普選全部立法會議員的有六成左右。與此同時，社會上有不少意見對此有保留，認為若過早實行普選，將無助解決管治問題，亦不能改善現有經濟、民生等實質問題。但要政制向前發展和修改行政長官及立法會產生辦法似乎是社會的共識。」意思其實就是說民意有分歧，最終的主流仍是民主化，而結論仍然是有需要修改。

其實，那份報告其他部分洋洋灑灑，就是關於如何限制民意要求修改的問題。主席，我反對和我不接受行政長官這份報告的另一個原因，就是他是那樣匆

匆提出，是完全缺乏透明度和問責性的，亦沒有諮詢市民這一點，大家都說過了。行政長官是依靠第二號報告的，而第二號報告，我剛才說過，也並非為「如需修改」這四個字而提出、而作出的諮詢，在提出來之後，是張冠李戴，李代桃僵，但提出來後，有關的報告亦沒有機會讓市民評論，指出報告是對還是錯，便已作實。這份報告不單止是反映人家提出來的意見，而是提出很多自己的意見、自己的分析，結果，這些分析是錯誤的，而結論亦是不公正的。

主席，提到補充報告，據四月六日的人大的解釋，並無限制只能提交一次的報告，沒規定不可提交第二次的報告，但我認為，所提出的不會是一份補充的報告，而是一份更正的報告，今次應是按照應當的程序，真正反映民意的報告。但是，主席，先決的條件就是，今次事件已經破壞信任，第一項要做的工作，就是撫平傷口，重建信任。我希望能看到行政長官提出一系列補救的措施，包括增強香港市民與中央之間的直接溝通，我們然後才可以談下一步。多謝主席。

楊孝華議員：

主席女士，自由黨認為馮檢基議員今天在人大常委會確定了行政長官政改報告後提出議案，要求行政長官重新就他的政制發展報告作出諮詢，然後再提交補充報告，無疑等於將既定的安排推倒重來，是沒有甚麼意義兼費時失事的，辯論下去，也難免令人有點明日黃花的感覺。

話雖如此，自由黨仍然想就原議案內容的一些觀點，提出一些不同的看法。首先，行政長官在報告中，已經清楚地肯定了本港市民就兩種選舉辦法，即希望在二〇〇七年及二〇〇八年作出改變的訴求，並同意就此作出修改，使「香港的政制得以向前發展」。行政長官此舉充分體現了特區政府對民意的關注和重視，並且適當地行使了人大釋法賦予他的啟動權，我們是沒有理由不接受的。

至於報告中提出的九項原則，即任何方案均必須合乎基本法、不能影響中央對行政長官的實質任命權、維持行政主導、邁向普選的目標均要根據循序漸進和按照實際情況的原則進行等，也不過是一些希望大家能加以考慮的原則，我們不能將這九項原則說成是毫無意義的。

況且，我們也看不出以上任何一項原則，好像原議案所指，是刻意為普選設

下更多關卡，或是否定任何方案的可能性的。因此，自由黨認為沒有理由對九項原則表示不滿。如果說這些是關卡，我相信這些原則早已經存在，不是只存在報告裏的。

因此，我們不同意原議案要求翻案，要行政長官再次諮詢港人，然後再就政制發展提交補充報告，以達致〔至〕所謂「實現」市民要求雙普選的期望。如果各位稍有留意的話，也會知道較早時政制發展專責小組在提交第二號報告前，已經廣泛地就有關政改的一些重要原則和法律程序等問題，徵詢了本港各界的意見，包括立法會內各黨派的意見。據我記憶所及，曾司長在諮詢其他的黨派並與他們會面的時間方面，有些比會見自由黨更早。行政長官報告的內容基本上是根據這份報告所收集到的意見而寫成的，可謂切實地反映了民意。既然如此，我們看不到有任何必要和理由要求行政長官重新再提交一份補充報告。

民主派常常強調雙普選是香港人的普遍訴求，但我想指出，贊成普選或立即普選的市民雖然為數不少，但反對的或不同意一步到位的，或對此表示憂慮的人，的確是有的，難道他們的意見便無須考慮嗎？我希望民主派不要因為不滿意報告沒明言支持立即一步到位的普選，認為不合其口味，所以便一口否定行政長官的報告。

最後，我想提一下關於早前李柱銘議員原本打算對原議案提出修正案，但不獲批准一事。自由黨一方面同意主席女士不批准修正案的決定；但另一方面，我們也希望藉着這個機會，再一次向立法會內所有同事 —— 各黨各派的同事作出呼籲，既然人大常委會已經根據國家憲法和基本法所賦予的權力，對二〇〇七年及二〇〇八年的選舉安排予以確定，並正式啟動了政改的立法程序，我們便不應再浪費時間，而要好好地、務實地、理性地開展和把握這次的機會，踴躍發表意見，為二〇〇七年及二〇〇八年的選舉安排盡力達成共識，這樣才是積極和務實的做法。

自由黨已經說過，我們必定會在黨內、黨外展開務實的、理性的討論，希望最後爭取共識，不單止是香港內部的共識，也是與中央的共識。

我想重申，即使二〇〇七年及二〇〇八年沒有雙普選，也不代表未來政制發展的一切便會原地踏步，除非將來有人提出一些向前發展的方案被立法會否決，否則，我們沒有理由會原地踏步、一成不變的。正如曾司長所言：無休止的敵

對、抗爭，最終可能一事無成。希望我們各黨派能夠積極向前看，為政改付出創意及努力。

譚耀宗議員：

報告指出現時香港的政制有需要修改，這個觀點是社會意見的客觀反映，而在這份報告草擬之前，政制發展專責小組用了三個月的時間、多方面的工作，廣泛諮詢香港社會各界的意見，分別就法律程序及原則問題編訂兩份報告，看來整個過程也是公開和具有高透明度的。

基本法規定「一國兩制」、「港人治港」、「高度自治」，以及政制的發展要根據特區的實際情況循序漸進，這些憲制性的原則是每個人都必須遵守的，而香港未來政制的改動同樣要嚴格按照基本法所訂下的這些原則。行政長官報告內提出在考慮二○○七年行政長官及二○○八年立法會產生辦法如何確定時，須顧及九項因素。這九項因素都是歸納和重申基本法的原則，亦是整體社會不同意見的充分反映，而並非如有些人所說，是為政制設限。

在今次政制發展的討論過程中，我們相信每一個人都對基本法有更多的瞭解，對「一國兩制」的概念有更深的認識。我記得早前大家也討論過很多關於「一國兩制」的問題，亦明白到「一國兩制」是在「一國」前提下的「兩制」，我們不能只強調「兩制」；而「港人治港」則須以「愛國者」為主體的「港人」治港；「高度自治」則是中央政府授權下的「高度自治」。因此，在採取任何主張或行動時，我們均須考慮中央政府的意見及憂慮，而且我們不應事事採取對抗的態度。

我們從政制發展專責小組所收集到的意見中可見，香港社會內對政改的步伐有很多不同的意見。一方面有不少的意見認為要盡快落實普選，但另一方面也有不少的聲音表示對立即進行全面普選有所擔憂。作為負責任的從政者，對於這些社會上的分歧絕不應坐視不理，更不應製造相互的對抗。我們必須實事求是，相互尊重，和諧共商，否則受害的始終是我們香港自己。

余若薇議員：

……如果大家接受了行政長官在報告裏提出的九項因素，我恐怕問題不是二〇〇七及二〇〇八年是否進行普選這麼簡單，而是究竟香港會否有普選。這是一個更為嚴重和深遠的問題。

這涉及很多因素，如果接納的話，我們看不到香港何時能夠進行普選。例如第（vii）項因素：「社會各階層在政治體制內都有代表聲音，並能通過不同途徑參政。」這明顯意味功能界別會永遠予以保存。對於既得利益者來說，當然反對取消功能界別。從人大常委會於四月二十六日作出的決定，我們可以看到如果要進行修改的話，不只會增加直選議席的數目，同時亦會增加功能界別議席的數目，從而製造更多既得利益者。這是民主倒退，不是循序漸進的表現。所以我擔心那九項因素不單止影響二〇〇七及二〇〇八兩年，而是會造成更深遠的影響。

吳亮星議員在發言時指出，凡事也要看法理依據。主席，對於他提出的這項原則，我十分同意。可惜，他接着說，這個法理依據便是來自人大常委會解釋基本法和人大常委會於四月二十六日提出的法理基礎。主席，我不能同意這一點。不過，我在上一次休會辯論時，已經解釋了我所持的原因，今次所說的亦會超出議案範圍，所以，我不在此重複，只重申我不能接納吳議員的說法。吳議員又質疑，為何有人說行政長官沒有認受性，他認為行政長官既然根據基本法選出來，他自然應有認受性。吳議員有「抄襲」喬曉陽副秘書長的說法之嫌，因為副秘書長訪港時，曾經這樣說：「行政長官為何沒有認受性？他既然根據《基本法》選出，便應有認受性。否則，你便是說《基本法》設計得不好。」

主席，我們要進行修改，便是因為設計得不好。否則，我們為何要討論進行修改？行政長官既然是根據基本法的原則或遊戲規則，或所有的條文選出來，我們當然要接納他有合法性；也即是說，他是合法的行政長官。可是，這並不表示他有認受性。如果他由八百人選出來，那八百人當然支持他。況且，行政長官最近一次連任是由 714 人選出來，這 714 人當然也是支持他的。可是，這不表示全香港六百多萬名市民認為他有認受性，這明顯是兩碼子的事。所以，我不明白為何吳議員把法理的問題和認受性的問題混為一談。

現在我們正因為行政長官的民意基礎薄弱，所以才考慮要進行修改和如何修

改這些產生辦法。

主席，很多議員於今天發言時說，我們不應無休止〔地〕的敵對，我們應該向前看，應該實事求是。主席，我十分同意這些說法，但問題不是由於政見不同，我們便要無休止的〔地〕敵對。我們也並非刻意與某些人作對，而正因為我們要實事求是向前看。

曾司長在報告內第 3.27 段，說出了我們現在面對的問題，那就是行政長官以這個方式產生，他的理念和以不同的選舉方式選出的立法會議員的理念不同，所以不能互相配合，而且行政長官在立法會並沒有固定的票源支持。

所以，現在的問題便是怎樣作出修改。如果不採用普選的方式，我們如何修改行政長官和立法會議員的產生辦法，才可以達致〔至〕行政主導、立法行政關係良好、互相配合、互相制衡的效果。

主席，如果說普選這辦法不中聽，我卻聽不到除了普選以外，還有甚麼修改方法，可以解決這個實際問題。所以，我很希望務實的朋友快點提出對症下藥的方案，解決香港目前的問題。

主席，我因此感到行政長官的報告就像吳靄儀議員所說，並不是補充報告，而是修改報告。我們要看看有甚麼實際解決方法，可以針對香港目前的情況。如果接受行政長官報告內提出的九項因素，我恐怕不但二〇〇七及二〇〇八年，而是有很長的時間，也不能解決香港的政制膠着的情況。

劉千石議員：

行政長官在報告內提到政改的九項原則中，其中一項提及「必須有利於社會各階層在政治體制內都有代表聲音，並能通過不同途徑參政」。這項原則可以說是為保留功能團體選舉而度身訂造。

我記得有親中人士曾經說過，行政長官在任內要忙於清拆英國人留下的地雷。如果英國在撤出香港前真的埋下了地雷，功能團體選舉肯定是其中一個地雷。

這種選舉制度的唯一目的，便是「反民主」，透過保障少數既得利益者的特權，使代表社會上大多數人的政黨或團體，永遠不能取得議會的控制權。在近代

歷史中，只有兩個地方曾經使用這種選舉方式。第一個在意大利法西斯獨裁者墨索里尼統治的年代，但當民主恢復後，這方式已被廢除。另一個是第二次大戰前上海國際租界的市議會。歐洲人用類似功能團體選舉的制度，確保他們得以操縱議會。國際租界的市議會，亦成為帝國主義欺壓中國的標誌。

主席，我們經常說，政治是妥協的藝術。可是，功能團體選舉的安排，把議員與界別利益緊緊扣住，局限了可以妥協的空間，減低建立共識的機會。功能團體選舉的本質，就是要按不同的界別利益將市民分隔，而不是聯合人民為集體的福祉而努力。

據聞田北俊議員有意參加下屆立法會的分區直選。我相信田議員若透過直接與市民溝通，可令市民更明白和接受工商界的政治理念。如果田議員能夠順利勝出，我相信他一定可以更好地發揮他政治領袖的角色。田議員的嘗試，也是一個很好的示範：如果不肯下水、不肯拋開救生圈，便永遠學不懂游泳。工商界的朋友，你們根本無須擔心直選一定會輸。

主席，無論是國家主席胡錦濤、總理溫家寶，抑或是人大常委會副秘書長喬曉陽，都認同普選是一個普世目標。為何中央政府不相信港人，可以選出自己的政府，能夠與中央互相尊重和共存，一起落實「一國兩制」呢？

何秀蘭議員：

自三月二十六日宣布釋法以來，在過去的一個月之間，已擬定了政改的方向。在四月六日釋法內容宣布後，行政長官在四月十五日短短十天之間，提交了政改報告，其中提出進行政改時要考慮的九項因素。他確實真的一反常態——我們從 1998 年開始，一直要求行政長官進行民主政制進程的檢討。在這六年間，行政長官一直聽不到我們的聲音。在這份報告內，沒有反映出這些聲音，很多民調要求普選的聲音，在這份報告內也沒有予以反映。

行政長官在四月六日後卻告訴我們，他聽到很多要求他快些完成報告的聲音。結果，他真的在十天內完成了報告。我希望司長稍後告訴我們究竟行政長官在這十天內聽到甚麼人的聲音？那是京官的聲音，還是香港市民的聲音。如果是香港人，是否有特權的香港人的聲音呢？我覺得香港市民有權知道答案。六年多

以來，政制發展一片空白，在這短短一個月之間，卻被黑色完全填滿，我們現在對政改感到十分絕望。但是，我希望指出，我們依然繼續要求特區官員向香港市民負責，我們仍然不能放棄，要爭取二○○七及二○○八年進行普選。

在今次釋法的過程中，首先受害的是基本法。這是因為基本法可以隨時按新形勢再作解釋，文字條文的意義可以隨時失去，而根據行政長官九項因素再予以解釋，「循序漸進」差不多等於「似進實退」。主席，為何我這樣說？因為當提到功能界別時，報告說要保障社會各界可循不同的途徑參與政治。不同的途徑當然較直選一途多，而及後便演變成人大的結論，便是直選和功能界別的比例不變，不過，可以增加議席的數目。

香港市民很快便看得出這方向，只會製造更多政治「突厥」。如果我們強化小圈子選舉，只會進一步限制直選的民主成分，於是循序漸進便變為「似進實退」。基本問題是，如果我們不能提出時間表，只有九項因素的話，我們不單止在二○○七及二○○八年沒有直選，到了二○四七也可能沒有直選。這是因為只要這九項因素繼續存在，而我們仍未能提出客觀標準和客觀時間表，其實直選是遙遙無期。所以，我希望特區政府和中央，不要告訴我們最終目標是直選。我們希望知道達到目標前的過程、時序、程序，我覺得這些都應切實與香港一同討論。

很不幸，這份報告不但不能在內容中反映民意，而程序也不能聲稱為反映民意。這是因為報告完成後並沒有讓市民確認，大家連看看是否有錯字的機會也沒有，便遞交中央。所以，我認為有必要擬備一份補充或更正報告。

劉慧卿議員：

這項議案明確地寫出，以政務司司長為首的三人小組，或許名為專責小組，提出的一些建議窒礙了民主發展。我相信這點是沒有人會反對的。提到那些因素，譚耀宗議員剛才說，是歸納了基本法內的原則。我又不知道基本法哪處表明香港沒有足夠政治人才？

主席，我也懶得逐項駁斥了，因為在很多場合我也曾說過，提出這些因素的人是對民主有偏見，多年以來，策動一個政治制度，維護一小撮富有的人，現時

更將這些事項寫下來，然後讓北京利用以扼殺民主制度的發展，這些又是否香港特別行政區政府所應該做的事情呢？為甚麼昨天和今天，會有那麼多議員在立法會說：特區政府的做法是失信於民？如果失去了信任，我們還有甚麼基礎可以合作呢？

大家也滿以為有一個時間表，可以拿出來讓大家商議一些事項。時間表則沒有商量了，然後，「嘭嘭聲」便全部發表了 —— 說到二〇〇七年及二〇〇八年的任何事項也沒有商量餘地。然後，又有人表示，不要無休止地爭論了。當然，他們是這樣說，因為他們甚麼也取得了，當然不要爭論吧。

主席，我們並不是鼓吹無休止的爭論，不過，有些原則上的事情，是我們支持和多年以來爭取的，我們亦不會因為別人說一句不要無休止地爭論，便停止說話的。我們會在這個議會裏，在香港，甚至在國際社會繼續爭取我們認為是對香港最好的發展。所以，主席，如果有些人以為現時所做得到的事，或以最近數星期以來的發展，便可以令大家靜下來，令香港繼續做一個經濟城市、繼續賺錢，大家有飯吃，吃飽了便甚麼也不顧，我相信這些人可能是正在造夢。所以，我真的不知道，這份報告可以幫助香港多少？

主席，報告亦提到香港所面對的問題，但卻沒有提供答案。答案可能是：你們這一羣人不要再嘈，便行了。然而，即使能使我們立法會內的人不再嘈，外面有數百萬人，怎樣能使他們不嘈呢？很多人已等待了很多年，他們並不是等待「政治免費午餐」，而是等待均衡的參與，即真正一人一票的意思，這並不是說有些富有的人可以擁有數十票或數百票，因為有多少間公司便擁有多少票了，這些公司有很多董事，很多議員也喜歡擔任董事，於是便有很多董事維護那些公司的利益了。然而，這便是香港均衡參與的發展方向嗎？我們怎樣向數百萬人交代呢？

所以，主席，這個所謂無休止的爭論，真的是沒有辦法了，一定是無休止的，除非我們可以說服全部數百萬人，令他們認同應如此繼續只為數個大家族（或一小撮的大有錢佬）服務，我們的政治權利、以至任何東西均應全部奉獻給他們，否則，我相信這些爭論是沒法平息的，是一定會繼續的。

不過，我們當然亦希望我們的爭取是和平、理性、非暴力的，但對於任何的發展，我們也知道，如果把人趕得那麼絕，發展自然會激烈化，屆時大家會覺得

很奇怪嗎？請看看全世界的發展，回顧歷史上的發展，以及人的某些表現，很多時候都是被迫出來的，所以我希望司長真的能尋找出一些方法，回應社會上大部分市民的訴求，把政制開放，讓香港的人才積極參與。

麥國風議員：

行政長官在四月十五日向全國人民代表大會常務委員會提交《關於香港特別行政區二零零七年行政長官和二零零八年立法會產生辦法是否需要修改的報告》，當中就二○○七年普選行政長官和二○○八年普選立法會，列出了九項因素。

政府從來沒有就政改進行全民諮詢，我想問行政長官如何歸納出這九項因素？是否根據政制發展專責小組的報告歸納出來的？我在這個議會已說過，政制發展專責小組的諮詢工作根本不足以掌握民意，例如小組設立網站讓市民發表意見，這根本不全面，因為對於一些不懂上網的市民來說，他們的意見便無法反映，再加上有些懂得上網的市民亦可能不習慣在網上發表意見。雖然小組接見了不同的人以聽取社會各界意見，但誰能確保小組所接見的人均有全面的代表性呢？我促請政府提出證據，證明列出這九項因素的來源。如果這是大部分市民的意見，我便心甘命抵。

基本法對於二○○七年行政長官及二○○八年立法會的產生辦法，只提到要根據香港的實際情況和循序漸進的原則而規定，但行政長官卻「自斷雙臂」，自製「董九項」，不單止為政改設下重重的關卡，簡直就是把九個枷鎖套在普選上，普選大門從此重門深鎖。

第一道枷鎖便是特區在研究政制發展的方向及步伐時，必須聽取中央的意見，即開啟普選的鑰匙在中央手中，港人完全無權過問。

第二道枷鎖是政改要符合基本法規定，並且不能輕言修改基本法。何謂基本法規定？實情基本法並沒有關上二○○七年和二○○八年的普選大門，但人大常委會已就政改釋法，行政長官迅即為政改設下九重關卡，大家配合得天衣無縫，為普選拉下大閘。

第三、四道枷鎖是方案不能影響中央對行政長官的實質任命權，亦要鞏固以

行政長官為首的行政主導體制，即行政長官要由中央欽點，港人只能靠邊站。

第五道枷鎖是政改要按部就班，步伐不能過急，意思是二〇〇七年及二〇〇八年普選不能操之過急，港人不要痴心妄想在這兩年進行普選。至於何時普選，便要按部就班，完全是「港人急，政府唔急，慢慢拖住先」。

第六道是無形的枷鎖，行政長官說政改要衡量實際情況，表示要考慮市民訴求，要檢視其他因素例如經濟發展、社會情況、公民政治意識等。這些因素的確好像合情合理，但報告隻字不提市民對普選的訴求，更沒有反映香港現實的情況是適合普選。

第七、八道枷鎖是為立法會普選對着幹，即無可能全面直選立法會。

第九道枷鎖是布下天羅地網，「無限上綱」，把政改與經濟、金融、財政制度扯上關係，務求令大家不能超越雷池半步。

雖然我不明白行政長官有何理據提出這九項因素，但市民對普選的訴求卻是有根有據的，例如去年七一超過五十萬人上街、區議會選舉 106 萬人投票、今年元旦十萬人上街，到今年四月十一日再一次有兩萬市民上街，抗議釋法和爭取民主。市民一次又一次以理性行動 —— 我們是理性的，不像有些人所說的燒車呔〔軚〕—— 表達要求政府還政於民和普選的訴求，但政府卻再三漠視市民的訴求。

除此以外，香港自一九八二年起，至今經歷多次立法會和區議會選舉。去年十一月二十三日的區議會選舉投票率更大幅攀升，投票人數超過 106 萬人。此外，香港擁有健全的法律制度、經濟發展穩定、資訊流通、市民普遍擁有良好的教育程度、社會和諧、香港亦擁有有能力治港的候選人，這一切均證明香港完全符合普選的條件。

可惜的是，行政長官沒有面對現實，並以「快刀斬亂麻」的方式，繞過立法會和全港市民，向中央政府提交了一份不盡不實的報告，實在令人遺憾。我再次強烈要求行政長官立即就政制改革進行全民普查，無論結果如何，大家均會心甘命抵 —— 我重申，是心甘命抵。行政長官應該根據全民普查的結果向中央政府提交補充報告，如實反映港人對普選的訴求。

劉漢銓議員：

......人大常委會已於四月二十六日就行政長官提交予人大常委會的報告作出決定。人大常委會不僅接受了行政長官報告中二○○七年行政長官及二○○八年立法會產生辦法「應予修改」的建議，而且接受了報告中「應予修改」所「必須顧及」的九項因素。人大常委會的決定指明二○○七年及二○○八年並不適合進行雙普選，亦提及二○○八年的立法會選舉中功能團體與直選產生議席比例不變。人大常委會的決定，實際上隱含了對四月六日的釋法文本的詮釋。人大常委會四月六日的釋法已成為基本法的組成部分，本會應尊重人大常委會的釋法和決定，這是香港回歸後的憲制地位所要求的。

港進聯認為，人大常委會的釋法和決定，具有充分的法理依據。在整個過程之中，人大常委會是嚴格按照基本法辦事，事先徵詢了基本法委員會委員的意見，也廣泛聽取了香港社會各界的聲音，完全符合情、理、法。

主席，一九九九年二月二十六日，由五位大法官組成的終審法院作出一致性的澄清判決，宣告：「我等在一九九九年一月二十九日的判詞中並沒有質疑人大常委會根據第一百五十八條所具有解釋《基本法》的權力及如果人大常委會對《基本法》作出解釋時，特區法院必須要以此為依歸。我等接受這種解釋權是不能質疑的。我等在判詞中，也沒有質疑全國人大及其常委會依據《基本法》的條文和《基本法》所規定的程序行使任何權力，我等亦接受這種權力是不能質疑」。請注意，該判詞不但指「釋法」，而且指全國人大及其常委會根據基本法條文和程序「行使任何權力」。這自然包括全國人大常委會四月二十六日的「決定」。

馮檢基議員指行政長官報告提出的九項因素是設下「關卡」，窒礙民主發展，這並不是事實，因為九項因素的精神早已存在於基本法的相關條文中，是一貫的，不是行政長官報告所發明的。該九項因素，在本港社會已討論多時，社會各界對這九項因素已有一定的理解。九項因素為討論和選擇二○○七年行政長官及二○○八立法會的產生辦法，提供了一個理性的框架，否則，日後的政制發展討論只會變得無邊無際，毫無方向，具體方案更無從談起。

主席，行政長官提出的報告是奠基在廣泛諮詢民意的基礎上。政制發展專責小組第二號報告指出，截至四月三日為止，專責小組約見了八十六組團體和

人士，聽取了他們對有關原則及法律程序問題的意見；共收到約 660 份市民的信件、傳真和電郵。專責小組與各團體和人士會面後，把他們就有關原則和法律程序的十二條問題所表達的意見，整理為會談撮要初稿，交回他們核實內容，並徵求他們同意公開有關紀錄。既然行政長官提出的報告已經廣泛作出諮詢，何必重複呢？這只會拖慢政制發展步伐。因此，港進聯認為，要求行政長官向人大常委會提交補充報告，是沒有必要的。

李柱銘議員：

有議員說，馮檢基議員今天進行這項辯論是「明日黃花」，其實不是的，我同意余若薇議員所說，該九個事項，其實是九朵很大的黑色膠花，年年也可以用的，每一屆想要進行有關事宜時，便拿來看看，所謂因素，其實就是關卡。

第（i）項因素，就是「特區在研究政制發展的方向及步伐時，必須聽取中央的意見。」即是說，儘管只是想一想，便要聽取中央的意見。

第（ii）項因素，「政制發展的方案必須符合《基本法》規定」，這項因素很簡單，根本是如果符合所有規定，最早便可以在二〇〇七年及二〇〇八年進行雙普選，但跟着卻加上一句「不能『輕言』修改《基本法》規定的政治體制的設計和原則」，甚麼是輕言呢？如果二〇〇七及二〇〇八年已經是可以進行的（附件一、二也說可以的），我就不明白怎樣叫做「輕言」？這些字眼也不是我們香港慣見的。主席女士，我真的覺得這些是內地用的詞句，「輕言」，何時輕言呢？如果說要提早在今年（二〇〇四年）便要進行全部普選，也可以說是輕言，但現在的情況並非如此，我們是在說要在二〇〇七及二〇〇八年進行。

所以，其實，我覺得行政長官這份報告，是接納了這個專責小組的報告而擬出的，我真的懷疑這是人大常委會自己給自己的報告，不過，是經過香港來作出的。因此，便先找這三位人士「捩捩義氣」，先做「黑手」，提交這份報告予行政長官，行政長官又「捩捩義氣」，出任第二隻「黑手」，將這份報告提交人大，而其實報告中的意思全是從他們而來的，我看不出我們的三人小組可以聰明得想出這樣有共產黨意味的句法和文字，他們沒有理由會想得出的。這真是莫名其妙。問題就是這樣了。

我要問一問我們三位尊貴的官員：兩位司長，一個局長，你們何時才會站在普羅大眾的一方、大多數市民的一方呢？還是你們將來仍會不停、不停地出任中央政府的工具呢？

何俊仁議員：

……便是發展至今天，的確有不少人覺得行政長官及三人小組在政制發展的問題上出賣了香港人的利益，把「高度自治」拱手相讓，以及把香港人當作愚民。我現在希望稍後發言的官員具體回答我數個問題。別以為我這些問題是一些花巧言詞，旨在刁難他們。不是的，我是要得到具體的答覆。

我今天預先通知他們，如果他們不回答，我日後會在立法會正式提出口頭質詢。第一，究竟他們何時知道人大常委會會釋法及有關釋法的內容呢？他們何時察覺中央對政制改革擁有審視權，慢慢地從審視權變為決定權，然後決定權又可衍生一個「啟動機制」，接着更變為最後的「事先否決權」？為甚麼他們在早期諮詢時，完全沒有集中諮詢港人，好像是「如有需要修改」等字眼，可能會有那麼多的意思呢？

第二，行政長官及三人小組拒絕就他們所提交的報告事先諮詢港人。我們知悉到，人大常委曾憲梓先生曾說過，他們在草擬報告時曾與中央溝通。我們很有理由擔心或相信，這些文件可能是中央指示他們如何定稿，根本沒有修改的空間。這是否他們不作諮詢的理由呢？

第三，他們在何時知道，人大常委會不單止把二〇〇七年及二〇〇八年的普選完全否決了，更會決定在民主發展上，香港要原地踏步，而所謂循序漸進、邁向普選目標的原則，現時已完全被拋諸腦後呢？

第四，在過程中，行政長官及三人小組曾盡過多少力，或盡過甚麼力，爭取我們香港人 —— 尤其是我們的民意代表 —— 可有發言權、有與中央官員對話的機會，以及盡量維護香港享有「高度自治」的原則，堅持我們會邁向普選的目標呢？

主席，我期待在官員稍後回應時，能盡快作出具體答覆。三人小組的報告所提出的九項因素，我們很多同事已作出了很清晰的批評。無疑，這些全部也為普

選製造了多種障礙。其實，看了這份報告，結果是呼之欲出的，因為很多保守的觀念，自然會引導到一些差不多是必然的結論。時間所限，我只想提出兩點，那兩點是我必須得到強烈回應的。

第一，三人小組的報告強調香港缺乏政治人才，亦指出我們很多從政的人均沒有充分經驗。這可能是指管理政府部門的經驗或公共行政的經驗，他們當然不敢質疑我們議政的經驗。可是，道理很明顯，如果香港的普選受到如此限制，那麼，香港的政制發展空間自然是在一個框框之內，政黨無法執政，或無法對政府的政策有舉足輕重的影響力。這很明顯會造成很多人無法決定拋棄本身的職業，全身從政。更甚的是，在行政長官數年前上任後，取消了兩個市政局，令我們失去了一個培育人才的很好平台。此外，中央政府及香港特別行政區政府對民主派人士的種種施壓及邊緣化的措施，亦造成很多人對爭取民主卻步。其實，我們到今天有這個成績——民主派有這樣的成績，已可算是相當不錯的了。

剛才亦有一種說法，指工商界人士須有特別保障，因為他們對香港有很大貢獻，他們繳交很多稅款。其實，這正正證明了他們賺取了很多錢，財富過分集中，他們受到過分保護。其實，這種邏輯是否等於在一個封建社會裏，貴族、地主說他們全部繳足稅，那些奴隸有何貢獻？為何要解放他們？為何要尊重他們的人權呢？這些邏輯，如何能提出來討論呢？我謹此陳辭。

律政司司長：

多謝主席女士。數位議員提及「一國兩制」、「高度自治」，為此理由，我無法不提及中央政府在香港政制發展的角色。

中央政府對香港政制發展的關注是基於憲制的問題，有權有責。特區的設立與制度是由人大決定，這是憲法第五十七條、第三十一條及第六十二（十三）條規定的，而基本法的制定，目的是規定特區實行的制度——這是基本法第五條及第十一條，以保障國家對香港的基本方針政策的實施。特區成立的目的，是維護國家的統一及領土完整，保持香港的繁榮和穩定，這是憲法的序言。

政制發展對特區的制度有重大影響，中央政府必然有責。特區的法律地位在基本法第一條、第二條及第十二條有闡明，即香港是中華人民共和國不可分離的

部分，「高度自治」來自人大授權，並且依照基本法規定實施，而特區是直轄於中央人民政府的。

中國是單一制國家，地方無權自行決定或改變其政治體制，這是人大法制工作委員會李飛副主任在四月二日關於釋法的解釋——對不起，那是四月二日在提交釋法的草案時的發言。因此，中央政府在香港政制發展有一個積極的角色。附件一及附件二給予人大常委會參與香港政制發展的權力，跟「高度自治」是不相抵觸的。因此，人大常委會這次的決定，是有法律依據的。……

　　……

主席女士，多位議員剛才發言，認為行政長官的報告和專責小組的報告，引致人大常委會作出否決二〇〇七及二〇〇八年直選的決定，因而違反「一國兩制」的原則，認為政制發展只是特別行政區政府的事。大家說的「一國」是中華人民共和國，是特區不可分離的部分（即基本法第一條）；「兩制」是不在香港實行的社會主義制度，以及被保持下來的原有資本主義制度和生活方式（即基本法第五條）。特區的制度和政策，包括行政管理、立法和司法，均以基本法為依據（即基本法第十一條）。我剛才說特區的政制發展，中央政府有權有責，因此，中央政府必須參與香港政制發展，而參與的方式，在經解釋的基本法附件一、附件二內已清楚說明，這是我們制度的一部分，也是基本法所規定的。因此，我們不能只選擇香港的「一制」，而拒絕接受中央政府按照基本法參與政制發展的角色。

多位議員剛才亦認為，專責小組和行政長官的報告，引致人大常委會作出否決雙普選的決定，是嚴重損害了「高度自治」。「高度自治」的權力源自人大授權（即基本法第二條），並依照基本法的規定實行。既然人大常委會參與政制發展的權責，在經解釋的基本法附件一、附件二中有所規定，我們也不能只接受「高度自治」而拒絕接受人大常委會在政制發展的參與。

最後，主席女士，我們今天在這裏辯論行政長官的報告是否引致人大常委會否決二〇〇七及二〇〇八年普選，因而違反「一國兩制」和損害「高度自治」，是由於我們對基本法有不同理解。

我們在一九九七年七月一日開始實施基本法。它是一件嶄新的事物，是人大按中國法律通過的全國性法律。經過六七年來積聚的經驗和案例，我們漸漸能掌握它蘊含的意義，但對某些條文的解釋，社會上仍不時有歧見。有人將之歸究於

普通法和民法系統的差異。我認為普通法是活生生的法律系統，不斷經過實踐而完善。在這過程中，我們要認真鑽研，並持開放的態度。按普通法，如法庭有需要知道或使用外地法律時，便要該地的法律專家出庭作供。瞭解基本法時，除了須從立法時的外在文件確定立法原意外，對中國法律的理解也十分重要。這次政制發展的爭議，很大程度是由於兩地法律制度和文化的衝突；與內地多進行交流和持開放的態度，可有助我們日後對基本法的理解和民主政制發展的討論。專責小組願意跟各位一起努力，使日後工作能順利進行。多謝主席女士。

政制事務局局長：

我們專責小組並沒有憲制權力，也不會在基本法下添加任何條件。我們在第二號報告中開列的九項因素，均是有根據的，亦是源自基本法的規定、概念和立法原意。

第（i）點是有關中央有權責審視及決定特區政治體制，我們提到必須聽取中央的意見。這是國家憲法第三十一條及第六十二條，由人大決定成立特區，以及由人大決定特區實行的制度，這是一個基礎。就此，也有其他基本法的條款表明這方面的關係。基本法第一條表明，香港特區是國家的一部分；第十二條表明，特區直轄於中央人民政府；第二條表明，我們在香港所行使的行政、立法、終審、獨立司法權力，均是在授權下行使的。基本法附件一、附件二本身，以及人大常委會就基本法附件一、附件二有關規定所作的解釋，也是支持專責小組報告內第（i）點的因素。

至於第（ii）點，我們說基本法的政治體制的設計及原則，不能輕言修改，這是因為「一國兩制」、「港人治港」、「高度自治」的概念，是一個整全的概念。這是在八十年代，中央為對香港恢復行使主權所定的國策。這套制度，包括經濟、政治、司法、社會、對外事務等各方面的制度，是為了保障香港繁榮穩定所不可或缺的元素，因此是不能輕言修改的。然而，我們的立場並非一切也一成不變。特區政府建議了二〇〇七年及二〇〇八年的兩個選舉辦法，是應要修改的。

說到第（iii）點，中央對行政長官的任命權是實質的，這也是明確地在基本法第四十三條、第四十五條中有所規定。

　　第（iv）點說到行政主導的體制，我們在第二號報告的第 5.11 段的註釋中，詳細開列了超過十條基本法條文的規定，表明行政主導體制如何在基本法中體現，例如：大部分法案、預算案也是由行政機關提出，由立法機關審議、通過。這便是在行政主導的原則下，行政與立法機關互相配合的機制。

　　我們在第（v）點提及循序漸進、按部就班，步伐不能過急。這是專責小組在聽取了多方面意見後，總結出來的一個因素。當然，循序漸進本身這項規定，在基本法第四十五條、第六十八條中也有列明。

　　說到第（vi）點的實際情況，我們表明除市民的訴求外，也必須考慮其他因素。作為一個負責任的政府，作為一個負責任的議會，當我們考慮是否要修改兩個選舉的辦法時，這些其他因素是重要的考慮，亦須包括香港參政團體的成熟程度，以及我們在香港是否已有足夠參政人才、政治人才。

　　主席女士，我們在第（vii）點談到方案必須有利於社會各階層在政治體制內有代表聲音，並且能通過不同途徑參政。這是源於姬鵬飛主任一九九〇年三月二十八日向人大提交基本法草案時所作的說明。這說明反映了基本法的立法原意。

　　今天有不少議員根據第（vii）點提到，今後我們香港的立法議會，功能界別是否應當繼續存在？我想說清楚，我們專責小組在第二號報告提到的第（vii）點，並不表示功能界別永遠會如現在般繼續存在。立法會最終的全部議席是要由普選產生，這是基本法本身的規定，我們也會依從。可是，主席女士，不論我們考慮任何修改方案，現實是直選產生的議員、支持直選的黨派、功能界別選出來的議員，以及支持他們的團體，大家要就這個問題尋求共識。目前，對於功能議席是否要繼續以現在的模式存在，還是未有共識。我們今後在推動政制改革、政制發展的方案時，是要大家盡量謀求共識的。專責小組在第二號報告寫出第（vii）點，只不過是寫出了這個道理和現實。

　　最後，有關功能團體這方面，我也要表明，現有的功能團體，並非只是代表工商界。在這議會內，也有教育界、醫護界、工會的代表，所以單說功能界別是代表工商界，並不正確。

　　主席女士，說完了功能團體的問題，我想提一提第（viii）點和第（ix）點。這兩點其實也是建基於姬鵬飛主任一九九〇年三月在人大的說明。所以，我們提

到，任何方案均須確保不同的界別可以參加我們的議會，可以在政治體制內繼續兼顧社會各階層的利益。我們也提到方案不能對現行載於基本法內的經濟、金融、財政及其他制度產生不良影響。所以，總括而言，主席女士，我們第二號報告的九項因素，完全是建基於基本法本身的規定、概念及立法原意。

馮檢基議員在議案辯論開始時，質疑第二號報告究竟是在香港撰寫還是在北京撰寫。我可以很清楚向馮檢基議員表明，專責小組第二號報告以及報告內的九項因素，是我們專責小組在會見了八十多個團體和個別人士後所作出的總結，而第一號、第二號報告均是特區政府的同事在香港撰寫的。

主席女士，我們專責小組提交第一號和第二號報告，完全是建基於基本法，是為了香港的政制發展打好基礎，揭新的一頁。

政務司司長：

議案提到專責小組報告內的九項因素問題，林局長剛才已詳細回應了，我作為專責小組的負責人，有必要再一正視聽。我必須指出，這九項因素完全建基於基本法的規定及「一國兩制」的方針政策，這九項因素不是憑空而來的，全是有淵源的。此外，專責小組自今年一月以來，一切聽取意見的工作也是高度公開、高度透明的，包括提出有關這些法律程序及原則的問題，向社會、向立法會提交公開文件，以及設立網頁等。在訪問北京之前及之後，專責小組均有向立法會和公眾交代情況。專責小組搜集到的意見亦全部公開，全部提交給中央。專責小組對九項因素的結論，是經過三個多月來客觀、認真地聽取了社會各界及中央有關部門的意見後才得出來的，而且是在完成了這一切公開、透明的工作後才作出總結的。瞭解了整個過程，有議員對專責小組反映港人意願的工作橫加指責，這似乎是扭曲了事實。

有些人不理解專責小組為何要提出這九項考慮因素。事實是，越說清楚這些因素，便越能促進政制的討論，因為任何方案越能貼近這些因素，便越易走向共識。大家也清楚知道，香港政制具體方案的確立，必須取得三方，即立法會三分之二議員通過、行政長官同意及人大常委會批准或備案，只要缺少其中一方的支持，便會舉步困難，無法前行。不承認政制發展須有三方面推進，一切最後也是

徒勞無功的。

民主是大家也嚮往的。香港市民普遍認同以普選為政制發展的最終目標，但對於邁向這個最終目標的速度及發展的模式，則存在相當大的分歧。這分歧不但在社會存在，也在這個議事廳內存在。社會目前唯一清楚可見的共識，便是大家也希望二○○七及二○○八年的兩個選舉方法可有改善，讓更多人參與，而且提高選舉制度的代表性。

在這種情況下，我們必須認識清楚，市民並不期望不斷爭拗；他們希望政府、議員和關心政制發展的團體及人士盡一切努力探索、討論及推動香港的政制發展，但同時卻要維持社會的和諧、穩定及繁榮。

有些議員把二○○七年及二○○八年的兩個選舉無法實行普選，形容彷似為民主的末路，這是流於誇大和悲觀。事實上，自回歸以來，香港的政制民主一直在穩步向前發展，香港每一次的行政長官選舉及議會選舉，均在擴大民主的進程上跨出一步。根據人大常委會的決定，二○○七年及二○○八年的兩個選舉，一定也可以向前邁進，為香港的民主政制發展建立新的里程碑。例如，我們可以考慮立法會的議席是否可以增加，讓更多有志人士參政；我們也可以考慮行政長官選舉委員會的人數是否可以增加，以及選舉委員會的選民基礎是否可以擴大等。這些也是值得思索及探討的問題。專責小組現正着手草擬第三號報告，會羅列出基本法中有關行政長官和立法會的選舉辦法，有哪些地方可以修改，以供社會各界在未來構思具體方案時作為參考。當然，我們必定也會廣聽各界人士的意見。

換言之，現時我們已開始進入討論具體方案的階段，須有更多冷靜、理性的對話及討論，須各位議員提供真知灼見，採取包容的態度努力爭取共識，這才是真正積極的態度。

對於一些議員關於「一國兩制」實踐的貶抑，我認為是言不符實的。根據這些言論，我們已不是生活在我們原來所熟悉的制度下，而是變為「京人治港」的「一國兩制」。其實，我們只要看一看眼前的香港，便會發現我們的生活方式、經濟模式、法律制度、言論出版自由等，仍然是我們習慣的那一套，這便是「一國兩制」在香港成功落實的最佳寫照。香港市民享受到的自由，自回歸以來並沒有絲毫削減。

我們也可以看到，回歸七年以來，對於「一國兩制」，中央是慎而又慎的。

中央不但非常克制，充分尊重特區的「高度自治」，而且對香港的利益也是多方照顧。

然而，就政制發展而言，事實上，這個問題並非可以完全由香港自行處理。根據國家憲法和基本法，中央有權責審視特區的政制發展。中國是單一制的國家，地方政府，包括特區政府的權力，也是中央授予的，作為一個地方行政地域，香港無權自行決定或改變我們自己的政治體制，這是基本法訂立時定下的憲制安排。可是，在討論政制發展的過程中，香港市民仍扮演着十分重要的角色，廣泛發表他們的意見。人大常委會在作出任何決定前，亦會充分考慮專責小組所反映的市民意見，以及會主動約見香港社會各界人士聽取意見。這顯示了中央是會重視及珍重香港現時在「一國兩制」下所享有與內地不同的政治制度。我們絕不能把政制發展在憲制上的安排，扭曲說為打擊香港的「高度自治」。事實上，香港繼續享有高度自治權，繼續享有行政管理權、立法權、獨立的司法權和終審權。

我十分明白，由於香港與國家分離了一段長的日子，兩地的制度不同，社會上可能有人對內地有着不同的感受，但事實上，香港特區現在已是國家的一部分，我們的經濟活動也與內地緊密相連，經濟命脈可謂唇齒相依。市民支持民主，但同時也嚮往經濟繁榮及社會穩定。香港人非常明白，「一國兩制」最符合香港的長遠利益，也最符合國家的長遠利益。香港的政制及民主發展，一定要符合在「一國兩制」的框架內實現，不能搖動我們多年來以血汗建成的穩固基礎。市民也不想以此沖〔衝〕擊中央與特區關係，造成緊張的局面，因為這對任何一方也是沒有好處的。

如果中央跟特區的關係不和諧，或社會處於心緒不寧的狀態，無論對於建立社會內的互信，還是香港與中央的互信也是不利的。試想一想，如果只顧搖旗吶喊，只求在基本法及人大常委會的決定之外行事，又怎能順利推行民主發展呢？又怎能建立三方共識呢？我希望各位議員三思，要理性，不要各走極端。

專責小組在五月份發表的第三號報告，必會廣邀市民及社會各界發表意見，並會保持公開及開放的態度，讓社會各界及市民能參與討論，實際地提出可以達成三方共識的各種方案。香港市民也希望香港政制有所改進，我們也必須努力，使香港政制能繼續向前發展。此外，我要指出，能各抒己見、有言論自由，是香

港最大的優勢，也是香港作為一個開放、多元化社會所必需的。過去數月，香港各界就政制發展發表了不同意見。我相信這亦鼓勵了社會各界及傳媒，在未來日子繼續運用我們這個城市言論自由的優點，就政制發展繼續發表意見。

　　就香港的政制發展，中央政府亦必會考慮香港的實際情況及兼顧各階層利益才作出決定。二〇〇七及二〇〇八年兩個選舉的方法是可以更開放、更民主的。最後，我期望各位議員把心情平伏下來，實事求是，冷靜地與各界商討，尋求適合香港在二〇〇七及二〇〇八年實行的選舉方法。

2004年5月19日
議案辯論：遺憾全國人大常委會否決二〇〇七年及二〇〇八年普選

何俊仁議員：

在二〇〇四年四月六日，全國人民代表大會常務委員會在全無諮詢港人的情況下，主動行使釋法權，並自我授予審批和啟動香港政改的權力。在四月二十六日，人大常委會在明知大部分香港人均期望在二〇〇七及二〇〇八年實行全面普選的情況下，竟斷然行使自我授予的權力，否決普選，並凍結二〇〇七及二〇〇八年的民主發展。在上述背景下，我今天提出遺憾人大常委會的議案，並不是期望立即可以改變政治現實。今天，在二〇〇七及二〇〇八年是否沒有民主發展，相對而言，已經是次要的事情，反而人大常委會竟然剝奪港人就政制發展發言的權利，並用粗暴的（縱使是合法的）手段，使香港的憲制受到破壞，這才是一件更嚴重的事情。對於大是大非的問題，香港立法會必須作出辯論，我也希望議員能夠發言，留下紀錄，對歷史和市民作出交代。

「一國兩制」的成功是建立在三項因素和基礎之上的：一、香港市民和國際社會的信心；二、一個能夠落實「高度自治」的體制；及三、中央對這個體制的尊重。人大常委會釋法和否決民主制度的行為破壞了上述的基礎。香港廣大市民普遍要求在二〇〇七及二〇〇八年實現普選，是因為他們經過了董建華的七年統治後，已深切體會到惟有人民以民主方式選出來的領導人，才可以真正、開放和負責任地回應社會的訴求，以及落實符合社會整體利益而並非偏向某些階層或某些集團的利益的政策。這樣，才可以真正以民意為依歸，與中央政府建立真正符合「高度自治」原則的憲制關係。

香港市民的民主訴求是合乎基本法內訂下的政制發展最終目標，絕對不是大逆不道的，更不是要搞獨立或半獨立的實體。較早前，港澳研究所所長朱育誠先

生對香港人搞獨立的指控是莫須有的和欲加之罪。他的說法我覺得是侮辱了基本法，因為根據他的邏輯，基本法內最終達致〔至〕民主的目標是會導致香港獨立的。此外，如果把民主和獨立劃上等號，便有如暗示將來台灣在回歸後便會廢除民主，這是打擊海峽兩岸統一的努力，是搞國家分裂，這才是大逆不道。

人大常委會副秘書長喬曉陽先生表示，人大常委會決定香港在二〇〇七及二〇〇八年不實行普選，不是香港民主的終結，而是香港民主進程中的一個新起點，該項決定為香港今後留下一個很大的空間。對不起，依我的看法，我覺得這種說法有如一個施暴者安慰被施暴者說：「以後，你便是自己人了，一切從此開始，你以後是會有好日子過的。」我覺得香港人被人以一種法律行為施暴後，仍須聽這些說話，他們的感受我相信是北京慣用強權的高官無法體會的。

喬曉陽先生又表示，基本法雖然說是得到廣大市民的擁護，但六年來，在實施的過程中，幾乎沒有一天不受到質疑、歪曲，甚至詆毀，這是一個不爭的事實。我覺得喬先生可能是生活在一個封閉和專政的體制中，大概不明白在民主開放的社會中，對憲法條文有不同的闡釋，從而有所爭論，甚至對簿公堂，是等閒之事。我認為喬先生可能是習慣了一言堂，對異議者無法容忍，因而遷怒於港人。

在回歸後的十年內，市民提出強烈的民主訴求，是順理成章的。從港英時代的民主代議政制於一九八四年起步發展，至回歸後十年內的漸進發展，香港已經歷了二十年的過渡經驗。因此，我們可以看到香港的三大政黨，即民主黨、民建聯和自由黨也合情合理地（最少是曾經在一段時間內）把在二〇〇七及二〇〇八年推行普選訂為該三個黨的政綱。「高度自治」的實現不單止是指港人參與治港，而且是指港人決定如何治港，這正如附件一和附件二所規定的修改選舉方法一樣，是香港的立法機關和行政長官有決定權的。

因此，我們回看中國外交部在一九九四年發出的聲明指出，「關於二〇〇七年以後，香港特別行政區立法會是否實行普選的問題，《基本法》第六十八條及《基本法》附件二第三項都有規定，這是要由香港特別行政區決定，根本不存在由中國政府來保證的問題。」在一九九三年三月十八日，國務院港澳事務辦公室主任魯平先生也曾經公開和清楚地指出，「第三屆以後立法會這個立法機關的成員怎樣組成，完全由香港自己來決定。《基本法》裏也有規定，就第三屆以後立法

會的組成，只要有香港立法會三分之二議員通過一個協議，經過行政長官同意，就可以實行了，對中央來說，只要向人大常委會備案，不需要中央的批准，⋯⋯這個完全應該是由香港特別行政區自治權範圍內的事，中央不會來干預。」

主席女士，十年來，十年了，我剛才讀出的這些聲明及發言是十年前的，人大常委會在過往的日子裏，從未對上述官方代表的說法提出異議，更無糾正。這些均顯示了上述的官方闡釋是正確的，也清楚地反映了立法者，即基本法起草委員會的真正立法意圖。因此，人大常委會現今要推翻這些說法，其實正確的做法應該是修法。現時，它強行用釋法來達致〔至〕目的，實在是一種法律的暴力，強暴了中央負責的官員和香港人民。

基本法第四十五條和第六十八條規定了政制發展兩項重要的原則，便是「循序漸進」和符合「實際情況」，這不是正正應該由最熟悉香港現實情況的香港市民或其代表來決定嗎？為何人大常委會甚至是發言權也不給予香港市民，便否決雙普選，甚至進一步的民主發展，甚至是增加直選議席的比例也完全要停下來呢？

根據民主黨在四月二十六至二十九日進行的民意調查，我們發現在人大常委會否決雙普選後，仍然有六成人繼續支持在二〇〇七及二〇〇八年實行普選，顯示市民要求民主的心不滅，而絕大部分市民對民主的訴求也沒有因為政治的現實而動搖。讓我們的國家領導人清楚看到這個事實：便是市民爭取民主的心不死，如果以強權壓倒民意，只會加深管治危機，拖延解決現時政治制度所造成的種種問題。

最後，我們必須回到「一國兩制」的正軌，而不是以「一國」的名義來打壓「兩制」。其實，國家主權已在基本法內的多項條文得到充分的體現。到現在，有甚麼人 —— 我也要求政府稍後可作出回應 —— 可指出、可具體說明基本法內哪一項有關中央權力的條文是不被履行和不受尊重的呢？現在，最重要的是在兩制中弱勢的一制，即香港的特色能夠充分顯現和發揮，而不是被中央的政治強權所壓倒和淹沒。在人大常委會釋法及作出四二六的決定後，有一位朋友對我說，一葉知秋，他說如果看到這片葉，其實已知道人大常委會的釋法和決定已經宣判「一國兩制」開始枯萎，邁向死亡。可是，主席女士，我和香港廣大市民對國家和香港的民主前途仍然抱有理想，我們是永遠不會放棄的。今天須做的，便是希望

看到人大常委會能夠撥亂反正，撤銷四二六的決定，批准不設限制地修改選舉方法和範圍，聆聽香港市民在充分自由的情況下發表的意見，然後以民意為依歸，建立一個真正符合「一國兩制」和「高度自治」的民主政治體制。

何俊仁議員動議的議案如下：

「鑒於香港廣大市民反對全國人民代表大會常務委員會斷然否決香港 2007 年普選行政長官和 2008 年普選立法會全體議員，並決定維持立法會內功能團體和分區直選議員的現有比例，與議員提出的法案和議案分組點票的程序，本會認為人大常委會的決定完全漠視了香港市民對民主的普遍訴求；本會對此表示遺憾和不滿，並呼籲香港市民繼續全力爭取民主，永不放棄。」

（主席宣布會議就原議案及梁耀忠的修正案進行合併辯論。）

梁耀忠議員：

主席，在四月初時，人大常委會就基本法的政制發展部分進行釋法，而到了四月二十六日，人大常委會否定了二〇〇七及二〇〇八年的雙普選，社會的變化，相信不少人跟我一樣，感覺到生活了數十年的香港似乎越來越陌生。電台節目主持先後「封咪」，有人被迫索取選民資料及被要求和被迫投票給某政黨，又有些人士不斷受到恐嚇，由言論升級至行動，今天甚至連我自己的辦事處亦被人潑污穢物，香港的政治環境彷彿回到三四十年前的情況。這些不單止是言論自由的問題，更顯示香港社會強調合法、理性、非暴力的主流價值受到前所未有的沖〔衝〕擊。在這方面，我希望立法會同事、中央及特區的官員必須正視。對這種社會的撕裂，原有的生活方式及價值崩潰的徵兆，我們再不能只是消極回應，否則，將令情況更變本加厲，長此下去，後果會不堪設想。

我認為解鈴還須繫鈴人，如果決策機關不再尊重港人的意願，不撤銷有關決定，情況必然有所變壞。今天，我提出修正案促請行政長官提請國務院向人大常委會提案撤回四月二十六日的決定，主要原因是希望容許香港社會放下歧見，有一個更廣闊的空間來就未來的政制發展進行理性的討論。我們認為行政長官在這

個關鍵的時刻，應該發揮其作用，特別是作為中港橋梁〔樑〕的作用，避免香港社會進一步分化，踏入無可挽救的地步。套用前行政長官顧問葉國華先生的一句話，他說這樣將會令行政長官在歷史留名。或許，行政長官個人認為榮辱並不重要，但我相信絕大部分香港的市民認為，香港的穩定和健康發展是絕對不能被忽視的。

主席，我們明白到中央否定二〇〇七及二〇〇八年雙普選是擔心香港出現朱育誠先生日前在一個研討會所指的「高度自治」變成「完全自治」，甚至是「半獨立」或「完全獨立」。但是，我們必須指出過去我們就民主政制的爭取，完全是在基本法的容許範圍之內進行，基本法的附件一、二清楚列明香港二〇〇七年以後的政制可以修改，我們只是循一個合法、合理的方向爭取，期望聯合聲明及基本法承諾的民主政制可以早日在香港實現，對香港整體的發展產生正面的影響。正如喬曉陽先生在四月二十六日的講話中亦承認，推進香港民主逐步向前發展，是「港人治港」、「高度自治」的應有方針，也是基本法最重要的精神。香港政制過去二十多年，正是朝着喬先生所形容的方向逐步發展，我們認為到了二〇〇七及二〇〇八年落實雙普選，絕對符合「港人治港」、「高度自治」的原則，也貫徹了基本法的精神。反而，不推行雙普選，維持功能界別與分區直選的比例，以及分組點票等表決制度，則會令政制改革停滯不前。我們認為依照喬先生的說法，如要堅持「一國兩制」、「高度自治」，尊重基本法，最佳的方法就是行政長官提請國務院，要求人大常委會撤回決定，令政制討論可以重回正軌，讓社會可以在祥和的氣氛下，就政制改革作政府一直所倡議的理性討論。

或許有人會認為我們的提案是明知不可為而為，是太天真；最少，根據曾司長五月十一日的講話，他必定認為我們的提案絕對是不務實，是不會附和我們的。但是，對於每個真正熱愛香港，希望香港能夠走出過去七年的陰影，不想看到香港社會制度日趨倒退的香港市民而言，今天的提案絕對是有必要性的。

即使一份親政府的報章社論亦承認政改是大勢所趨，保皇黨亦不敢反對。政制改革，雙普選已是香港市民的共識。只是特區政府不願面對現實，在快刀斬亂麻，未經廣泛諮詢下提出限制政制發展的九個關卡，繼而在人大常委會四二六決定的基礎上提出專責小組的第三號報告，要香港人在這些框框之內進行討論，完全漠視香港人的實際需要。我們認為政制發展專責小組未經廣泛諮詢便製作了第

二號報告及行政長官提交人大常委會的報告，令政制改革中港人的意見變得一片空白，只有小撮人的聲音得到反映。這種做法不單止是失職，更向中央政府提供了錯誤信息，使它以為港人不支持普選。董先生及政制發展專責小組在這個問題上都對港人欠缺一個交代，為了填補政制改革中民意的空白，我們認為最佳的做法是由行政長官及政制發展專責小組帶罪立功，提請國務院要求人大常委會撤回決定，讓特區政府可進一步廣泛地諮詢公眾。

主席，有人形容香港社會已經到了撕裂的時刻，一場保衞香港特區的戰爭即將展開，便是要遏制香港民主及言論空間，希望穩定香港的控制權。但是，我們必須指出，這種手段只是正如投放一個炸彈到香港，最後的結果是想把香港發展為廢墟，把香港過去賴以成功的政制及價值完全、徹底破壞。

今天，香港社會到了一個關鍵的時刻，董先生必須發揮他的智慧及拿出勇氣，向中央提出撤回人大常委會的決定，令社會可以重回理性、祥和的基礎上以討論香港的未來政制發展，使我們香港市民的意願得以落實。

梁耀忠議員動議的修正案如下：

「在『普遍訴求』之後刪除『；本會』，並以『，』代替；及在『表示遺憾和不滿』之後加上『；本會促請行政長官提請國務院向人大常委會提案撤回上述決定』。」

（編者注：修正後的議案內容如下：

「鑒於香港廣大市民反對全國人民代表大會常務委員會斷然否決香港 2007 年普選行政長官和 2008 年普選立法會全體議員，並決定維持立法會內功能團體和分區直選議員的現有比例，與議員提出的法案和議案分組點票的程序，本會認為人大常委會的決定完全漠視了香港市民對民主的普遍訴求，對此表示遺憾和不滿；本會促請行政長官提請國務院向人大常委會提案撤回上述決定，並呼籲香港市民繼續全力爭取民主，永不放棄。」）

律政司司長（譯文）：

這項議案是建基於一個錯誤的前提。雖然有部分香港市民可能會反對全國人民代表大會常務委員會最近作出的決定，但我不認同「香港廣大市民」反對這個決定的說法。該說法過於籠統。香港是一個多元化的社會，對於重要事宜，市民甚少意見一致。

雖然部分人可能反對人大常委會的決定，但這並不足以支持議案所說該決定「完全漠視了香港市民對民主的普遍訴求」的論據。這說法並不成立，因為市民的訴求已獲得充分考慮，但其他同樣重要的考慮因素也對我們的政制發展有影響。特別是根據法治精神，本港的政制發展必須符合憲法規定的實質和程序上的原則。

雖然很多香港人可能會對二〇〇七年及二〇〇八年不能推行普選表示失望，但事實上基本法從沒有承諾過會按照這個時間推行普選。基本法第四十五條及第六十八條明確規定香港實行普選是最終的目標，亦明確規定有關的選舉安排必須符合「根據香港特別行政區的實際情況和循序漸進的原則」。

我們必須依循這些原則行事。我將在下文闡述，有關當局已經採取的各個步驟，包括人大常委會的決定，均恪守這些原則。任何人只要明白這些道理，便不會感到遺憾或不滿，因為各方在這事上最終的目標依然一樣：就是達致〔至〕普選。

在論及人大常委會決定的基礎前，讓我先提醒各位議員，第一，人大常委會在香港特別行政區選舉安排發展的角色的憲制基礎；第二，在人大常委會作出決定前所進行過的廣泛公眾諮詢。

首先是人大常委會在憲制上的角色。中國是單一制國家，所有權力均來自中央政府。香港特區的設立和這裏實施的制度，都是由全國人民代表大會決定的。香港特區的法律地位，已在基本法第一、二和十二條中闡明：香港是中華人民共和國不可分離的部分；其高度自治來自人大的授權，並依照基本法的規定實施；而且香港特區直轄於中央人民政府。

基本法第十一條清楚訂明，香港特區的制度和政策均以基本法的規定為依據。該等制度和政策的基本目的，是保障國家對香港的基本方針政策的實施，包

括維護國家的統一及保持香港的繁榮和穩定。

香港特區的政治體制在基本法中訂明，不能由香港單方面作出修改；而任何影響香港政治體制的政制發展均須得到中央政府的同意。

中央政府擔當的這個角色，已在基本法附件一和附件二內清晰列明。即使有需要對選舉辦法作出改變，除非涉及的三方就符合基本法的安排達成共識，否則有關的改變不能生效。人大常委會就是其中一方。

現在讓我談一談當局進行廣泛諮詢公眾意見的工作。

政制發展專責小組的職責之一是聽取市民對有關問題的意見。專責小組在本年三月三十日公布第一號報告之前，共約見了 77 組團體和人士，聽取他們對有關原則及法律程序問題的意見。所接見的團體和人士包括政黨、議政團體、工會和商界組織、學者、前基本法起草委員會委員、基本法委員會委員、立法會獨立議員，以及地區組織人士。此外，專責小組亦分批會見了區議會議員，以及選舉委員會委員。

專責小組於四月十五日公布了第二號報告。該報告處理了三項原則問題。截至報告公布當天為止，專責小組約見了八十六組團體和人士；市民瀏覽政制發展網頁約十九萬次；以及專責小組共收到約 730 份市民的信件、傳真和電郵，就政制發展的原則和法律程序問題表達意見。該報告載明，「有很多意見認為，『實際情況』應包含大多數市民的意願，就是在二〇〇七年及二〇〇八年進行普選」。不過，報告亦載述了與此不同的意見。這種做法相當恰當。

專責小組其後就甚麼是香港特區的「實際情況」，達成自己的意見。專責小組決定，衡量「實際情況」時，不應只考慮市民的訴求，還要檢視其他因素，包括香港特區的法律地位、政治制度發展現今所處階段、經濟發展、社會情況、市民對「一國兩制」及基本法的認識程度、公民參政意識、政治人才及參政團體成熟程度，以至行政立法關係。這個結論，即「實際情況」並不單止指市民對普選的意見，我相信完全合情合理。

專責小組考慮收到的所有意見後，總結認為行政長官應向人大常委會提交報告，建議行政長官和立法會的產生辦法應予修改。

今年四月中，行政長官向人大常委會提交了報告和建議，並在報告內，確認了專責小組的看法和結論。

在這裏我要向各位強調，專責小組的報告，以及行政長官向人大常委會提交的報告，充分反應了香港市民的意見。一如我較早前提到，市民的意見各有不同，甚至兩種極端的意見都有：一些要求在二〇〇七年和二〇〇八年進行普選，另一些則強烈反對。我們已將全部的意見向人大常委會反映。由於意見如此分歧，看來在二〇〇七年和二〇〇八年選舉之前各方達成共識並及時頒布有關法例的機會不大。

人大常委會對基本法附件一和附件二的解釋是近期發展中的一項重要元素，因為根據這個解釋，行政長官須向人大常委會提出報告，由人大常委會作出有關決定。毋庸置疑，這個解釋是合法、合憲，並且具約束力的。

一如兩星期前我在立法會發言時所說，法律解釋權是《中華人民共和國憲法》第六十七（四）條所賦予人大常委會的權力，而基本法第一百五十八條重申這點。此外，終審法院已作出決定，表示人大常委會的法律解釋權是適用於基本法任何條款；人大常委會可主動行使這權力，以及人大常委會就基本法作出的任何解釋對香港法院具約束力。

人大常委會對上述兩個基本法附件作出的解釋不單止合法，而且已經就二〇〇七年和二〇〇八年的香港政制發展釐清人大常委會的立場，特別是已消除對上述附件重要部分在解釋上所存在的疑問。這些疑問包括可否在二〇〇七年進行修改，以及在決定是否有需要進行修改時所涉及的程序。

這次解釋亦清楚說明，如未能就該兩個附件的修改達致〔至〕共識，該等附件所載列的安排在二〇〇七年及二〇〇八年會繼續適用。這表明如要進行修改，我們有需要達致〔至〕共識。

人大常委會的決定，即本議案所辯論的題目，是回應行政長官報告而作出的。正如我較早前所說，行政長官報告確認專責小組兩份報告的內容，而報告本身已經反映了公眾的意見。

人大常委會作出決定前，人大常委會代表團於二〇〇四年四月二十一及二十二日到訪深圳期間，曾會見香港人大代表、全國政協香港委員、公眾人士（包括政黨成員）、學者和基本法委員會委員、基本法四十五條關注組代表、律師和專責小組。人大常委會亦備有香港市民就政制發展向專責小組提交的意見書和陳述書。

人大常委會的決定是按基本法的規定，根據香港特區的實際情況和循序漸進的原則而作出的。我們要注意人大常委會的決定包括兩項。本議案論及第一項的效力，但完全漠視第二項決定。第二項決定指明，在不違反第一項決定的前提下，基本法附件一和附件二所列明的選舉辦法可「作出符合循序漸進原則的適當修改」。

這點十分重要。本議案遺漏第二項決定，嚴重低估了人大常會委對於港人民主訴求所作的考慮。如果我們細讀人大常委會副秘書長喬曉陽先生本年四月二十六日在香港一個座談會上的發言，就會清楚知道人大常委會實際上已經考慮有關訴求。喬先生說：

> 就我瞭解，在要不斷推進香港民主向前發展這一點上，各方面的意見是非常一致的，都認 2007 年及 2008 年兩個產生辦法，即行政長官和立法會的產生辦法，應予以修改。

人大常委會第二項決定充分反映這個廣泛的共識。

至於二〇〇七年和二〇〇八年應否實行雙普選，喬先生準確指出社會對這方面有分歧意見。然而，他的結論是如果二〇〇七年及二〇〇八年實行雙普選，便「明顯偏離了《基本法》規定的循序漸進軌道，是不符合《基本法》的。」

喬先生表示，「求真務實，不帶偏見，嚴格遵循《基本法》規定的軌道，是解決香港政制發展問題上的分歧和爭拗的關鍵。」

既然這是人大常委會的立場，我們對否決二〇〇七年和二〇〇八年實行普選的決定無須感到遺憾或不滿，因為該決定准許我們作符合循序漸進原則的修改。相信法治和憲制精神的人應該接受這個決定。

人大常委會在決定文本的開頭幾段，已就維持立法會功能團體和分區直選議員的現有比例，以及法案和議案點票程序的決定提出理據。那幾段解釋說，任何更改選舉方法，都必須有利各階層、各界別的均衡參與、行政主導體制的有效運作，以及維持香港長遠的繁榮穩定。同時也表示，今年立法會直選議員與功能團體議員各一半的格局形成後，對整體香港社會的運作和行政主導體制會有何影響，仍有待觀察。

我相信這些評論都是公允的，而維持在二○○八年立法會直選議員和功能團體議員各佔一半和現時的點票方法的決定，是一個審慎而負責任的政治決定。當然，有部分人可能對此並不同意。部分人可能認為他們的意見被忽視，但情況並非如此。喬曉陽先生的講話，有數段談及人大常委會是充分考慮了各界的意見後，仍要作出困難的選擇，而人大常委會是有責任作出這些選擇的。正如喬先生所強調，「民意是決策參考的重要因素，但不是判斷的唯一標準，一個完全被民調牽着鼻子走的政府，是不負責任的政府。」

人大常委會的決定看來不具法例的效力。不過，這是國家最高權力機關的常設機構在憲法權力範圍內所作出的一項正式決定。因此，該決定的法律效力是無可置疑的。

根據基本法附件一和附件二及人大常委會的解釋，人大常委會有權決定某一項修改是否符合基本法，特別是有權決定某一項修改是否「根據香港特別行政區的實際情況和循序漸進的原則」。

人大常委既擁有這項權力，在法律上便沒有理由不能在此過程的開端行使這項權力，而只能在終結時行使這權力。這次的做法有以下好處：

（1）為可行而又符合基本法的政制改革方案，訂下辯論範圍；

（2）有助避免持極端意見的人持續爭論。持續爭論不能使各方達成共識，但卻可能會影響香港的穩定；及

（3）避免香港特區提出不符合憲法的改革方案而遭人大常委會否決，這可能會導致各方再沒有足夠時間就其他改革方案達成共識，並得以落實。

人大常委會解釋的最後一段是不容忽視的。該段重申香港特區的民主制度定能持續向前推進，並最終達致〔至〕普選的目標。這完全符合香港人對民主的訴求。

香港實行普選是中央政府、香港特區政府和香港人的共同目標。不過，要達致〔至〕這個目標，我們必須共同努力。我們須加強溝通，而不是作出對抗。我們必須向前看，而非向後看。

主席女士，我已就人大常委會的決定的合法性和好處詳加論述。當我們心平氣和地討論這問題，便沒有理由對有關決定表示遺憾或不滿。我不能認同議案的消極措辭；不過，對於呼籲香港市民繼續全力爭取民主，我則同意。讓我們一起努力，但我們得接受政改的步伐須符合基本法所訂的準則。

呂明華議員：

主席，由於中國沒有憲制法庭以解決憲制爭議問題的機制，所以只有以立法解釋法律。全國人大常委會有兩次對基本法進行立法解釋。第一次是一九九九年就香港人內地所生子女居留權進行釋法，第二次是本年四月二十六日〔四月六日〕就基本法政制條文進行解釋，兩次釋法在香港都掀起激烈討論。對人大最近釋法的爭議有數方面，包括人大常委會所做的是釋法或是修法。政制發展步伐的爭論其實是引起釋法的重要原因，有人認為這是中央政府用法律手段解決政治事件，是以法治國，是違反法治精神的，縱使人大釋法是合憲和合法，但何須在全無諮詢下、以雷霆萬鈞之力，極速地一錘定音呢？人大立法解釋居留權時用「立法原意」的原則，而今次釋法採取「應有之義」的原則，隨意性很高。

這次人大釋法雖然為香港的政改發展指出方向，但也為港人帶來憂慮，例如香港自治的範圍究竟有多大，擔心中央政府可以用釋法來控制香港，港人用普通法知識所認識的基本法和按內地法律制度的解釋原則來理解和解釋的基本法差距究竟有多大，中央將來是否仍須對哪些基本法條文進行釋法等，這些不確定因素都令港人不安。

以上所提，有待政府和法律專家詳細闡述。我是憲法的門外漢，我只想從常理和實際方面討論這個議案。

很清楚，社會上有些人對人大常委會釋法很不滿意，原因是他們對「一國兩制」的認識和理解與設計「一國兩制」的原本構思有差距，今後港人再不能以普通法的原則來解釋基本法，而須按內地法律制度的解釋原則來理解和解釋基本法。由於全國人大的立法解釋與法律具同等效力，所以人大釋法是合憲和合法的。當然，在釋法前未經過諮詢，是受人批評的，但在今天香港的政治環境，諮詢必定會挑起沒完沒了的爭拗。所以，我看不到要「遺憾」人大釋法的理據。

從香港整體利益和發展考慮，我認為今次釋法是有需要和及時的。釋法為香港的政改發展指出方向和起跑線，訂下新的遊戲規則，而否決二〇〇七及二〇〇八年行政長官及立法會實施普選並非否定以後普選的可能性，亦並非停止民主發展的步伐。從歷史的角度考慮，四年只是一瞬間而已。

當然，民主派人士認為挾七一遊行的聲勢和區議會選舉大勝積聚的能量，

並因此提升社會對民主的嚮往和對普選的期望，二○○七及二○○八年直選對他們非常有利，人大常委會的決定對他們來說是急剎車，是感情的急劇冷凍，是無奈。但是，他們應該認識到，中國是主權國家，香港是中國屬下一個行政區域，兩者是中央和地方的關係，不是平行關係。縱然對釋法百般無奈，但這是政治現實，何須對人大釋法「遺憾」呢？

其次，雖然民主派有一定民意基礎，在直選中或有一定勝算，但他們沒有全盤的經濟計劃，只會打政治仗和民生仗，這不是香港之福。其實，社會上正是擔心他們獲得主導權後會變成民粹黨或免費午餐黨。這可能是引致有需要釋法的原因之一。

如今，人大釋法已是塵埃落定，社會各界應該在新的框架中尋求共識，找出最佳的政改方案，將民主進程向前推進。希望各黨派能夠放下歷史包袱，拿出政治家的胸襟和妥協精神，採取理性和實際的態度鋪開政改大計、訂定選舉方案，共同為香港前途作出貢獻，才是上上策。多謝主席。

楊森議員：

主席女士，我對人大常委會在港人未有機會提出政改方案，已經斷然否決了港人對雙普選的要求，實在感到遺憾及強烈不滿。人大常委會的決定，與港人一向重視的合理程序有很大的出入。原先，我理解到根據基本法有關政改的控制權，其實已經掌握在人大常委會手中，所以相信人大常委會也會讓港人有機會討論各式各樣的政改方案，所謂「做戲也做成套」。但是，我想不到，人大常委會竟以迅雷不及掩耳的方法下重手，否決了大多數港人要求的雙普選方案。這種做法，確實令我大感錯愕。很明顯，這種處事作風，在內地可能經常看到，但在香港這個一向重視合理程序的地方，大多數港人便會感到非常的不滿。

主席女士，大家都明白，合理程序與「一國兩制」、「高度自治」是相輔相成的，而人大常委會的四月二十六日的決定，明顯是違反了港人重視的合理程序，打擊了「一國兩制」、「高度自治」。無怪乎，不少市民，特別是中產階層、知識分子，開始對「一國兩制」、「高度自治」的前景，抱着懷疑的態度。

主席女士，就人大常委會四月二十六日的決定，有一點亦令我不滿的，便

是有關官員在解釋有關決定時，非常強調功能團體的重要性。有官員更將資本主義、商人利益，與功能團體的選舉等同起來，似乎是說，如要保障資本主義，便一定要保障商人的利益，要維持和鞏固功能團體的選舉。主席女士，我明白內地官員要統戰工商界，但過分突出功能團體的重要性，無疑是原則上否定了本港政制最終走向普選的目標。幸好，總理溫家寶重申，本港政制最終會走向普選的目標不變，只須有一個過程而已。其實，功能團體基本上是政治權力的壟斷。如果工商界真的關注香港的「港人治港」、「高度自治」，他們應自行組織政黨，積極參與分區直選，讓香港的政制走向一人一票的公平和公開的選舉，這才是香港長久之福。

主席女士，將功能團體選舉說成是體現均衡參與，與將普選等同香港走向獨立，同樣是近乎「反智」的說法。強權壓倒公理，相信這是最好的寫照。

吳亮星議員：

主席女士，立法會作為香港特別行政區憲制架構的一部分，其權力是由全國人民代表大會通過制定基本法而授予，人大是我國的最高權力機關，其常設機構人大常委會絕對擁有對基本法的最終解釋權。假如立法會有議員議案不滿甚或質疑其權力來源的上級機關，為履行其憲制責任而作出的法律解釋或決定，無論這類不滿或質疑針對的是有關解釋或決定的合法性還是合理性，都是一種損害法治和損害憲制秩序的行為，甚至會破壞「一國兩制」與香港繁榮穩定的政治和法理基礎。本人接觸到不少關心香港局勢的人士和理性的市民，他們指出香港某些議員為其政治目的和政治利益採取這種對抗行為，不斷對抗一直以來維護香港人利益的中央政府，此舉會導致最終損害港人的根本利益。這種對抗行為既令市民擔心，也令國際評級公司擔心，更令中央政府擔心，擔心「對抗派」不顧中央與地區的法理從屬地位，不顧中央支持香港經濟發展及「高度自治」的現實，危險地把香港推向反中央的位置，他們不配被稱為「民主派」，而是名副其實的「對抗派」，而且因其行為，難免被人擔心他們會發展成為搞獨立的分子。為香港特區長遠繁榮穩定計，本人奉勸「對抗派」不應再一味對抗中央而置港人利益於不顧，「對抗派」如果將全體港人的利益在政治上來個「孤注一擲」，則香港前途便

會不堪設想。

經過多個月來的本地諮詢，加上不少港人與內地部門的溝通交流，人大常委會在作出關於二〇〇七年行政長官和二〇〇八年立法會產生辦法的決定之前，確實已廣泛聽取了香港社會各界的意見，當中包括支持與反對普選的聲音。事實上，人大常委會在其決定中已清楚表明和承認，（引述）「充分注意到近期香港社會對 2007 年以後行政長官和立法會的產生辦法的關注，其中包括一些團體和人士希望 2007 年行政長官和 2008 年立法會全部議員由普選產生的意見」（引述完畢）。以上引述足以證明人大常委會對不同意見有充分注意而絕非漠視。香港社會目前對政制發展意見分歧是不爭的事實，除了有要求普選的，但也不能忽略，同樣有着不少意見認為，根據香港目前的實際情況，必須確保政制上的均衡參與，維持現有功能界別制度不變，才有利於社會穩定。人大常委會正是考慮過這些不同意見，為國家與香港長期穩定繁榮才作出審慎而合理的決定。這個決定作為處理兩種截然不同的意見和理念，儘管不能滿足其中一些人的要求，但這是正常和合理的，熱愛繁榮穩定而又理性的香港人是完全可以理解和接受的。

回歸以來，不少港人都感受到中央政府付出誠意和行動，在經濟民生以至政制發展上關心特區和市民，但一些「對抗派」卻又一直漠視香港社會所存在上述的情況和市民的感受，他們其實等同於漠視廣大市民的訴求。「對抗派」反而企圖將對抗中央和反對人大常委會決定的帽子，強加在「香港廣大市民」的頭上，這簡直是所謂民主的一大諷刺。當然，這也正是「對抗派」劫持民意和誤導市民的一貫手法。本人作為議會成員，有見及香港市民大多追求穩定政局和經濟發展，有見及十三億人口的祖國正在不斷強大、不斷進步，有責任在此與本會同事用八個字共勉，就是：「溝通有利，對抗無益！」

譚耀宗議員：

主席，全國人民代表大會常務委員會根據憲法所賦予的權力，以及《香港特別行政區基本法》的規定，在四月六日通過對基本法附件一第七條及附件二第三條的解釋的議案，並在四月二十六日通過關於香港二〇〇七年行政長官和二〇〇八年立法會產生辦法有關問題的決定，為香港的政制發展訂明一個清晰的範圍。

人大常委會依法行使其職權，這一點是不容質疑的，因此，人大常委會對基本法的解釋及對香港政制發展的決定，我們是必須尊重的。

人大常委會的決定，為香港未來的政制發展指出清晰的方向，而在二〇〇七及二〇〇八年行政長官及立法會選舉辦法方面，香港未來還有一個廣闊的討論空間。溫家寶總理日前再度指出，中央政府並沒有改變在香港推行全面普選的目標，因此，我們當前應該理性地探討兩個選舉的具體選舉方案，從而尋求社會的共識，進一步推動香港政制的民主進程。

最近，工聯會曾應邀訪問北京，其間我們向中央政府表達了希望中央多與港人溝通，包括與持反對意見的人和團體接觸。中央政府的反應是積極的，他們同意多與港人溝通，包括不同政見的人士，但中央同時亦明確指出「鼓吹結束一黨專政」的人除外。可是，上星期在立法會進行議案辯論時，司徒華議員再次重申，「結束一黨專政」是支聯會的五大目標之一，是不能放棄的。我們也知道，中國的政府體制是以共產黨為領導的，而政府的體制及憲法是現有法制的依據，是現有社會制度的保護者。鼓吹、煽動推翻的言行，是一種反法制文明的行為。香港所推行的「一國兩制」國策，是共產黨所領導的政府的政治承諾，推翻共產黨，「一國兩制」由誰來保護呢？香港的社會可以穩定嗎？

民主是現代社會發展的必然趨勢，但我們每前進一步，也必須是務實的，是能夠真正發揮作用的。近期，有不少關注香港前景的人向我表達他們有三種憂慮：第一是癱瘓政府；第二是對抗中央；第三是勾結外國。該等人士認為有「反對派」揚言，因為中央政府限制香港的政制發展，如果他們能夠在立法會獲得大多數議席，他們必然要癱瘓政府。雖然有人立刻打圓場，指出如果他們真的有過半數議席，便會很小心地行使他們的權力，但市民會相信嗎？最近，在審議有關校本管理的條例草案的過程中，我們便看到一些平時大談民主的人，大力反對民主化及透明化。現時，一個持平的財政預算案，也要被「反對派」殺死，難保有一天特區政府會申請不到撥款來運作。

楊孝華議員：

主席女士，今天何俊仁議員提出的議案內容，提到全港廣大市民反對全國人

民代表大會常務委員會就行政長官報告所作出的決定，包括二〇〇七及二〇〇八年不適宜推行全面普選；分區直選和功能界別的議席比例維持不變，以及保留立法會現有的分組點票程序。自由黨認為何俊仁議員的看法有商榷的地方。

事實上，從多個層面看來，社會上即使有很多市民贊成在二〇〇七及二〇〇八年實行雙普選，但表示反對或有保留的也並非少數，許多中產和商界人士更希望功能界別能繼續發揮其作用。換言之，贊成和反對的意見並非一面倒的。

我們明白有部分市民對於否決雙普選的決定，或會感到失望。不過，無可否認的是，人大常委會今次所作出的決定，是合乎憲法和基本法的規定的。

主席女士，喬曉陽副秘書長早前親自率團來港時，便已十分明確地指出，人大常委會在審議的過程中，已充分參考了香港各界的觀點，並指出人大常委會非常重視民意調查的數據，並知道許多香港市民要求二〇〇七及二〇〇八年普選的訴求。不過，他亦指出，人大常委會充分注意到，社會上不贊成一步到位式的普選聲音，「也絕不在少數」。很明顯，人大常委會的確是清楚聽到要求普選的聲音，只是在經過深思熟慮和認真權衡各個利弊因素之後，考慮到任何改變對香港的發展有深遠的影響才作出決定。因此，我們不同意原議案所說，指人大常委會的決定是完全漠視了市民的訴求。

現在，既然人大常委會已經作出了最後的判決，政制發展專責小組亦已經發表了第三號報告，我們更應把握時間，盡快展開理性和務實的討論，按照人大釋法的規定，以及基本法所訂定的原則，達致〔至〕一個市民、香港特別行政區政府和中央都接受的共識，才真正能夠貫徹推動本港的政制發展。

本着這個精神，自由黨已經着手釐定關於二〇〇七年行政長官選舉辦法的黨內討論平台，以便增加選舉委員會的認受性和代表性。

首先，談一談認受性方面，我們自由黨的想法是增加選舉委員會的人數，最少可由目前的 800 人增加至 1,200 人，甚至可高達 3,200 人。同時，選出選舉委員的選民，亦可從現時的 16 萬人增加至 29 萬人，甚至可以高達 40 萬人。

其次，我想談一談代表性方面，我們認為可以做的是，通過進一步分拆現有的 38 個界別，或新增一些界別分組，讓更多不同界別分組可以參加二〇〇七年的行政長官選舉。

對於二〇〇八年的立法會選舉，自由黨也準備以務實、實事求是的態度，提

出增加議席，當然也包括分區普選的議席。

當然，這是我們黨內的討論平台，還要經黨內和各業界的詳細討論，才能向專責小組提交正式建議，並尋求社會最大共識。

特區的政制發展關係到本港未來的繁榮與穩定，事關重大，不容有失，並且一旦展開，便不能夠走回頭路，所以一定要小心行事，絕不可操之過急。基本法內已經明確規定，行政長官和全體立法會議員，最終是會以普選方式產生的，而溫家寶總理也多番保證，這項最終目標始終沒有改變，我們有責任確保這項承諾會有步驟和有秩序地兌現。

不過，我們認為人大常委會的決定有不足之處，在於只提出二〇〇七及二〇〇八年，而沒有顯示如何再向前走。就這一點，自由黨的想法是大家努力創造條件，爭取最早可於二〇一二年經過提名後普選行政長官，但不應遲過二〇一七年。我們也會鼓勵全個社會，包括工商界、中產階級等各階層的市民，共同努力，一起創造條件。

劉炳章議員：

……我的立場是現行的選舉安排不夠民主，有需要在二〇〇七及二〇〇八年選舉增加民主成分，邁向最終普選的目標。同時，政府有責任盡早進行諮詢，讓公眾進行討論，以便比較各種選舉安排的優劣。

事實上，普選是否解決政府施政失誤的最佳方法，我相信很多人也是存在一定的疑問的。無論有否普選或何時普選，政府也有責任改善施政，提高效率。推行政制改革的起點，應該先檢討本身的弱點，再審視所提出的改革方案，看看是否對症下藥；否則，便是藥石亂投。政制發展專責小組今年成立後，隨即進行公開諮詢，我在二月二十三日與其他議員一起會見專責小組前，曾徵詢業內四個學會的意見。其中，香港建築師學會指出，我引述：「專責小組應指出引起公眾不滿的政制或政府架構問題，從而使公眾可對比不同政制方案，能如何改善目前狀況？」引述完畢。

無論普選是否可以解決目前政制的缺陷，我們必須承認，雙普選的確是目前大多數人最支持的二〇〇七及二〇〇八年選舉辦法。正如專責小組在第二號報告

指出，我引述：「最近民意調查顯示，在受訪者當中發表意見支持由二零零七年開始普選行政長官的超過五成，而支持由二零零八年開始普選全部立法會議員的有六成左右。」引述完畢。

因此，趁着全國人大常委會審議行政長官提交的報告前，我在四月二十一日請託專責小組將我的一封信，交予全國人大常委會副秘書長喬曉陽，請全國人大常委會考慮，不要排拒任何符合基本法規定的方案，包括二〇〇七及二〇〇八年雙普選，我更進一步要求，政府日後將雙普選方案與其他可行的選舉方案並列，讓市民比較、深入討論，以取得香港市民對二〇〇七及二〇〇八年選舉安排的最大共識，然後在本地進行立法落實。其後，我也將這封信寄給全體選民。至今，我先後四次發信給界別全體選民，以匯報政制發展的最新情況，並請選民表達意見。雖然回覆表達意見的人為數不多，但在他們的同意下，我已將他們的意見全數轉交專責小組。

主席女士，如果我們希望政制發展向前邁進，不管步伐是大是小，香港市民必須尋求最大的共識。如果個別人士或政團堅持己見，拒絕考慮其他人的想法或建議，均無助於匯聚共識。當香港市民凝聚出一個基礎穩固的民意共識時，立法會、行政長官及全國人大常委會都必定會正視、考慮，便會有助於推動三方就二〇〇七及二〇〇八年選舉達成共識；否則，我們的政制發展將會原地踏步，一事無成。我恐怕這不是全體市民願意看到的發展。

可惜，情況發展事與願違。坦白說，雖然我對全國人大常委會的決定也感到失望，但亦明白全國人大常委會今次的決定是合乎其憲法權力的，除非有人能說服大家，單憑普選便可以解決剛才列舉的所有問題，我深信香港市民大部分是理智、務實的。我注意到，在全國人大常委會就行政長官的報告作出決定前，一些立場堅定的本地政團，就二〇〇七及二〇〇八年選舉提出了一些新方案，儘管這些新方案未必能贏得整體市民的共識，但經過深入討論後，也可能會出現更貼近中間的溫和方案。經過全國人大常委會決定之後，中產人士、知識分子之間產生了一些情緒。我留意到《明報》在五月十七日的社評中，引述了一位立場持平的大學教授的說話，我引述：「知識界其實早已料到 07 和 08 年雙普選的可能性不大，也願意探討漸進式達至普選的不同方案，以照顧北京和工商界的顧慮。知識界沒料到的是，北京完全放棄了自《基本法》起草以來確立的決策模式，不諮

詢，不對話，不妥協，在短短一個月裏，先釋法，後設限，單方面改寫了整個政制發展的遊戲規則，沒有半點商量餘地。」引述完畢。

作為專業界別的一分子，這種不滿的情緒我是完全感受到及理解的。但是，我期望知識界（包括我自己在內）在情緒過後，恢復知識分子的理性、冷靜，在既有的基礎上，盡量爭取就政制發展達成共識，並推動改革。主席女士，香港向前每踏出一步，無論這一步的步伐是大是小，總算是朝着普選這最終目標邁進了一步，便應該邁步向前。

劉漢銓議員：

主席，一九九九年一月二十九日，終審法院的判決指出，本人引述：「我等在判詞中，也沒有質疑全國人大及其常委會依據《基本法》的條文和《基本法》所規定的程序行使任何權力，我等亦接受這種權力是不能質疑。」引述完畢。全國人大及其常委會根據基本法條文和程序「行使任何權力」，當然也包括全國人大常委會在四月二十六日作出的決定。對此，終審法院「接受這種權力是不能質疑」，本會也應該同樣「接受這種權力是不能質疑」。

對於今天這項議案，港進聯認為，如果將任何質疑和挑戰全國人大常委會決定的議案列入本會議程，則無論該議案是否獲得通過，都與本會的憲制地位不符，都超越了基本法授予本會的職權。

香港特別行政區是我國單一制國家內，直轄於中央人民政府的一個地方行政區域。本會所享有的職權是由全國人大通過制訂基本法而授予的。特區按照「一國兩制」的原則，是在中央的授權之下實行高度自治的。這些都清晰地寫在憲法和基本法中。基本法第七十三條規定了本會的職權，並規定了本會《議事規則》不能與基本法相抵觸。全國人大常委會行使憲法賦予的權力，根據基本法及全國人大常委會有關解釋的規定，在充分聽取各方面意見的基礎上，嚴格依照法定程序就香港二〇〇七及二〇〇八年選舉問題作出決定，這是一份重要的法律性文件，體現了國家的意志，具有最終的法律效力。

主席，港進聯要指出，全國人大常委會的決定，與其對基本法的解釋一樣，都是特區最高的憲法性法律，其法律效力與基本法是相同的。人大釋法是基本法

的組成部分，人大決定也是根據釋法作出的。根據基本法第一百零四條的規定，本會議員有義務依法宣誓擁護基本法，所以，也有需要依法履行全國人大常委會的有關決定。本會議員對全國人大常委會決定有任何不同的意見，也可以在立法會之外的任何場合發表意見，這便是言論自由。但是，如果在憲制架構內，挑戰全國人大常委會決定，則絕對不是言論自由的問題，而是違憲和違反基本法的行為。

在香港政制發展的問題上，因為有些人曲解了基本法，所以為了維護基本法，全國人大常委會才被迫進行了釋法和決定。港進聯希望類似這種人大被迫解釋法律的情況，不應該一再出現。

主席，全國人大常委會在四月二十六日作出的決定，是在廣泛徵求香港社會各界意見的基礎上，充分考慮到香港社會的實際情況而嚴肅、謹慎地作出的。人大釋法和決定後，香港政制發展的原則和程式等問題均已很明確。本會應尊重憲制秩序，面對政治現實，在基本法和人大決定的法律框架之內，在第三號報告的基礎上，求同存異，互相包容，盡力收窄分歧，謀求共識，共同推動政制向前發展。

馮檢基議員：

主席，喬曉陽先生是人大常委會副秘書長，他於四月二十六日來港時曾說過一番話，他提出的數個理由，說明人大常委會為何不同意香港在二○○七及二○○八年普選行政長官及立法會。他所列舉的四個理由，我覺得並不強，甚至站不住腳。我嘗試與大家一起分析這四個理由。

第一個理由，指香港人對「一國兩制」及基本法認識不夠，所以便可能不適宜現時推行。但是，我們特區政府所作出的第二號報告的第三點第 18 段說得很清楚，我讀給大家聽：「此外，隨着『一國兩制』的具體落實，與及內地與香港經貿往來日趨緊密，港人對國家的認同及歸屬感，日漸提高。與此同時，在基本法的充分保障下，港人繼續享有高度自由開放社會所帶來的各種權利，與其他發展成熟的地區不遑多讓。」此外，香港大學已進行了很多調查，發覺香港人對中央政府的認同與支持，由最初於一九九七年落後於特區政府，以至超過了特區政

府 —— 還超過 50%。因此，從這些資料均顯示，喬曉陽先生所說的第一個理由是不成立，亦不正確。

第二，喬曉陽先生說到，基本法雖然得到廣大香港人的擁護，但六年以來，在實施的過程中，幾乎沒有一天不受到質疑、歪曲，甚至詆毀，這是不爭的事實。剛才何俊仁議員已說出了其中一個理由，我不再重複；整體而言，即是說，香港是一個多元化社會，自然會有不同的意見。

另一個理由是，香港是一個普通法社會，內地則屬大陸法社會，基本法是依據大陸法寫成，而香港則是按普通法運作。當討論基本法時，很多人也會說必然要以大陸法的角度來看，但如果真正要推行「一國兩制」，作為施行大陸法、擁有所有權力的中央政府或人大常委會，是否也須考慮可以香港人一直沿用普通法的角度來看有關條文呢？普通法的角度是否一定錯呢？如果推行「一國兩制」時，要以一些大陸法的解釋來用於普通法方面，又是否一定適合或沒有矛盾，又或不會產生「火星撞地球」的情況呢？以普通法的角度來考慮，會否更順暢和更為香港人所接納呢？為甚麼不可以從這個角度來看看這個原因呢？

第三點，喬曉陽先生也說，香港是一個高度市場化、國際化的資本主義社會，是一個比較成熟的資本主義社會；特區要保持原有的資本主義制度及生活方式，五十年不變。所以，便應該要保障各方面的利益，包括：沒有工商界，便沒有資本主義。其次，為了維持均衡參與，須保留功能團體的選舉。

主席，對於這兩點說法，我覺得又是很有問題的。我記得當我任基本法草委時，有港澳辦的高官告訴我，沒有共產黨，是不會有「一國兩制」的。原因為何？因為共產黨是一個「唯物辨〔辯〕證主義者」，如果在唯物辨〔辯〕證主義的分析下，要香港繼續保持繁榮安定，以及中國要收回一個有用的香港的話，中國便一定要容許香港有第二種制度。所有其他國家，如果不是採取以這個角度來得出的想法的，在收回香港時，一定會實行一國一制，只有中國共產主義者才能接受和容許，甚至是批准一個這樣的決定。

可是，今天，竟然有人告訴我：「無工商界，便無資本主義者，無商界，便無資本主義。」這種連基本共產主義的分析也不符合的說法，試問我怎可以接受一位共產主義國家的高官，說出一段這樣的話呢？大家也知道有關的歷史，資本主義是由奴隸社會、由地主社會、由有人開始控制生產工具而產生，是由資本主

義產生工商界的，現在怎麼會是倒轉過來的呢？

主席，關於均衡參與，我看過一篇文章，這篇文章很值得我欣賞，我想讀給大家聽，與大家分享，這是陳智遠先生致《明報》的一份來稿，他說：「根據『Lijphart』的實證研究，『Patterns of Democracy』在 1999〔＋年〕被引用時，說明共識民主講求協商及分享權力，減少政制『勝者全取』的元素，在多個國家的實踐經驗得知，這模式確實比多數統治模式（majoritarian model）穩定」。此外，他亦說：「共識民主需要制度及政治文化上的配套，方能植根。」「制度上，功能組別的存在，窒礙了共識民主的發展。其實不少政治研究已經顯示，單是比例代表制已足以產生多黨制及聯盟政府，為共識民主提供基礎。綠黨及工商黨等細黨能在歐洲共識民主體制崛起，與大黨分庭抗禮，足以證諸。」

主席，種種理由告訴我，為該數個理由而放棄二○○七及二○○八年的普選，並不是理由，是站不住腳，亦不能令我們接受及接納的。所以，基於這四個理由而作出這種決定，令我感到遺憾。

余若薇議員（譯文）：

律政司司長說中國是單一制國家，所有權力均來自中央政府。這點十分正確。可是，「一國兩制」正正體現了兩制的矛盾之處。因此，中央政府對香港行使權力時，必須顧及香港所採用的普通法司法制度，予以克制，特別是人大常委會根據基本法第一百五十八條行使權力，發現所謂法律「原意」——這是普通法前所未聞的。人大常委會只是給了七天的預告——沒有擬稿，更遑論諮詢公眾，亦沒有指出釋法和修訂法律的分野。如果基本法可以按照政治情況予以改變，便會變得不肯定。

基於上述理由，我認為人大常委會釋法有損普通法原則。然而，當局反駁以普通法詮釋基本法是錯誤的做法。我認為這論調十分危險，因為它與基本法第八、八十二、八十四條的規定背道而馳。根據這些規定，與現行法律制度並行的普通法制度可於香港予以保留。

律政司司長表示曾經諮詢市民。然而，坐在我左邊的呂明華議員剛才不慎露了口風，說諮詢只會造成沒完沒了的爭拗，實在沒有意義。雖然專責小組曾經進

行諮詢，可是諮詢範圍只限於原則和程序，並不涉及人大常委會於四月二十四日作出的決定，即應否在二〇〇七年和二〇〇八年進行普選，應否改變地方選區和功能組別議席的現有比例，以及分組投票制應否保留。

劉江華議員提及一些大律師曾經質疑人大常委會決定的合憲性，並且質問此種質疑將引領香港至甚麼境地。答案十分簡單 —— 那便是香港人所瞭解的立憲主義和法治。劉議員呼籲市民聆聽另類意見。同樣地，我呼籲劉議員聆聽與他看法不同的意見。

李柱銘議員：

主席女士，現在中央與香港社會之間，其實有一個很大、很大的鴻溝。我們回看從前，在一九九七年談到「一國兩制」時，大家對「一國兩制」是有信心的，但現在居然說到「港獨」，究竟發生了甚麼事？基本法明明已有很清楚的安排，指導香港朝向民主的道路。附件一及附件二亦清楚說明香港可以在二〇〇七年普選行政長官，二〇〇八年普選所有立法會議員。其實，每一個附件中也設有三個關卡，就是先要取得立法會全體議員三分之二多數同意，接着得到行政長官同意，再得到中央批准或到中央備案。

為甚麼要在四月六日再加上兩個關卡？為甚麼有這樣的需要呢？又為甚麼要作出四月二十六日的決定呢？特區政府明明準備諮詢香港人的意見，考慮應否在二〇〇七及二〇〇八年進行普選。中央在未等到特區有這個機會前，為何已拍板決定不批准呢？由於釋法和作出這樣的決定，令香港很多人感到窒息。

昨天，《明報》出版了我的一篇文章，題目為「昨天大班，今天毓民，明天？？」明天即是今天，大家也知道原來那是指「阿飛」，李鵬飛。主席女士，這樣下去，我想問中央的領導人，這樣對香港有甚麼好處？對國家有甚麼好處？還要迫走多少人，才可以解決他們所認為的香港問題呢？

主席女士，其實，香港是沒有問題的。回看去年，七月一日有這麼多人上街，其實那是一個很好的機會，只要北京的領導人相信香港人，問題便已經解決了。只要他們相信香港有民主是不會構成獨立的，根本就不會有問題，大家也會很開心。其實，中央政府那時的新領導人 ——「胡溫」，在香港市民心目中的認

受性是遠高於我們的行政長官的。香港市民已經對中央領導階層建立了信心，可惜，中央領導階層對香港人仍然沒有信心。

現在，因為陳水扁在台灣又勝出了，他清楚說出他這次的勝利要多謝香港並無充分體現「一國兩制」，他才會勝出。中央領導人再一次把香港與台灣混為一談，以為因為台灣有民主便選出了陳水扁，現在便傾向獨立；擔心如果香港有民主，又會選出一個陳水扁，屆時香港又會傾向獨立。

香港哪裏有像陳水扁的人呢？香港有哪一個人，或任何一個人，想搞獨立呢？一個如此基本的事實，我們的中央領導人也不明白，香港的保皇黨是幹甚麼的？香港的行政長官是幹甚麼的？香港的中聯辦是幹甚麼的？為何不能把如此簡單的一個事實清楚告訴中央領導人？

事實上，香港沒有人想獨立。我們的領導人經常強調有信心統一台灣，但卻越來越像要使用武力才可以統一台灣了。中央領導人經常說有信心維持香港的安定繁榮，但是否又要用武力才能做到呢？我想問國家領導人一個問題，你們有沒有信心贏取台灣的民心？你們有沒有信心贏取香港的民心？

就香港而言，如果他們不能贏取香港的民心，這個鴻溝便會越來越大。我知道他們的解決方法，便是採用越來越多的恐嚇手段，白色恐怖，威迫利誘，「夾硬來」。但是，如果他們有信心，如果真的贏取到香港的民心，任何問題也能迎刃而解。

楊耀忠議員：

香港是中國的一個地方行政區，而非一個獨立的政治實體。在「一國兩制」的框架下，香港行使「港人治港」、「高度自治」的權力，全部由中央授予。與其他省份、自治區、直轄市比較起來，雖然享有更高的自治權，但不代表特區的一切事務均可自理。一些關乎特區與中央關係、社會制度、政治體制等重大問題，中央的介入是合憲、合情、合理及合法的。

「反對派」蓄意將人大常委會這次的決定渲染成「井水犯了河水」，鼓吹成損害了「一國兩制」，是刻意歪曲事實真象。這種做法除了挑起社會的矛盾，挑撥香港市民和中央的關係，別無好處。

「反對派」說，人大常委會的決定是「大石壓死蟹」，政制剛開始討論，人大常委會便否決二〇〇七及二〇〇八年雙普選，是粗暴漠視民意。我必須指出，雖然人大常委會的決定未能令每個香港人均願意接受，問題是，我們香港人是否應該冷靜、理性地分析人大常委會作出這項決定的理據呢？究竟中央所訂出的政改原則有否違反基本法？有否違反中英聯合聲明中方所承諾的政策？沒有！完全沒有！

何俊仁議員剛才說一葉知秋，其實對何議員來說，應該是一葉障目才對；如果他不是失憶，便肯定是睜開眼看不到。人大常委會在深圳舉行政制諮詢會，我看到數位反對派人士出席有關的會議。此外，本會有三位議員親自「闖關」，喬曉陽先生亦派了李飛先生親自聽取他們的意見。我不知道他們的意見是否被那數位代表人士扭曲，又或沒有反映，所以他們說他們的意見被漠視。

事實上，我們部分議員整天抬出「民意」作為擋箭牌，但恐怕他們自己卻是最漠視民意的一羣。政治爭拗在香港已非三天兩頭的事。有爭拗，因為有兩種，甚至多種不同的聲音存在。那麼，議員是否又聽到另一種表達民意的聲音？難道只有支持自己立場的聲音才是「民意」？其他的就不是民意？如果真的是這樣的話，這又是哪門子的民主？這種「民主霸權」和獨裁有何分別？反對派那種「朕即法律，朕即民主」、「順我者昌，逆我者亡」的作風，我想請全港市民認清他們的真面目。

主席女士，我想說的是，部分「反對派」指責人大常委會漠視香港市民對民主的訴求，又或是損害「一國兩制」的實施，根本是出於他們個人的偏見，缺乏事實的根據。事實上，中央政府一貫主張並支持按照基本法規定的原則，循序漸進地發展適合香港實際情況的民主制度。回歸六年，香港可自行決定任何內部事務，中央從不加以干預，這已是最好的實踐證明。這次人大常委會的決定，相信是在充分瞭解香港社會各界對政制改革的各種訴求後，作出的一種平衡決定。

一個國家、地區的政制發展，民意當然要考慮，但並非唯一的因素。事實上，讓社會各界別能均衡地參與，亦是重要因素之一。除此之外，當政者還必須考慮社會實際情況及承受能力，以及政制改革對當時經濟體系的沖〔衝〕擊等，須作出全面的協調。

因此，我們尊重並支持人大常委會四月二十六日所作出的決定。這次的決定將有利於平息爭拗，有利於引導公眾就二○○七年行政長官和二○○八年立法會選舉的討論。

葉國謙議員：

主席女士，基本法是全國人民代表大會通過的一部全國性法律，也是香港特別行政區的小憲法，是香港法治的根本。香港的繁榮穩定，政治經濟社會秩序，行政立法司法制度，都受到基本法的保障和規管。尊重基本法就是尊重法治，保障香港市民的福祉。

基本法第十一條已列明，制定香港特區的制度和政策，須以《中華人民共和國憲法》第三十一條為依據。憲法第三十一條列明，特區的制度按照具體情況，由全國人大以法律規定。憲法第六十七條列明，人大常委會負責解釋憲法，有權補充和修改全國人大制定的法律，當中包括基本法。根據基本法第一百五十八條：基本法的解釋權屬於全國人大常委會，香港法院只有在審理案件時，在全國人大常委會授權下，對基本法於自治範圍內的條款自行解釋。這是在憲法和基本法中清楚列明的。

可是，近月來，香港社會充斥着一些言論，毫無限制的〔地〕演繹基本法，不斷向市民發放不準確的信息，破壞了基本法的實施和認受性，其實最終會令香港市民，甚至其下一代付出代價。

......

要維持社會穩定，保障香港市民的根本利益，一切有關政制的討論，必須以尊重基本法和憲法為大前提，這是對法治最起碼的尊重。說甚麼人大常委會違反基本法，說甚麼嚴重破壞「一國兩制」、「高度自治」，我們稍為讀過基本法和憲法後再聽到這些謊言，只有欲哭無淚。

......

尊重基本法和憲法，是維護法治的根本。民主是責任政治，包容政治。當立法會議員公然蔑視憲法，用謊言製造憲制危機，用口號聲言抗爭，以香港的繁榮穩定，以全港市民的福祉換取選票，香港的民主發展還有希望嗎？將自己的立場

打扮成真理，以偏激的言論去打壓不同意見，拒絕就政制發展作理性討論，這才是香港民主發展最大的障礙。

周梁淑怡議員：

……對於二〇〇七及二〇〇八年普選，我們已向自由黨黨內和公眾作出充分的交代。經過一年的內部討論，我們在二〇〇三年六月公布了我們的結果。我們是經過廣泛的諮詢，在黨內黨外作出了一定的討論，然後有一定的結果。

當時，我們清楚解釋了我們的看法，而且對於二〇〇七及二〇〇八年的普選，早在香港政府於年初開始諮詢、三人小組開始工作之前，我們其實已清楚說過，就是在黨內黨外所得的信息告訴我們，對香港來說，一步到位未必是一種很適宜的做法。

我認為民主最主要的一個元素，就是我們提供的多元化意見能得以抒發和被尊重。但是，很可惜，我很多時候聽到，有些打着民主旗號的所謂民主鬥士的做法一點也不民主。他們經常說「我們香港人，我們香港人」，難道我不是一個香港人？但是，我覺得他們所說的，絕對不可以代表我的意見。

涂謹申議員：

喬曉陽先生說釋法及決定之後便是民主的開始，我覺得他不應這樣說，因為將二〇〇七及二〇〇八年與二〇〇三及二〇〇四年比較起來，就最基本的循序漸進而言，即使直選比例由 50% 增加至 51%，便已經是很絕的了，因為這還可說是循序漸進。我記得黃毓民先生曾經在一個節目裏說，如果 800 人的行政長官選舉團增加至 1,600 人，又由 1,600 人增加至 3,200 人，再由 3,200 人增加至 6,400 人，以這個比例加上去，他計算過，大約要到二〇四〇年之後才會有接近數百萬的人數。

假如要說到按照循序漸進，我有一位朋友跟我說，你不要想得這麼簡單，我們思考時可以想得很絕的，最絕的是可以說增加兩席功能，一席直選 —— 不是，是倒轉過來，增加兩席直選，一席功能。所以，到二〇〇七、二〇〇八年，直選

比例便可以增加至 51% 以至 52%。我們是做得出這樣的。至於功能方面，很簡單的，只要想出兩個功能界別，例如一個是中國企業，再想想另一個是可以控制得到的，便可以兩席全取了。直選方面，即使有三個席位，你可能取得兩席，我取得一席，到了最後，我還是賺到的。然而，我覺得人大的釋法及決定便連最基本的直選比例，也做不到寸進，怎可以說我們是遵照基本法行事呢？

政制事務局局長：

主席女士，在辯論開始的時候，律政司司長已經向在座各位議員講述了中央政府在香港政制發展事宜上的角色，以及全國人民代表大會常務委員會作出四月六日的解釋和四月二十六日的決定這方面的憲制基礎。律政司司長也向大家談及，在作出有關解釋和決定前，人大常委會是充分地考慮了香港人的意見的。就這方面，我想和大家多談數項事情。

原議案表示「人大常委會的決定完全漠視了香港市民對民主的普遍訴求」。我們要判斷這項問題的是與非，便必須清楚知道香港社會對民主的普遍訴求究竟是甚麼一回事，以及對於政制發展，香港社會是否有共識或依然有分歧。

有人會指出，民意調查已提供了一切的答案。他們會表示根據這些調查，一直以來有相當數目的受訪者是支持在二〇〇七及二〇〇八年實行普選。

可是，其實根據專責小組在過去幾個月內收集得來的社會意見，無疑當中有不少市民支持盡早實現普選，但同時也有不少團體和人士認為，過急的政制發展步伐是會適得其反，不利香港的長期繁榮和穩定的。

這兩種截然不同的意見說明了一個事實：雖然香港市民普遍認同基本法所訂明以普選為政制發展的最終目標，但香港社會對邁向這個最終目標的速度和模式，依然存在較大的分歧。

我們要對普選這項問題達成廣泛共識，便須兼顧社會上一般的意見，以及不同界別和階層的意見。正是因為這個考慮，基本法附件一和附件二規定，任何產生辦法上的修改，也須得到立法會全體議員三分之二支持和行政長官同意。這可以確保地區直選的代表和功能團體的代表能充分反映香港社會整體和不同界別的意見，以及確保在達成共識的過程當中，香港社會內部能夠體現「均衡參與」。

在專責小組過去幾個月的工作當中，不同團體和人士均清楚告訴我們他們有求變的意願，希望現時的選舉制度能有所改變。這不單止是回應基本法中循序漸進的要求，大家其實也希望改變可以帶來新氣象，可以改善香港的管治。

人大常委會四月二十六日的決定確定了二○○七及二○○八年的選舉辦法可以修改，這便是對香港市民大眾求變的訴求作出的一個直接和積極的回應。因此，我們不能同意原議案中表示有關決定是漠視了市民對政制發展的訴求這一套的談論，也是由於這個原因，我們不能接受梁耀忠議員要求撤回有關決定的建議。

主席女士，根據基本法有關的規定和人大常委會四月二十六日的決定，專責小組在上星期二發表第三號報告，羅列了在哪些方面的有關選舉制度是可以修改的。在行政長官選舉方面，可修改的範圍包括選舉委員會的人數和組成，以及選舉委員會的選民範圍及數目。至於立法會選舉方面，可考慮修改的地方包括立法會的議席數目、功能界別的選民範圍及數目，以及容許擁有外國居留權的人參選的安排等。除此以外，如果大家對這些範圍以外的議題有任何意見，也可以隨時向專責小組提出，我們是樂意聽取的。

為協助大家思考和討論有關問題，專責小組會在五月及六月期間，聯同中央政策組舉辦多場研討會，邀請社會各界集思廣益，共同探討如何為二○○七年的行政長官選舉和二○○八年的立法會選舉設計一套既符合人大常委會的決定，又能兼顧香港長遠利益的具體產生辦法。我們正安排在五月二十四日舉行首場研討會。

主席女士，在專責小組第三號報告發表後，社會上不同黨派的反應不一。有些團體表示會積極參與專責小組的諮詢工作，向我們提出方案。大家如果有方案想提出，我們很歡迎大家在八月三十一日前，向專責小組遞交意見書。如有需要，我們會安排與有關團體和人士會面，以討論相關的意見。

另一方面，個別團體和人士亦認為這次諮詢只不過是一場數字遊戲，也有意見認為報告的內容膚淺，沒有對症下藥。有些團體表示不準備參與專責小組的諮詢工作。面對這些言論，主席女士，我想作以下的回應。

第一方面，無疑大家未來提出的具體方案和我們要研究的問題均會涉及幾方面的數字，例如已有建議表示要擴大選舉委員會的委員數目，以及增加立法會議

員的數目，但這些數字背後其實是有更深層意義的。它們代表我們可以進一步擴闊我們的選民基礎，進一步開放行政長官和立法會選舉，讓更多有志服務香港市民的人可以參與選舉、可以投身公共服務，以及可以晉身立法會，這些也是很有意思的，完全不單止是數字那麼簡單。

第二方面，我們同意部分人士的看法，即香港當前面對的管治問題是大家須正視的。專責小組並沒有迴避這些問題。我們在第二號報告內已詳細列出了我們的看法。我們也同意如要改善管治，不能純粹由選舉制度入手，而是要有更多的客觀條件配合；社會是須討論這些問題，以及須決定如何作出跟進的。

不過，由於這是一項很長遠的工程，因此，我們在第三號報告內首先邀請大家集中討論選舉制度的問題。可是，正如我剛才所說，如果大家有選舉制度以外的建議想提出，我們也歡迎大家提出意見。

第三方面，有部分團體和人士目前表示不會參與專責小組的諮詢工作。其實，選舉事宜影響到香港每一個界別和每一個階層，因此每一個界別和每一個階層也應該積極參與討論。我們衷心希望有關團體和人士能夠理性和冷靜地重新考慮他們的立場，肩負責任，共同為香港建立共識。

主席女士，普選是基本法為政制發展訂下的最終目標，這是不變的事實，也是中央在不同場合中多次重申的目標。在第三號報告發表後，大家討論的焦點其實不應再停留在有普選或無普選之上，而是要轉移到在現有的基礎上，即在二○○七及二○○八年，這兩方面的選舉制度如何能夠在邁向普選的歷程中抵達一個中轉站。

在思考這項問題時，我們一方面須保留「均衡參與」的元素，另一方面，也希望能進一步開放制度給更多有志參與選舉事務的人，以提高這個制度的代表性。

不同的人對於這兩方面的優次比重和平衡，是有不同看法的，因此，我相信今後提出來的，會是各式各樣的選舉模式和方案。在星期一的政制事務委員會會議上，有議員問專責小組會否提供進一步指引，以說明甚麼方案是符合和甚麼方案是不符合人大常委會決定的方案。

在目前的階段，專責小組無意就這方面提供補充資料，因為我們希望大家能夠在最闊的空間中設計和討論不同的方案。

不過，我可以向大家說，人大常委會的決定是非常清晰的，便是香港在二○○七年和二○○八年是不實行行政長官和立法會進行普選的方案。因此，以間選形式實行普選的方案，有可能與人大常委會的決定出現矛盾，也難以達致〔至〕基本法所要求的三方共識。

如果大家花時間循這個方向構思，我恐怕只會是緣木求魚，成功的機會非常有限。任何日後推動的方案，也必須根據基本法和在人大常委會於四月二十六日所作決定的範圍內提出。

政制事務局局長（譯文）：

余議員就律政司司長的發言作出了評論。我想提出三點。第一，中央處理香港政制發展事宜的權力，並非只來自基本法，更不是純粹來自基本法附件一及二，而是來自《中華人民共和國憲法》。律政司司長亦曾就此提及基本法第三十一、六十二及六十七條。

第二，余若薇議員亦呼籲人大常委會在行使其權力時自我約束，而在一些場合上，余議員或其朋友曾建議人大常委會承諾日後不會再行使這項權力。我必須指出，經立法制定的憲法權力須按照憲法的規定行使，沒有任何人能夠按自己的意願決定不行使這些權力，即使人大常委本身也不能這樣做。

第三，對於余若薇議員指立法原意的概念並不存在，而且在普通法中聞所未聞的說法，我感到十分驚奇。很明顯，普通法中有關解釋或詮釋法例的規則，其目的便是幫助我們找出立法意圖。一些具權威性的案例，例如 *Pepper vs Hart*，令我們能以部長的發言澄清立法意圖。

政制事務局局長：

主席女士，在過去數天，有不少人談論到獨立這項議題，在今天的辯論中，也有議員提及。在這裏，我想重申我們的立場。我們認為，絕大部分香港市民是愛國的，是支持回歸的，是認同國家發展的。我也相信任何倡議香港獨立的立場，在香港社會是沒有市場的，也不會得到市民支持。

較早時，曾鈺成議員已經引述了朱育誠先生的發言，將整個情況擺得很清楚。其實，在處理政制發展的事宜方面，有一個重要的角度，便是各位議員須接受按照基本法和國家憲法，中央對香港的政制發展是有權有責，是有決定權和主導權的。可是，在這項大原則下，在座的議員和你們所代表的黨派會採取甚麼政治立場，是由大家各自決定和由大家向公眾解釋的。

主席女士，在人大常委會對二〇〇七及二〇〇八年的選舉產生方法作出決定後，我們必須在這個範圍內運作。務實的香港人會向前看，會認為爭取到多少空間，便充分善用多少空間。其實，香港社會會期望立法會、行政長官和中央均能夠根據基本法賦予他們的角色，各司其職，共同為香港未來的政制發展闖開新局面。

有人說：「政治是謀求共識的藝術。」將這句話套用於我們當前的挑戰，是適合不過的。如果我們當中依然有人罔顧必須得到三方共識的現實，仍然堅持己見，寸步不移，甚至希望通過理性討論以外的渠道企圖改變局面，我相信可以成事的機會很渺茫。如果有這樣的情況發生，我相信香港市民的失望會更大，我們也未必是好好地承擔了我們作為社會政治領袖當有的職責。

因此，我認為面對當前的局面，我們最重要的是要幹實務，而不是不斷地糾纏於無謂的爭拗之中。其實，我相信只要我們共同願意為香港做點事，願意放下成見，擺出誠意，盡量嘗試，從對方的角度來考慮問題，看看大家的看法，我們總有一天是有機會可以達成共識的。

2004 年 12 月 15 日
聲明：政制發展專責小組第四號報告

政務司司長：

主席女士，政制發展專責小組今天發表第四號報告，標誌着政制發展的討論，進入了新階段。

專責小組於本年五月十一日發表第三號報告，羅列了二〇〇七年行政長官和二〇〇八年立法會的產生辦法可考慮予以修改的地方。專責小組亦隨即展開了為期超過五個多月的公眾諮詢，到今年十月十五日為止。

在諮詢期間，專責小組透過電郵、郵遞、傳真等公開途徑，共收到 480 多份團體和個別人士的意見書。此外，專責小組籌劃了多場研討會及小組討論。與會者來自不同背景、不同界別，包括行政會議成員、立法會議員、區議會議員、選舉委員會委員，以及專業團體、商會、學術機構、婦女組織、青年團體、勞工組織、街坊社團的代表等。各研討會及小組討論的出席人數約共為 870 人，他們廣泛地代表了香港社會的不同界別、不同階層、不同政見及不同背景的人士。除了被要求作出保密的書面意見外，專責小組所收集到的意見，已全數載於第四號報告的附錄一及附錄二中，讓市民大眾可以一覽無遺。

除此以外，為方便市民參考，第四號報告的第三章及第四章分別陳述較多社會人士提及的意見及相關的論據。專責小組亦就所收集到的意見，作出了歸納，我們並在此基礎上，提出了一些跟進問題。我們很希望這些跟進問題，可以幫助社會聚焦討論如何具體修改兩個產生辦法。

主席女士，到目前為止，社會上對如何修改兩個產生辦法，仍存在很多分歧。然而，比較清晰的一個基本方向，便是市民大眾均期望能朝向最終普選的目標邁進、能有更大的空間及更多機會參與行政長官及立法會的選舉、能進一步提高行政長官及立法會的代表性。我們將循着這個基本方向來處理這項議題。

主席女士，在諮詢期內，有許多意見認為應於二〇〇七年實行普選行政長官及於二〇〇八年實行普選全部立法會議員。專責小組明白這些人士的訴求，但這些建議不符合全國人民代表大會常務委員會在四月二十六日作出的「決定」。這是國家經過審慎考慮後，作出最權威性而嚴肅的決策。如果現在還堅持二〇〇七及二〇〇八年普選，是不切實際的，只會添增多方誤解和帶來沒完沒了的爭拗。故此，專責小組不會進一步處理這些建議。

專責小組亦收到不少關乎兩個產生辦法以外的意見。專責小組理解到提交意見的一些團體及人士期望可以早日為邁向最終普選的目標訂出整體時間表及組織上的安排。這些問題非常重要，但亦相當複雜，我們認為應在日後適當時候才進一步處理。現在，首要的工作是先決定二〇〇七及二〇〇八年行政長官和立法會的產生方法應如何修改。

此外，在收集到的意見中，有些帶出了更深層次的原則性問題，包括功能團體的角色及未來路向，以及達致〔至〕普選的形式及方法。專責小組認為這些議題值得社會進一步探討。

專責小組衷心希望，市民大眾能夠仔細參閱第四號報告的內容，並繼續以求同存異的態度、開放包容的胸襟，聆聽別人的意見及檢討自己的立場，並且細心地思量如何能縮窄彼此的分歧。

專責小組希望在明年年中左右，社會可以凝聚共識。屆時，專責小組將發表第五號報告，提出主流方案。專責小組歡迎社會人士抓緊機會，在二〇〇五年三月三十一日前，向專責小組提出大家認為最能為各方接受，而又符合基本法及人大常委會的「決定」的整套方案。

專責小組會繼續以廣泛、開放及公開的途徑，收集社會的意見及建議。我們歡迎市民透過不同的既有途徑提交書面意見。此外，在未來數月，我們會以不同方式聽取意見，包括舉行公眾論壇、小組討論，以及與各區區議會見面等，以幫助我們掌握市民大眾的意見。

主席女士，除了公眾意見外，我們當然期望得到立法會議員的意見。事實上，基本法附件一及附件二規定任何對兩個產生辦法的修改，亦必須獲得立法會全體議員三分之二多數通過。我希望在座各位議員，無論是屬於任何黨派，均能夠肩負基本法賦予你們的憲制責任，為推動落實本港政制發展，和普選的最終目標而努力尋求共識。

2005 年 1 月 5 日
議案辯論：政制發展專責小組第四號報告

鄭經翰議員：

主席，這次我提出的議案辯論，旨在催促特區政府，在政制發展問題上，負起他們應負的責任。

回歸後的政制事務局首任局長孫明揚，在一九九七年施政報告政策綱領中，表明政制事務局有責任確保中英聯合聲明和基本法得以切實執行，而他的繼任人林瑞麟，在政制事務局的網頁中，亦重申了這一點。

（代理主席劉健儀議員代為主持會議）

基本法第四十五條和第六十八條列明，香港的行政長官和立法會最終達致〔至〕普選產生的目標。政府是有責任提出落實基本法第四十五條和第六十八條的具體方案和執行的時間表。政府在不合理的情況下拖延基本法第四十五條和第六十八條的落實，毋庸置疑，肯定是失職。

早在二〇〇三年二月，立法會已經提出與政改諮詢有關的議案辯論，但林瑞麟局長當時未有對政改諮詢提出具體時間表，政制事務局成立了七年，但仍然未對政改諮詢有任何計劃，政府明顯失職。

不過，在二〇〇四年一月成立的政制發展專責小組，如果能切合民意，快馬加鞭地進行不設前提的政改諮詢，並盡早提出多個具體可行的政改時間表，讓全港市民公開討論，本來也可以彌補過去七年來政府的不足。

很可惜，在中央的干預下，全國人民代表大會常務委員會否決了二〇〇七及二〇〇八年普選。政府為了履行落實基本法的責任，理應按照香港的主流民意，繼續游〔遊〕說中央在二〇〇七及二〇〇八年落實基本法第四十五條和第六十八條的目標。政府如果不問因由便全然接受人大常委會的決定，不作任何異議，我對香港政府能否落實基本法以至在其他方面維護港人權利的能力和決心，深表懷疑。

　　退一步說，即使政府接受了人大常委會的決定，不再向北京爭取二○○七及二○○八年普選，換上曾蔭權司長的說法，接受現實也好，政府亦應根據香港社會的發展，提出若干具體的政改方案，並在政改諮詢中，向香港市民分析各個方案的落實方式和利弊。在二○○四年，政改三人小組成立時，距離第三屆行政長官選舉只剩三年，現在只剩下兩年多，香港市民已無太多時間對各個方案作出仔細的討論。

　　如果未經仔細討論便達成共識，會有甚麼後果呢？過去七年來，香港政府管治危機不斷，除了因為政制不民主，令決策過程未能凝聚社會共識外，更因政府的決策馬虎草率，很多細節問題未經深思熟慮，便匆匆上馬。由就基本法第二十三條立法、「維港巨星匯」、維港填海、紅灣半島以至領匯上市等事件上，都顯見政府不向市民作詳細諮詢，具體細節方面也錯漏百出。

　　容許我再具體以就第二十三條立法的諮詢工作，說明當中的問題。保安局在第二十三條諮詢文件中，只列明一些立法條文的原則，連白紙條例草案也沒有，結果在藍紙條例草案條文中，出現無數混淆不清的問題，終於觸發五十萬人上街遊行。

　　我們豈能容忍第三屆行政長官和立法會的產生方案，最終變成一個大笑話。如果我們在未經具體討論，便讓政改方案匆匆上馬，根據就第二十三條立法的經驗，結果如何，實在可想而知。

　　但是，時至今天，根據政府所公布的第四號報告，仍十項問題有待跟進，以致只能作出意見的初步歸納，問題包括直選議席數目、選舉委員會組成等多項技術性問題。

　　政府迄今發表的四份諮詢文件，亦有違過往香港政府一貫傳統，在諮詢文件中，未有詳列政府訂立政策時所考慮的因素、各類背景資料以至各個可行的選擇方案，只是粗枝大葉地羅列出一堆問題，讓公眾漫無邊際地討論，難怪公眾難以達成共識，其實這是因為政府的文件根本蓄意製造這種情況。這種漫無邊際的初步諮詢，實際上早應在問責制實施前便要開始展開。

　　因此，我要求政府提供多個具體方案，讓公眾認真思考、分析，從而結束目前漫無邊際的討論，切實考慮最終的政改方案。政府不要再以缺乏共識為由，作為拒絕提出具體方案的藉口。

　　國家主席胡錦濤在澳門公開要求董建華總結經驗，查找不足，所謂查找不足，就是檢討過往的錯誤，不要再讓歷史重演。故此，我促請政府盡早提出政改的具體方案，避免在這件事上重蹈覆轍。

　　最後，我對政府諮詢政改的手法深表遺憾，希望會內其他同事支持我提出的議案，要求政府履行在政改上應該負上的責任。

鄭經翰議員動議的議案如下：

　　「鑒於政府最近發表的《政制發展專責小組第四號報告》漠視民意，否決大部分香港市民提出以普及而平等的選舉產生下一屆行政長官及所有立法會議員的要求，卻又沒有提出一個具體的方案，本會表示深切遺憾；此外，由於政府在憲制上有無可推卸的責任盡量回應市民對普選的強烈訴求，本會促請政府盡早向本會提交一個包括 2007 年行政長官及 2008 年立法會議員產生辦法的政改方案，以便公眾及本會進行討論。」

律政司司長：

　　代理主席，鄭經翰議員今天的議案，主要是認為特區政府否決市民提出用普選方法產生下一屆行政長官及所有立法會議員的要求。同時，對政府未有提出一個具體方案，表示遺憾，並促請政府盡早向本會提出一個包括二〇〇七年行政長官及二〇〇八年立法會議員產生辦法的政改方案，以便公眾及立法會進行討論。

　　政制發展專責小組在去年一月七日成立，目的之一就是，正如鄭議員所說，向立法會及公眾提交一個包括二〇〇七年行政長官及二〇〇八年立法會議員產生辦法的政改方案，以便公眾及立法會進行討論。

　　自從成立以來，專責小組發表了四份報告，並在工作過程中充分諮詢及吸納立法會各位議員及市民的意見。去年三月底，專責小組發表的第一號報告，告知公眾就法律程序問題研究所得的結論，內容包括修改兩個產生辦法的立法方式；無須按基本法第一百五十九條的規定進行修改；進行修改的程序；如沒有修改，可以沿用附件二中第三屆立法會的選舉辦法；而第三屆行政長官雖然在二〇〇七

年選出，它的產生辦法也可以修改。

去年四月中，專責小組發表了第二號報告，告知公眾特區的憲制基礎和實際情況，以及收集所得公眾對政制發展應考慮的原則的意見，總結了政制發展須顧及的因素，並建議行政長官應按所收集的意見，根據全國人大常委會於二○○四年四月六日對基本法附件一第七條和附件二第三條的法律解釋，向全國人大常委會提出報告，建議對行政長官及立法會產生辦法進行修改。第二號報告發表前的諮詢工作，可參看該報告第二章。

去年五月十一日，專責小組發表了第三號報告。隨着去年四月二十六日全國人大常委會通過關於香港特別行政區二○○七年行政長官和二○○八年立法會產生辦法有關問題的決定，專責小組列舉可考慮修改的地方，請社會各界人士提出具體修訂的方案。在這報告發表以後，專責小組透過電郵、郵遞、傳真等公開途徑，共收到 480 多份團體和個別人士的意見書。專責小組組織了多場研討會、小組討論，與會者來自不同背景、不同界別、不同政黨，包括立法會議員、區議會議員、選舉委員會委員、專業團體、商會、學術機構、婦女組織、青年團體、勞工組織、街坊社團的代表等，所收集的意見，除了有部分人士要求保密外，全部都載附在報告書的附錄中。諮詢工作詳情可見於第四號報告第二章。

在專責小組開始工作時，一般公眾對特區政治架構和基本法有關政制發展的規定所知不多，因此，專責小組在每一步工作過程中，都向大家提出相關的資料，作出廣泛的諮詢，按部就班，和大家一起研究，得出結論，一步一步向前走。專責小組希望日後提出的方案，能夠盡量代表市民的主流意見，是社會的整體共識。正如政務司司長在上月十五日向立法會發言所說，第四號報告羅列每一個可以修改的範圍，並且講出它的頻譜是甚麼，希望透過社會上進一步討論收窄分歧，逐漸凝聚一個主流方案。從上一輪諮詢的結果可以看到，市民的意見有些地方的分歧仍然相當大，如果沒有充分的諮詢，恐怕更難達成共識。因此，政府並非如鄭議員所說，漠視民意；相反地，我們十分重視民意。第四號報告的諮詢工作已逐步展開，而政務司司長已公布了專責小組的諮詢計劃。

第二，我想回應一下鄭議員對普選這課題的發言。各位議員應該清楚，基本法附件一第七條和附件二第三條，開列了修改兩個選舉辦法的程序。去年四月二十六日全國人大常委會的決定，也清楚地說明了二○○七年行政長官的選舉不

實行由普選產生的辦法；二○○八年第四屆立法會的選舉，不實行全部議員由普選產生的辦法，功能團體和分區直選的議員各佔半數的比例維持不變。去年四月二十六日，人大常委副主任喬曉陽先生來港解釋該決定的時候，說明這個決定是一個審慎而負責任的政治決定，不但考慮了專責小組的意見和第一、二號報告附錄中市民的意見，還包括他們本身收集得香港各方面的意見，其中也包括在座不少議員的意見，特別是要求二○○七及二○○八年雙普選的意見，經過再三權衡利弊而作出的。他還解釋了為甚麼不適合在二○○七及二○○八年實行兩個普選。

事實上，中央政府在香港政制發展的角色，在基本法中有明確的規定。人大常委會對二○○七及二○○八年普選這個課題已作出了明確而權威的決定。堅持二○○七及二○○八年雙普選，不會得到中央政府的支持，也就是說，無法符合基本法附件一和附件二有關的規定。特區政府不能引導市民討論一個沒法在二○○七及二○○八年實行的方案，否則只會徒勞無功，一事無成，致令我們的選舉辦法在二○○七及二○○八年原地踏步。正如第二號報告所說：雖然社會對普選有不同的意見，但政制向前發展和修改行政長官及立法會產生辦法，以〔似〕乎是社會的共識。如果要求政府提交一個包括二○○七年普選行政長官及二○○八年普選立法會議員的政改方案，是不可行的事。

雖然專責小組最重要的工作，是就二○○七年行政長官的產生辦法和二○○八年立法會的產生辦法如何修改提出方案，但專責小組並沒有忽視政制發展在這兩個產生辦法以外的問題：例如最終普選目標的整體時間上及組織上的安排；例如功能團體的角色及未來出路。這些都是香港社會日後應該討論的問題。專責小組認為這些議題值得各界進一步探討（這在第四號報告第五章開列了出來），但目前專責小組暫不能處理這些長遠而複雜的問題，以免延誤二○○七及二○○八年兩個產生辦法的修改。

我想趁此機會澄清有關上月二十日，我在政制事務委員會有關「普選」的言論。我翻查紀錄，當天事務委員會的討論，包括「普選」在基本法沒有界定，原則上可以包括直選和普選，然後我們談到《公民權利及政治權利國際公約》下的選舉權利。當時我唸了一段聯合國有關選舉的手冊的一些原則，就是沒有一種政治制度或選舉方法可以適合所有國家和民族，在一九八七年，歐洲人權法庭最有

名的案件 *Mathieu-Mohin and Clerfayt v Belgium* (1987) 10 E.H.R.R.，在立法會的組成方面，更承認各公約國可有較寬的空間（wider margin of appreciation）來履行這方面的義務，因為各國立法範圍也按時間和地方不同。因此，我當時提出的看法是：普選並不是必然以分區直選方式進行的，其他形式的一人一票選舉，包括間選，亦可以達致〔至〕普選的最終目標。

我在政制事務委員會會議上發表的意見，是以上述的法理學為根據的。我在會議上表明，達致〔至〕普選的最終目標，不一定意味行政長官及立法會全部議員最終會以一人一票的直接選舉方式產生。我認為可以合法地保留間接選舉，但同時亦符合普選的最終目標。

根據選民所居住的地區而編配選區，只是劃定選區的一種方法。功能界別提供了另一個方法，把有共同利益的個別選民組合起來。若然未來所有合資格的選民都能在功能界別選舉中投票，這可能會是普選的一個模式。至於如何平衡選票的分量，則是有需要處理的另一個問題。

以上所述屬法律觀點的表達。當時我並沒有就長遠來說，作為一項政策，功能界別應否保留的事宜發表任何意見。

專責小組在現階段不着意就這個重要的政策問題作出決定，我想向大家解釋理由。

首先，相信各位議員也知道，全國人民代表大會常務委員會已經決定，二〇〇八年立法會的議席、功能團體和分區直選各佔半數的比例維持不變。既然如此，我們沒有迫切需要決定以何種形式實行普選。

第二，這項議題明顯極具爭論性。如果我們試圖在現階段決定有關問題，很可能會令在二〇〇七年及二〇〇八年實施的其他政制改革計劃受阻。這將會令民主進程停滯不前。

第三，在現階段如就普選問題出現進一步分歧，對尋求這問題的長遠解決方案，可能造成反效果。政治穩定有助我們達致〔至〕普選的目標，政治不穩定則對此毫無幫助。

因此，專責小組決定我們應以穩健審慎、按部就班的方式進行政制改革。我希望各位議員會同意，這樣做最符合公眾利益，也最能幫助我們達致〔至〕最終普選的目標。

　　這也說明，一些關乎政制發展的長遠議題，須周詳考慮。專責小組認為此類問題不應迴避，但不能在現在時機未成熟的時候處理，否則徒添爭拗。長遠而言，公眾應該詳細考慮這些問題，並在適當時候討論，而在現階段，大家適宜集中精力處理二〇〇七及二〇〇八年的兩個產生辦法。

　　代理主席，政制向前發展是中央政府、香港市民、各位議員和政府的共同意願。在這個對香港有深遠影響的問題上，我們衷心希望大家能夠抱着求同存異、腳踏實地的態度，放下成見，凝聚共識，爭取一個既符合基本法和人大常委會的決定，也希冀大家均接受的方案能邁向前，建造一個適合香港情況的民主政治體制。把選舉問題兩極化，只會對長遠發展帶來反效果，影響社會穩定繁榮。專責小組十分願意和各位議員合作，一起尋求二〇〇七及二〇〇八年兩個選舉辦法的具體方案。

李永達議員：

　　其實，當我們討論關於政制發展、普選的問題時，我們要回答一個核心的問題，這就是，政制安排的目的在哪裏？原則上，除了我們每一個人均應該有生而平等的政治權利之外，最重要的就是，甚麼制度才可以讓這個政府有效運作，有效管治。如果我們把問題的焦點只放在是否把選舉委員會的人數由 800 改為 1,200、1,600 人，或我們是否把立法會選舉中每方面也增加五個席位，其實是沒有掌握到問題的核心。那個核心就是，當政制不是由普選產生的時候，我們的行政長官，以至我們的政府有沒有足夠的權威來管治這個社會，有沒有一個回應民意的政治洗禮，有沒有一個決策迅速的情況來回應社會不斷的要求，甚至推行普選時，是否可以令政黨政治有進一步的發展，而這政黨政治，正是所有民主國家中，民主發展過程中一個不可缺少的元素。

　　我在過去的一兩個月，看完第四號報告之後，要作出的評論是，我覺得香港很悲哀，因為我們現在所進行的，只是一個「揀選賢人」、「揀選行政長官」的遊戲。我們已經導入了一個反智的社會，揣測着我們的領導人與某人握手的時間達六秒或四秒，是否便等於將來的行政長官的出現。如果我們認同香港有超過 90% 的人識字，有 20% 以上的成年人和年青人曾唸大學的話，對於這些反智的論述，我們是

否應覺得很悲涼呢？我們的社會是否已到達這般反智的程度，是要靠我們的領導人與誰握手時間達六秒或四秒，在我們未來行政長官的揀選過程中作出決定呢？

此外，也有人說揀選行政長官的過程，只是有如一個賽馬遊戲，說說每個候選人可能得到的支持度和他擁有甚麼的內線，便能令該候選人成功當選。所討論的，不是有關候選人的政治綱領、他們會怎樣處理這個社會的複雜矛盾和利益均衡；所要求的，也不是人生而平等，因此應該有選擇自己領袖的權利。

大家都知道，香港是一個很發達的地區。從任何的角度來看，無論是說到教育、文化、階級的緩和及很多其他的因素，我們比其他很多國家也更有條件推行普選，所以我看不出梁司長剛才所提及的理由，如何可成為拒絕在二〇〇七及二〇〇八年推行普選的理由。

湯家驊議員：

代理主席，基本法四十五條關注組深信，要減低回歸以來不斷出現的施政失誤，減輕社會的兩極分化，真正有效解決政府的管治問題，正本清源的做法，是根據基本法第四十五條及第六十八條所訂下的目標，發展真正的民主政治體系，盡快以普選產生行政長官及立法會。

去年元旦，十萬市民上街爭取普選。過去兩年的七一，亦有數十萬計市民上街，表達他們對普選的祈盼。在九一二選舉中，多於六成的合資格選民，即超過一百萬名市民，「棄足用手」，投票給支持二〇〇七及二〇〇八年普選的候選人。過去一年半以來持續不斷的民間活動和討論，已清楚顯示社會的主流民意，是要求盡快進行普選。這是鐵一般的事實，任何人都不能否認。

這股龐大的民間聲音，國際社會聽得清清楚楚，但可惜香港特別行政區政府卻依舊聽而不聞，視而不見。

政制發展專責小組以普選方案不符合全國人民代表大會常務委員會四二六的決定為理由，將社會的主流意見定性為「不切實際」，認為考慮這意見是「浪費時間」。

相反地，專責小組以繼續吸納小圈子的意見為己任，花費龐大的支出諮詢數百位所謂「社會賢達」，將一些並非代表主流意見的個別小眾意見東拼西湊，砌

成所謂「有機會取得各方共識的主流方案」，供公眾考慮。以這種方式提出的所謂「主流方案」，與社會上已經取得共識的主流民意相距何止十萬八千里？

這種做法是掩耳盜鈴的做法，完全漠視強大的民意和社會期望。縱使這個所謂「主流方案」能勉強在立法會獲得通過，亦無法解決管治困局的根源。在未來的日子，政府的管治危機只會不斷加深，而由於市民對普選期望受到遏抑，他們的反應會不斷加劇，最終把我們的社會推向極度分化和不穩定的邊緣。

在憲制上，一個負責任的政府須以順從民意為己任。縱使特區政府認為人大四二六定下的束縛無法解開，亦應該盡量尋求一個或多個最接近普選主流意見的方案，供港人選擇，否則，這便不是一個負責任的政府。

在這方面，我希望特區政府在考慮提出任何方案之時，最少須堅守下列五項基本原則：第一，普選是基本法訂下的政制發展目標，任何與此目標背道而馳的方案，例如增加立法會功能界別議席的建議，是不應被考慮的。因為不論以任何方式進行的功能界別選舉，均不能避免違反國際公認及在憲法學上有明確定義的「普選」元素。我們也知道，普選的意思是要平等及普及，這項解釋在國際人權公約第二十五條已清楚列明，並已得到國際公認，在憲法上亦有明確的定義。因此，當我剛才聽到梁司長把普選、間選或功能界別選舉混為一談的言論時，我覺得這不單止沒有法律理據，更是聞所未聞，令人費解。

我希望政府堅守的第二項原則，便是任何方案都必須是邁向全面普選的中途站。換句話說，該方案必須是普選的先驅，是為普選作好準備的過渡安排。舉例而言，廢除功能界別的公司或團體票、採取擴大選民基礎的措施等。

第三，任何方案都必須以便利及鼓勵民主發展為大前提，更不可以具有阻礙民主發展的副作用或效果，舉例而言，創造方便政黨發展為執政黨的有利條件、廢除行政長官當選後必須退出所屬政黨的規定等。

第四，任何方案都必須盡量包含普選的元素，例如將選舉委員會的半數議席改為從直選產生，減低提名的限制，令更多人可獲提名競選等安排。

第五，政府提出的方案必須能清晰地回應市民對普選的訴求，以及訂下明確的時間表，例如以二〇一二年實行普選為目標。

我在此希望特區政府不要再以自欺欺人的心態處理二〇〇七及二〇〇八年政制改革的工作，而要盡一個負責任的政府應有的基本憲制責任。

楊森議員：

代理主席，一年前，行政長官董建華成立了由政務司司長率領的政制發展專責小組，以深入研究香港的政制發展。一年過去，這個專責小組發表了四份報告，但至今仍未觸及香港特別行政區政制發展的癥結，即香港的普選發展日程，更遑論談及政黨政治的發展方向，這的確令人感到非常失望。

可是，令港人失望至極的，相信是專責小組在其公布的第四號報告中表示，我引述：「有許多意見認為應於 2007 年實行普選行政長官」；「於 2008 年實行普選全部立法會議員」；「由於此建議不符合全國人大常委會的決定，專責小組不會進一步處理。」引述完畢。這是徹頭徹尾地漠視港人的訴求。

民主黨認為這份報告是鳥籠諮詢的產物，因為只有能符合全國人民代表大會常務委員會去年四二六的決定，在這個框框之內的意見才會被考慮，而港人對二○○七及二○○八年雙普選的主流意願則被拋出鳥籠之外。這足見將來政府搜集到的所謂主流方案，也只會是假主流或偽主流方案，以致又一次將香港推進一個死胡同或是民主倒退的方向。

普選是主流民意，亦是基本法所容許的，既可改善管治危機，亦可增強民間的凝聚力。行政長官是代表特區、代表人民的，他必須經由普選的機制選出來，才有充分的代表性和認受性。立法會是代表人民通過法例的機構，亦須經由普選產生，以具備充分的民意基礎，監察政府。透過普選機制，其實亦可照顧到不同界別、不同階層人士的利益。事實上，從香港的政制發展長遠目標出發，再順着即將到來的換屆選舉時間表，專責小組理應提出全面普選區議會，繼而普選行政長官及全面普選立法會。考慮到香港利益，專責小組應建議特區政府重新向人大常委會反映港人的主流意願，重新審視過去的決定，而不是唯唯諾諾。

民主黨將繼續堅持向政府表達二○○七及二○○八年普選的訴求，並強烈要求特區政府尊重港人意願，考慮在第五號報告中，列出市民最大的共識方案，即二○○七年普選行政長官及二○○八年普選立法會的方案，給中央政府考慮。

政制發展對特區來說是非常重要的，對於專責小組將港人十分關心的議題，例如普選時間表，無了期的〔地〕押後討論，民主黨表示極度遺憾。港人在普選的日程上已有明確的目標，就是越快越好，由一九八八年直選到二○○七及二

○○八年雙普選，但特區政府竟連討論普選時間表的日程也要拖拖拉拉。一個做事沒有目標、沒有時間表的政府，又怎能獲得市民認同和接受呢？

對於專責小組表示會就功能界別的角色及未來的發展作詳細研究，民主黨擔心這是特區政府企圖延伸功能界別，出賣普選的技倆。基本法第四十五條及第六十八條分別訂明，行政長官及立法會的全部議員最終由普選產生。剛才梁司長認為，聯合國的文件亦有提及普選可有不同方式，不一定要一人一票。我相信大家也看過聯合國這份文件，我清楚覺得梁司長曲解了這份文件。這份文件只提到普選可有不同的方式，有些可能是比例代表制，有些是單議席單票制，有些可能一人一票或一人兩票，但當中有一項基本原則，那便是一定是公開提名，而且每票是等值的。如果梁司長認為再沿用彭定康這個千古罪人所提出的變相功能界別便可以瞞天過海的話，我相信她要小心一點。政府官員在立法會的事務委員會接受議員質詢時，對「普選」的定義多次避而不答，難道是要待人大常委會再次釋法，對基本法內「普選」一詞重新定義後，政府官員才再學做鸚鵡嗎？

回想特區政府為了就第二十三條立法而無所不用其極，確實令人擔心今次的政制諮詢，又會是就第二十三條立法的翻版，特區政府再次借一輪輪的假諮詢，最後企圖將民意扭曲，自製民意，自製法例，埋葬二○○七及二○○八年普選，民主黨對此深表遺憾。

雖然我對政制前景未敢寄予厚望，但我對港人仍有一份祈盼。新年新願望，我希望港人能堅持對民主的信念，爭取盡快普選，薪火相傳。我希望在今後的日子裏，為了爭取實現民主普選，會有更多港人站出來，發出他們的聲音，一同改變這個執迷不悟的特區政府。

譚香文議員：

政務司司長曾蔭權在上月中發表政制發展專責小組第四號報告時，坦言在搜集回來的眾多意見當中，不少意見認為二○○七及二○○八年應實行雙普選，但他卻以這些建議不符合全國人民代表大會常務委員會在去年四月二十六日作出的釋法〔釋法〕決定為由，明言專責小組不會進一步處理普選的訴求。我認為政府這種做法，根本就是蔑視香港市民對普選的強烈訴求。

代理主席，兩次的七一大遊行都有超過五十萬市民參與，他們聲嘶力竭地高呼爭取二〇〇七及二〇〇八年雙普選的共同宣言，身心疲累地以雙腳踏下了民主的烙印，這個是勢不可擋的歷史事實，曾司長豈能扮鴕鳥，詐作不見，甚或作另一番歷史的詮釋呢？

國家主席胡錦濤最近到澳門主持澳門回歸五周年的儀式時，向前往述職的行政長官董建華和兩司十局的高層官員，便作出了「以人為本」和「查找不足」的訓示。如果對爭取二〇〇七及二〇〇八年雙普選的主流民意，也可置諸不理的話，還談甚麼以人為本呢？

事實上，在去年九月的立法會選舉中，市民踴躍投票，地區直選投票率達到空前的55%，近180萬名選民投了他們神聖的一票，選出他們的代表，正正代表了他們求變心切。

就以我所屬的會計界功能界別為例，我的政綱正列明支持二〇〇七及二〇〇八年雙普選，結果我仍以三千多票當選。在我當選之前，並沒有多少人視我為大熱門，尤其是要選一個會廢除自己功能界別的代表。

為何會計界別的17,000名選民仍敢於作出這樣的抉擇，放棄他們一人可有兩票或以上的特權呢？我想他們對於這種小圈子選舉，充滿不公平的遊戲規則，感到深痛惡絕，因為並不是每一個界別都可以由界內以一人一票的方式選出他們的代表，如商會、批發及零售業，甚至勞工界，都是一個商會一票或只有持牌人才有投票資格，界內的從業員是沒有投票權的。

此外，每一個功能界別的選民基礎也不一樣，由數百人至數萬人都有。究竟為甚麼有些界別會跟其他界別不同，只須通過小圈子形式的選舉便可以取得一席，但另一些界別則要爭得頭崩額裂呢？這樣的安排有違均衡參與的公平原則和缺乏認受性。

有見及此，我在去年十一月，透過傳真、電郵和郵遞，向選民發出二萬多份問卷，結果顯示，超過半數同業贊成二〇〇七及二〇〇八年雙普選。

至於負起最高管治權力與責任的行政長官，亦只不過是由八百人的選舉團選出。與由過百萬選民選出的立法會代表相比，在認受性上簡直就是雲泥之別，也就造成特區政府七年以來，迭連出現施政失誤。問題的關鍵往往在於我們的行政長官沒有經過直選的洗禮，未能緊貼民情，即未能「想市民所想，急市民所急」。

因此，我支持鄭經翰議員今天的議案，認為要對曾司長未能在第四號報告中將二〇〇七及二〇〇八年雙普選列為其中一個方案，供選民選擇，以及漠視廣大市民的要求，加以譴〔譴〕責。我強烈要求政府盡快將普選列作諮詢方案之一，並訂出具體的方案，而不是只顧施展「拖」字訣，甚至連一個具體的普選時間表都欠奉。

何俊仁議員：

代理主席，去年人大常委濫用基本法的解釋權，強行單方面以名為解釋，實為修改基本法的方式重新添增基本法附件一及附件二的內容，使香港進行二〇〇七及二〇〇八年政制改革的能力被完全閹割，甚至日後任何政制的發展都完全置於中央政府的掌握之中，這是回歸以來「一國兩制」發展的最大倒退。如果中央是可以如此粗暴扭曲基本法的釋義，從而介入，甚至全盤操控香港的政治發展，香港享有的「高度自治」能否長久和真正落實，確實使人感到憂慮。

其實，自從人大常委根據釋法作出四二六決定，指明香港於二〇〇七及二〇〇八年不能實行雙普選，甚至連直選和功能選舉產生的議席比例也必須維持不變，在這個預設的鳥籠下，香港政制三人小組又可以做甚麼呢？如果在這個預設的鳥籠內，只能做到一些裝飾、修補的工作，只能為假政改塗脂抹粉，為原地踏步的方案披上循序漸進的皇帝新衣，這有甚麼意思呢？如果要政府強行歪曲、漠視市民普遍和強烈對二〇〇七及二〇〇八年普選的訴求，其實，推行政改的官員不會感到羞愧和可恥〔恥〕嗎？

有人說，人大常委對二〇〇七及二〇〇八年政改已經定案，如果香港人不接受，難道要抗命中央，在香港搞分裂和動亂？如果這樣做，「一國兩制」是否可以保得住？代理主席，我的答案很簡單，如果我們甚麼事情也不分是非、一切只管服從、逆來順受，「一國兩制」、「高度自治」是可以真正實行嗎？如果違反民主的小圈子選舉所產生的統治集團繼續管治下去，繼續造成官商勾結、私相授受、貧富懸殊、社會不公等現象，以致怨聲載道，在這樣的管治下，香港能否長期維持安定和繁榮呢？

代理主席，在今天的環境下，我們只能繼續我們的訴求，無論二〇〇七及二

○○八年的忠告為何，香港市民必須瞭解我們是有權利，甚至應該維持對民主的
訴求。我們應該更清楚表達，我們一向以來絕對相信香港有實施普選的政治、社
會及經濟的條件，更清楚的是，香港人民的意願和訴求，亦反映了香港人民素質
的成熟。目前，是中央和香港政府聯手窒息了香港的民主空間，以及踐踏了香港
民主發展的希望。

代理主席，在這情況下，我們必須繼續以各種和平、理性和合法的途徑和形
式，繼續爭取落實我們的訴求。無論在現行的政治架構內，在廣大的市民、公民
的社會空間裏，在立法會的議事廳內外，在大街小道中，在屋邨、校園、車站、
酒樓，一切的空間中，我們將會繼續高舉我們對民主爭取的旗幟。我們會繼續以
集會、遊行、抗議，甚至公投等形式來顯示香港人民的意志和力量。我們會繼續
以出版、廣播等各種公共媒體的渠道，來表達我們在感性上的怒吼及理性上的訴
求。我們相信在公民社會裏，各個團體會繼續維持萬眾一心、眾志成城的努力抗
爭，我們一定會繼續鞏固社會對民主要求的共識，推動香港真正走向民主發展的
方向。

代理主席，今天，我們對香港政府只有一項要求。我知道政府有很多事情不
願意做，但我們最基本的要求，是請政府拿出勇氣，誠實地表達市民的訴求，根
據香港民意主流，寫下香港要求二○○七及二○○八年普選的方案，作為一個選
擇，提供給基本法機制中的立法會，讓行政長官決定。如果方案有獲得通過的一
天，便讓中央政府決定，是否要打破這鳥籠，修改他們之前的決定，還是要作歷
史的罪人。如果政府連這種意志和表現誠實的勇氣也沒有，便不如請辭，也可以
留得清譽。

馬力議員：

代理主席，政制發展專責小組發表的第四號報告，平心而論，我認為是總結
了不少社會各界人士就二○○七年行政長官選舉及二○○八年立法會選舉所提出
的意見及具體建議，民建聯認為大體上是可以接受的，同時也希望社會各界人士
能以理性及務實態度，在這份報告的基礎上，共同就二○○七及二○○八年兩個
選舉的產生辦法，進行更深入的討論，務求就兩個選舉產生辦法的具體方案達成

廣泛的共識，讓政府稍後可以提出一個合乎香港長遠整體利益的主流方案，以便大家可作最後的討論。

今天的議案，鄭經翰議員提出就第四號報告對政府表示深切遺憾，顯然是因為他和其他反對派人士，不滿報告內容未能符合他們的要求，否決了二○○七及二○○八年雙普選的安排。然而，我們要問的是，當全國人大常委會去年四月作出了明確決定，二○○七及二○○八年不進行普選後，他們在這方面的堅持又是否合乎實際呢？抑或只是為反對而反對呢？

部分反對派人士經常強調，去年立法會選舉有六成選民投票給他們，顯示大多數的香港市民支持民主普選，好像他們才是民主的化身。我覺得不少投了票給其他黨派或獨立人士的選民，包括民建聯的支持者，一樣是支持香港的民主發展，支持最終達致〔至〕普選的目標，只是彼此對民主進程的快慢、時間表及考慮的層面有所不同而已。

民建聯認為這方面存在分歧並不是最重要的，市民對早日實現普選有着普遍的訴求，相信特區政府與中央政府都是清楚明白的。但是，我們深信，絕大部分市民支持普選的同時，一樣也會尊重基本法、尊重「一國兩制」的規定、尊重中央政府的權利及決定。大家都明白，本港的政制發展是不能繞過中央政府而單方面行事，要推動香港的政制發展，就必須考慮到中央政府的意見及憂慮。因此，強行要求第四號報告堅持討論二○○七及二○○八年普選的議題，根本就不切實際，不單止否定全國人大常委會的「決定」，亦製造香港與中央政府對抗的局面，反而不利於香港未來民主的發展。我們很擔心，堅持這樣做的人，最後會成為香港民主發展的破壞者。所以，特區政府在第四號報告提出了二○○七及二○○八年不實行普選的建議，是尊重全國人大常委會決定的做法，我們不應該因此而對特區政府表示遺憾。

部分反對派人士又批評，指第四號報告既然否決二○○七及二○○八年普選的決定，政府就應該盡快提出一個最終達致〔至〕全面普選的時間表。但是，正如第四號報告所提述，社會對政改的步伐有不同的意見，有支持二○○七及二○○八年普選的人，有支持二○一二年普選的人，亦有支持二○一二年以後不同年份推行普選的人，甚至有反對制訂時間表的人。由此可見，社會對何時才適合進行普選等問題，根本就未有廣泛的共識。因此，要求特區政府在第四號報告就

訂出普選時間表，不單止有違政制發展應作全面諮詢以達致〔至〕最廣泛共識的原意，甚至會造成嚴重的社會分化。

　　民建聯並不反對有一個具體的時間表，但我們認為，除了時間表外，更須創造能配合本港發展全面普選的條件，包括：（一）要為政制發展打下充實的經濟基礎；（二）培養出足夠能代表各階層的參政人才；（三）透過加強國民教育，增強市民對「一國」觀念、國家意識、香港法律地位的認知，以及對普選意義的真正認識；及（四）通過對基本法的廣泛宣傳、學習，使基本法作為香港的憲制性法律的地位得到進一步鞏固。民建聯期望和政府、其他政黨及社會人士攜手共同創造這些條件，為早日實現雙普選而共同努力。

　　部分反對派人士批評，第四號報告提出的討論及建議內容，與普選背道而馳，民建聯對此並不贊同。報告雖然排除二〇〇七及二〇〇八年普選的可能，但並不等於二〇〇七及二〇〇八年的選舉就不民主，因為兩個選舉的具體安排及產生辦法仍有相當廣闊的討論空間。社會上不少意見提出要求增加選舉行政長官的選舉委員會人數，以及增加立法會地區選舉與功能界別選舉議席等建議，我們都覺得能擴大市民直接參與政治的機會，亦符合政制發展須循序漸進的原則。這樣的選舉安排，應該是民主發展的一種前進，而不是反對派所言的一種倒退；政府相繼推出第一至第四號報告，是一種按部就班的做法，不能批評為雜亂無章。

李卓人議員：

　　主席，對於第四號報告，我是感到非常失望的。正如我上次說，我覺得這份報告好像是小學生做勞作一樣。當然，林局長是不承認這點的，但整份報告根本是把各種材料剪剪貼貼，聚集在其中。首先最重要的，便是剪貼了人大否決雙普選的決定，然後將第三號報告的一些材料又剪貼上去，再加上從現時收集到的意見書中挑選出最合乎心意的，剪下來又貼上去，拉拉集集便編成了第四號報告。所以，我覺得這份報告根本是一份非常簡陋和草草了事的習作。不過，我不能怪局長，他當然是草草了事，因為連最重要的事，即有關二〇〇七及二〇〇八年雙普選的諮詢也不進行了，加上人大已作出決定，而局長亦準備按決定行事，所以

便一定是草草了事的了。

此外，第四號報告和現在整個有關政制的討論，給我的感覺是，人大所下的決定其實是一條用來上吊的繩。大家也知道，用來上吊的繩是越箍越緊的。人大擲出了這樣的一條繩，將香港的民主綁了在這條繩上，然後逐份報告再一點一點的箍緊些，到了最後令民主窒息，一切便完了。每一份報告均較上一份緊一些，第四號報告較第三號報告緊，到了第五號報告便可能列出了一個所謂主流方案，屆時民主便已窒息了。所以，很明顯，整個政制發展的處境是，香港的民主被綁了在一條用來上吊的繩上。

在這條上吊繩上，第四號報告留了一個伏筆，不單止想箍死二〇〇七及二〇〇八年的選舉，還想箍死將來。上次在政制事務委員會會議上，林瑞麟局長和梁愛詩司長說出這個伏筆，教我非常非常震驚。那次，我們討論到第四號報告第 52 頁的一句，「我們是否應着手研究功能界別議席的長遠發展路向？同樣地，我們是否應探討普選的不同形式？」然後，很多跟進問題便問訂立普選時間表有何利弊？我的感覺是有沒有弄錯？怎麼可能說着手研究功能界別議席的長遠發展路向？怎麼可能？我記得上次不知梁愛詩司長或林瑞麟局長曾說，普選有不同形式。梁愛詩司長剛才亦說普選有不同形式，還提出了其中一種。我覺得這是在由普選產生行政長官方面留下了伏筆。我記得林瑞麟局長曾說，行政長官透過普選產生的方法，也是先有一個提名委員會，然後才進行普選。我不知道林瑞麟局長是否想引申說，將來的普選方法是由功能界別提名界別本身的人，然後由全香港市民投票？首先將提名箍死在功能界別中，變為市民可選擇的，便是在功能界別中提名出來的代表。是否這樣呢？我不知道。

可是，我覺得連這樣想也不應該，因為這根本是歪念。政府現在是否有一個歪念，想長期保留功能界別？如果不是，為甚麼要着手研究？誰叫政府着手研究呢？我們從來也是說在普選之下，功能界別應完結了，為甚麼突然又要研究它的長遠發展路向呢？基本法已清楚指出，最終是由普選產生的，政府現在是否想扭曲基本法，作出一個新的解釋，改變普選的含意，使功能界別得以長遠保留，然後由功能界別提名，讓市民普選？我不知道是否這樣，但如果是，便很「離譜」了。我剛才說的箍頸索，根本是想連整個香港未來的民主發展也箍死。

如果是這樣，我覺得第四號報告不單止是一個不民主的方案，不單止是涉

及二〇〇七及二〇〇八年的問題，還可能是埋下了政府想扼殺民主的這個長遠問題。其實，政府是否所有事情也要待中央發落，由中央決定，所以便不敢提及普選的時間表，以及留下伏筆？如果香港存在着不民主的選舉制度，是否將來便更可在這個已是畸形的民主制度、畸形的行政立法產生辦法上繼續畸形下去？政府何時才會還給香港人普及、平等的普選權利？我覺得這是所有香港人很需要的東西，亦是政府虧欠了我們很多年的東西。多謝主席。

馮檢基議員：

主席女士，政制發展專責小組早前發表的第四號報告，主要是因應全國人大常務委員會於本年四月接連就本港未來政制發展作出的兩項重大判決的後續動作。

首先，人大常委會在去年四月六日，作出香港回歸以來的第二次釋法，表明根據基本法第一百五十八條一款，中央政府擁有本港行政長官和立法會的選舉方式和制度的最終決定權，亦即所有修改方案必須得到人大常委會「依法批准或備案」才能得以生效，而其後在四月二十六日，人大常委會亦通過對本港二〇〇七及二〇〇八年雙普選的決定，明確指出現階段香港並未具備條件實行普選制度，所以二〇〇七及二〇〇八年的兩個選舉將不實行由普選產生的辦法，並表示現行的兩個選舉辦法可以在不違反上述條件的情況下，按循序漸進的原則作出適當修改。

就此，我及民協其實早前曾多次在不同場合中表明，我們不同意人大常委會就香港政制發展所作出的決定，這是中央政府再一次把「一國兩制，高度自治」這套治港方針把「一國」概念徹底地凌駕於「兩制」之上。這致使「兩制」下香港一方的市民，在二〇〇七及二〇〇八年的雙選舉方面完全沒有討論或被諮詢的餘地。現時的行政長官和立法會選舉方式都不符合「一人一票，票票等值」的真正民主制度。

換句話說，我及民協認為，如果特區政府目前只能在人大常委會四月六日釋法和四月二十六日的決定的框架和限制下，就二〇〇七及二〇〇八年兩個普選進行諮詢工作的話，這種對現行選舉制度作出小修小補的做法，根本未能對香港未來的民主發展起着積極作用。

可惜令我及民協感到非常失望的是，專責小組在報告的第 1.05 段便開宗明義地強調，當局不會進一步處理任何不符合基本法所規定的及人大常委會四月二十六日的決定的修改建議，變相把市民要求在二〇〇七及二〇〇八年引入普選的強烈訴求和作為諮詢範圍之內拒諸門外，未能觸及香港政制發展事宜的核心。因此，我及民協認為專責小組的諮詢工作是「鳥籠式諮詢」，是象徵意義大於一切的一場鬧劇。

除此以外，從今次實際得出的諮詢結果來看，專責小組的工作亦只屬多此一舉。我為何這樣說呢？因為根據政制事務局去年十二月提交立法會政制事務委員會的文件，當局目前在這次政制發展諮詢確立的唯一清晰方向，「就是市民大眾都期望能朝向最終普選目標邁進、能有更大空間及更多機會參予行政長官及立法會的選舉、能進一步提高行政長官及立法會的代表性。」

我及民協認為，眾所周知，當局是次歸納到的所謂唯一方向，其實在基本法第四十五及六十八條便早已規定下來並已通過，基本法通過以來亦沒有香港市民大力或公開反對最終可有雙普選的意見，社會所爭拗的一直集中在實行普選的時間表和具體方案。

換言之，專責小組的工作，原來只是重複把基本法規定的普選目標再確立一次，令我及民協不禁質疑：這種諮詢還有實際意義嗎？這種諮詢對在本港引入全面普選真的有所幫助，抑或只是另一場「水過鴨背」式的政治表演？

總括而言，我及民協認為，專責小組以至特區政府，在整個政制發展諮詢過程中，一直抱持「以慢打快」的態度，在人大常委會規定的框架之下兜兜轉轉，小修小補，既沒有提出具體的政改方案，亦沒有訂立普選時間表。我及民協認為，任由特區政府如何改變現行的兩個選舉辦法，一天未能引入真正普及而平等的民主選舉制度，香港一天都只會是一個沒有民主的國際都市，與世界大潮流背道而馳，而且還越走越遠。

吳靄儀議員：

主席，其實，第四號報告乏善足陳，沒有甚麼值得回應。值得談論的是，反而是面對香港政府這種態度、表現時，香港人應該怎樣做。我們四十五條關注組

的四個人，發表了一本小冊子，以簡單的十個問題，來表達我們的立場。

所以，我們在第一條，即第一問，便說出了我們的大體回應是甚麼。我們的大體回應是，報告完全沒有回應公眾對二〇〇七及二〇〇八年落實普選的訴求，反而是採取置若罔聞的態度，當作市民沒有提出過這些意見，剛才馮檢基議員也提出了這點。報告連如果二〇〇七及二〇〇八年沒有普選，何時才會有普選的時間表，也完全沒有建議。

我們一直也在問，為何普選這麼重要？就是因為現時的管治有問題，但報告並沒有針對這些迫切的管治問題對症下藥，對長久管治失效，以致對香港的繁榮穩定造成損害視而不見。所以，我們要整體簡而言之地說，報告反映出特區政府根本就是拒絕面對現實。

報告的內容是甚麼？我們在第二條問題內便簡單地以短短的數句話說了出來。楊森議員剛才說到鳥籠諮詢，我也無須把這鳥籠逐筆逐劃勾出，可見這些也只是非常有限的選擇。

因此，我們在小冊子的第四條問題內說，除了接受這報告的建議外，香港市民有否其他選擇呢？我們的意見是：當然有，香港市民是無須接受他們不想要的，他們應繼續爭取他們真正想要的東西。他們真正想要的，就是在二〇〇七及二〇〇八年普選。報告提出的建議，連邁向普選的中途站也做不到。

我們在第六條問題提出了很多人曾問我們的問題，就是為何我們這麼「硬頸」，怎樣也要爭取二〇〇七及二〇〇八年普選？為何不專心改善經濟，這是否更重要呢？我們的回應就是，我們其實是更有決心堅持。因為必須邁向普選，才有希望改善施政，而良好的管治就是經濟成功的基本條件。如果要讓社會各階層也從經濟改善中得益，便更有需要改善管治，否則，我們今屆會期開始時，為何會有那麼多關於貧富懸殊等的話題呢？就是因為即使經濟改善了，很多人也不會得益的。

所以，如果我們繼續有不良管治，就會繼續導致不穩定和低效率。已經有人問，為何我們的社會會這麼分化？不良管治是會浪費金錢、時間，最終會妨礙經濟發展。我們可舉出一些例子，例如紅灣半島事件、西九龍文娛藝術區發展計劃、領匯事件等，大家均已非常熟悉了。

我們在第八條問題提到，按我們的說法，香港應如何回應政府的第四號報告

呢？我們的建議是要求政府必須回應市民對二〇〇七及二〇〇八年普選的訴求。我們呼籲市民要令政府知道絕不能對大多數意見置諸不理，然後把小眾意見東拉西扯，「炒埋一碟」，便稱之為主流意見，迫使市民接受。如果政府無法落實二〇〇七及二〇〇八年普選，最少也要提供一個最接近的模式，而且還要解釋為何這模式可以改善管治、邁向普選。

湯家驊議員剛才也表現出很大的好意，提出了一些意見，我也不知道他為何要浪費時間提這些出來。有些人問我們為何不提出一些並非二〇〇七及二〇〇八年普選，而是退一步的普選建議，甚至是退一步而不是普選的建議。其實，我們也曾考慮過，任何東西也不能一步登天，但我們更瞭解到，在爭取政制普選的過程中，在政改方面，其實也是不進則退的。如果要我們自行先退（這個遊戲就是看誰會自行先退），我們應知道即使我們退了，當局也是同樣不會接受的。大家也聞得有人已提議在二〇一二年普選，但當局又有否接受呢？當然是沒有，提出的人反而是再退了。然而，如果我們不退，當局便是要退的。當局在數月前曾說，不要緊，不用太擔心，最終都會進行普選的，但今天我們已多次說出了，普選已被再次詮釋，變成功能界別也可以永久存在，因為它已屬於普選的一部分。所以，作為先退者，有何好處呢？是絕對沒有好處的。

所以，我們在第九條問題便問政府下一步會怎樣做。政府官員說會在今年五、六月間發表第五號報告，屆時將會提出主流方案，提交立法會表決，如果獲得三分之二票數支持，便會呈上中央，要求批准。因此，我們在最後的第十條問題中提出，市民下一步要做的，就是要求每一位立法會議員也要求政府在第五號報告提出的方案，真正回應市民的需要和訴求，市民並且應要求每一位立法會議員在任何情況下，也須按照香港市民的意願投票。這些是我們的回應，這本小冊子是會派發的。

楊孝華議員：

主席女士，由政務司司長曾蔭權領導的政制發展專責小組，去年年底發表了第四號報告，以第三號報告為基礎，將社會各界對二〇〇七年行政長官的選舉及二〇〇八年立法會產生辦法的意見和建議歸納起來，再諮詢公眾意見，以便各界

能收窄大家的分歧，早日為未來的政制達成共識，自由黨是支持這項做法的。

報告內容清楚指出，「有許多意見」認為應於二〇〇七年普選產生行政長官，以及於二〇〇八年普選產生全體立法會議員。但是，報告亦說「由於建議不符合全國人大常委會的決定，專責小組不會進一步處理」。

這點可以說明，政府確實注意到社會有不少意見要求二〇〇七及二〇〇八年雙普選，而且第四號報告的附錄，亦全數印出要求雙普選的意見書，並非隻字不提，所以我們認為政府不算是漠視民意。反而，如果政府在未經廣泛諮詢，便一下子拋出一個具體方案，才會適得其反，甚至可能引起公眾重大的反彈。

無可否認，在人大常委會作出決定前所做的許多民意調查，支持二〇〇七及二〇〇八年普選的市民仍然稍佔多數，但反對的也不少。況且，大部分市民支持，並不等於社會已經就雙普選問題達成共識。我們不能因為大部分人贊成，便忽略其他人的訴求。何況，政制的改變，關乎全香港各階層的利益和香港的長遠繁榮穩定，對香港有深遠的影響，社會要有共識才可以推行。

事實上，社會對一步到位的政改方案模式確有保留，因為社會至今還缺乏一些推行普選所必備的關鍵配套，例如成熟的政黨政治及政策研究，完善的問責制及健全的行政立法關係等。這方面的意見亦應該受到重視。

更何況，人大常委會已否決了二〇〇七及二〇〇八年雙普選的可能性之後，相信不少市民都希望大家能務實些，集中精力改進現有的選舉安排。

所以，政府打算在年中發表第五號報告，提出主流方案諮詢公眾，自由黨是接受的，當然也會歡迎政府提早公布，讓公眾有更多時間討論。但是，由於任何方案要得到通過，必須得到立法會三分之二議員的支持，政府在擬訂主流方案時，應該充分諮詢立法會內各黨派議員的意見，在求同存異的大原則下，找出一個「最大公約數」，避免提出一個根本不能獲得立法會三分之二通過的方案，最後會令我們原地踏步，倘若屆時提出一個方案而又真的得不到三分之二的議員贊成通過，便真的不進則退，因而令香港的民主進程毫無寸進，窒礙香港長遠的民主發展。

當前香港社會經濟才剛剛復甦，「求穩定、求和諧」是社會的主流共識。我相信這一方面香港是有共識的。中央領導人也多次表明，香港人應該抓住來之不易的機遇，和衷共濟，集中精力，發展經濟，才是當務之急。

　　自由黨認為，人大的決定只是訂立了框架，二○○七及二○○八年的選舉安排，事實上仍然有很大的修改空間，香港社會不應花太多精力，就應否進行雙普選的問題進行無休止的辯論，而這個辯論將來還可以繼續，但現時應該集中考慮如何按照人大的決定，在修改兩個選舉的問題上，尋求共識，而這個共識是真的可以獲得三分之二的議員通過。我看不到二○○七及二○○八年普選在目前可會獲得三分之二的議員通過。

　　例如，我們是否可增加一些立法會議席，讓各黨派第二梯隊多些機會當選，以培訓更多的接班人；而功能界別以至選委會的選民基礎，和選委會的人數，可否進一步擴大 —— 不是稍為擴大，而是可以擴大很多 —— 以便加強立法會和行政長官選舉的認受性，這些均屬可取及在人大決定的框架範圍內可以達致〔至〕的，只要我們有三分之二的票數通過便可以了。這些事項的重要性不比普選的議題為輕，弄得好便可成為未來普選的基礎，雙普選這個日子亦會更快來臨。

張超雄議員：

　　對於政制發展專責小組進行的諮詢工作，我只能夠用四個字形容，就是「愚弄民智」！香港市民強烈要求盡快進行民主改革，甚至曾蔭權司長自己也承認，收到了很多意見，是要求二○○七及二○○八年分別落實行政長官和立法會雙普選的。但是，專責小組依然逆民意而行，第四號報告把雙普選方案剔除出去，這些基本上是假諮詢，根本就沒有把香港人放在眼內。

　　曾司長也勸諭市民和我們民主派議員要用務實態度，就政改方案尋求共識，因為雙普選已經沒有前進的空間，大家不要再虛耗時間作無謂爭拗。林瑞麟局長日前接受傳媒訪問也提到對泛民主派議員「曉以大義」，表示增加立法會議席及推選行政長官的選委會人數，可以開放新空間讓更多人參與。他還說：從政者處理時局必須有彈性，希望泛民主派返回人大常委會四二六決定，這個「同一起步點」。

　　兩位官員言下之意，其實是指摘堅持雙普選的市民和議員「阻住地球轉」，因為我們不務實，因為我們欠缺彈性，很可能出現的結局，是由於這個立場，令主流方案推出後，不能獲得三分之二的立法會議員通過，結局可能是原地踏步。堅持民主的人及民主派，竟然被指控為窒礙民主進程的兇手，我認為以此邏輯來

解釋此現象，實在是荒謬絕倫。我亦必須糾正林局長，他所說的所謂「同一起步點」，其實一點也不同。人大常委會四二六決定，是北京在迅雷不及掩耳，事先沒有與香港人溝通的情況下，單方面作出的決定，與香港大部分市民要求雙普選的想法，並沒有共同基礎。我想請問林局長，我們怎可以一同起步呢？

我們堅持雙普選，並不是要「阻住地球轉」，而是我們看到，雙普選才是跳出當前政治困局的出路。「大班」藉着這項議案，催促政府提出二〇〇七及二〇〇八年政改方案。除了二〇〇七及二〇〇八方案外，我也很希望政府能夠早日提出一個直選時間表，事實上，我恐怕會有一段相當長的日子，我們也不能看到直選的時間表，因為在現行框架之下，民主似乎要受到控制，讓當權者認為情況受控後，才會提出一個接近民主的方案。但是，很可惜，當權者連民主的精神是在於制衡而不在於控制也不理解。我相信即將出爐的所謂主流方案，會從第四號報告歸納一些意見。然後，排除雙普選後剩下的意見，便是林局長所說的新空間讓人們參政的方法。但是，這些方法絕不能針對現存制度的流弊。

第四號報告指出，有人建議將推選行政長官的 800 人選委會，增至 1,200 或 1,600 人，增加比例很高，達 50% 或 100%。聽起來增幅似乎很好，但相對於全港七百萬市民來說，這個數字絕對是一個小圈子選舉，本質不變，結果是：行政長官依然不向市民問責，他做錯事，市民依然無法監察他，他依然得不到市民支持，政府仍然是跛腳政府。如果以這方式選出行政長官，他是沒有認受性，即使比例提升至 100% 又如何呢？

香港是一個現代化大都會，但很可惜，我們的政治體制完全不是現代化。現代化政體是要有納入民意作為政策制訂的基礎和過程，也能夠令當權者向市民問責，讓社會監察官員有否濫權，令政府運作具透明度。但是，現在我們的體制，正正欠缺這些要素。政府常常說要諮詢，很可惜，這些諮詢既不科學又不客觀，只是隨官員個人喜好或中央指示，決定聽或不聽；高官問責制淪為「向行政長官一人問責制」。缺乏疏道民意的渠道，市民只能透過上街來向政府表達不滿，迫使政府讓步，於是將公民社會和政府推向兩個極端和對立面。

主席，我是代表社會福利界的議員，我最關心的當然是貧窮問題、貧富懸殊問題及民生問題，而我也瞭解到，民生和民主是息息相關的，沒有民主，恐怕連民生也未必有盼望。

何鍾泰議員（譯文）：

主席女士，儘管經過多輪公眾諮詢，而本會和市民亦曾在過去數年多次提出有關要求，但政制發展專責小組第四號報告卻仍沒有提出任何具體的建議或時間表，的確令人感到失望。報告所匯集的各種不同意見，正好給予政府一個拖延的好藉口，而由於它沒有提出任何可行的選擇和時限，市民勢必會就行政長官和立法會的產生方法發表許多空泛而有欠具體的意見。

由於全國人民代表大會常務委員會已否決在二○○七及二○○八年實施普選，我們應把焦點放在如何按基本法的規定達致〔至〕普選。

我認為若我們能制訂完善的提名程序，要在二○○七年普選行政長官未必是解決不了的難題。人大常委會的裁決誠然令很多香港人感到失望，但明顯地，我們卻必須服膺它的裁決。我並沒有因此而氣餒和放棄爭取在二○一二年實施普選，更把這目標列入我的二○○四年立法會選舉政綱。

儘管我們可能要在二○一二年而非二○○七年才能首次透過普選來產生行政長官，但若實際情況許可而又能符合基本法第四十五條所訂的循序漸進原則，有關行政長官候選人的各項提名規定，也應在適當時候予以放寬。

在立法會選舉方面，我認為功能界別議席應予保留，因為功能界別代表在可見的將來仍可在立法會發揮重要的功能。除了就有關問題提供專業意見外，功能界別代表在許多議題上，觀點一般較中立，並能立足於專業分析而非政治取向。他們又可在立法會中發揮平衡作用，確保本港能順利過渡，根據基本法第六十八條所示，按實際情況逐步達致〔至〕普選立法會議員的目標。

基於相同的考慮，功能界別在立法會所佔的 50% 議席亦應暫時維持不變，在確定日後的選舉安排後再作決定。事實上，根據人大常委會的解釋，功能界別立法會議員和直選立法會議員在二○○八年立法會選舉中應各佔 50% 議席，即比例維持不變。因此，功能界別議席大可按這一比例增減。然而，無論減少或合併現有的功能界別議席，均會在現存功能界別之間引發問題。同時，增加功能界別議席也不是絕無問題的，因為不同界別必會爭取新設立的議席。這問題必須謹慎處理。

與此同時，功能界別的選民基礎，無論在團體投票或個人投票方面，均應予

擴大，以確保它們的代表性。在我所代表的工程界別方面，我會在適當時候諮詢選民，聽取他們對包括香港工程師學會技術會員和附屬會員方面的意見。

根據基本法第四十五條和第六十八條規定，行政長官和立法會的產生辦法須根據香港特別行政區的實際情況和循序漸進的原則而規定。

主席女士，在爭取普選的過程中，我們必須遵從這一原則。⋯⋯

石禮謙議員（譯文）：

主席女士，踏入二〇〇五年，距離二〇〇七年選舉新一屆行政長官和二〇〇八年立法會選舉分別還有兩年和三年的時間。要就選舉行政長官和組成立法會的方法擬備修改建議，時間已所剩無多。具體來說，這兩項重要選舉的討論已經進入實際措施和程序的階段。現時，整體社會應同心協力，就該兩項選舉的方法達致〔至〕共識，但必須緊記，有關方法必須符合基本法及全國人民代表大會常務委員會的決定。這樣做遠較繼續就普選一事吵吵鬧鬧，結果只會耽誤時間的做法實際。

自從人大常委會在去年四月二十六日作出決定後，提出在二〇〇七及二〇〇八年舉行普選的要求已變得不切實際。因此，我認為今天這項要求以普選方式在二〇〇七及二〇〇八年分別選出行政長官和立法會的議案毫無意義，但議案也可提醒政府在發展政制事務時應更問責。

不過，主席女士，我並不贊同議案指政府在《政制發展專責小組第四號報告》中漠視民意的批評。我相信這份報告基本上已反映民意，而一般來說，大部分市民均支持對二〇〇七年選舉行政長官和二〇〇八年組成立法會的方法作出若干修訂，前提是有關修訂須符合基本法的規定，以及不超越人大常委會決定的範圍。這意見顯示社會採取理性而負責任的態度，支持以循序漸進、平穩的方式推動民主發展。

有人認為報告沒有反映民意，這批評並不公道，因為報告確有提及很多市民希望能加快推行普選。儘管社會上對此有很強烈的要求，但現實是人大常委會已作出決定。因此，在二〇〇七及二〇〇八年舉行普選根本沒有可能，但有些人仍然繼續爭取普選，並拒絕參與公眾諮詢，就像唐吉訶德一樣，他們寧願與風車

大戰，追求不可能實現的事情，也不願接受現實。如果他們的目光能夠向前看，扮演更主動的角色和參與公眾諮詢，我相信報告的內容會更全面，社會也會更和諧。這不但會促進未來的政制發展，還有助穩定社會。我希望民主派能優先考慮香港的整體利益，不要放棄他們的權利和責任，積極參與日後有關修改二○○七年行政長官選舉和二○○八年立法會組成方法的政改討論。這樣做可真正展示他們是如何的〔地〕關心香港的前途。

　　兩星期前，胡錦濤主席向行政長官及其管治班子特別提出三個須予檢討和改善的範疇。這清楚顯示中央政府的確對香港特別行政區的管治感到憂慮，並要求董先生的內閣官員把工作做得更好。回歸七年以來，雖然「港人治港」的原則已予實施，但仍未可謂成功。政府的管治仍有可作改善的地方。社會各界期待政府在這方面作出的改善措施，將對本港社會和政治環境有利。如能適當地制訂二○○七年行政長官選舉和二○○八年立法會組成的方法和程序，將為改善「港人治港」的實施和特區的管治提供堅實的基礎。

　　有關報告內所反映的意見，我相信政制發展專責小組應對收集的意見進行更深入的研究，從而為日後的修改建議作更好準備。兩年為時甚短，匆匆便過。公眾討論的時間越多，市民表達的意見便越見全面，而在政制改革這議題上便能更容易達致〔至〕共識。因此，我衷心希望下一份報告能臚列各項全面的建議供公眾討論。此外，我亦希望香港市民能夠就一些輕微的分歧作出妥協，從而加強社會的團結，以及為民主發展多付出一點耐性，讓民主能夠更周全地向前推展。

　　儘管如此，由於這項議案要求在二○○七及二○○八年的選舉中實施普選，在原則上違反了人大常委會的決定，因此，在別無選擇之下，我惟有投票反對議案。

譚耀宗議員：

　　政制發展專責小組上個月提出的第四號報告，羅列及歸納了社會各界對二○○七年行政長官及二○○八年立法會產生辦法的各種意見及建議，這是香港市民意見的真實反映，亦是一份陳述事實的報告，所以，「漠視民意」這種指責，根本是無的放矢。

　　過去一年，香港社會對未來政制發展進行了不少的討論，專責小組之前亦已先後發表了三份報告，而第四份報告則總結了各界對之前第三號報告的回應。從這些討論及回應可見，社會對政改的步伐仍然有許多不同的意見，有支持普選的，亦有不少對普選存有憂慮的；有支持二〇〇七及二〇〇八年普選的，亦有支持二〇一二年普選的，至於要求在二〇一二年以後才進行普選的也有不少，可以說社會對香港的政制發展根本就未有共識。特區政府因此必須加強工作，進一步收集社會人士的意見，協助各界收窄分歧，求同存異，從而再推出一套能夠取得各方支持的選舉方案。

　　專責小組在今次的報告中指明，任何修改建議若不符合基本法的規定及全國人民代表大會常務委員會的決定，專責小組不會進一步處理，我們認為這是應有之責。人大常委會根據憲法賦予的權力及《香港特別行政區基本法》的規定，在去年四月六日通過《對基本法附件一第七條及附件二第三條的解釋》的議案，並因應行政長官向人大常委會提出的報告，在四月二十六日通過《關於香港 2007 年行政長官和 2008 年立法會產生辦法有關問題的決定》的議案，為香港的政制發展訂明一個清晰的範圍。有關的解釋及決定對香港是具有憲制的約束力的，而且起了消除香港社會紛爭的作用。人大常委會依法行使其職權，這一點是不容質疑的，並不是好像剛才何俊仁議員所說人大常委濫用解釋權。因此，人大常委會對基本法的解釋及對香港政制發展的決定，我們是必須尊重的。專責小組必須把好關口，不應該接受任何違反人大常委會決定的方案，以維護基本法及人大常委會的憲制地位。

　　基本法列明，香港的政制發展要「循序漸進」，因此二〇〇七及二〇〇八年的兩個選舉辦法不應是「大躍進」，也不應是「原地踏步」。人大常委會的四二六決定為香港政制發展訂明一個清晰的範圍，再堅持要求二〇〇七及二〇〇八年普選或要求推翻人大常委會的決定，並不是一種務實積極的做法。如果因此進一步製造香港與中央政府的對抗，更是對香港整體利益的極大損害。至於刻意杯葛特區政府提出的政改方案，則只會令兩個選舉方式維持現狀，對推動香港的民主進程也是毫無益處的。

　　新的一年已經來臨，距離二〇〇七及二〇〇八兩個選舉的時間又縮短了一些，香港社會必須加緊就如何增加和擴大選舉委員會的人數及選民資格、增加立

法會的議席數目、擴大功能界別的選民人數及範圍等尋求共識，以務實的態度，推動香港的政制的穩步向前。

民建聯積極建議擴大選委會人數，擴大立法會議席數目，從而提高兩個選舉的代表性，為香港早日達致〔至〕普選創造有利條件。對於二〇〇七年行政長官的產生辦法，我們認為應該增加第三屆選舉委員會人數，由現時 800 人增至 1,600 人，同時則維持現時 100 個提名人的要求，以降低參選門檻，增加候選人的選舉。對於二〇〇八年立法會的產生辦法，民建聯則建議，應該分別增加功能界別及地區直選議席各五席，立法會議席增至七十席。在功能界別中，則須增加中醫界及中國企業兩個界別。此外，也可以考慮分拆目前的一些界別。我們衷心希望這項建議方案能夠獲得更多市民的支持並得到政府落實。

陳偉業議員：

……政制檢討，特別是第四號報告，可以說是與過去十五年一脈相承，由基本法的制度、臨時立法會的成立，這次的第四號報告可以說是與這兩個重大的里程碑有許多相同的地方：基本上也是在缺乏互信、缺乏誠意、缺乏信心的情況下而產生的建議及結論。基本法是在六四之後，基於當時中央政府對香港，特別對港英完全缺乏信心而訂定此「雙查方案」，因而在很短時間、很急促的情況下，突然修改政制的模式。由於彭定康推動政改，為英國政府光榮撤退而建立民主制度，臨立會也是基於中英雙方缺乏互信，為推翻彭定康的政改結果而建立的。

同樣地，現時有關政改的所謂第四號報告也是一樣，基本上由中央「拍板」否決二〇〇七及二〇〇八年雙普選，也是基於中央對香港市民或董建華政府無能處理政改問題而定下此調子，在缺乏互信的情況下為政改判死刑，令香港在二〇〇七及二〇〇八年建立民主制度的機會，可以說是極之渺茫。

……

談到缺乏信心，不但我們的中央政府對香港市民沒有信心，中央政府對香港的官僚架構也沒有信心，否則，便不用以人大釋法，「拍板」否決二〇〇七及二〇〇八年的雙普選，我覺得這是很可悲的。「一國兩制」的實施，應由香港人、香港政府架構來決定很多事情。經濟已弄到一塌糊塗，政治同樣被弄得一塌糊塗。

所以，如果真的要落實、檢討政制，以及要做到一個真正符合港人意願的政制檢討，我覺得一定要重建互信、表示誠意和建立信心，這三件事是缺一不可的。

如果要建立互信，便一定要相信香港人可以決定香港的前途和制度，不能每每以尚方寶劍一下子揮下來，「大石壓死蟹」地迫使香港市民接受。如果不是建立於互信之上，任何制度也只是築於浮沙。誠意也是非常重要的，不要再用詭計、權術來誤導市民。

信心是互相給予的，中央政府要給港人信心，香港市民當然要對我們自己的前途有信心，否則，想在浮沙之上建立任何制度，只會流於崩潰和失敗。

李柱銘議員：

事實上，我認為董建華是一個在壞制度下的自然產品。為何說是壞制度呢？鄧小平先生也說過，如果有一個好的制度，壞人也不能做壞事。不過，如果沒有一個好的制度，那麼好人也不能做好事，甚至被迫做壞事。當然，好的制度就是一個民主的制度，但自二〇〇三年的七一大遊行後，大家都知道，所有對香港的重要決定，全都落在曾慶紅手上。大家也明白，現在其實已經不是「港人治港」，而是「京人治港」。所以，北京政府「拍板」不容許我們在二〇〇七及二〇〇八年全面直選，這是令香港特區政府很沒面子的事。大家應該還記得，林局長曾答應給我們一個諮詢民意的時間表，但他做不到，而還未等到他提出時間表，上頭便已經「拍板」了。

現在提出如此多的報告，其實只是用來當作「遮醜布」。難道兩位司長及一位局長不知道這是很醜的事嗎？全部是由中央決定，卻要他們「頂硬上」，還要假裝有決定權。他們提出一份又一份的報告，報告越多，「遮醜布」就越多，一幅一幅地遮着，現在已是第四幅了，接着還有第五幅。其實這是很可憐的，我也替他們感到羞恥。他們可以遮掩自己的羞恥，卻未能遮掩我的羞恥，我作為香港人仍是覺得很羞恥的。

領導人要求我們的行政長官以民為本，如果沒有民主，他又怎能以民為本呢？當然，中央的領導人所說的以民為本，是指他們認為人民需要甚麼，便給予人民甚麼，中心點仍然是共產黨、仍然是領導人，這同樣可以是以民為本的。但

是,在香港這個文明社會裏,是不容許這種新加坡式的統治,所以是行不通的。如果不想這種壞的、惡劣的管治繼續延續下去,便不能夠拖慢民主進度。拖慢民主是解決不到問題的,只會增加問題。現在,大家看到中央政府告訴我們在二○○七及二○○八年沒有民主,那麼,何時才可有民主呢?第四號報告當然不敢提及。

主席女士,我們的問題就是,我們不能夠直接跟有決定權的人對話。直至現在,我依然不能到北京,這些事其實根本不應跟他們說,而是應該由香港人自行辦妥的,即是說,我們何時推行民主,完全是特區本身的事務。我們做不到,是因為中央不准許我們做,但我們又不能到北京跟他們商討。所以,這個問題是無法解決的。

曾慶紅先生有何想法,我們不知道。他何時才准許我們推行民主,我們也不知道。暫時看來,他會一直無限期地推遲在香港推行普選的日子,一直地推後。他認為不告訴我們是對他們有好處的。現在已否決了二○○七及二○○八年普選,五年後,他又會說二○一二年不能普選,再過五年,他也會說二○一七年仍不能實行。那麼,何時才會有呢?他不會告訴你。難道這樣的情況我們也要接受嗎?

很多保皇黨也希望我們接受,還表示希望大家合力做些工作,但做些甚麼呢?即使我們要求二○一二年普選,難道便會獲得批准嗎?我經常說,如果他們表示,只要李柱銘肯聽話便會有民主,那麼我也願意下跪,天天下跪也可以,只要你肯給予我們民主。但是,現在不是這樣,即使已跪下來,還要跪玻璃,民主卻是一直沒有的。

我們要如何解決這個問題呢?便是要中央明白,他們一天不相信香港人,一天不讓我們建立良好的制度,即鄧小平所說的良好制度,則這個惡劣的管治便只能夠延續下去。更換一個行政長官便能改善嗎?即使更換了另一個行政長官,他想做的事仍是不能做到的。所以,剛才有議員說主席女士也有分〔份〕入圍應選,其實不是一件好事。如果行政長官是由香港選民選出來,這便是一件非常好的事,因為他可以獲得人民的授權,具有認受性,可以做他認為應該做的事。但是,如果不是這樣,不管由誰擔任這個職位,問題仍然存在,是不會獲得解決的。

所以，說到底，我們一定要爭取民主，並且越快越好，否則，我們如何能對得起香港市民。數十萬人上街遊行，二○○三年一次，二○○四年又有另一次。基本法也允許我們在二○○七及二○○八年推行普選，難道我們便這樣代他們放棄這個權利嗎？我們做不出來。如果這樣做了才有民主，便是另一回事，但我完全不認為我們這樣做了後便會有⋯⋯

政制事務局局長：

鄭經翰議員對政制發展專責小組第四號報告表示深切遺憾，他的理據是報告既沒有回應市民對普選的訴求，亦未有提出具體方案供市民討論。

可是，這兩個論點均缺乏基礎，亦與事實不符。

全國人民代表大會常務委員會已經就二○○七及二○○八年不實行普選做了決定，有個別人士對這項決定表示失望、不理解、有保留，這些反應和意見，我們是尊重的，也如實向中央反映了。

因此，第四號報告其實完全沒有「打斧頭」。部分市民對雙普選的訴求，連同專責小組在上一階段諮詢所收到的所有建議，已原文照錄，納入報告之內。

然而，有議員和市民有這方面的訴求，我們亦一直繼續反映這些意見。我們也希望香港社會理解，除此之外，我們確實不可能進一步處理市民對二○○七及二○○八年普選這一方面的訴求。

人大常委會是國家最高權力機構的常設機關。香港特別行政區政府作為一個特別行政區的政府，我們有責任執行人大常委會的決定。人大常委會既然已決定二○○七及二○○八年不實行普選，特區政府必須在這前提下處理二○○七及二○○八年的選舉改革問題。

專責小組在第四號報告中，有需要清楚表明不會進一步處理二○○七及二○○八年雙普選的建議，因為我們不想大家仍然以為二○○七及二○○八年可能會有普選，如果我們傳遞這方面的信息，便會製造誤會，這是不負責任的。

鄭經翰議員表示我們未有在第四號報告中開列具體的修改方案，我們如此安排，背後是有原因的。

雖然大家對修改兩個選舉辦法已有一些方向性的意見，但對於具體上應如何

落實和執行，依然存在分歧。舉例而言，就擴大選舉委員會的選民基礎的建議便有很多種，包括建議加入婦女界別、年青人界別、中小企業，增加區議會在選舉委員會的代表等。其實，各方意見紛紜，現時不可能有定案。

因此，我們決定在第四號報告中，將大家的意見重新鋪陳出來，讓大家看清楚涵蓋不同意見的整個頻譜有多闊，繼而鼓勵大家在未來數月，以此為基礎，就不同修改方案的優劣，進行深入的討論，取長補短，逐步縮窄分歧，建立共識。

因此，第四號報告是第三號報告與第五號報告之間的一個「中轉站」，鋪陳整體的方向，希望大家逐步凝聚共識，訂立一個主流方案。

我們希望在今年年中左右，社會能夠就二○○七及二○○八年的選舉改革問題達成共識。屆時，我們便會發表第五號報告，開列主流方案。

李柱銘議員提到，我們在二○○三年提及工作時間表的問題，我們剛完成為期一年的公眾諮詢工作。其實，當時我們提及這項工作大綱時，也是說在二○○四年進行公眾諮詢，在二○○五年間開展修改基本法附件一、附件二的工作，在二○○六年，我們期望處理本地立法。現時，我們依然是依循這整體時段來辦事。

主席女士，在我們於過去數月收到的意見當中，有不少問題是值得大家進一步深思和辯論的。

舉例來說，就立法會的議席應否增加這問題，正反雙方均提出了不同的理據。支持增加議席的主要有兩方面的考慮。第一，希望有更多議員能分擔立法會繁重的工作。第二，提供更多機會予願意加入政壇行列的人士參政，從而培訓更多政治人才。

李永達議員似乎對我提及政黨的第二、三梯隊這個問題有點敏感。確實，如何栽培政黨新一輩人士，應是李永達議員和其他黨魁處理的議題。可是，從政府的角度看來，我們有責任進一步開放選舉制度，從而創造新的空間，提供一個有利的環境，方便願意服務市民的人士參政，這是一個很顯淺的道理。我們這個看法是積極和具有前瞻性的，不可能如李永達議員所說，會添增政黨之內的矛盾，如果有矛盾存在，這是他們內部的事情。

主席女士，我已經提及支持增加議席的兩項理據，我亦須在此提一提，不支持增加議席的主要理據。他們擔心如果我們增加議席，例如增加十個立法會議

席，如果有一半是功能界別的議席的話，對此有保留的人便擔心，這一步會為未來邁向普選這個最終目標設置更多障礙。

不過，我們其實沒有需要在這階段抹煞這個可能性，新增的議席不論是直選或是功能議席，其代表性、組別和基礎，我們都可以討論，惟這是一個有需要大家在立法會內外繼續探討，才可以達成共識的議題。

接着，我談談很多議員提及的普選模式。其實，我們在第四號報告中提出了兩個有關連性的長遠課題，即立法會的普選模式和功能界別的未來路向。

基本法對普選行政長官的安排有一個比較清楚的勾劃。第四十五條訂明須先由提名委員會經民主程序提名，然後以普選產生行政長官。可是，對於普選立法會，基本法第六十八條表示最終目標是全部議員由普選產生，模式是不清楚的。

普選一個議會可以採用多種模式進行，可以是直選的普選，間選都可以是普選。

事實上，普選須符合「普及」和「平等」的原則，這一點我們是清楚的。普選的目標，傳統的「一人一票」分區直選的選舉，是達致〔至〕這理想、符合這原則的其中一種方式。

「條條大路通羅馬」，每個地方都有不同的歷史背景與社會狀況，有需要以不同的方式來解決問題。如果有一個普選的模式，既能符合「普及」和「平等」的原則，又符合香港本身的情況，我們不應在現階段便否定其可能性。

在上一階段的諮詢期間，有意見指出，長遠而言，可以考慮由專業團體、工會、商會等提名數名功能界別的候選人，再由市民以「一人一票」選出業界的代表。這是一種建議，我們只是在第四號報告中反映這些意見。其實，以前李家祥議員也提及過類似的模式，也有不同人士提出可設立兩院制，以保留功能界別在議會內的代表性及聲音。

李卓人議員非常擔心，亦非常關心這套意見是否只關乎立法會的選舉，而不是為將來行政長官選舉提名委員會的模式鋪路。我可以清楚告訴李卓人議員，我們在第四號報告所反映的意見，是關乎立法會選舉的意見，而不是關乎行政長官選舉提名委員會的意見。

雖然我們在處理二〇〇七及二〇〇八年兩個選舉辦法時，無須就功能界別的長遠發展路向訂定一個定案，但我們相信在現階段多就這些議題作公開討論和深

入研究，將有助我們釐定二○○七及二○○八年的選舉模式，也有助我們考慮如何擴大這些選舉模式的代表性。

不少議員發言時都提到普選時間表的問題，他們希望有一個路線圖，說明香港長遠的政制發展，好讓各黨派都有所準備，作出部署，亦可避免香港每隔數年便要承受因政制討論而帶來的爭拗。

正如我們在第四號報告中指出，時間表是一個非常重要但亦非常複雜的課題，專責小組認為應在日後適當的時候才進一步處理時間表的問題。不過，我們會繼續聽取大家的意見，並會向中央反映大家提供的意見。

我們汲取了大家對上次諮詢安排的意見，將會作出調整，擴闊諮詢的範圍，使更多市民能參與我們的諮詢工作，表達意見。

在未來的三個月，我們會走遍十八個區議會，直接聽取各區區議員對政制發展的意見。昨天，我到過屯門區議會，明天我會到南區區議會。

此外，專責小組亦會委託民政事務總署舉辦公開論壇，歡迎有興趣的市民參與。我們亦會繼續安排地區研討會，讓來自不同背景和界別的參與者能深入探討個別議題。市民也可繼續透過電郵、傳真和其他郵寄方式，向我們提供書面意見。

主席女士，二○○七及二○○八年是我們邁向普選這個最終目標的一個重要里程碑和中轉站。我們不應該因為二○○七及二○○八年沒有普選，便放棄推動這兩個選舉制度向前發展的機會。不切實際的堅持，最終有可能導致兩個選舉制度原地踏步。這樣不是創造普選的條件，反而會因此背道而馳。

我可以說，在座六十位議員都是「民主派」，因為大家都支持民主，分別只在於對步伐的意見不一致，有些議員認為要走得快一些，有些則認為要走得比較穩健。

雖然有這樣的分歧，我希望大家原則上依然認同二○○七及二○○八年兩個選舉制度要進一步開放，讓更多香港市民能夠參與，增加議會和行政長官的代表性。這反映了香港市民的普遍願望。

詹培忠議員 —— 他剛巧不在席 —— 提醒特區政府，立場要鮮明。其實，我們每次在立法會進行有關政制發展的辯論時，我們也重申數項十分根本的原則：第一，香港不是一個主權的體制；第二，憲制修改的問題，並非單由香港自行決

定；第三，作為一個特別行政區，我們須按照基本法的授權辦事。因此，李柱銘議員指何時推動香港民主是單由香港決定，是誤導市民的。因為基本法的設計並非如是，基本法的設計是我們須有「三方共識」、「四面合作」，才能成事的。

「三方共識」便是立法會支持、行政長官同意和中央認可。張文光議員和民主派的朋友多次提到他們代表 62% 的選民，但與此同時，其他議員也代表 38% 的選民。基本法的設計並非只是由地區直選的意見來統攬一切。

「四面合作」是指在立法會內須得到三分之二議員的支持，因為立法會內有六十位議員，三十位是地區直選代表，另外三十位代表功能界別。因此，任何方案如要取得立法會內三分之二議員的支持，不可以地區意見獨大或是以功能界別意見獨大。在立法會內，我們有需要互相配合、互相支持，才可以推動政制發展的改革。

其實，要求「三方共識」、「四面合作」並不稀奇，世界各地如果要有憲制上的改革，都須通過數個關卡。此舉一方面可以保持憲制穩定，另一方面則可確保任何改革均有廣泛和比較深層的支持。因此，我們呼籲大家返回同一個起步點，就是根據人大常委會四月二十六日的決定和基本法，來考慮如何修改兩個選舉的產生辦法。

今天何俊仁議員提出過公投的意見，陳偉業議員也提出互信的重要性。要做好二○○七及二○○八年的工作，我們確實有需要與中央保持溝通和建立互相理解的關係。提出公投議案對建立互信沒有幫助，只會徒添障礙而已。因此，對於公投的議案，特區政府的立場是非常明確的，我們不會採納任何偏離基本法既定程序的方法來處理政制發展事宜。

主席女士，譚耀宗議員發言時提到南亞海嘯，令我想起在過去兩個星期，我看到不同政黨願意攜手合作，共同賑災，這顯示政黨之間是可以放低門戶之見，為香港共同做點實事的。

專責小組以至整個特區政府，絕不會放棄任何能改善兩個選舉制度的機會。我們衷心希望與議會內外各個政黨和其他人士共同努力，使香港社會在這數年為政制發展所做的準備工夫，最終能轉化為實質的成果，使兩個選舉制度變得更為開放，更符合香港社會的期望，使香港的民主進程更上一層樓。

2005 年 3 月 9 日
議案辯論：功能界別的弊端

湯家驊議員：

我今天提出這項議案，便是希望透過理性的討論，將功能界別違反民主原則的本質表露在公眾面前。首先，我有必要澄清，我所指的「功能界別」，是指由某一階層、業界或專業界別所選出來的代表制度。這個制度，在憲法上不公平、不民主，在政治上製造特權階級，在社會上增加分化不安。我會從以上三方面與各位同事探討功能界別的弊端。

我們先看一看憲法方面，不錯，基本法沒有對「普選」作出明確的定義，但它明顯地就政制發展訂下了一個民主進程。基本法第四十五條的內容，我想大家都很清楚。姬鵬飛主任在一九九九年的第七屆人大第三次會議上曾說：「特區原有政治體制須循序漸進地逐步發展至一個適合香港情況的民主制度。」特區政制發展須有一個朝向民主目標的進程，亦可以從基本法附件一及附件二看到。附件一第三段說明界別的劃分，以及各界別的委員名額須根據「民主、開放的原則」制定選舉法加以規定。我們從附件二亦可清楚看到，立法會內功能界別議席由第二屆的 36 人對直選代表的 24 人，遞減至今屆的 30 人對 30 人。

此外，基本法第三十九條引入《公民權利及政治權利國際公約》。《公約》的前文已明確說明：人人平等的基本原則，是世界自由正義與和平的基礎。《公約》第二條訂明，所有締約國所管轄的人，無分社會階級、財產及其他身份，一律享受公約所確認的權利。第二十六條亦訂明：人人在法律上平等，應受法律平等保護而無所歧視，而第二十五條更清楚指出，任何人無分區別，不應受無理的限制，應有均等的權利和機會：一、直接或經自由選擇的代表參與政事；二、在真正、定期之選舉中投票和被選，選舉權必須普及而平等；三、以一般平等之條件，服本國公職。我們不要忘記，聯合國於一九九九年評論中國第一份有關特區

人權狀況的報告書時指出，香港實行的功能界別制度，並不符合我剛才讀出的
《公約》第二、二十五和二十六條的規定。在邏輯上，我們亦不能想像，一個只有
個別界別成員才可以選出參政代表的制度，怎能說成是一個普及而平等的制度？
更何況，在這些界別中，只有操縱公司或團體的人才有權投票，這些人亦可以透
過成立子公司或關聯公司得到多張選票；反而在界別內任職的人士，卻沒有權投
票。在憲制上，這是一個極不民主和極不公平的制度。無論在立法會選舉或行政
長官選舉方面，如果還增設功能界別代表，便等於向普選方向開倒車。

在政治方面，將選舉權和參政權放在一小撮人手中，會使政治勢力被這一小
撮人所壟斷，製造特權階級。從近期各個未有議會代表的界別，都在這個議會內
外，積極爭取成為新增認可界別，便可以看到功能界別不公平的問題：究竟有甚
麼客觀準則可決定某一個界別比其他界別更成熟、更有資格或比其他團體更有權
利參政？

在本議會的聽證會上，我們多次聽到多個希望爭取設立新增功能界別的團體
代表，花盡唇舌、用盡心機來解釋他們的建議是怎樣公平。但是，這些都是花言
巧語，似乎他們均忽略了一個最基本的問題，便是究竟普選是意味着所有議席應
由直選產生，還是應由功能團體代表產生？如果答案是由直選產生，那麼，增加
功能界別議席又怎能幫助邁向普選呢？

在社會方面，功能界別所引起的社會問題亦不容忽視。顧名思義，絕大多數
的功能界別代表皆會將界別的利益置於第一位，對於關乎特區整體社會及民生等
的重要議題，他們都不甚熱衷。特別是當業界利益與整體市民利益存在矛盾時，
大部分這些代表都會因為害怕業界的責難而捨棄社會的整體利益，致令很多重要
的社會民生課題未能在議會內得到共識或有效地解決，社會的問題加深，爭拗及
分化也會日益惡化，政府的管治亦越來越困難。

在選舉行政長官方面，我們看到功能界別代表更佔據了選舉委員會的絕大
多數。現時該八百人中，只有直選議員才能真正代表民意。行政長官所面對的選
民，是這些界別的代表而並非廣大市民。行政長官在管治上出現偏聽，甚至勾結
的情況在過去數年比比皆是，因而令社會更分化，令人覺得更不公平，甚至引致
多人上街，造成不穩定。在這種情況下，提議立法會和選舉委員會方面增設功能
界別代表只會進一步令社會出現更不平衡和分化。

由此可見，功能界別是個充滿矛盾及荒謬的選舉制度。無論在立法會或選舉委員會，增加功能界別代表都是違反基本法所說的循序漸進及民主普選體制的基本原則。不論從哪一個角度看，增加功能界別議席都是與最終達致〔至〕普選的目標背道而馳，絕不是政改應朝的方向。

湯家驊議員動議的議案如下：

「本會認為任何涉及增加立法會功能界別議席及選舉委員會中代表功能界別的委員數目的政制改革方案，皆違背《基本法》第四十五條及第六十八條所訂定，按照『循序漸進』及『實際情況』的原則以達至普選的目標；並要求政府在政制發展專責小組第五號報告中明確表明，將來提出的任何所謂『主流方案』，都不會包括增加立法會功能界別議席及選舉委員會中代表功能界別的委員數目的建議。」

（主席宣布原議案及郭家麒的修正案合併辯論）

郭家麒議員：

湯家驊議員的議案其實清楚顯示，我們不希望，也不能接受在將來的主流方案內增加功能界別議席。可是，我回心一想，這些折衷方法其實也是我們委曲求存的一種方式。湯家驊議員的提案，其實間接回應了人大去年四二六對香港政制判死刑的這一招，明知四二六的解釋〔決定〕是說明將來不但沒有普選，並說明將來任何改動或增加直選議員的議席時，必須增加功能界別議席，可能便是這個「金鋼箍」令湯家驊議員無法不提出這個要求，寧願甚麼也不要，一拍兩散，寧願不增加功能界別議席，也希望維持香港走向民主發展的道路。

正正是這一點，很多同事也提過，這或許只是一個「只破不立」的議案，究竟我們應該爭取些甚麼呢？是否一拍兩散，只破不立？還是繼續爭取我們不曾放棄過的二〇〇七及二〇〇八年普選呢？我對此沒有一定的答案，我可以告訴你，我直至今天仍然支持二〇〇七及二〇〇八年普選，只是在討論過程中，我們的選擇確實不多；如果我們可以繼續支持二〇〇七及二〇〇八年普選，我們是一定不

會放棄的，但政府或中央政府的回應便是提供四二六釋法〔決定〕，在我們身上施加「金鋼箍」。如果我們將要求定為不增加功能界別議席，我們又要再想一想將來如何開展政制改革、民主進程又如何、將來會否增加直選議席？我們是否就此將所有的要求或想法束之腦後，不再考慮呢？我提出這項修正案，是希望大家也思考一下將來的政制發展方向。

四二六的決定，已漸漸成為不可修改的鐵律規條，我們現時的政治正正是所謂「鳥籠政治」，最可憐的是鳥籠外還要加上一把鎖。香港人未來的民主只能在鳥籠內振翅伸展，最多只能原地踏步，但卻插翼難飛，我們是否註定要唯命是從地跟從行政長官的治港班子牢牢地固守籠內，還是要勇敢地往前走一步？

湯家驊議員的原議案跟大家的看法一樣，給我們一種很無奈的感覺，因為四二六的僵化釋法〔決定〕限定了我們的政改面目，既然功能界別和分區直選的議席各佔一半的比例維持不變，我們唯今之計是否最好劃〔畫〕地為牢，自動收起羽翼？當然，我們面對形勢格禁，形勢較人弱的時候，我們真是無力還招的。我們現時最後的底價，可能只是要求政府在政制發展專責小組第五號報告內提出主流方案時，不能、也不容許增加立法會的功能界別議席或選舉委員會內代表功能界別的委員數目。

「一國兩制」、「港人治港」、「高度自治」、「全面普選」其實全部已不存在，全部也走進了死胡同，我們已走入「死角位」，沒有轉彎的餘地。香港人自九七後，徹底地變成「籠養雞」，即使有毛也不能飛。當我考慮這項修正案時，也想到一些困難的局面。我在修正湯家驊議員的議案時，我發覺我們似乎已接受了四二六釋法〔決定〕，將民主判了死刑，猶如將民主冰鮮的宣判一樣。我當時考慮的目的只有一個，便是希望為普選解凍，所以便就這項原議案提出補充修正案。

我在這數天不斷思考，亦有很多民主派朋友跟我說，是否還有其他的選擇。我重溫香港的民主歷程後亦感到很諷刺，因為我這項修正案就如五十步笑一百步般，是有理由我會被人質疑是否已經放棄二〇〇七及二〇〇八年雙普選、是否已經「轉軌」接受政改中途站方案，但我想告訴大家，答案是否定的，我仍然完全無悔地支持二〇〇七及二〇〇八年普選。我們一定要掙破現時的牢籠規限，一定要面對政制改革，以及將來處理普選的問題。我作為香港人，感到相當難

過，我們這一代盼望民主普選，到了今天，卻從未曾品嚐過，而這個享有自由經濟、資訊發達、市民安居樂業、由小康到相對富裕、成為國際都市的這個現代城市 —— 香港，居然無法享受民主。香港經過兩次七一遊行，即使超過五十萬人宣洩不滿，亦不能改變這事實。

這是個折衷主義的提議，擴大功能界別的選民基礎 —— 或許將來會有擴大功能界別的選民基礎的細節，但小修小補幫不了香港。我明知提出不增加功能界別的議席，而增加直選議席的提議，是違反了四二六的決定，我是知道的，但我們是否對着這個四二六的決定而不作出修改呢？答案當然是否定的，即使我不能估計今次的表決結果如何，但我仍希望所有為香港民主化的同事也要想一想，我們要求（或將來要求）的民主政制是不能放棄的。多謝主席。

郭家麒議員動議的修正案如下：

「在『都不會包括增加立法會功能界別議席及選舉委員會中代表功能界別的委員數目的建議』之後加上『；此外，為達至普選的目標，報告亦應訂明在不增加功能界別議席的基礎下，增加地方選區議席數目的具體建議。』」

（編者注：修正後的議案內容如下：

「本會認為任何涉及增加立法會功能界別議席及選舉委員會中代表功能界別的委員數目的政制改革方案，皆違背《基本法》第四十五條及第六十八條所訂定，按照『循序漸進』及『實際情況』的原則以達至普選的目標；並要求政府在政制發展專責小組第五號報告中明確表明，將來提出的任何所謂『主流方案』，都不會包括增加立法會功能界別議席及選舉委員會中代表功能界別的委員數目的建議；此外，為達至普選的目標，報告亦應訂明在不增加功能界別議席的基礎下，增加地方選區議席數目的具體建議。」）

劉千石議員：

主席，1985 年，殖民地立法局首次引入功能團體議席，至今已經有整整二十

年。這種將界別利益，制度化成為政治特權的政制安排，其實早應該被打入歷史冷宮，但到了今天，香港人仍要辯論應否增加功能議席的問題，這實在是悲哀和遺憾。

有人說，民主派反對增加功能議席，只是因為對民主派沒有「着數」，未能夠分到一杯羹。我不同意這種說法。首先，民主派一樣可以贏得功能議席，例如去年九月立法會選舉，民主派便成功在會計界首次取得議席。此外，修改基本法附件二增加功能議席，需要立法會三分二議員支持，泛民主派擁有 25 票，如果民主派有意的話，是有足夠實力來玩一場「分餅仔」遊戲，要取得數個為民主派度身訂造的功能議席，絕非難事。

民主派反對增加功能議席，並不是計算議席得失，也不應該計算議席的得失，而是從原則上質疑這種政制安排。功能議席的本質，便是反民主，透過保障個別既得利益者的特權，令代表社會上大多數人的政黨或團體，永遠不能夠取得議會的主導和控制權。

主席，歷史上只有少數國家曾經用這種功能議席的制度。最著名的例子，是墨索里尼和佛朗哥的法西斯政權。在二戰期間，墨索里尼治下的意大利，按職業和行業管轄國家，國會議席亦按此比例劃分。名義上是消除階級衝突，但勞方不得推舉領袖，政府實際上是以勞資仲裁人之名，行資方代言人之實。這種將國家等同企業的制度，與人民當家作主的民主政制是完全背道而馳。

另一個採用功能團體的例子，是當年在上海公共租界、稱為「工部局」的市政管理機關。歐洲列強採用這種制度的目的，是要確保他們可以操控議會。當年帝國主義欺壓中國的標記，無論是民主派或其他愛國人士，也沒有理由把這個制度在特區發揚光大，否則就是對歷史的嘲諷。

主席，我想強調功能議席最危險的地方，就是強把市民分組分派，按不同的界別利益將市民分隔，而不是聯合人民力量為集體福祉而努力。功能議席的邏輯，是越能夠為自己的組別爭取利益，便越成功，界別的利益往往凌駕整體利益之上。即使有人建議擴大選民基礎，也不能夠改變功能議席將市民按界別利益分割的本質。所以，即使是「新九組」方案，原則上也不能夠接受。

增加功能界別議席，亦即是增加利益「甜頭」，只會吸引更多界別要求分一杯羹，結果就是越來越多人偏重個別利益，社會整體利益必然受損。況且，社會

上多一個政治特權階層、多一個既得利益界別，邁向普選之路也便多一重障礙，不符合循序漸進達致〔至〕普選的原則。

楊森議員：

主席女士，基本法第四十五條規定，「行政長官的產生辦法根據香港特別行政區的實際情況和循序漸進的原則而規定，最終達至由一個有廣泛代表性的提名委員會按民主程序提名後普選產生的目標。」

基本法第六十八條亦規定，「立法會的產生辦法根據香港特別行政區的實際情況和循序漸進的原則而規定，最終達至全部議員由普選產生的目標。」

按基本法附件一及附件二的相關規定，「2007 年的行政長官，以及 2007 年以後的立法會選舉，如需修改，須經立法會全體議員三分之二多數通過，行政長官同意，並報全國人民代表大會常務委員會批准或備案。」前者為涉及行政長官的任命，後者為涉及立法會的產生。

清楚不過的是，在法理上，香港特別行政區是可以於二○○七年普選行政長官，而於二○○八年普選全部立法會議員。

從特區實際情況的原則考慮，我們看到過去多年以來的民意調查，以及過去兩年的七一遊行，均反映出特區社會已有很清楚的民意共識；特區的行政長官及立法會全部議員應該盡快由普選產生。事實上，特區的主流方案就是二○○七年普選行政長官，以二○○八年普選全部立法會議員。

再從循序漸進的原則考慮，香港的前立法局於一九八五年引入選舉制度，當時功能界別選出 12 名立法局議員，另由市政局及區域市政局各選出 1 名立法局議員，區議會則負責選出 10 名立法局議員。及至一九九一年，前立法局第一次有地方直選，地方選舉選出 18 名立法局議員，而功能界別議席則增至 21 個。直至一九九五年，前立法局才全部由選舉產生，取消委任議席，即 30 席由功能界別選出、20 席由地方選舉選出，以及 10 席由選舉委員會選出。縱觀這段歷史，主席女士，特區於二○○八年才有立法會全面普選，根本完全符合循序漸進的原則，其實很多港人也認為這樣已是很遲的了！

因為中央的政治干預，於二○○四年四月，人大常委會先做了「釋法」，後

做了「四二六決定」，粗暴否決二〇〇七及二〇〇八年雙普選的建議，特區才陷於民主進程倒退的局面。政制發展專責小組第四號報告指出，「有許多意見認為應於 2007 年實行普選行政長官，由於此建議不符合全國人大常委會的決定，專責小組不會進一步處理。」相若的內容見於二〇〇八年實行普選全部立法會議員。

立法會政制事務委員會的聽證會上，很多團體到立法會提出意見，他們提出所謂「中間方案」時，也強調他們基本上是支持二〇〇七及二〇〇八年雙普選，只因為人大常委會已作出決定，他們才提出中間方案。他們可能不知道，這樣做只會幫助反對普選的人士，繼續有藉口保留功能界別，繼續反對普選。但是，無論如何，政制發展專責小組的報告，以及團體的發言，均反映香港是支持二〇〇七及二〇〇八年雙普選，只是中央反對。

目前的功能界別，基本上是一個政治特權，絕大部分是小圈子選舉，扣除 4 個最大的功能界別，例如教育界等，其餘 26 個功能界別的選民人數加起來也不足 6 萬人。部分功能界別更只容許公司和團體做登記選民。試想想，香港約有 288 萬名僱員，但 519 個工會領袖便包辦了勞工界的選舉；保險業界有約 4 萬名從業員，只有 161 個保險公司代表可以選舉保險界的議員；金融業有近 14 萬名從業員，只有 154 個銀行要員壟斷金融界的選舉；還有漁農界、航運界等，我也無謂再數下去。很多時候，行內人根本也不是選民，亦會出現集團最高負責人一人可操控很多票的情況，若這樣的政治特權還可繼續在香港出現，其實是對香港人一個很大的侮辱。

目前的地區普選約有 300 萬名選民，只可選出 30 名立法會議員，但功能界別的 30 個議席卻只由不足 20 萬名選民選出，根本是違反所謂「均衡參與」的原則。主席女士，我強調功能團體議席是一個政治特權，應該盡快被普選取代。

保留功能界別或增加任何功能界別議席，只會造成更多利益既得者，為達至普選設立更多障礙和關卡，民主黨支持原議案，反對修正案，最主要原因，是郭家麒議員認為在不增加功能界別議席的前提下增加直選議席，這無疑是放棄普選而變成一個中間方案。我們希望二十五位民主派的議員，也能夠堅持我們二〇〇七及二〇〇八年普選的原則，繼續抗拒政府將會提出的所謂「主流方案」。我想這場仗還有一段很長的路，我們應該堅持下去，一同合力反對政府的所謂「主流

方案」；亦希望能夠引起民眾對普選進一步關注，為香港明天走出積極的一步。
主席女士，謹此陳辭。

何鍾泰議員（譯文）：

主席女士，早日落實普選，是應該值得支持的。不過，我們不應罔顧實際情況而倉卒推行全面普選。我們必須根據基本法第四十五條及第六十八條的規定，按「循序漸進」的原則來達致〔至〕普選的目標。

毫無疑問，上述規定確保香港在一九九七年回歸中國後能順利過渡。為了邁向普選這最終目標，分區選舉的議席數目已由第一屆立法會的二十席增加至本屆的三十席，履行了基本法所載的承諾和規定。

隨着本屆立法會取消了所有由選舉委員會產生的議席，功能界別的代表在這議會中保持一股重要的穩定力量。除了在有關的範圍內提供專門見識外，功能界別代表往往能以他們的專業意見及經驗，就廣泛的事務提出較持平的觀點，而不是只傾向政治上的考慮。雖然在最近的選舉中，政黨劇烈競爭功能界別議席，但並無證據顯示具政黨背景的候選人較其他競選對手佔優。事實上，獨立候選人在一些功能界別中始終獲得較大的支持。

功能界別的選民數目受一定限制，向來是爭論的焦點。為了解決這問題，我認為應該擴大功能界別的選民基礎，以增加代表性。以工程功能界別為例，現時有超過一萬名合資格選民，但是，如果香港工程師學會的初級會員及仲會員也可加入成為選民，選民數目便可以增加至二三萬，甚或更多。初級會員是那些持有認可大學學位的人，而仲會員則基本上是持有副學位或各類文憑的技術人員。當然，個別功能界別，包括工程功能界別，必須就這問題詳加討論。

擴大功能界別的選民基礎，無疑不能代替普選。可是，此舉肯定是在這過渡階段向前踏出了一步，並且符合基本法所訂的「循序漸進」原則。

主席女士，中國古語有云：「欲速則不達」。這會否是我們如何達致〔至〕普選目標的理想座右銘？

李國英議員：

香港的功能界別選舉制度是政治和歷史發展的產物，自從一九八五年確立後，一直引來不少的討論和爭議，有人認為功能界別一無是處，更有人視為是香港政治制度不民主的標記。

部分人士對功能界別之所以有誤解，是因為他們未有真正瞭解功能界別選舉制度背後的重大意義，就是要達致〔至〕均衡參與的原則。引用代議政制白皮書的說法，「目標是使在社會、經濟和職業等背景上，有共通利益的各個主要階層，都有代表出席立法局。」

事實上，多年來功能界別的議員憑着他們本身的專業知識和經驗，為提升議會的議政水平作出了不少貢獻。在座的四十五條關注組成員吳靄儀議員，民主派的其中一位政治明星，正正是循功能界別的法律界選出。事實上，今屆的功能界別代表確實令人精神一振。可見，功能界別選舉制度，只要運作得宜，亦能人才輩出，令議事堂人才濟濟，對促進議會的專業知識水平起了正面和穩定性的重大作用。

　　……

基於香港現時的實際情況和循序漸進的大原則下，如果我們認為功能界別選舉制度有不足之處，就應務實地提出各項建議加以改善制度上的漏洞。正如民建聯便支持在現行的功能界別體制下，增加五個議席，既可擴大功能界別的代表性，又可讓過往一些被摒除於體制外的專業，例如中醫界等，在議會中也有他們的聲音，為特區政府出謀獻策。

理性的從政者是絕不會因一時的意氣而因噎廢食，只懂得盲目地反對功能界別議席的增加，而未有為政制發展提出更好的良方妙藥。

堅持不增加功能界別議席，勢將令我們離直選之路越來越遠。因為按人大常委會在二〇〇四年四月二十六日作出的決定，二〇〇八年的立法會選舉，不實行全部議員由普選產生的辦法，當中，功能界別團體和分區直選產生的議員各佔半數的比例將維持不變。

這就是說，若功能界別議席沒有增加，相應地直選議席也不能擴大，屆時，特區的立法會選舉制度將原地踏步，令我們邁向直選之路更渺茫。

　　基於尊重人大決定的精神，最佳的方法就是增加功能界別議席，使直選議席也能相應增加，逐步擴大立法會的代表性。立法會在二〇〇八年不能實行直選的情況下，增加功能界別議席確為一個務實和容易為廣大民眾接納的方案。

　　總的來說，普選是我們香港未來政治體制的出路，此原則在基本法中亦得到肯定。為了使普選之日盡快來臨，我絕不希望有任何人士盲目地反對增加功能界別議席，寧願香港政制發展原地踏步。這種做法，只會白白浪費了改進現時政制的黃金機會，使我們的政治發展裹足不前。

梁國雄議員：

　　……談到功能界別的弊端，真的是老生常談。其實，從中學到大學，很多政治教課書也提到這課題，議會仍對這議題進行討論，簡直是荒謬。議會竟然違反常識（common sense），為何會這樣呢？因為有些權力正凌駕這個議會，使它違反常理而行。

　　劉千石議員提到墨索里尼，其實，他無須列舉這麼久遠的例子。印尼便發生過這事情，就是在蘇哈托被推翻之前。為功能界別辯護，其實是侮辱中國的制度。中國的制度是政治有雙會議，與全國人大代表分開，無論功能團體也好，甚麼也好，可以提出，說過後人大聽到，也不會混為一談的，這是兩院制。你是中國人，你愛國，所以即使不相信人大那一套，也不應在議會中侮辱自己的國家，因為我們的國家是不會實行這一套的。諮詢歸諮詢，諮詢是另一回事。英國上議院以前有否決下議院的權力，這是貴族政治的濫殤，現在也廢除了。曾經有一位上議院議員邀請了一位貴賓旁聽，卻因為那位貴賓攪事，被 foul 了，他還要捱罵。

　　現時這裏究竟搞甚麼呢？採用了夾雜中英制度的雜種，是最差的制度，你們為一個在歷史教課書中被譴責、在人類歷史上被譴責的制度辯護，是否覺得醜呢？

　　因此，我希望二十五位泛民主派議員無謂再在這議會上爭取了。我們應該勇敢一點，直面權貴，上北京告訴國家領導人，功能界別的選舉 —— 尤其是以法人團體選出的 —— 是極腐朽的。他們最初是受誤導，尤其受到即將離任的董建華所

誤導，他們是看不清楚。所以，人大常委去年的四二六決議是錯誤的，保留了一個包括不用自然人，而用法人選出來的功能界別的制度，完全是開歷史倒車，是不能容忍的。

楊孝華議員：

主席女士，全國人民代表大會常務委員會在去年四月二十六日，就二〇〇八年立法會產生辦法作出了權威性的決定，其中的一個主要精神是維持現有立法會內，地區直選與功能界別議席數目，各佔一半的比例，而且明確指出，如要增加立法會議席，便要同時增加地區直選和功能界別的議席，此外，基本法所規定行政長官和立法會最終全面普選產生的目標，並沒有改變。

但是，現在湯家驊議員卻向我們說，增加功能界別議席數目，是違反基本法，因為它不符合基本法規定政制發展要按照循序漸進和按照實際情況的原則，以達致〔至〕普選的目標。本人想問一問，人大常委會的決定是否也違反基本法呢？湯議員對基本法的演繹，是否比人大常委會更具有權威性呢？

其實，湯議員的意圖很清楚，便是要求一個原地踏步的方案，認為功能界別有這樣那樣的弊端，不准二〇〇八年增加功能界別議席數目，間接令直選議席也不能增加，又或因此令選委會無法加強其認受性，令政制發展無法寸進。不過，我要指出，基本法規定政制發展要循序漸進，即是要有「進展」，所以自由黨堅決反對原地踏步，因為這才是違反基本法。

基本法第四十五條寫得很清楚，即使行政長官最終由普選產生，也是要由一個「有廣泛代表性的提名委員會按民主程序提名」，卻沒有要求選委會要由普選產生。反而，提名委員會如何做到具備廣泛代表性，正是我們須多加考慮的地方，如果連提名委員會內的功能界別成分都不能增加，又怎可保證這個委員會是符合均衡參與的目標呢？

究竟我們應如何增加選委會的代表性呢？例如增加選委會人數，增加選委會代表的選民基礎，其實有很大的討論空間，自由黨一向主張提高選委會的認受性及公信力，人數可以由 800 人增加至 1,200 人或 1,600 人，選民基礎可以由現在的十六多萬倍增至三十多萬人。但是，不討論這些問題，一開始便為選委會的組成

方法預設條件，這是實事求是、理性的討論態度嗎？

主席女士，由港英年代到回歸後，功能界別議員都是立法機關內不可或缺的組成部分。多年來，功能界別產生了多位傑出的立法會議員，無論在立法的工作上、監督政府施政，或是反映市民的訴求，均作出了巨大的貢獻。

增加功能界別議席，無形中亦可以使更多市民，同時透過地區直選和功能界別，更多地參與選舉，總體效果也可以擴大民主參與的成分。此外，工商界亦可以有更多參政平台，讓他們有時間建立政績，爭取在地區直選出線，像自由黨正副主席田北俊及周梁淑怡議員便是好例子。功能界別議席，從積極角度看，亦可以為香港培養更多政治人才，為早日全面普選打下良好的基礎。

政府政制發展專責小組正就四號報告諮詢社會各界意見，並準備在今年年中發表五號報告，提出一個主流方案。當社會各界正在積極就香港的政制發展提供意見的時候，諮詢期尚未結束，民主派議員現在要為諮詢設下前提，這種做法是否尊重民意呢？

至於郭家麒議員的修正案，要求在不增加功能界別議席的情況下，增加直選議席，這與人大常委會的決定更是南轅北轍，自由黨是不會支持的。

主席女士，我們明白很多市民對人大常委會否決二〇〇七及二〇〇八年普選感到失望。但是，這並不表示我們甚麼也不要做，我相信不少市民仍希望大家能夠務實一些，集中精神、以實事求是、理性的態度，改善現行的制度，為將來全面普選做好準備。

由於修改行政長官及立法會產生辦法，須得立法會三分之二議員的支持，但民主派至今仍然一步也不肯退讓，所以如果政制發展最終真的不幸原地踏步，民主派議員將要負上全部責任。

黃定光議員：

主席，立法會議員分開地區直選與功能界別議員各佔一半這種格局，保證了立法會內各階層、各界別、各方面都有自己的代表，既能保護香港廣大市民，包括勞工階層的利益，又能保護工商和專業界別利益，符合香港實際情況和均衡參與的原則。

　　湯家驊議員的原議案內提到基本法第四十五和六十八條，按照「循序漸進」和「實際情況」的原則以達致〔至〕普選的目標。的確，循序漸進地發展香港的民主，是基本法規定的一項重要原則，即從香港實際情況出發和須循序漸進。這兩個問題必須相輔相成，聯繫起來，同時根據香港實際情況，不能冒進。

　　因此，根據實際情況而言，香港是個多階層、多文化的利益多元化社會，資本主義經濟的發展和繁榮穩定，離不開工商界和社會各階層，全香港市民的努力，故此在政治上和經濟上均須兼顧各階層的利益，合理地分享所創造的財富和經濟成果。

　　正如上述所說，社會上有不同階層市民，層面複雜。當政府推出新政策時必然牽涉到不同人士利益，不一定可取得各方支持，除了分區直選議員代表普羅大眾在議會上發表意見爭取利益外，工商和專業的功能界別的議員，也可以從另一角度提出較深層次的技術問題和更專業意見，讓大家能就問題廣泛地深入討論，平衡各方利益，使社會不同層面都有所發展而不被阻礙，達致〔至〕皆大歡喜。

　　以我所屬的「進出口界」為例，無論是前任的許長青議員或我自己均非常關注本身界別的發展，許長青先生過去曾擔任香港出口信用保險局 CEPA 諮詢小組主席，幫助業界在 CEPA 下爭取更多商機；並且極關注中小型企業的權益和發展，邀請學者撰寫兩份有關中小型企業發展的研究報告，最終促使政府設置「中小企業信貸基金」，面對內地貨運業發展的壓力，貨櫃碼頭管理費和物流業發展等問題也不時跟進。現在我將秉承許長青先生的志願，專注爭取業界的權益和發展，促進中港兩地企業的優勢互補，並按時與業界聚會，聽取意見，盡量發揮本身的作用。

　　另一方面，湯家驊議員指普選就是「一人一票」，但我認為亦應同時考慮循序漸進的原則，不能一蹴即就，必須令人們對普選有深入的認識和有健全的選舉機制。在台灣的領導人曾自詡台灣是全亞洲最民主的地方之一，他們都是由所有人「一人一票」所選出；然而他們的「黑金」政治也是非常「聞名」的，而且已是公開的秘密，更有人將之拍攝成電影。這點令人想到「一人一票」的選舉又如何？是否真正的做到百分之一百反映民意呢？這是否全世界最好的選舉方法呢？

　　再說，有人指「一人一票」就是普選，公民透過每人一票方式，參與公共事

務，但「普選」是否等於「一人一票」兩者劃上等號呢？按基本法的規定，亦沒有說明「普選」便等於「一人一票」。普選還有其他的「一人一票」模式，包括間選，只要符合「普及」和「平等」的選舉原則，又切合香港本身的情況，也可以說是普選的模式。有人建議認為可由功能或專業團體提名候選人，再由全港選民普選產生，這是普選模式其中之一，也可保留功能界別。社會可就各方面的情況作廣泛討論。最重要是大家都能從怎樣才是為香港最好的方向來考慮。

梁耀忠議員：

主席，我必須強調，基本法內列明政制必須循序漸進，最終達至全面普選。根據這兩點，我覺得去年的人大釋法，決定維持功能界別選舉，更特別促使地區直選及功能界別的議席各自參半，明顯是違反了基本法的有關規定。不過，無論怎樣，更令人感到傷痛的，便是梁司長和林局長竟然一而再再而三強調，功能界別也是一種普選形式，所以，他們基本上仍會保留功能界別選舉。林局長更特別強調，功能界別選舉並沒有違背基本法第六十八條，有關最終達至全面普選的原則。

主席，我當然絕對不同意這種說法。不過，即使我退讓一萬步，同意林局長的說法，但我認為問題依然存在，為甚麼呢？我記得政府是認同《公民權利和政治權利國際公約》中提出的平等參與公民權利，因此，我想問一問林局長，如果要體現平等參與，功能界別如何能達到這個效益、這個功能和這個原則呢？

主席，為何我這樣質疑林局長呢？只因為談到平等參與，我想提出的第一個問題便是，以目前的功能界別選舉來說，為何有些選民可擁有多於一張選票，揀選他們的立法會議員，但另一些選民則只有一張選票？如果這樣的情況持續下去，又是否所謂的平等參與呢？此外，為何有些界別可有他們的代表，但另一些卻又沒有呢？例如，有些議員剛才問，為何現在西醫有代表，但中醫卻沒有代表呢？這是否不平等參與呢？有人說既然沒有中醫代表，便爭取加入中醫界別的代表吧，但我便要問，傳統上是有 72 種行業的，是否每種行業也要有一名代表呢？如果這樣，我們便會有 72 位議員。可是，72 種行業只是根據傳統而言，今時今日，除了這 72 種行業外，還有很多不同的行業，那麼，怎樣才能普及呢？

所以，說到平等參與的權利，目前的功能界別又如何能達到這目標呢？有些人想出來參選但沒有資格，另一些人卻擁有不單止一票，選出他們的代表。主席，請問這樣又如何能達到平等參與權利呢？我實在看不到。所以，如果說現在的功能界別選舉是平等普及，也是普選的一種模式，我便真的覺得那只是在愚弄市民，並非真正討論一個實際存在的問題。

與此同時，令我更擔心的是，政府為何今時今日要強調必須保留功能界別呢？說到底 —— 現在有些人也在不斷談論的 —— 便是希望可制衡地區直選的議員。如果的確是這樣（實際上這是真的），這是甚麼意思呢？我們看到在這七年多八年的管治中，政府威信的磨滅，以至政府的錯誤政策，正正便是所謂以功能界別制衡地區直選議員所產生的後果，而這亦是一個惡果。政府是否很高興看到特區政府有這樣的結果……然後才心安理得呢？

譚香文議員：

具體來說，功能界別選舉最為人詬病的地方，便是小圈子的選舉模式。選民基礎薄弱，每位議員所能代表的民意又有多少呢？即使在一些選民人數較多的界別，例如有七萬七千多名選民的教育界、三萬五千多名選民的衞生服務界，以及有一萬七千多名選民的會計界等，選民基礎也不及地方直選。地方直選每個議席，最少也代表着數十萬名選民。選民過萬的界別尚且如此，何況更有一些界別只是代表一百幾十名選民的界別，例如金融界和漁農界。

缺乏代表性的選民基礎已經令功能界別選舉公信力大失，以團體或公司作投票單位，使部分功能界別為大老闆、特權階級服務的特點更為突出。身為選民的公司或團體代表，當然是以老闆的角度，或所屬團體的利益作為選擇候選人的準則。這樣選出來的議員會否照顧業內各階層從業員的利益呢？這將會是一個很大的疑問。

以飲食界為例，只有機構持牌人或代表才能成為選民，在前線的朋友，例如飲食界或旅遊界從業員，也被拒諸門外。當選的議員，會否給人一種只會為他的選民（就是那些老闆）爭權益，表達訴求的感覺呢？當然，當選者的想法未必是這樣，但選舉制度的先天缺陷，卻造成人們對議員的不信任或疑慮。

可能有人會問：「譚香文，你是循功能界別晉身立法會，為何對這個選舉模式批評得這麼激烈呢？」我可以告訴大家，我循功能界別入局，目的是為了進入建制來改變這個建制。我想推倒功能界別選舉，如果四年後有直選，我不介意四年後不當議員。如果我所屬的功能界別的這個議席落入一些希望功能界別永遠存在的人手上，又會怎樣呢？如果所有功能界別的議員也是眷戀功能界別，政改、雙普選又從何處談起呢？

主席女士，功能界別選舉明顯是一個發育不健全的制度，任由它存在已經不是好事。近來更有人提出一併增加地區直選和功能界別的立法會議席。他們又建議增加選舉委員會的委員數目，但每個界別必須按比例增加。這些建議表面上好像把政制向前推進一步，符合基本法循序漸進的原則，但細心想一想呢？從畸形的功能界別選舉出線的立法會議員或選委會委員，影響力依然和以前一樣。如果是這樣，政制有進步嗎？市民可以更廣泛，更普及參與嗎？

任何涉及增加功能界別席位的建議，很明顯都是偷換概念、混水摸魚的行徑。容許問題重重的功能界別發揮更大影響力，是否我們想看到的政改方向呢？容許小圈子選舉繼續存在，是政制發展的正確趨勢嗎？要徹底解決問題，只有實行全面普選。但是，如果全面普選未可以在這一刻實行，我們不可以，也不應容忍現存的功能界別選舉機制繼續存在，繼續讓部分人享有特權。我雖然有兩票，但是我不欣賞其中代表功能界別的票繼續剝奪所有人公平參與選舉的權利。

主席女士，取消功能界別，落實全面普選，是我的最終目標，無論付出甚麼，我也會堅持我的信念，推動香港的民主步伐。……

林健鋒議員：

主席女士，立法會功能界別選舉大約已有二十年歷史。一直以來，功能界別的議員，表現都得到很多人認同，而且在本港的整體經濟發展方向，以及促進各行各業發展方面，都給予政府不少寶貴的意見。

我相信大家都記得，首次功能界別選舉早於一九八五年舉行，在一九八四年發表的《代議政制綠皮書 —— 代議政制在香港的進一步發展》中便提到，成立功能界別的優點，在於使香港發展更具代表性的機制，並且確認公民之間的兩種

共同利益：第一，他們居住地所產生的共同利益；第二，他們職業所產生的共同利益。換言之，就是地方選區和功能界別，這樣便可以確保立法會有廣泛的代表性，兩者相輔相成，並且達致〔至〕均衡參與的目標。

回歸後，按照基本法，立法會的產生辦法是根據香港特別行政區政府的實際情況和循序漸進的原則而規定，發展至今屆，即特區第三屆立法會，有一半議席由功能團體選舉產生。這三十個來自二十八個不同功能界別的議席，包括勞工階層、工商界、不同的專業界別，最後選出來的議員均屬於不同的政黨或團體。

主席女士，循地區選舉產生的議員及功能界別選舉產生的議員，均同樣有充分的民意基礎，同樣扮演重要的角色，在議會內發揮重要作用，因此我實在不贊同今天的議案所提出，要規限功能界別發展的議席。

對於原議案建議，將來的政制改革方案，要訂明在不會增加功能界別議席，而修正案中更提到要在不增加功能界別議席的基礎下，增加地方選區議席數目。我希望議員明白，人大常委會在去年四月二十六日已清楚明確指出，二〇〇八年立法會功能界別與地區選舉的議席各佔半數的比例，會維持不變，我們實在不應再花時間引發一些無結果的爭論，更不要有法不依。大家應該在既定的框架下，制訂最適合香港人的方案。例如，現時功能界別的選民有大約二十萬人，我認為可以考慮增加選民人數，使功能界別選舉有更好的認受性和代表性。

功能界別的議員，過去均得到業界的支持，並且能代表所屬的業界，反映行業的意見，讓立法會聽取到各階層、各行業市民的聲音。我作為商界（第一）的界別代表，我時常都會參加香港總商會的不同會議，時常跟業內人士會面，與其他商界朋友會面次數，更是多不勝數，我們會就本港經濟、政府政策、業內關注的問題等交換意見，然後我會把這些意見反映予政府有關政策局。

政府過去成功爭取的自由行、CEPA 等新政策，業界便提出不少有用的建議，經代表工商界的議員在議會內反映，集思廣益，令政策更完善，使整體社會受益。如果將來要拋棄功能界別，而把功能界別議員說成是一無是處，試問這是否公道的做法呢？

2005 年 3 月 10 日
恢復議案辯論：功能界別的弊端

李國寶議員（譯文）：

表面看來，功能界別制度是不符合普選原則的。

可是，若要支持這項議案，我便必須多走一步。我必須表明增加功能界別議席並不符合基本法就實施普選所訂下的「循序漸進」原則。

於我而言，這是太大的一步。

事實上，我們如果妨礙功能界別制度的進一步發展，便等同否定這個可在下次選舉帶來「循序漸進」變革的重要制度。

引入功能界別制度的原意是協助立法會由全面委任的制度過渡至全民普選。

自一九九七年以來，分區直選議席一直穩定增加，而直選議員現已佔本會過半議席。

可是，在同一時間，功能界別的改革卻停滯不前。

因此，若要「循序漸進」，我們現在便必須改革功能界別制度。

擺在我們眼前的是進行有意義改革的機會；這些改革可改善我們的管治制度，因此，我們不能輕輕放過這機會。

首要的是，有關的改革應着眼於填補功能界別議員和直選議員之間的鴻溝。這些改革應鼓勵各政黨建立廣泛羣眾基礎，以吸納基層市民和商界人士。

在先進的經濟體系和民主地區，政黨擔當這一角色。具廣泛羣眾基礎的政黨是建立一個穩定、繁榮和民主的香港的先決條件。

本港一些政黨也已朝這方向發展。自由黨在較早前的選舉中已贏得兩個分區直選議席。民主建港聯盟和香港協進聯盟則已合而為一，首次把傳統親北京的基層市民和商界連成一線。

為加快進程，我們必須把功能界別制度的「界別」色彩淡化，讓它們更廣泛

地代表商界和社會其他階層的利益。

我們可透過開放現時各功能界別的選民範圍，或把多個功能界別的選民合併以達致〔至〕以上的目標。

這兩項改革均能促使全部功能界別議員培植其界別內和界別外的廣泛選民，而必然當選和無競爭對手的情況亦勢必絕跡。候選人因此必須依賴政黨的支援才能接觸到廣泛的選民，而亦正因如此，他們便有必要更積極地參與政黨政治和制訂黨綱。

鑒於這些改革，我認為沒有理由反對增加功能界別議席的數目。

可是，我必須附加兩項條件。新設的功能界別不能採用團體投票。新增的功能界別議席必須盡量反映這個不斷演變的民主社會。

舉例而言，可持續發展和環保已成為社會的重大關注事項，因此，環保和可持續發展界別應在立法會佔有議席。

政府不斷指出，擴充專上教育是社會發展的先決條件，因此，專上教育機構和學生應獲容許透過功能界別議席在政治過程中發出直接聲音。

會議展覽界別和證券交易所的上市公司均可競逐功能界別議席，但必須確保投票的是個人而不是團體。

我深信，大家也認同，政黨可協調社會不同利益，在政府與市民間擔當中介角色，以及充當民意的代言人。

政改建議應以理想效果為本；我們的焦點不應受到諸如這項議案所提及的次要事項所分散。因此，我反對這議案和修正案。

劉慧卿議員：

所以，如果我們要取消功能界別，我相信我們還有很多工夫要做，因為功能界別跟香港文化、以往的傳統等各方面很有關連，很多人覺得某人讀書很多，賺很多錢，有很高的社會地位時，他辦事一定比別人好。所以，他們覺得在社會上特別多給他一票，讓他擔任多個代表，也是可考慮的。我作為公民、社會一分子，當然會盡力去做，但我也會繼續告訴市民——我相信局長也應告訴市民——一個不是由普及而平等選舉選出來的政府，其承受性應受到一定的質疑。

所以，當司長和局長在最近在立法會說，「普選也可透過功能界別推舉一些人士出來參選」，這句話便非常轟動。我很高興看見最近（雖然遲了一點），當局也提交了報告予聯合國人權委員會。明年，該委員會將召開聆訊，屆時當局不單止要向香港交代，也要向國際社會交代。基本法內所說的普選是甚麼？是否真的並非每個人皆有分〔份〕參與，而只是每個有分〔份〕投票的人才可以呢？

最近，聯合國經濟社會文化委員會主席應邀來香港，我們也曾與他見面，雖然他們這羣人談論的是經、社、文的權利，但他們也很關心政治的權利，因為聯合國人員明白到如果政治權利不能得到體現，經、社、文的權利會否不受損？聯合國在下月會召開會議，主席，除非屆時香港亂作一團或有大事發生，否則，我也希望前往聯合國，無論是經社文委員會還是人權委員會，我也會告訴他們，我們香港人（或局長所說的「你們一部分人」）的想法——我是會告訴他們這是「很大部分人」的想法。早於主權移交以前，當時的人權委員會已說功能界別的選舉是違反《公民權利和政治權利國際公約》，雖然基本法內有所列明，但基本法也列明我們是會一直轉變的。

去年的四二六人大釋法〔決定〕，令我們即使是「循序漸進」也無法做得到，所以郭家麒議員提出修正案來挑戰這件事。我非常欽佩郭家麒議員肯站出來說中央政府的決定是錯誤的。我完全覺得香港人應有這種勇氣，不過，大家卻有點擔心郭議員這項修正案可能給予社會一項混淆的信息，主席，因為現時的信息已經混淆不清——連董建華先生今天下午會否宣布辭職也未能作實。不過，我已寫信給他，也寫信給主席，請他來立法會交代，看情形也會落空了。所以，主席，單從這件事來看，你我也知道行政長官、行政機關是怎樣看待立法會的了。

說回郭議員的修正案，正因為信息不清楚，亦不知道不清楚之處何在，主席，所以便有人擔心修正案可能有些類似中途站，儘管有些人說他看不見有中途站；總之不是徹徹底底的建議，便會令人擔心全面普選設有中途站。不過，當說到四二六釋法〔決定〕時，大家都表示反對，所以我覺得這點是沒問題的。

李國麟議員：

在功能界別方面，功能界別的設置，據以往的說法，目的是確保各界有均衡

參與的機會和維持社會穩定，但功能界別議席的設立，其實已經是不公平地將政治特權給予某些團體——像我們這些人，在精神上或原則上其實與民主進程相違背。如果再增加立法會功能界別議席，實際上只會擴大小圈子選舉的人數，對普選形成障礙，是民主發展的倒退。事實上，透過功能界別選出的議員，得到萬多票便能獲得議席的議員，跟在席透過直選取得議席的議員，要得到平均十萬名選民投票才得到一個議席比較，其民意基礎遠遠不及。因此，我們希望政府要落實逐步邁向民主，取消功能界別，而在未能取消之前，最低限度要減少功能界別議席，增加直選議席，才能加快民主步伐。

另一方面，單靠增加選舉委員會中代表功能界別的委員數目，意義亦不大，因為這只是一個擴大了的小圈子選舉，在小圈子裏多挑一些人出來當選舉委員會成員，增加的也只是其成員，對民主進程、選舉的代表性及認受性沒有幫助。取而代之的是，政府應該考慮大幅擴大選舉委員會選民的基礎，將功能界別的公司及團體票轉為個人票，希望將來規定每個功能界別的議席以一人一票產生，並非由公司票和團體票產生，藉此提升功能界別議員的民意基礎。

此外，雖然中央已經明確否定來屆行政長官由普選產生，機會等於零，但若能放寬提名資格，讓更多人參與競選，並擴大選舉委員會或改變其組成的方法，吸納更廣泛的民意，這些都屬正面的邁向民主的方向。在推動民主進程中，希望政府能就普選時間表定出清晰的方向，明確訂定最終達至普選的時間表及提出雙普選之下的政治架構。即使二〇〇七及二〇〇八年雙普選無望，亦希望盡快看到普選時間表，讓市民對政府邁向民主的承諾有指望及目標。

早前香港大學民意網站的研究報告指出香港絕對有條件進行普選，這證明香港人能成熟地表達自己的訴求，故此，我希望政府在政制發展專責小組第五號報告中明確表明，將來提出的任何所謂「主流方案」，均不會包括增加立法會功能界別議席及選舉委員會中代表功能界別的委員數目的建議。

單仲偕議員：

就功能界別的議員而言，在工作上事實上跟地區直選可能有相當多的不同地方。一般而言，當然是界別利益的問題。從另一個角度看，我當然不會認為

功能界別一無是處，事實上，我認為功能界別的同事在某些特定範疇內會有較豐富的學識、知識或經歷。他們在那個範疇中所能提供的意見，能更充分地表達。

然而，在一個社會中，我們不單止要凸顯某一種功能，我想強調的便是這點。外國採取的做法是實施兩院制，例如英國有兩院制，上議院和下議院，各有不同的分工。最近，似乎是工商專員，也問及香港會否推行兩院制。

我也曾經訪問歐盟，一些歐洲議會組織的架構很龐大，亦有類似的諮詢組織，在整個制訂政策或立法過程中吸納一些有工商界背景的人，但我想強調，這只是適用於吸納意見和吸收意見的過程，而並非決策的過程。

即使香港日後進行政制檢討，但對於今天提出要保留功能界別的同事的意見，其中一點是我也可以支持和認同的。即使將來有全面普選，政府也要保留一個吸納社會不同階層（特別是專業界別或工商界別）意見的機制，在制訂政策和制訂法律的過程中吸納他們的意見，因為吸納他們的專業意見其實是有需要的。不過，這項工作可以在政府不同的諮詢委員會和不同的專業諮詢架構方面彰顯出來。

當一個社會漸趨成熟時，正如香港一樣，我們大有條件可進行全面普選。關於這一點，我也希望局長能有機會研究一下所謂國際政治。根據一些政治的學術研究，南韓和台灣是在何時開始進行全面普選呢？便是當其國民生產總值達至每年 4,500 美元的時候。無獨有偶，南韓的分水嶺是一九八七年，台灣的分水嶺則是在一九八六年開始開放黨禁，接着便進行全面普選。這兩個國家開始進行全面普選的時間，其國民生產總值便剛到達 4,500 美元。

如果歷史會重演，我們偉大的社會主義祖國今年的 GDP per capita 大概是 1,100 美元。每年增長大概 9% 或 8%，以 Rule of 72 計算，大概十六年便應該可達至 4,400 元。現在是二〇〇五年，十六年後便應該是二〇二一年。中國的 GDP 在二〇二一年便可能會到 4,400 至 4,500 美元的水平；當然，我假設這十六年是順利的，沒有發生甚麼特別大政治風波的。

在這樣的基礎之下，香港其實是否有條件可以走快一步呢？我不太希望看見我們偉大的社會主義祖國的民主進程，比我們香港還要快。

李永達議員：

⋯⋯我個人覺得我們一定要找出一個方法，不是要再拖，方法就是如果進行普選的時候，要令普選的制度符合以下各點：

第一、大體上有均衡的參與。民主黨曾建議政府考慮採用德國的制度，德國的制度包括分區直選和比例代表制，比例代表制是在整個德國實行的。我相信、甚至計算過，如果採用此制度，即使商界中言論比較出位的朋友以至印巴籍人士，皆有機會在立法會有其代表，總之只要是香港的永久性居民即可。換句話說，這種設計本身是可以在普選裏實行，令工商界和專業界的人有贏得選舉的機會。這個制度是沒有需要透過功能界別進行的，有很多國家已證明這是可行的。林局長也知道德國這個經驗，即使是很激進的綠黨，有時候，他們也可以在國會裏佔有 3% 至 5% 的議席。所以這個立論是不正確的。

如果立法會中不能夠讓所有行業皆有代表 —— 其實世界上沒有甚麼國會能夠讓所有行業皆有代表的 —— 唯一的方法便只有靠國會以下的制度和政府的制度來吸納各行業的意見，而這是可以成功做到的。

第三點是我現時最擔心的，就是中央政府仍然是未被說服制度是比人更重要。我們看到很多例子顯示中央政府是看不出制度是比人更重要，它總覺得人比較重要。所以，很多時候，它覺得總之能物色到賢人便行。我們現在談論董先生的辭職，稍後會進行選舉，大家為甚麼這麼快便知道誰會做未來的行政長官呢？原因就是中央政府已經表示了意見。其實，那八百人的選舉在某程度上也是功能界別的小圈子選舉。這種方式令我最擔心的是，它覺得覓得人選便萬事大吉了。

我當然同意，一個能力稍高的人，與社會的溝通也會好些，又或政治感也會好些，所以在某程度上或短期內可對社會的穩定和政府的運作有些幫助。可是，如果我們完全不理會制度的話，根本性的問題遲早會再出現：例如他的授權來自哪裏？他推動大政策時，民意為何會支持他呢？他既然是由這種小圈子選舉產生的，他便與小圈子中的所謂最大利益的集團有所聯繫，要進行利益交換，很多時候他便因此而會將市民大眾的利益擱下，亦正由於這個原因，這個小圈子所產生的行政長官或功能界別的代表最後也會面對一個問題，大多數利益和少數利益之間有所分歧，而自己就是站在該交叉路上。

何俊仁議員：

主席女士，功能界別的設計、背後的目的及其運作後結果，我相信已經明顯不過。先談一談設計，在界別劃分方面，明顯可看到這制度的保守性及偏向性，使上層社會有重要經濟既得利益的人士得到不成比例、甚至重複性的議席，從而要加強鞏固他們的政治力量。張超雄議員在他的發言中再次提到，我們可見有關界別，商會、工業總會已經有四個議席，還要重重複複地加上建築、地產、紡織、金融及出入口等，議席重疊重複，使他們不成比例地得到很大很大的投票權力。

另一方面，社會上人數眾多，或有重要社會功能的界別很多被排除。我看到婦女事務委員會主席梁劉柔芬議員在席，我也要挑戰她說一說，為何家庭主婦有那麼重要社會功能的界別不被我們社會認受呢？其實，說來說去也是不能解釋的，總的來說，是看你在社會上有否經濟地位來決定。

第二點是，以功能界別的投票方式來看，那種排斥參與的設計目的也非常清楚，大家從而可看到為何要以公司投票，為何數個集團首腦在某些界別內可以控制兩成或三成的選票。縱使有些界別表示其設計是為了勞工階層，但我也要提出挑戰，為何不給予我們廣大的工人及僱員直接投票權呢？關於這一點，我看到工會的代表——王國興議員，他們平時談很多民生議題，我認為他們說得非常好，不過，每當提到政制問題時，我覺得他們便有點差勁。我希望他們真的要站出來，要為一些政治權利被剝奪的僱員和工人說一句公道話。

主席女士，最大的問題是，功能界別造成了選票的差值，這一點是很重要的。普及的選舉，即我們所說的普選，包含的意思是普及與平等；平等的意思是，每位選民的票是等值的。現時我們這樣設計，使我們的選票沒有平等地位，很多地區的選民是擁有本身的一票，但他們只能夠參與立法會的地區選舉投票，而在功能界別中，則另外造成特權的情況。此外，有某些人擁有超值的投票權，從而令普通市民的投票權被架空。黃容根議員剛才重複舊調，表示在英美，美國總統和英國首相也是由間接選舉產生的。但是，請大家不要忘記，他們本身是透過一個公平和普及的地區選舉，選出無論是國會議員也好，或一些選舉團的成員也好，從而再選出最後的政治領袖。如果採用這種設計的話，我相信有關的爭論

不在於投票的形式，而是大家有否真正平等、普及和等值。我最強調的一點是，
這種平等包括每位市民擁有等值、或基本上等值的投票權。

　　主席女士，功能界別選舉的後果造成割裂性、立法會內的割裂性、社會上的
分化，因為每個功能界別會直接向執政者施壓，爭取本身的權益，窒礙了應在社
會上扮演整合不同利益的角色，窒礙了政黨正常的發展和功能。其實，在一個正
常社會裏，應該由政黨透過在社會上作出自己的功能來整合、協調不同的利益，
從而形成數個相對主流的意見及政策上的選擇，然後透過選票，在立法會表達出
來，這一點是非常重要的。可是，我們現時並非這樣，採用功能界別造成一些特
殊利益時，這種特殊利益便造成權力上的分割。就這一點，關信基教授說得很
好，他說如果窒礙了利益的整合，使政黨不能發展的話，我們的政治特色是甚麼
呢？便是個人化政治。個人化政治在香港的背景是董建華式的政治，這是最個人
化不過的。個人化政治是：沒有整體的想法，沒有成熟的理念，沒有連貫性。所
以，今天即使是行政長官辭職，也是董建華式的辭職——糊糊塗塗的，沒有人知
道他想甚麼？

吳靄儀議員：

　　對於功能界別的來歷、弊端等，很多議員已清楚有力地陳述，這都是他們的
觀感和意見，我無須在此重複。我只想提出，這些意見是具有客觀的根據，我想
指出是有兩項研究和調查。

　　第一，思匯委託港大、倫大學者所作的一個非常詳細的研究報告，是根據
一九九八至二〇〇〇年及二〇〇〇至二〇〇四年兩屆立法會的運作，以社會政策
範圍、議員整體的表現，包括質詢、議案辯論、條例草案、投票及發言等，來比
較功能界別議員及直選議員的表現。他們發現，當一些與業界利益有關的議題出
現時，功能界別的議員便會非常活躍，但對此以外則表現相當冷淡，而對於業界
的利益更採取非常狹窄的定義，極少在與業界利益沒有直接關係的議題上，發揮
專業的特別識見或專長；而且，整體來說，功能界別議員活躍的參與程度，只是
直選議員的一半。

　　研究亦指出功能界別議席與直選議席對立的事實，有近 60% 要進行分組點票

的議案辯論，投票結果是功能界別議席跟直選議席對立，而其中 70% 是功能界別的議員否決直選的議員。

第二項研究，便是港大陳祖為博士在二〇〇四年一月及三月所作的民意調查，他比較這兩次民意調查後發現絕大多數市民對功能界別的組成和認識都非常模糊，而且有很多誤解，但隨着認識增加，便越傾向減少及取消功能議席。

這兩項研究及調查顯出，功能議席談不上貢獻專業專長予議會。相反，我們可見直選同樣人才鼎盛，就以法律界而言，我在法律界的資歷，遠遠不如我旁邊這三位直選的資深大律師，對面也有一位資深大律師，他亦是循直選晉身議會的。在直選議員中同樣有工商界、教育界及勞工界的代表等。但是，另一方面，業界卻越來越加深功能界別議員首要的任務及基本立場是要以業界利益為先，令立法會在協調社會各界各階層不同利益時更困難。所以，增加功能議席，只會令更多利益集團爭奪特權，一旦成為既得利益者，便自然會抗拒普選，令普選更難實現。增加功能議席，也是與廣大市民的民意背道而馳的。

楊孝華議員的發言稱，如果政制是原地踏步，民主派就要負起全部責任，因為基本法訂明要「循序漸進」，我聽了他的發言，才忽然醒悟，原來人大常委會四二六的決定是違反基本法。因為增加功能界別議席，即使同時增加直選議席，投票機制又不變，就是民主倒退，最多也只是原地踏步，沒有向全面普選推進。

陳偉業議員：

很多議員發言支持功能界別選舉，他們的論據和態度就正如民初期間討論政制的模式一般。其中最相似的，便如袁世凱復辟的時候，籌辦復辟六君子所說的名句，楊度當時所說的名句是：「非立憲不能救國，非君主不能立憲」。他們現時所說的功能界別制度，似乎認定功能界別就是支持香港穩定救港的模式，沒有功能界別，香港便不能穩定。

這些理論，完全漠視整個民主潮流和民主制度的概念，又或完全不理解民主在政治運作中的重要性。功能界別的制度或支持功能界別的議員，就如我前幾天看 National Geographic 的生物片段，拍攝一些海馬在海中飄浮，可能是為了要尋找食物，最後用尾巴鈎着植物賴以穩定。大海裏的海馬其實可以尋求自由和發

展，但可能這是基於海馬的特性，正如支持功能界別議員的特性一樣，他們要依附權貴，依附有權勢人士賦予他們政治上的特權，得以延伸他們的政治經濟和個人利益，卻漠視了六百八十萬人的基本權利。

馮檢基議員：

首先，我和民協認為功能界別選舉是違反民主的。不論狹義地把民主看成一套透過揀選代議士以反映民情民意的競爭機制，抑或把民主當作一種包容不同生活價值、文化和態度的廣義概念，當中必然包含着權力在民及人人生而平等的原則，而就選舉而言，這種價值就是透過建立以「一人一票，票票等值」作為基礎的民主普選制度得以呈現。

可是，如果套用上述原則來檢視本港現行的功能界別選舉，我和民協認為目前本港的功能界別選舉制度是不民主的。根據選舉事務處的資料，現時二十八個功能界別的選民總數不僅只有約十六萬人，而非包括全港數以百萬計的合資格選民。更為可笑的是，當中竟然包括了一萬三千個團體選民，做成少數一人擁有二票，例如既有普選的一票，又有功能界別的一票，甚至有更少數人，例如代表團體投票的人可能擁有三票或以上。這可算是世界上絕無僅有的做法，亦同時明顯地違反了「一人一票，票票等值」的民主原則。

此外，我和民協認為功能界別是「反人權」的。正如先前所言，目前立法會選舉只設立了二十八個功能界別，我和民協認為，任憑政府當局如何申辯及解釋現時的功能界別已經盡量涵蓋本港各行各業，但始終未能包含所有經濟界，特別是一些非牟利團體更「被有系統地排除」，例如適齡的學生、退休人士、家庭主婦、兼職人士和註冊專業團體的周邊和後勤支援人員等，不但導致當局聲稱功能界別能反映社會不同羣體的理據名存實亡，亦間接帶出部分工作和專業有着「高人一等」的精英心態。

再者，二十八個功能界別之間，混合地採用了團體票和個人票兩種方法來投票，導致選民人數有很大的差距，例如現時為最大的功能界別的教育界，就有六萬二千多名選民，相反，目前最小的兩個功能界別，即金融界和鄉議局，卻只有141名選民，而諷刺的是，這些界別的選民數目縱然有着高達 443 倍的差距，每

個功能界別卻可各自選出一位立法會議員，完全凸顯出這制度的不公平之處，一票的輕重有 443 倍之差。

　　有鑒於此，我和民協認同原議案的精神，要求政府在制訂二〇〇八年立法會選舉的方案時，必須因應現時功能界別選舉的不民主和不公平之處，明確地表明不會大開民主倒車，增加任何功能界別議席的數量，在推行政制改革時倒後退。我們希望政府認清基本法所說明，未來的選舉制度，應該返回普選的目標，而增加功能界別議席是這個目標的障礙，政府不應再以均衡參與作為擋箭牌，而「一人一票，票票等值」的選舉制度，才能最為具體和有效地體現均衡參與的原則，體現民主精神。

梁君彥議員：

　　今天議案的題目「功能界別的弊端」，似乎一開始就假設功能界別很有問題，否定其存在價值，然而，包括我自己在內的功能界別議員，又是否一事無成？

　　就以今屆立法會來說，在這十多次大會裏面，就有超過十多位功能界別議員提出過議案和辯論，而在質詢及補充質詢方面，提出最多問題的幾位同事，大部分都是功能界別議員，例如楊孝華議員、何鍾泰議員，以及動議修正此議案的郭家麒議員等。

　　在事務委員會的層面上，來自不同功能界別的議員，亦在相關的事務委員會內，積極為他們代表的業界發出聲音及提出意見，即使是泛民主派的張文光議員、單仲偕議員及譚香文議員等，也不例外。同時，有部分委員會，如經濟及財經事務委員會，超過半數委員也是功能界別議員，而在工商事務委員會的十個委員中，有八個屬功能界別議員，直選議員只有兩位。

　　這正反映，議會中須有來自不同界別及專業領域的代表，合作為香港不同事務出謀獻策，提供更多元化的意見。就以今屆為例，三十位直選議員當中，大部分都是從地區工作、多層議會或法律界出身，對一些好像工商事務，或個別專業範疇的認識，難免較膚淺，功能界別議員正可以彌補不足，有利社會各階層、各界別的均衡參與。

　　此外，以今屆立法會為例，在三十位直選議席中，以獨立身份出選而勝出的

只有七位，相反，在功能界別中，有一半議員都是沒有政黨背景的獨立參選人勝出，這正反映，功能界別更能讓有心為香港出一分力的有識之士，提供一個參政平台，建立政績，為日後直選鋪路，同時，更能為現今政治人才凋零的香港，培育政治接班人，在我看來，這才是循序漸進及合乎實際情況。

主席女士，既然功能界別有其存在價值，而社會各界亦希望議會中有更多代表他們的聲音，所以只要用一點邏輯，都可以推論到，增加功能界別的議席及擴大選民人數，是合乎香港實際情況及循序漸進原則的理想做法，我看不到有何理由要支持今天的議案。

譚耀宗議員：

如今功能團體的議席佔本會的一半，代表性更廣，聯繫面更闊。近年，社會有意見認為要加強中產階級參政、議政的機會，又說要在諮詢架構內加入更多中產階層，以及增設論壇。我對這些做法均表支持，而功能團體就正好貫徹這種精神。

功能團體還有一個作用，便是可以為參加直選提供人才的準備，在本會內有不少功能團體的議員也能夠成功轉型，前者有李柱銘議員，後者則有田北俊議員、周梁淑怡議員，以及我本人等。

我對於本會內有功能團體議員妄自菲薄，不惜貶低自己來證明功能團體的弊端，但自己又戀棧多屆議席，感到他們是有些口不對心。

有些人認為，繼續保留功能團體議席，違反了選舉要普及平等的原則，我對這種看法並不認同。立法會功能團體議席的設立，就是要達致〔至〕社會各界均衡參與的原則。擴大各界別、各階層的參政及議政機會，可以增加立法會的代表性，使立法會可以充分反映各界別及各階層包括工商界及專業人士的意見。英國政府在一九九九年就香港問題向聯合國人權委員會提交的補充報告就再次重申了這個原則，表明香港立法會的選舉並沒有違反國際人權公約的任何條文。況且，歐洲人權法庭也曾經指出，在立法會的組成方面，因為各國立法範圍按時間和地方有所不同，各公約國因此可有較寬的空間來履行普選的義務。

基本法起草委員會主任姬鵬飛先生向全國人民代表大會提交基本法草案時，

曾經對特別行政區的政治體制模式作出說明，他指出：「香港特別行政區的政治體制，要符合『一國兩制』的原則，要從香港的法律地位和實際情況出發，以保障香港的穩定繁榮為目的。為此，必須兼顧社會各階層的利益，有利於資本主義經濟的發展；既保持原政治體制中行之有效的部分，又要循序漸進地逐步發展適合的香港情況的民主制度」。功能團體議席的存在是具有充分的法理基礎的，而且過去數年來，基本法的實踐已經證明功能團體議席的存在，是保證政府有效的施政，保持社會穩定的一項有力的機制。

鄭經翰議員：

……你如何解釋，有些人有兩票，而有些人只有一票，而稱之為均衡參與？甚麼是均衡參與呢？不用說了，這都是廢話，有些人說循序漸進，甚麼都要循序漸進，以前君主體制，何來民主？但是，我們香港談直選是由一九八五年開始，談到現在，所以，我們很多資深同事都說到沒有力氣再出聲；而我在電台也談論了這話題十年了。如果你要我說，我也不知道還可說甚麼。不過，我問你一個問題：如要公平、公正，而每個人生下來都是平等的話，請你解釋，為甚麼有人有兩票，有人只有一票？就是這麼簡單。

曾幾何時，在七一大遊行前談論基本法第二十三條立法之際，當時的保安局局長葉劉淑儀曾說過漢堡包售賣員、酒樓侍應和的士司機沒有時間論政，所以他們的意見是無須聽的。這是否等於他們的選票也無須考慮呢？他們是否無須有人代表他們呢？

在這個立法會中，甚麼是均衡參與？代表工商界利益的佔大多數，但香港差不多有七百萬人口，大部分都是基層的人。一人一票，為甚麼不可以選一些代表自己的人呢？代表港人利益的人呢？為甚麼要代表界別利益？是否某一個界別有特權呢？有些人說，讓一些有識之士有機會從政，難道參加直選的就是無識之士嗎？難道有識之士只可以從功能界別參選嗎？是的，我告訴你為甚麼，因為那些人不肯放下身段拋頭露面，不肯站在街上看到每一個選民都說：「早晨，我是鄭經翰，3 號，投我一票。」連主席都曾經要這樣做。我們每一個人都要爭取，也會教導小朋友一分耕耘一分收穫。那些自動當選的人坐在這裏，無須競選。我看

過我有幾個朋友，他們打數個電話問別人投了票沒有，何時去吃飯及飲酒便當選了，他們不用競選。甚麼是公平？你不如說香港沒有民主，所以我們一定要有功能界別，這樣說我反而會接受；你不要對我說是為了均衡參與，也不要說循序漸進，不要說功能界別是民主的，因為連你自己也不會相信。

政制事務局局長：

湯家驊議員表示，增加立法會功能界別議席和選舉委員會中代表功能界別的委員數目，是違反基本法第四十五條和第六十八條的條文的。因有關條文訂明應按照循序漸進和實際情況的原則，達至普選的規定。其實，要按照循序漸進和實際情況的原則，達至普選的最終目標，這個大方向，我們在座各位議員和同事都是認同的。

可是，我認為湯議員的議案，整體而言，比較片面，並不符合大家應有的實事求是的處事方式。如果大家一看到增加功能界別議席的建議，不曾細心研究新增功能界別是甚麼，背後所代表的選民人數，以及在社會上的代表性，便斷言這必然違反基本法，這難免令人有以偏概全的感覺。我們完全理解泛民主派議員對功能界別持有保留態度，他們認為如果立法會和選舉委員會中的功能界別議席有所增加，即與基本法邁向普選的目標有所衝突，他們認為功能界別的議席一旦增加，日後要取消這些議席便會更困難。

泛民主派議員另一項考慮，是部分功能界別的選民是以公司和團體票為單位，有違公開、公平的選舉原則。政制發展專責小組在過去一年多的工作中，在各個諮詢場合也聽過，並已知悉和注意到這方面的意見。可是，與此同時，社會上亦有意見認為應該按照香港的實際情況，在增加立法會分區直選的議員數目的同時，適量增加功能界別在立法會和選舉委員會內的議席數目，以涵蓋未有代表和未有足夠代表的功能界別，擴闊社會人士的參與，從而增加立法會和選舉委員會的代表性，作為邁向普選的過渡安排，體現循序漸進的原則。

此外，如果我們有更多的議席，便有利於更多社會人士參政，有利於香港可以培訓更多政治人才，為將來邁向全面普選作進一步的準備。

由此可見，就功能界別在二〇〇七及二〇〇八年的選舉安排，社會上確實有

多方面的意見，既然社會上未就某個主流方案達成共識，大家便應該以較開明、包融的態度，盡量利用一個開放的空間，討論不同的可能性。

原議案的第二部分提到專責小組日後發表的主流方案，專責小組現今正就第四號報告進行公眾諮詢，我們希望在年中，社會可就二〇〇七及二〇〇八年的問題達成共識。及後，我們便會發表第五號報告，開列主流方案，繼續爭取大家的支持。

雖然香港社會目前對如何修改這兩個選舉辦法，依然存在分歧的意見，例如對於應否增加立法會的議席，亦有正反兩方面的意見，但我們仍然要細心研究這些議題。

可是，有一個信息是非常清晰的。有意見向我們表示希望可以通過增加選舉委員會的委員人數，以及擴闊功能界別和選舉委員會的選民基礎，加深公眾參與兩個選舉的幅度，增強選舉制度的代表性。

日後，我們在釐定主流方案時，必定會充分考慮這些訴求，盡量就社會不同界別的要求，尋找適當的平衡點和共通點，推動兩個選舉制度向前邁進。

因此，主席女士，總括而言，我希望在座各位議員可以留待我們發表第五號報告時，才作出最後的判斷。

主席女士，接着，我想談一談郭議員提出的修正案。郭議員提到要在不增加功能界別議席的基礎下，增加地方選區議席的數目。可是，這項建議顯然不符合全國人民代表大會常務委員會去年四月二十六日的決定，當中表明了二〇〇八年立法會的直選議席和功能界別的議席，必須保持現時 1 對 1 的比例的原則。因此，我對郭議員的建議，不能予以進一步的考慮。

可是，我亦看到郭議員這項建議蘊含了兩方面的積極態度。首先，他希望按照循序漸進的原則繼續推動選舉制度的發展。另一方面，我看到他是看重地區意見的。其實，在過去兩個多月，我走訪了超過十個區議會，今天下午亦會到另一個區議會。在每個場合中，我都聽到很多區議員反映他們希望進一步參與選舉委員會的工作，參與立法會的工作，他們希望從而可以進一步反映地區的意見。因此，我看到郭家麒議員這項建議背後包含着一份積極的精神。

我想進一步回應湯家驊議員所表達的意見。湯家驊議員開列了自回歸以來，直選議席由二十席增至二十四席，再增至三十席，他表示這是一項進步。就這一

點而言，主席女士，我與湯議員是有一個共通點的。

湯家驊議員亦表示，如果到二○○八年，立法會的組成依然維持地區議席與功能界別議席為 1 對 1 的比例，他認為這便是不進步。他亦認為在選舉委員會中增加功能界別的代表，亦是不進步的。

可是，我想重申，大家不要那麼快下最後判斷。目前，選舉委員會的選民基礎約有十六萬，功能界別的選民基礎約有二十萬。待我們提出這項主流方案時，如果當中蘊含增加和擴闊選民基礎的代表性的元素，這一點也算是進步了。在我們提出主流方案時，可能會增加直選議席，亦增加一些功能界別議席，而當中這些功能界別議席包括具有新的代表性和新的選民基礎的話，大家大可屆時才作出最後的判斷。其實，增加議席可以增加參政空間，對香港整體的政制發展是有幫助的。

湯家驊議員特別提到《公民權利和政治權利國際公約》，他認為現行的選舉制度、功能議席制度並不符合這項國際公約。就此，我表示不贊同。功能界別議席的選舉制度在一九九五年已經在香港的法院審結，當時的判決認為功能界別議席是合法的。湯議員亦特別提到他並不贊同近日我和律政司司長就功能界別議席的長遠發展方向所提的論點，但我希望再次更正湯家驊議員所複述我們提出的論點。香港特別行政區政府並未有就功能界別的長遠發展方向訂下策略，我們只是在第四號報告中反映了一些我們接收到的意見。有意見認為，長遠而言，大家可以考慮由功能界別提名候選人，然後由市民一人一票選出代表，這套意見認為，這樣有可能符合普及和平等的原則。

主席女士，我亦想回應梁耀忠議員所複述我和律政司司長的言論——但很可惜，他現時不在席。他指我們表示如果保留現有的功能界別，是符合最終普選的目標。我們沒有說過這樣的話，我們一直知道現行的選舉制度有需要作進一步的發展，而今時今日，我們仍未達至最終普選的目標，二○○七及二○○八年亦未會達至最終普選的目標。我知道梁耀忠議員及其他泛民主派的議員對保留功能界別議席或進一步發展功能界別議席持有不同的意見，但我希望梁耀忠議員不要扭曲我們的說話。我們只是反映我們在公眾諮詢過程中收到的意見，這些意見提出在長遠發展方面的可能性，僅此而已。

普選可以有直選，可以有間選。待香港有一天可以達致〔至〕全面普選時，

我們當然要以符合普及和平等的原則，設計普選的模式。可是，我們應該抱持比較開放的態度，討論最終應該如何達至普選的目標，應以甚麼速度、甚麼過程、甚麼模式進行呢？其實，在昨晚和今天的討論中，不少議員也提到過去二十年來，香港政治、政制、選舉制度的發展。一九八四年，當我們簽訂中英聯合聲明，有兩項條文是很重要的。第一，香港的立法機關由選舉產生；第二，香港的行政長官經選舉或協商產生。在訂定中英聯合聲明的時候，並沒有為香港長遠的政制發展訂出最終普選的目標。主席女士，最終普選的目標是在訂立基本法時採納的。因此，香港應循甚麼速度、循甚麼模式、走甚麼歷程，以達至最終普選的目標，我們是按照基本法的原則，並不是依照國際人權公約的規定的。國際人權公約繼續適用於香港，亦是因為基本法第三十九條的規定，但我們如何達至最終普選的目標，便要依照基本法的原則和規定邁進。

主席女士，昨晚梁國雄議員特別提到香港似乎有一個「一會兩局」的模式，有功能界別和直選議席同坐一個議事堂的情況。他亦提到北京有中國人民政治協商會議和全國人民代表大會，是兩個不同的議會。可惜梁議員今早沒有來開會，但我亦想作出一點回應。我想問梁國雄議員是否支持兩院制呢？如果是的話，他可以讀讀今天由前政務司鍾逸傑先生發表的一篇文章，代表工商專業聯盟提出一個兩院制的方案，如果梁國雄議員有兩院制的方案想向專責小組提出，正如我們願意聽取所有意見一樣，我亦願意聽他這方面的意見。

主席女士，提到功能界別的存在價值，我認為我們應該看看實質的證據。有多位議員提到，功能界別本身亦人才輩出，正如直選議席也是人才輩出。李柱銘議員提到在一九八五年時，他是循法律界的議席進入立法機關。當年，亦有前議員司徒華加入了立法局，譚耀宗議員也是差不多二十年前加入的，在議會一坐便差不多二十年了，他是循工會界別出線的。近日，田北俊議員和周梁淑怡議員由功能界別轉到地區參加直選。立法會內務委員會主席劉健儀議員是功能界別的議員。因此，各黨各派均透過功能界別其實為香港提供了一些政治人才。我亦很高興湯家驊議員確認功能界別也可以為香港提供政治人才，他所質疑的是原則，他質疑究竟這一類議員能否關心全港的事務。李永達議員 —— 他剛巧不在席 ——亦表示最重要的是議員能否為全港市民服務。其實，我們已經有一個很實質的例子，提出修正案的郭家麒議員作為立法會議員，作為區議員參與區議會的地區

工作，亦關心全港的事務；他關心維港是否要填海，關心中西區舊建築羣如何處理，這些都是點滴的例子。每一位議員，不論出身如何，不論代表甚麼界別或功能，都可以為全香港市民服務，他們亦應當為全香港市民服務，這是大家宣誓就職時的承諾，是擁護基本法的承諾。因此，我們不要「一竹篙打一船人」，把功能界別說成一無是處，單仲偕議員也同意功能界別並非一無是處。

2005 年 10 月 19 日
聲明：政制發展專責小組第五號報告

政務司司長：

主席女士，政制發展專責小組將於今天稍後發表第五號報告，就二〇〇七年行政長官及二〇〇八年立法會的產生辦法，提出一套建議方案。這標誌着有關本港政制發展的討論進入了關鍵階段。

為確保建議方案是建立在充分民意基礎之上，專責小組自去年一月成立以來，先後發表了四份報告，並一直以廣泛和開放的途徑，分階段徵詢社會各界意見。在過去超過一年半的期間，專責小組共收到超過 2,200 份公眾意見書，舉行了兩次公開論壇和十六場研討會及小組討論。此外，專責小組曾與五十多個團體及眾多個別人士會面，聽取他們的意見。我們也多次出席立法會大會和政制事務委員會的會議，向各議員闡述專責小組的工作進度，以及聆聽各位議員的意見。政制事務局局長及局內其他同事亦出席了三次政制事務委員會舉行的公聽會，以及出席了全港十八個區議會的會議。……

專責小組在每次公開諮詢之後，均會將所有收集到的公眾意見以附錄方式按照原文於報告內發表，以及上載於政制發展網頁。專責小組的工作可以說是極具透明度的。

主席女士，現在讓我簡單介紹建議方案的主要元素。

在二〇〇七年行政長官的產生辦法方面，我們建議：

— 將選舉委員會的委員數目由目前的 800 人增加至 1,600 人。

— 第一、第二及第三界別每個界別的委員人數由 200 人增加至 300 人。

— 第四界別委員人數增至 700 人，主要是將全數區議員，包括委任、當然及民選議員，納入選舉委員會。

　　—　維持提名所需數目於委員總人數的八分之一。

　　—　設立新規定，在只有一名獲有效提名的候選人的情況下，仍須繼續選舉程序。

　　—　目前有關行政長官不持政黨成員身份的規定維持不變。

在二〇〇八年立法會的產生辦法方面，我們建議：

　　—　立法會議席由目前六十席增加至七十席，分區直接選舉產生的議席，以及功能界別選舉產生的議席各佔三十五席。

　　—　新增的五個功能界別議席，全數撥歸「區議會功能界別」。換句話說，目前「區議會功能界別」的一席將增加至六席。

　　—　目前有關容許有十二個立法會議席由擁有外國國籍人士出任的規定維持不變。

　　主席女士，建議方案的重點，是增強區議員在選舉委員會和立法會的參與程度。有一半的新增選舉委員會委員，以及所有新增的立法會議席，基本上均由三百多萬名選民經地區直接或間接選舉產生，擁有廣闊的選民基礎，大大提高兩個產生辦法的「民主成分」。第四屆立法會亦將會有接近六成的議席由地區選舉產生。

　　現時的區議員來自社會不同階層和界別，當中工商界佔四分之一，專業及管理階層人士約佔五分之一，其他包括教育界、社會工作界、文化體育界、工會代表、家庭主婦及鄉紳等。區議員的背景可說是社會的縮影，是「均衡參與」精神的表徵，亦充分發揮「兼顧社會各階層利益」的原則。

　　主席女士，專責小組委託了中央政策組就建議方案的各主要元素進行了獨立民意調查，以掌握民意支持程度。調查工作由獨立的民意調查機構進行。結果顯示，建議方案得到大部分市民的支持和認同。

　　主席女士，我相信專責小組今天所提出的建議方案，已經在社會各界不同意見中，找到了最適合的平衡點，回應了社會對政制發展的訴求，應該為市民大眾所接受的。我期望建議方案能得到在座各位議員的支持，使本港的政制得以向前

發展。

　　事實上，專責小組確信，建議方案是在符合基本法及全國人大常委會於二〇〇四年四月二十六日所作出的「決定」的前提下，讓市民大眾有更大空間，以及更多機會參與行政長官及立法會的選舉，加強這兩個選舉制度的代表性，實質地朝着達致〔至〕最終普選的目標邁進一大步。

　　主席女士，我希望趁這機會就普選時間表的問題說明政府的立場。

　　社會上對普選時間表方面一直持有不同意見。有意見認為應該在二〇一二年實行「雙普選」，亦有意見建議應該在二〇一七年甚至更後的時間。另一方面，社會上仍有聲音要求中央重新考慮在二〇〇七及二〇〇八年實行全面普選。更有意見認為無須設任何時間表。所以，明顯地看到社會上就此問題在短期內難以達成共識。

　　為實行普選，我們必先要為普選創造良好條件，以及提供所須配套。當條件成熟、配套齊備，和社會上就實行普選步伐達致〔至〕高度共識的時候，普選時間表才具有真正意義。為此，我們當前最重要的任務便是要為普選做好準備。這方面的工作，包括積極培養政治人才、開放更多渠道予有能力和有抱負的人士參政、檢討區議會的角色和職能以進一步擴大區議會在地區事務方面的功能，以及在策略發展委員會內成立政治專題小組，研究如何在均衡參與、兼顧各界利益、提供足夠制衡等原則下實行普選。事實上，政制發展是須有多方面配合的，我們是認真、有誠意達致〔至〕最終普選的目標，而建議方案是邁向這個目標明顯的一步，將來我們亦會繼續一步一步朝着這個方向前進。

　　主席女士，我們將於十二月份向立法會提出並爭取通過基本法附件一及附件二的修正案的議案。至於其他具體細節，例如選舉委員會各界別分組可獲配予多少委員數目、「區議會功能界別」的互選制度應如何規定，以及分區選舉劃界等問題，我們會在處理本地立法時落實。我們計劃於明年年初向立法會提交《行政長官選舉（修訂）條例草案》，並爭取最遲於明年五月份通過，以便政府及選舉管理委員會可相應修訂附屬法例，並進行選民登記工作。我們會在二〇〇六年下半年產生新一屆選舉委員會，並且在二〇〇七年三月選舉新一任行政長官。我們會在二〇〇七年內落實修改《立法會條例》的有關條文。

　　主席女士，在立法會審議《行政長官選舉（修訂）（行政長官的任期）條例

草案》期間，特區政府同意研究數個與行政長官任期有關的法律問題。特區政府就這些問題進行了詳細研究，亦與中央有關部門進行了溝通。扼要來說，特區政府就這些與任期有關的問題的看法如下：

（a）基本法第四十六條的立法原意是行政長官只可連任一次，在位不超過十年。在基本法第五十三條第二款的情況下產生的新的行政長官，在剩餘任期屆滿後，只可連任一次，而剩餘任期亦算為「一任」；

（b）不論已離任的行政長官在任內是否曾解散立法會，在基本法第五十三條第二款的情況下產生的新的行政長官，有權在其一任的任期內，即剩餘任期內，解散立法會一次，這是為了確保新的行政長官在基本法下的權力的完整性；及

（c）如果行政長官在任期屆滿前六個月內缺位，不進行補選並不抵觸基本法第五十三條第二款。此外，我們建議透過修改《行政長官選舉條例》，從二〇〇七年起採取以下方案：

（i）如果在行政長官出缺後六個月內將會選出新一任（即五年任期）的行政長官，便無須安排補選；及

（ii）在新一任（即五年任期）行政長官就任前，可由署理行政長官繼續代理職務。

主席女士，雖然，二〇〇七及二〇〇八年的政制發展並不會立刻將香港帶到普選的最終目標，但是，卻能向這個目標踏出實質及明顯的一步。我希望各位議員能夠支持這項建議方案，為香港的長遠政制發展創造更有利的條件。我相信在座議員皆同意，在我們面前的立法工作是一環緊扣一環的，我期望各位議員與政府一同抓緊時間，以香港整體利益為重，同心協力完成這項歷史性任務，令香港的政制民主發展能向前邁進。

2005 年 11 月 9 日
議案辯論：特區政府有責任提出市民可接受和具有實質民主進程的政制改革方案

湯家驊議員：

（代理主席劉健儀議員代為主持會議）

相反，政改的目的並非為了製造政治利益，方便一些政治商人進行政治買賣，甚至控制選舉結果。可是，這正正是第五號報告所提出的方案的根本效果。

我很簡單地先談一談選舉委員會的情況，在政府的政改方案中，除了第四個界別，即立法會、區議會、人大政協等界別以外，其他三個傳統界別也可以按照比例增加 100 位委員，而以目前來說，這 300 個新增委員所屬界別的原來狹窄選民基礎是絲毫不變的。不過，如果是按比例計算的話，代表的人數便增加了。換言之，政府的政改方案白白為這些界別帶來更多可以用來作為小圈子政治交易的本錢，當中增加了很多票數，但這些是否民主的票呢？

此外，政改方案增加了 102 位委任議員，即是說方案平白給予行政長官一個額外控制選舉的力量。第五號報告完全迴避了我們所提出的議席分布不平均的問題，例如只有百多個團體的漁農界擁有 40 個議席，而差不多有十萬名選民的教育界卻只有 20 個議席，如果這 300 個議席按平均比例增加的話，漁農界的優勢便將比其他界別倍增，即是說政府令一個不公平的制度繼續地維持不公平下去。

在一個如此不公平的框架下，雖然政府提出要增加 400 位直選委員，但不管怎樣也是沒有效用的。這 400 位直選委員，在 1,600 位委員內，可以發揮甚麼民主作用呢？整體來說，我覺得這個改革始終不能脫離其「假民主」的本質。

在立法會方面，情況更為簡單。新增的五個功能界別議席，由包含行政長官委任的區議員互選產生，即是透過行政干預和扭曲民意所向，以達致〔至〕控制選舉結果的做法，這是赤裸裸的行政干預民主選舉的表現。

政府最近以社會沒有共識為理由，推搪說不能就政改設定時間表，我覺得這是莫名其妙的。我們翻查一下資料，便可以看到共識早已存在。去年五月，在政制發展小組發表第三號報告時，如果我沒記錯，自由黨的同事 —— 不過，現時沒有自由黨的黨員在會議廳內 —— 已身先士卒向政府提出方案，建議普選最早在二〇一二年進行，而最遲則在二〇一七年。到了二〇〇四年的立法會選舉，民建聯為了抗衡民主派，也贊成在二〇一二年進行普選，而一直不肯接受的竟然是民主派。我們現時要求的，只是一個清晰的時間表。在這個問題上，各大黨派的意見其實是一致的，即是說如果在二〇〇七及二〇〇八年沒有普選，全部黨派也支持在二〇一二年實行普選。黨綱可以修改，但社會共識是抹不去、蓋不住的。

香港人等待民主已經等了二十多年，可惜耐心的等待，並沒有為我們帶來合理的回報。基本法訂定的政制發展，限制着政制只可以每五年檢討一次，倘若我們接受這個違反基本民主原則的方案，香港人首先便要再苦等五年，但更重要的是，如果在五年後，我們取不到四十票 —— 即民主派取不到四十票 —— 便沒機會推翻這個方案。換言之，這個反民主的方案便可得以延續，因為人大常委會已經表明，如果我們無法更改制度，便會繼續沿用舊制度。政府現時不為我們提供時間表，即是「過了海便是神仙」，這個方案一旦獲得通過，便可能會一直用至二〇四七年，我們也不會知道何時才能夠平反。這場政治賭博，值得嗎？

民主前路有如我們的維多利亞港口一樣，煙雨淒迷、一片灰暗，我們看不到有普選的一天。對於二〇〇七及二〇〇八年雙普選被否決，香港人只可以默默忍受。我在《A45》最新一期的社論中指出，我們要有普選，並非要一如許仕仁般乞求，也未必要一如「長毛」般怒吼，我們只是要一個有尊嚴、抬着頭、站起來的香港人所要求的訴求：我們要盡快有普選。如果二〇〇七及二〇〇八年沒有雙普選，為何二〇一二年不可以有雙普選？可否告訴我們？政府要我們放棄普選的訴求，接受反民主的方案，接受五年又五年，再五年的蹉跎，值得嗎？我覺得這是一個良心的問題，我希望在座各位，作為香港人的代表撫心自問：支持這個方案，是值得的嗎？多謝。

湯家驊議員動議的議案如下：

「本會認為，香港特別行政區政府有責任提出一個香港市民可接受和具有實質民主進程的政制改革方案，該方案不應賦予區議會委任議員選舉行政長官或立法會議員的權利；此外，特區政府亦有責任在方案中提出達致普選的路徑圖、時間表，以及相關的選舉細節。」

郭家麒議員：

提出一個時間表，特別是政制發展的時間表，基本上沒有先決條件的。當然，我們極希望二〇一二年能夠有選舉，亦希望政府告訴我們如何達至二〇一二年選舉的方法。不過，即使如此卑微的要求，政府竟然也不答允，還要不斷把我們的要求抹黑。林局長可能心知肚明，他在傳媒方面亦做了很多「手腳」，對這些報道可能亦看得很有趣味。但是，作為香港人，我認為這是一個悲劇。

事實上，今天不爭取這項目，將來的普選基本上無望。在這個第五號報告內，有甚麼值得留戀的呢？我真的看不到。第一，報告內完全沒有增加功能界別的方向。區議會其實也是一個小圈子。我自己曾在區議會工作了十一年，亦知道這真的是一個小圈子。當市民投票給我選我為區議員時，從沒有授權給我以此身份參加立法會選舉，亦沒有授權給我將來參選行政長官。市民希望我能處理好區政，在地區上處理好民生問題，這一點我是清清楚楚的。我不敢越權，亦認為沒有理由越權，來實現市民從沒想過寄放在我身上的希望。可是，政府卻利用扭曲了的事實，製造一個所謂區議會的選舉方案，還要將其提升到一個神聖的地位，稱之為民主的方案，然而，何來民主？何來進步？

馬力議員：

民建聯認為政府的政改方案是可以接受的。近期有不少民意調查均顯示，不論大家對普選有何看法，有相當比例的市民接受政府提出的方案。當然，不同的人對這些調查結果會有不同的解讀，但我相信這些調查已足以反映民意有一個

清晰的取向，便是不希望看到在政制方面原地踏步。如果政府的方案不是令人覺得在民主進程上有實質的進展的話，相信市民大眾不會對該方案有這樣的接受程度。

湯家驊議員的議案認為不應賦予委任區議員選舉行政長官和立法會議員的權利，我們覺得這種說法對他們有欠公道。

根據政府的方案，未來區議會的功能將會加強，但日後的區議會制度將如何更改則是另一個問題。可是，在現有的制度下，委任區議員是區議會一個合法組成的部分。如果要以現有區議會作為選舉委員會其中一個新的構成部分，便應將區議會視為一個整體來處理。所有區議員均擔任同樣的工作，承擔同樣的責任，我們不希望在區議員中製造對立甚至歧視，因為這樣只會損害區議會現有的工作。民建聯對委任區議員的看法是在適當時候可以逐步減少。

事實上，在選出現有民選區議員的時候，選民也不知道這些議員會有新的職能，即可以在二〇〇七年全部加入選委會選出行政長官。那為何不將現有的區議會推倒，因應其新的憲制功能重選區議會呢？因為大家都知道改革是要在原有的制度上發展，而不是推倒原有制度。既然如此，我們對所有區議員便應一視同仁，這才是合情合理的做法。

湯家驊議員的議案又認為政府有責任在政改方案中提出普選的路徑圖和時間表。我們認為社會各方應就路徑圖和時間表進行探討，我相信策略發展委員會也可以提供這樣的空間，我們更應致力為早日達致〔至〕普選創造條件。可是，我想指出一點，根據基本法的規定，香港必須按照實際情況邁向普選。如果這項規定不是一句空話，那便意味着即使訂有時間表，香港仍有可能要按照當時的實際情況，調整邁向普選的步伐的快慢。

另一方面，我們認為將二〇〇七及二〇〇八年的政改方案與普選時間表綁在一起處理，實際上不可行。首先，社會對時間表有不同的看法。湯家驊議員可能認為除了在二〇一二年，其他推行普選的時間都不能接受。因此，只要求政府提出一個時間表，除了增加對普選時間快慢的爭拗外，對解決二〇〇七及二〇〇八年的政制安排這個實際問題，並沒有多大的幫助。

其次，全國人民代表大會常務委員會去年關於基本法兩份附件的「解釋」，說明了二〇〇七年之後各任行政長官、立法會的產生辦法，是否有需要進行修

改，應由行政長官向人大常委會提出報告，由人大常委會依照基本法規定，根據香港的實際情況和循序漸進的原則作出決定。

如果按照湯家驊議員的議案，由特區政府於現時的政改方案中提出普選時間表，例如在二〇一二年普選行政長官，這便等於由特區政府決定二〇一二年的行政長官選舉是否有需要修改及如何修改。就這個做事程序而言，公眾即使不質疑是否符合人大常委會的解釋，也會質疑這個所謂時間表究竟有何實際的法律效力。到頭來，這可能只是一個不能兌現的承諾。

湯家驊議員剛才花了很大的篇幅，來指出政改方案的不足或不能接受之處。當然，我想沒有人會認為政府的方案是完美的，但該方案在社會上獲得一定的支持，相信也得到中央政府的支持，在實質上能夠促進民主，因此我們希望該方案能獲得通過。我們不相信民意寧願原地踏步，也不願意走出實質進展的一步。我們更擔心的是，如果人人也跟政府討價還價，這個方案便會像一段堤圍，如果有人拿走一塊磚，另外一些人又拿走一塊石，最後整個方案便會崩潰。

政府曾經表明方案沒有議價空間。我們認為要推動一個複雜的改革，這是必然要採取的做法。我們選擇不跟政府議價，是從大局出發，希望政制能夠踏出有實質民主發展的一步。我們不想賭博，也不想將來一無所獲。

湯家驊議員的議案認為，政府有責任在方案中提出跟選舉相關的細節。我們認為此舉可以讓市民更清晰地瞭解政府的方案的構想，有一個更好的討論基礎。因為現時有一種說法指，政府一方面表明方案沒有議價空間，但另一方面在選舉細節上卻留有餘地。有報章亦引述湯議員表示，政府有四個後備方案。我們沒有內幕消息，不清楚這種說法的準確性，但我希望政府可以就此作出澄清。

李柱銘議員：

代理主席，政府現時說第五號報告是邁進一大步，這是一個謊言。

我記得在小時學過一句諺語：學習猶如逆水行舟，不進則退。有民主派的同事說，政府這種做法是退步；政府卻指我們弄錯了，它並沒有退步。按照我剛才說小時學習的那句「不進則退」，政府究竟有沒有進步呢？基本法附件二所訂明的安排十分清楚，第一屆立法會有 20 個直選議席，接著，第二屆及第三屆分別

有 24 個及 30 個直選議席。現時又如何呢？如果繼續這樣下去，立法會議員的總數仍是 60 位，但現時政府則建議每方增加 5 個，這是進步嗎？其實，政府最多也只可以說是橫向地走，這次每方增加 5 個便等於 10 個，下次又如何，再多加 10 個嗎？然後下次再增加 10 個，最多便是這樣而已。代理主席，如果這樣不斷的〔地〕增加，立法會便不知如何安排座位了？因此，我相信我們真的很快便要搬遷，否則也不知怎麼辦，我們勢不能佔用政府官員的位置，難道要到樓上閣樓去坐嗎？

大家也知道，人大常委〔＋會〕去年四月二十六日在完全沒有徵詢香港人的情況下，便否定二〇〇七及二〇〇八年雙普選。政府只須誠實地承認這點便可以了。由於人大常委〔＋會〕認為 30 對 30 這個比例不可以更改，政府便藉詞每方增加 5 個，還欺騙香港人說已向前走了一步。其實，哪有向前走呢？現在連訂定時間表這個目標也沒有了。基本法在一九九〇年頒布時，大家的目標本來訂在二〇〇七年，即行政長官及立法會議員的普選均以二〇〇七年為目標，後來因為出現臨時立法會才推遲一年，因此便搞出了二〇〇七及二〇〇八年雙普選的目標。現時連時間表也沒有了，我們的方向何在呢？現時只是橫向而走罷了，橫向行路是進步嗎？政府只是橫向邁進一大步，它再邁進一大步時，離目標便越來越遠了。

代理主席，我今天早上六時上山晨運，走得頗快，一大步、一大步地走，但半小時後，卻只是返回原處。現時政府是帶我們遊花園而已，它其實只要誠實地告訴香港人這是中央的決定，我們也沒有辦法。我昨天看到行政長官曾蔭權最近在英國的 hard talk，他實際上差不多是這樣說的。政府為何不誠實一點？為何對外國人便那麼誠實，卻要欺騙香港人呢？馬力議員認為不能有時間表，否則便會出現不能實現的承諾。其實，現時已經有一個不能實現的承諾，便是二〇〇七及二〇〇八年的雙普選。儘管如此，政府最少也應向我提供一個較現實的時間表。如果政府認為二〇一二年也不行，便儘管提出一個時間好了。許崇德先生也提過是大約四十年後，政府大可以提出一個年份，看看香港人是否接受，看看行政長官曾蔭權是否還有膽識出國訪問吧！

在這種情況下，政府不可以不提供時間表的。我們做人要有目標，而最終的目標便是普選。現在政府卻不告訴大家日後的路向，還連本來已訂好的日期也抹煞了。聽說有部分民主派議員（最少是有一位）這樣說，如果政府稍為放鬆，

．

取消把全體區議員納入選舉委員會的建議，他便會返回黨內再商議。我很想對這位議員說，千萬不要讓市民覺得他們的黨這樣做只是為了在立法會爭取多一個議席。如果他的黨派為增加一個議席而令香港市民完全失去民主方向，他怎向選民交代、怎可以說自己是民主派議員呢？這些只是小問題，時間表才是最重要的。

其實，由基本法在一九九○年頒布，便已經有這個時間表。即使我們現在不再提二○○七及二○○八年普選，也要到二○一二年才達到目標，其間已經過二十二年了！天下間哪有把普選訂為最終目標的國家，竟然要等二十二年才能實現目標的呢？局長，我曾問這件事，但那次你沒有給我答案，我希望你今次能給我答案，你能否找到一個先例是要等二十二年的呢？既然承認普選是有益處，便應該推行，但為何還要等那麼多年呢？即使在二○一二年達致〔至〕普選的目標，也要二十二年時間。世界上有這些國家嗎？香港的中國人是否有一個與生俱來的弱點，便是當全世界每一個洲的人均可以很快得到民主，唯獨是香港的中國人要等待二十二年也不可以有民主呢？我們怎能感到自豪呢？

（主席恢復主持會議）

其實，現時有很多時間可以作準備。如果目標是二○一二年的話，距離現今還有七年時間，還可以讓大家作準備。立法會現時最年輕的議員 —— 陳智思議員已超過四十歲，也可以符合資格擔任行政長官了。如果一個人有七年時間到地區上工作，不管是香港的哪一區，天天看見他的市民怎會不認識他？家訪也可以進行數十次了，這還不足夠嗎？有七年的時間，即使是參選行政長官也可以了。

如果今天這項議案也不能獲得通過，我們如何對得起香港市民呢？究竟視香港市民為何物呢？可是，我與湯家驊議員一樣，也估計議案是不能獲得通過的，因此，我想利用這個機會刺激香港市民，令大家十分憤怒，正如在就基本法第二十三條立法時般憤怒，最後走上街頭來表態。十二月四日，大家在維多利亞公園見吧！

李國麟議員：

由政府委任的區議會議員，不應賦予他們選舉行政長官或立法會議員的權利。這不是要分化區議會的委任及民選議員，造成他們擁有不同的權利，而是區

議會作為區域的組織，負責區內居民的福利事宜、各區的環境改善工作，以及在區內推廣康樂、文化和社區活動，為甚麼居民不能就自己的需要或喜惡自行選出合適的人選作為他們的代表，而要由行政長官委任呢？其實，政府應取消區議會委任制，讓全數議席由直選產生，使市民的聲音直接帶進區議會。這樣，香港的民主空間才得以擴闊。

政府不能純粹通過增加立法會或行政長官選舉委員會的人數，便代表增加了民主的意義；增加數量不等於增加質量。政府必須擴大議會的代表性，而不是擴張議會的議席，故此，政府必須把所有公司票、團體票廢除，並要擴闊選舉委員會的選民基礎，這些才是民主的步伐。

我們並沒有看見政府在政制改革方案中提出普選時間表及路徑圖，政府應直接在第五號報告中提出這些路徑圖和時間表，並須妥善地交代當中的細節和安排，以及預計何時才會有普選，讓香港市民知道如何「循序漸進」地實現我們渴求已久的民主。這樣，香港市民才會接納政府提出的方案內容，因為我們能具體及清楚地看到香港的將來。

主席女士，我們樂意與政府溝通，展示香港的需要及期望，一同尋求共識。只是，我們只有兩個月時間討論，而且政府提出的方案確有需要修改的地方，恐怕方案很難讓我們接受。除非政府作出突破性的修改，否則要我們通過此方案確有一定的難度。莫非政府想香港市民再一次站出來，透過行動來宣示對民主的訴求嗎？

我們為甚麼要求民主？只因為我們愛香港，我們想為香港效力。我們從來沒有事事反對政府，只是政府不明白我們，即使政府知道我們想要甚麼，也不能給予我們，政府能給予我們的，卻不是我們所需要的。

因此，我們期望香港政制的民主步伐能前進，能有進步，所以我支持湯家驊議員的議案，政府有責任在方案中提出普選的路徑圖和時間表，使香港早日能實現普選。

陳智思議員（譯文）：

我同意現時的建議把委任區議員納入方案內，令到方案不夠民主。我也同意

如果能夠制訂時間表，特別是如果這樣做有助向香港人保證達致〔至〕目標指日可待，對事情會大有幫助。

不過，這項議案卻犯了一個錯誤。這項議案聲稱香港特別行政區政府有責任建議幅度較現有方案所建議的幅度更大的改革。不過，問題是，特區政府並沒有權這樣做。我們不能逾越中央人民政府所容許的範圍。

政府當局數名官員形容政府的建議是等於向前邁進「一大步」，或向前踏出「重要的」一步。不過，並非所有人也同意這說法。此外，如果我們撫心自問，這也許是誇張的說法。

不過，對於另外一些事情，我們也必須同樣地誠實。如果聲稱這些建議是「倒退」的，或只是向旁邊移了一步，或是「沒有意義」的，也同樣是過分的說法。

這項方案的確可以讓我們向前邁進。它建議的幅度可能並不如很多人所樂於看到般大。現有建議的改變是循序漸進的，而非翻天覆地的。不過，這些改變是實質的，問題在於現階段，我們不能超越所容許的範圍。

我明白為何有些人對這項方案感到失望。很多人會說委任區議員是歷史遺留下來的產物。我也不相信任何人會認為長遠而言，委任議席應在選舉產生的組織內繼續存在。不過，事實是委任議員是現行制度的一部分，而他們與民選議員一樣，肩負着同樣的職責。

雖然這項議案並沒有提及這一點，但一些人批評這項方案，是因為它在制度內保留了相當多的間接選舉成分。這點是不容否認的。不過，民主派的議員也必須承認，這些建議的確大幅度開放了參與間接選舉的程度，以選舉新增的立法會和選舉委員會席位。

此外，這些議席的選民基礎較現時選舉委員會和大部分功能界別議席的選民基礎更廣泛，而這些建議也不會造成更多的小圈子。

至於時間表的問題，我們必須回到一項基本問題上。現時，北京當局不考慮這項問題，而我們對此也是無能為力的。

我知道本會相當多的同事現正考慮反對這些建議。我希望他們仔細地考慮香港人希望得到甚麼。的確，大部分人或許希望可更大幅度地邁向民主。不過，他們是否希望拒絕這個向民主踏出一小步的機會？我認為這是極不可能的。我們要記得，整個過程並非到此為止。

我剛剛向保險界的同業進行了一項調查。這項調查並不科學，但我認為這些人頗能廣泛地代表中產階級和私營界別的管理階層。

在這些人當中，只有 8% 認為這些建議所提出的普選進程過急，而 36% 的人認為進程應可更快。大部分人，即 56% 的受訪者認為步伐適中，或認為這個步伐總比沒有任何進展好。

接着，我問了一項很簡單的問題 ——「你希望立法會通過這項方案，還是否決這項方案？」雖然近 80% 的受訪者認為方案非完全令人滿意，但他們也希望方案獲得通過。我認為這個數字十分重要，因為我相信這數字反映了整個社會的意見。

雖然大部分人希望建議可更為進取，但他們也希望這項方案可以獲得通過。

如果我們接受這項方案，即使我們對方案並非完全感到滿意，但我們在下一次可以向前更進一步的機會也會大得多。

北京當局在香港的政改事宜上並非一成不變，也並非不聽取任何意見。北京的領導階層明白到，如果香港有一個具更廣泛代表性和涵蓋各界人士的制度，對本港的和諧是很重要的。最近，全體立法會議員，包括以往被禁止踏足內地的民主派議員一同訪問廣東省，正正顯示北京明瞭這點。

不過，中央政府也有一些實質的憂慮，是我們所有人也必須考慮的。不管你是否同意，北京當局並沒有信心香港如果有更大民主，便會管治得更好。他們憂慮更大程度的民主會帶來更多爭議和更少和諧。

主席女士，如果我們希望普選早日來臨，而非遲些才來臨，我們便必須自我反省一下，問問我們可以做些甚麼來使中央政府感到更有信心。即使我們寧可有一項更佳的方案，如果我們接納這項方案是我們在現階段可以得到的最佳方案，未嘗不是一個很好的開始。

吳靄儀議員：

在上星期的一個政改方案研討會上，代表基本法四十五條關注組的資深大律師李志喜女士提出了一個法律問題：政府的政改方案是否須符合《公民權利和政治權利國際公約》第二十五條呢？《公約》第二十五條，是保障公民參與公共事

務的基本權利。按照基本法第三十九條，香港特別行政區政府須以法例實施公約的條文。規定選舉行政長官及立法會議員的法律，顯然應要顧及公約第二十五條的要求。

基本法第四十五條和第六十八條均規定，政府有責任提出最終「達致〔至〕普選」的方案；我們反對政制發展專責小組第五號報告所提出的方案，因為它並不是「邁向普選」。要「邁向普選」或「達致〔至〕普選」，必須先對「普選」有一個正確定義，如果沒有正確定義的「普選」目標，這個方案只是漫無目的地「遊花園」，浪費時間，蹉跎歲月，是不值得我們支持的。

公約第二十五條為「普選」作出清晰而有力的定義，它說：「所有公民，無分種族、膚色、性別、語言、宗教、政見或其他主張、民族本源或社會階級、財產、出生或其他身份等區別」，以及「不受無理限制，均有下列權利及機會：便是直接或通過自由選擇的代表參與公共事務；以及在真正的定期的選舉中選舉和被選舉，這種選舉應是普遍和平等的，並以無記名投票方式進行，以保證選舉人的意志和自由表達……」，它說出了普遍和平等的選舉的定義。

由功能界別選出的議席，是基於社會階級和身份的選舉，顯然並不符合公約的要求。無論選舉行政長官、選舉委員會或立法會，現時均為功能界別所左右。要「邁向普選」，最少必須明確地和有方向、有計劃地減低這些不平等、有歧視性質的選舉，但政府的方案並非如此。

以行政長官選舉而言，功能界別選出的議席有增無減；整體人數相對於提名所需人數完全不變，而新增民選區議員，又同時加入大量的委任區議員。委任的區議員絕對不是市民「自由選擇的代表」。

關於立法會方面的建議，同樣沒有增加按地區直接選舉的實際力量。同時，529 名區議員互選 6 名立法會議員的所謂「功能界別」，一方面構成了最新、最小圈子的選舉，另一方面亦令人質疑，它代表的究竟是地區利益，還是區議員這個「界別」的利益呢？其實，兩個答案均同樣不合邏輯。剛才陳智思議員說沒有增加小圈子選舉，其實，現在的小圈子，就是這個最小的圈子之中，529 人便可以選出 6 人。

對於這些問題，政府一概避而不答。政府的態度是公約第二十五條不適用於特區。在上述的研討會中，林瑞麟局長更表示，香港法庭已裁決功能界別合憲合

法。但是，他顯然錯誤瞭解這案件。他所說的案件是一九九五年「李妙齡案」，法院的裁決並非支持功能界別選舉符合公約，而是回歸前《英皇制誥》明文規定允許功能議席，而在殖民地制度之下，《英皇制誥》在法律上有凌駕性。回歸之後，基本法實施，情況完全不同。

公約所設立的人權委員會對第二十五條有詳細解釋，表明該條文要求的是（我引述）：「各選舉人所投的一票必須有大約相等的比重」，不能「對任何類別的選民造成歧視」。人權委員會更在一九九五年直接批評香港的功能界別選舉（我引述）：「本委員會認為香港的選舉制度並不符合公約第 2、3、25 及 26 條的要求……功能團體的選舉更給予商界不合比例的比重，以及對其他選民構成以財產或功能為基礎的歧視，這明顯違背公約第 2(1)，25(b) 及 26 條」。

「邁向普選」必須真正、明顯地減低現制的功能界別代表的分量，但政府的方案完全無意實施公約，所以本會應堅決反對這個方案。

田北俊議員：

……現時議會內的六十位議員負責處理香港多種事務，既要參與各個事務委員會，亦要審議法案，因而出現了人手不足的情況。所以，我們支持方案中建議把議員人數增至 70 人的部分。當然，在將議員人數增加至 70 人的大前提下，去年人大釋法〔決定〕認為，從直選產生和從功能界別選舉產生的議員人數應該一樣，所以，我們是支持有 35 位議員由直選產生，另有 35 位議員由功能界別選舉產生。

在功能界別方面，自由黨已表達過我們的看法。從均衡參與的角度來說，我們認為應該把一兩個議席分配予工商界、一兩個議席分配予專業人士，以及一兩個議席分配予地區人士。可是，政府今時今日覺得，傳統的功能界別跟循序漸進的方向有衝突。如果從循序漸進的方向來看，便應該讓多一些由民主選舉產生的人進入立法會。政府亦提到，在那 500 位區議員方面，當中有 100 位是委任區議員，來自工商界的也有接近 100 位，專業人士亦有 80 位，所以，我便覺得從均衡參與、循序漸進和實際情況的角度來說，這個方案是可取的。當然，我們還要向工商界的功能界別解釋，為甚麼我們最初的期望是那樣，現在政府推出的方案又是這樣。我們既然覺得要均衡參與和循序漸進，所以便認為這個方案是比較民主

和循序漸進，亦給了我們一個均衡參與的空間，因此是值得支持的。據我瞭解，到目前為止，大部分由功能界別選舉產生的議員，包括自由黨有工商界背景的議員也覺得，這個方案雖然不是我們的首選，但也是我們可以接受的。所以，我們會積極參與和支持。

湯家驊議員在議案中指出，不應該讓委任區議員享有選舉行政長官的權利。有關這方面，社會上進行了很多民調，而自由黨亦有進行。截至十月三十一日 —— 對不起，主席女士，應該是到昨天十一月八日為止，我們進行了九天的民意調查。讓我把當中的首項問題讀出來，以免有人對我們所提出的問題有異議，指我們給了受訪者錯誤的信息。我們的問題是：你是否贊成政府讓所有區議員，無論是民選或委任的，均可加入二○○七年的選舉委員會，讓他們有分選舉行政長官呢？結果有 1,540 人贊成，730 人不贊成，即有 53.2% 贊成，25.1% 不贊成，贊成跟不贊成的比例是二比一。

讓我順帶也讀出我們所進行的民意調查中的第二項問題：如果委任的區議員均有分參選那五席立法會新加的功能界別議席，你是否贊成？贊成的有 1,281 人（44%），不贊成的有 760 人（26%），數字是較剛才的稍低，但也很明顯地看到，比數是 44% 對 26%。對於委任區議員可否在二○○七年和二○○八年投票選舉行政長官和立法會中那五個給予區議會功能界別的議席，我們覺得市民事實上是表達了清晰意見，他們是支持的。我希望動議這項議案的湯家驊議員和民主派的議員聽一聽，社會人士對這個問題其實是關心的，但他們覺得不一定要取消委任區議員選舉行政長官和立法會議員的權利。

此外，在時間表方面，自由黨已經表達了我們的看法。我們覺得一定要做好自己的事。我們認為要在二○一二年由提名委員會提名的情況下普選行政長官，但我們認為立法會不應該在二○一二年一次過將所有現行 30 個或屆時是 35 個的傳統功能界別議席全部刪除，變為直選議席。我覺得立法會選舉跟行政長官選舉有些不同，因為立法會始終有這麼多位議員，根據循序漸進的原則，是應該逐步削減傳統的功能界別議席，增加直選議席。即使屆時決定不削減傳統的功能界別議席，而再增加議席，也可以按照現有的模式增加區議會議席，即有普選成分的功能界別。我們覺得不應該那麼具體地把一切放進方案去。當然，我們也要明白，政府是有困難的，中央政府在時間表上亦有他們的看法。我覺得中央政府未

必一定不肯說出時間表，但如果一定要他們今天說出時間表，他們便是沒有這個打算。

我自己也有點擔心，如果真的說出了時間表，對香港人是否最好的呢？如果迫出來的時間表，是較我們所要求的遲了些，屆時，市民又會否更失望呢？現在我們先做好自己的事，可能到了二○一○年，中央政府也會覺得香港的「實際情況」已成熟，我們是有這個期望的。自由黨會在二○○七年盡量參加區議會選舉，令二○○八年的立法會選舉可有更多來自代表工商界理念政黨的人參與，平衡社會各方面的看法，落實均衡參與。我希望中央政府會在二○一二年支持普選行政長官。多謝主席女士。

何俊仁議員：

主席女士，我相信政府 —— 或正如田北俊議員剛才所說 —— 要求我們改變立場，支持政制改革方案的其中一個理由，便是要求我們順應民意。他們說現在很多人也支持政府的方案，但我在這裏必須強調，這項民意調查究竟是在怎麼樣的環境下進行的呢？我所說的環境是，市民或接受調查的人均是沒有選擇的。人大給了我們一個鳥籠，我們被困在內，要飛也飛不到哪裏去，那麼，市民是否接受這個方案呢？很多人便是在這樣的環境下，無可奈何地作出回應的。中大亞太研究所就今次民意調查中支持政府方案的人作了分類，發現有一半人是勉強接受 —— 勉強的意思是無可奈何，他們是在沒有選擇的情況下接受方案的。

主席女士，我覺得這次的民意調查並非真正民意的表達。最清楚和最真誠的民意，是在政府發表第三號報告前，從收集到的意見中所反映的，當中清楚反映了超過六成人支持在二○○七及二○○八年進行普選，這才是真正的民意。現時的方案距離民意訴求太遠了，單單這個理由，便已足夠讓我們覺得應該否決第五號報告所提出的方案。我們無須糾纏於這個方案是否有少許進步，是否原地踏步，甚至是否倒退。我們無須再爭拗，因為方案距離真正的民意訴求實在太遠、太遠了。

我們為何要接受這個方案呢？更重要的一點（或同樣重要的一點）是，如果我們接受這個方案，會否被誤導了呢？又或我們會否誤導了市民，讓他們以為這

是邁向民主政制的一大步，然後我們還會一步一步向前進？如果我們今次接受這個方案，接受這是向前邁進了一大步，以後會小步前進，那麼，要到何時才能達到基本法所訂下的，市民共同要求的全面普選目標呢？

當然，這個方案表面上看來似乎是增加了少許民主成分，但請大家看清楚一點，原本的功能界別選舉完全是舊模式，完全是反民主的模式，而新加入的功能界別又有委任議員。這種委任議員模式最荒謬和最過分的便是容許行政長官「種票」，容許行政長官委任一些人，選出自己當行政長官。雖然新的選舉委員會增加了八百人，但有三百多人是循舊方式加入的，另有百多人是由行政長官自行委任。試問這樣的制度，怎會是有進步呢？這實實際際是倒退，違反了基本法附件一所提到的一些原則，那便是一些組織如果可以民主方式產生委員，便應該盡量採用公平和開放的原則。現時的方案，是完全罔顧了基本法內所訂出的最低限度要求。

主席女士，很多同事說我們缺乏共識，我們怎會缺乏共識呢？其實，在二〇〇〇年選舉時，三個最大的政黨不是已經很清楚地提出了大家的訴求，要在二〇〇七及二〇〇八年進行普選嗎？現在只不過是有一些政黨在受壓之下退縮了。如果是這樣，我們是永遠達不到共識的。即使達到共識，但在通過法案前最後表決時，他們也可以「跪了下來」，那麼，我們追求的所謂共識，又是否可以追求得到呢？

我還要多說一點。如果依賴現時的所謂在一時間和無可奈何的情緒下所表達的民意，其實不單止是不公平和不公正，還會罔顧了中大的調查結果所顯示，有很多人要求須有普選時間表，因為有六七成人是支持要有普選時間表的。為何政府不接受這項主流民意呢？為何我們只選擇性地說民意似乎是頗接受第五號報告的方案？

劉秀成議員：

湯議員的原議案的其中一個重點，是質疑政改方案中有關區議會委任議員的權利的安排。但是，作為代表專業人士的功能界別的議員，我反而對應否把新增的分區議席全數分配予區議員有所懷疑及保留。問題的關鍵是，我們應怎樣證明

區議員在議會內有其功能界別的代表特色呢？即使我們真正達到共識，認為應界定區議員為功能界別代表，但我們又應否考慮開放一些功能界別的議席予現時未納入功能界別的專業界別呢？這一點值得大家詳細研究。

此外，我對於從不同渠道所聽聞有關發展兩院制的建議，原則上頗為贊同。我很認同十八世紀法國啟蒙思想家孟德斯鳩所提倡的互相制衡（checks and balances）原則。我們不難發現，許多民主國家的政制發展，包括英國、法國、德國和美國等，均趨向奉行兩院制。我們在計劃推行政改時，應多參考他們的制度，例如假設香港將來奉行兩院制，上、下議院可在職能方面進行分工。德國的做法是，由下議院專注透過立法制訂政策方向，而上議院則負責詳細的立法監管，這有助於提升立法質素，以及應付立法機關日益繁複和多元化的工作。

主席女士，我知道許多人一聽到我提及兩院制這個名詞，便會不由自主地想問，莫非我想保留議會內的功能界別，企圖延續特權及阻礙普選？我在此首先說明，功能界別肯定不是所謂的特權階級。老實說，根據我的經驗，向業界的選民拉票較找代表地區的同事上街、上樓拉票更為困難，因為根本不知道往哪裏找，而日常跟業界溝通和聯絡等工作的困難更不在話下。

至於兩院制阻礙普選方面，我的回應是：「誰說上議院一定沒有普選呢？」美國參議院的選舉模式，便是普選上議院議員的最佳例子。在香港政府就政改方案進行諮詢收集所得的不同建議中，也有不少頗具參考價值的方案，例如將來我們可保留上議院的功能議席，而產生方法則是先由業界選民提名參選名單，然後由全港選民投票選出他們的功能代表。當然，這只是其中一個政改建議而已。我之所以引用這個例子，是因為我一向很支持公平參與的原則，所以，我希望將來的選舉不會再出現某人有一票、另一人則有兩票或三票的情況，乾脆一人兩票好了，這種做法也值得考慮。

主席女士，有些同事一定會問我，為何總要保留立法會內的功能議席。其實，我早已說出答案，我不會只照顧小圈子的利益。專業人士可能習慣了須從多角度分析問題，尤其是在工作上須顧及公眾利益，所以他們往往較別人客觀，亦較傾向為大局着想。功能界別選舉確保具備這種思維訓練和分析能力的人士有機會在議會內發揮其專長，為議會帶來較獨立的見解。我相信這對香港的議會政治和社會發展絕對百利而無一害。

　　有關政府有責任在政改方案中提出達到普選的路徑圖、時間表及相關選舉細節的要求，我原則上是同意的，因為任何周詳的計劃也應定下正確的方向。然而，我亦希望各位議員慎重考慮，是否值得為了預早定下這些方向及細節安排而輕易放棄整個政改方案？所以，我認為大家應想清楚，究竟這個方案總括而言，是否可以幫助我們在邁向民主制度的路途上「行前一步」呢？如果答案是可以的話，便千萬不要放過這一小步。

馮檢基議員：

　　事實勝於狡辯，只要看看近期《明報》和香港中文大學所公布，針對政制改革而進行的民意調查的結果，有近六成半被訪者要求訂定普選時間表，並有七成人支持在二〇〇七及二〇〇八年或二〇一二年進行普選。根據《明報》的調查結果，認為政府方案較合適的被訪者有 32.68%，但有 25.12% 在認同政府方案之餘，卻不贊成容許委任區議員有投票權。至於立法會選舉，有 42.53% 被訪者不贊成由包括區議員在內的委任議員互選產生，而贊成的則只有 34.81%。即使根據中大的調查結果，所謂有六成人支持政府方案，我們發現在這些支持者中，表示「無奈地接受」和「沒甚麼感覺」的人差不多有六成半。主席，究竟民調所表達的是甚麼信息呢？大部分人是否如行政長官所說，支持他的政改方案，抑或支持普選？還是他們要求訂定時間表，並對委任制明顯有所保留呢？主席，更悲哀的是，我們看到市民渴望普選，卻感到無可奈何，兼且鬱鬱不得志。

　　上述民調所帶出的信息很清楚，何來有行政長官曾蔭權所說大部分市民支持政府方案的情況呢？我退一萬步來說，即使完全參照政府鳥籠式的民調，抽出其中五條相關問題進行調查，《明報》發現市民對政府方案的支持度也明顯下跌了（跌幅達一成多），跌至 44%。政府既不承認這些民調結果，更不願意因應這些民調結果來重新制訂方案，究竟民調的意義是甚麼呢？

　　主席，我支持湯家驊議員今天提出的議案，清楚表明政府應提出市民可以接受和有實質民主進程的政制方案，並訂定普選時間表和路徑圖，特別是剔除反民主的委任制度。在上月底進行的施政報告辯論中，我曾說過委任制度的荒謬之處和反民主的元素，並嘗試把政制發展專責小組第五號報告及施政報告放在香港整

體政制發展的大方向下進行檢視，而檢視的五項原則是：一、大幅增加現存選舉制度的民主元素；二、制訂邁向普選的時間表和路徑圖；三、培養政黨政治發展及培育政治人才；四、改革政府管治模式；及五、下放地方行政權力及改革諮詢架構。

報告所提出的方案顯然過於狹窄，並不符合上述五項原則。報告的內容相對於大部分市民對普選的訴求而言，差距實在太大，並出現嚴重的落差，以致政府較早前刻意建立的社會和諧景象付諸一炬，隨之而來的便是社會開始出現對立局面，而且越燒越烈，但政府卻視而不見。難道政府真的要迫使所有人在十二月四日上街才感滿意和才能接受嗎？我相信香港人已經退至無可再退的地步，明知二〇〇七及二〇〇八年普選的機會渺茫，只求有一個明確的普選時間表和路徑圖，這又有何不妥呢？

民協和我相信，在合乎基本法規定的前提下，只要用盡所容許最大的前進空間，政府絕對能夠拿出一個真心真意、有實質民主進程的政制方案，而不是現在這個「三不像」的區議會方案，賦予行政長官坐擁新增的選舉委員會委員和立法會議席的控制權。事實上，退一步來說，我亦看不到取消委任制度和訂定普選時間表和路徑圖，有違基本法及人大常委會四二六的決定。相反，較早前有評論指出，如果把委任制的元素注入選舉委員會內，便可能不符合基本法附件一第三款所訂，選舉委員會「各個界別的劃分，以及每個界別中何種組織可以產生選舉委員的名額，由香港特別行政區根據民主、開放的原則制定選舉法加以規定」。我相信，一個清醒而正常的成年人是不能把不民主且不經任何選舉程序的委任制度，解釋為合乎民主和開放的原則的。如果政府硬要闖關，自然會引起司法覆核，最終是否又要提請人大釋法呢？主席，我相信無論政府和香港社會也承擔不起這風險。

因此，政府必須三思，並在發表第五號報告後，要認真瞭解市民的看法，避免社會再陷於對立局面，積極拉近民意對普選期望和現實的巨大差距，以及清楚制訂普選時間表和路徑圖，告訴社會哪一天可以看見普選，並重新訂定有實質民主進程的政改方案，撤銷不民主的委任制度。

梁耀忠議員：

就今次的政改方案來說，我們看到政府不斷強調方案建立於民意基礎，並應由我們二十五位議員來支持。主席，即使是退一萬步來說，如果這次的方案真的具有民意基礎，政府日後的任何政策和改變是否均會依據這民意基礎進行呢？如果是這樣的話，政府日後完成對任何政策的調查，是否便可以說那是政府的政策呢？政府是否會這樣做呢？這是否一個既定方針呢？

這次當政府完成了一項調查後，我們多位同事除了不斷質疑這調查方向之外，更會質疑政府這次是因為調查方向似乎與其原意相近，才說民意如此，所以便一意孤行。如果是這樣，請政府日後不論做甚麼事也要聽取民意，也要進行民意調查。

當然，我也不想政府這樣做，原因我剛才也提過，便是我們的同事也質疑政府進行民意調查的方法根本是偏頗的，這民意是為自己的意向而遷就或刻意製造出來，所以根本不是真正的民意，不可成為民意基礎。況且，在今天來說，如果大家要確立民意基礎，也是很簡單的，無須爭拗調查究竟是否公正、公平或合理，最科學性的做法便是全民投票。如果政府是重視民意的話，便應依據民意基礎，我們不必再作無謂爭拗，也不作堅持，進行全民投票便知結果如何。不論全民投票的結果為何，我敢大膽說一句，我相信二十五位民主派議員均會接受這項結果。因此，如果政府仍然說現時的民意是支持其方案，我們也不用爭拗了，不如進行全民投票吧！這是最恰當、最完整、最沒有爭執的一個方向。

主席，今天要談的是時間表和路徑圖的問題。其實，我的時間表很簡單，二〇〇七及二〇〇八年便是我的時間表。這是因為在過去多年來，我們已不斷提出這是我們的期望。我們已等候了很長時間，二〇〇七年已是回歸後十年，為何仍不足夠呢？難道正如司長今天回應李永達議員的質詢一樣，要到二〇四七年才是最終的日子？如果是這樣，便真的很可悲。維持五十年不變，並非這個意思。雖然政府提出循序漸進的觀念，但如果十年這麼長時間也仍舊沒改變的話，何必還要等四十年或五十年？根本是找藉口。其實，它一早已把框框訂在二〇四七年，便說要到二〇四七年才能達到目標。

事實上，我們的民主政制發展也並非只有十年歷史。主席，經過這十年的經

歷，我們的民主政制發展也是循序漸進的，而我們的經驗及經歷已足以令我們達致〔至〕成熟的階段，可以進行全民普選了，而且不單止是選出我們的立法會議員，還可以選出行政長官。

譚香文議員：

（代理主席劉健儀議員代為主持會議）

根據基本法，香港的政制必須按照循序漸進的原則發展，最終達致〔至〕全面普選的目標。換言之，每一屆行政長官和立法會選舉的方案也必須朝向普選的方向發展，而民主成分亦應有實質增長。但是，我看不到現時政府提出的方案，存在着配合循序漸進的因素。

代理主席，我首先談談方案沒有「循序」成分方面。政府在提出有關方案時，斷言拒絕提出普選時間表和路徑圖，也就是說，政府不願意提出達致〔至〕普選的程序。究竟我們要經過甚麼階段才能達致〔至〕普選呢？在這階段，我們並不知道政府有何方案，這樣政制發展豈不是無序可循，那我們還談甚麼循序漸進呢！

……

代理主席，即使基本法的附件一和附件二已訂定時間表和路徑圖；選舉委員會由四百人進展至八百人。立法會議席的分配亦有所改變，如何改和何時改也一一列明。但是，為何今天許司長卻來個大倒退，連再下一屆行政長官和立法會的選舉方案也欠奉，這是甚麼意思呢？

許司長說過，要條件成熟才可以訂出時間表，但如果沒有時間表，條件會自動成熟嗎？時間表根本就是推動條件成熟的重要因素。舉例來說，就政府的政策而言，如果沒有時間表，大家相信我們的官員會自動自覺處理他們的工作嗎？即使他們願意，所訂政策又會否完善呢？如果中央政府或特區政府根本不想香港實行普選，倒不如老實向香港人交代，否則，便請拿出時間表和路徑圖，讓我們有序可循。

代理主席，就算退一萬步，單看「漸進」兩字，我也可以指出政府的方案可能與基本法不符。難道政府認為其方案真正包含推進香港政制的民主成分嗎？基

本法附件二所提出的立法會選舉方案，在每一屆立法會選舉中，地方直選的議席在立法會議席總數中所佔的比例也有增加，我們姑且將之視作民主成分的增長，但現在又如何呢？功能界別和地方直選的議席比例並沒有改變，換言之，市民在議會的影響力並沒有增加，這樣何來漸進呢？

政府提出的立法會選舉方案，根本談不上增加了民主成分。如果政府告訴我們，二〇〇八年的立法會選舉將會大幅擴大功能界別的選民基礎，令絕大部分在職選民也有兩票，我才會相信這個方案實質上增加了民主成分，是漸進的表現。

代理主席，政府今天提出的政改方案，既無序可循，且絲毫實質進展也沒有。我們實在有理由質疑政府的方案，是否完全符合基本法中循序漸進的要求。……

呂明華議員：

今天的「政制改革方案」議案，可歸納為下列三點：

第一，委任的區議員不應有選舉行政長官和立法會議員的權利；第二，普選路徑圖；及第三，普選時間表。不過，我要加上一點，第四點是，五席功能界別的分配應讓區議會、有眾多從業員的中小型企業、美髮美容業、中醫藥業和大企業雲集的中國企業協會各佔一席。

立法會的組成原則，是讓社會各界別和各階層均有代表參與論政、議政和立法等工作，廣泛反映各個界別的聲音和建議，這便是所謂均衡參與，從而維持社會整體的穩定性。可是，政府的政改方案竟將屬政治團體的區議會與工商業和專業團體並列，並將新增的五席功能界別的議席，悉數撥給區議會，這實在違反成立功能界別的初衷，令人丈八金剛，摸不着頭腦。如果把新增的五席功能議席全數歸於區議會，即使這五位立法會議員是由間接民選產生，有助增加民主成分，但由於他們的背景各異，並不足以保證工商界和專業界的權益，所以這並非均衡參與，亦不符合基本法的精神。更何況，這樣下去，政治平衡的天秤也會顛覆。政府豈能不再三思。

其次，在行政長官選舉和立法會議員選舉方面，基本法規定最終仍是根據香港的實際情況和循序漸進的原則由普選產生。既然有如此規定，要求政府提供達

致〔至〕普選的路徑圖和時間表看來是合理的。因為如果把五席功能議席分配予區議會屬於向民主化邁出一大步，那麼以後民主化的路程如何走下去呢？如果香港的民主化的進程是摸着石頭過河的話，前景實在令人擔憂。

代理主席，香港的民主化是要繼續向前推進的，但必須考慮數項大原則，這些大原則在中國國務院發表的《中國的民主政治建設》白皮書中說得很清楚：「一個國家實行甚麼樣的政治制度，走甚麼樣的民主道路，要與一國的國情相適應。」「由於國情的不同，各國人民爭取和發展民主的道路是不同的。」香港經過百多年的發展，經濟繁榮，法治基礎堅固，港人享有高度的自由和人權，但對民主則比較陌生。因此，加速民主化的過程，對社會的穩定和諧，經濟的發展影響如何，必須詳加考慮。其次，香港只是中國的一個特區，政制改革必須得到中央政府首肯，而不是特區政府可獨自決定的。因此，我傾向同情特區政府的處境，它現在是絕無能力提出普選的路徑圖和時間表，其中最大的原因可能是香港的政治生態非常複雜，而日後的實際情況更是未知數，所以難以作出決定，這些都是可以理解的。既然如此，政府的政改方案雖然並不盡如人意，但卻可算是民主化的一大步。

楊森議員：

有時候，我覺得不管是政府、行政長官、市民大眾或會內多位同事，都似乎接受了這個宿命論。當然，香港並非獨立，我們只是在中國主權下一個特區。很多時候，我們不能自行決定政制發展，這確是事實。但是，作為生活在香港、關心家庭、關心國家的中國人，我們應該不斷鼓吹自強不息的態度。

要落實「一國兩制」確是難事，因為我們要兼顧香港和中央兩方面，特別是後者對民主、開放及法治的經驗，十分有限。但是，正因如此，作為對香港有承擔的人，或對香港抱有憧憬的市民，便更應站出來，說出心底話。巴金已逝世，他晚年仍然令人懷念的，便是他說真話。其實，我想藉此機會向市民呼籲，如果大家覺得無可奈何地接受這個方案，便應該重新考慮，便要站出來反對這個方案。不要無可奈何，現實不一定最終是如此，只要我們能夠發自內心，向中央說清楚反對這個方案的真正理由，我相信中央也並非鐵板一塊。

如果接受這個倒退的方案 —— 有關這方面我無須再詳述，很多民主派的朋友

已經說過 —— 如果接受這個倒退的方案，我認為有四點是很危險的：第一，會嚴重影響特區政府的管治。政府希望強政勵治，中央也希望特區政府改善管治，所以更換了董建華先生。但是，如果香港市民今次在無可奈何的情況下接受了這個方案，便正正打擊了政府的管治能力。擺在眼前的，一定會有無數的司法覆核，挑戰區議會方案。試問政府又怎能強政勵治？

此外，我們看到香港回歸七八年後，政府始終難以實行強政勵治，是因為缺乏市民的認受性。任何改革或新主意，當提交立法會審議時，政府根本沒有信心可獲得通過。如果我們無可奈何地接受這個倒退的方案，我們基本上是進一步破壞及打擊政府的管治威信或管治能力。

第二，進一步打擊社會走向民主開放。代理主席，自從八十年代開始，香港已逐步走向開放。在這個時期長大的年青人，他們對我們這些在七十年代參與學運的人的看法可能更為不同，他們可能更擁抱社會開放、自由及法治的核心價值。如果他們只能在無可奈何的情況下接受這個區議會方案，我相信對於在八九十年代成長的人，打擊會非常大。首先不要說青黃不接，其實對香港的民主開放、讓香港邁向一個成熟的公民社會，也肯定會造成空前的重挫。

第三，是進一步打擊「一國兩制」的發展。我剛才說過「一國兩制」是一個很重要的歷史契機，對香港及整個國家都是非常重要的，但要實施又談何容易呢？我們每一個人都應該有關心社會的意識，當社會出現了問題，大家便要勇敢地站出來，說出心中話，這樣「一國兩制」才有機會成功。但是，如果我們常常受到現實的掣肘，又不敢衝破現實的限制，連試一試水溫也不敢便完全無條件接受，那麼，我想問一問大家，愛國是否麻木地跟隨着中央走？倘若以這樣的態度愛國，香港便沒有前途，國家亦不會有前途，我們只成為沒有靈魂、沒有性格的附庸，或政府的管治工具，這樣的公民素質，是絕對不應該在香港出現，我也相信是完全不會出現的。

還有一點，代理主席，如果我們無可奈何地接受一個倒退的方案，亦會令兩岸和平統一失掉一個很重要的契機。試想想，台灣人民看到香港有六七成市民要求在二○○七及二○○八年進行普選，但現在這個方案沒有了，連一個合理的選舉時間表也不准談、不准討論，他們又怎會相信「一國兩制」會成功呢？

（主席恢復主持會議）

石禮謙議員（譯文）：

主席女士，民主並不是最理想完善的政治體制，但儘管其有不足之處，它卻仍是最佳的選擇，亦將繼續為世人採納。因此，基本法第六十八條規定，香港最終將透過全民普選產生以民為本的立法會。

我們面對的問題與民主無關，一切爭論只涉及普選的實施時間、內涵及程序步驟。無論人們的想像力怎樣豐富，他們又如何能預料到那位名叫曾蔭權的人民之選會成為我們的行政長官？若這也可以成真，又有甚麼能阻止泛民主派夢想民主議會的成立？

中央政府按承諾恪守基本法，讓港人按「一國兩制」原則來管治香港。因此，我深信它不單已經聽到你們和你們所代表的人的聲音，亦已順應了你們許多要求。中央政府已盡了其責任，亦準備幫助我們達到各項社會和政治目標。

既然如此，在邁進「民主希望之谷」的過程中，在座六十位議員面對的主要障礙又是甚麼？這個主要障礙與我們自己有關：我們缺乏互信和共識，亦分割成不同黨派。我們應放下歧見，尋求共識，並共同締造一個雙贏及各方均可接受的制度。有人說，政治是妥協的藝術，但我卻認為政治是創造可能的遊戲。按此精神，我誠邀各位議員把政制發展專責小組第五號報告看作一份能令香港達致〔至〕實質民主的禮物，並予以接納。

我必須承認，我初時的確認為，第五號報告把五個新議席撥歸區議會而非真正的功能界別代表，是難以接受的。我認為這有違社會均衡參與的精神和人大於本年四月二十六日對基本法作出的解釋〔決定〕。然而，在進一步思量及放下個人感受後，我相信報告和它的建議是按循序漸進原則向民主方向走出的一大步。我在不願意的情況下決定支持報告。

有人希望廢除區議會的委任制，我必須予以駁斥，指出現時的議員均來自許多不同的專業和行業。他們的知識往往能補充其他地區直選議員之不足，令區議會能更全面地履行其職能和服務社會。此外，他們的委任亦完全符合《區議會條例》的規定，屬於憲制的重要部分。若按今天的議案廢除委任制度，地區層面的工作瞬即受到影響，但若第五號報告獲得通過，則有更多專業人才會獲邀參與區議會選舉，最終能提升區議員的質素，令社會受惠。理論上，我不反對循序漸進

地減少委任區議員數目或廢除委任制。但在現階段，我卻認為有必要保留委任區議員。

在普選時間表方面，我諒解那些支持者的理由，但政治必須切合眼前的現實。我們的行政長官已花了許多唇舌解釋為何不能定立普選時間表。我完全贊同他的見解，並認為在通過了政改方案後，我們可就此進行有用的討論。……

劉慧卿議員：

我們現時所看到的所謂主流方案，其實是非常之搞笑的，香港的主流方案原本已經出來很久了，便是在二○○七及二○○八年進行普選，現時卻說沒有了，還硬迫一些香港人，要他們說是支持政府的做法。如果是要公公正正的〔地〕再次進行調查，最好便是進行全民投票，然後看看在十二月四日究竟會有多少人走到街上來，這樣便可以看個清楚了。但是，即使市民走到街上來，也並非像林健鋒議員所指我們有甚麼對抗性，又說甚麼玉石俱焚，主席，大家走到街上來也只不過是遊行一下而已，並不是要玉石俱焚。一會兒又有人說這只蛋要順產，李永達議員說談民主已二十年了，別說生一只蛋，如果好運氣，連爺爺也可當得上了，說甚麼順產呢？主席，四十九歲也可以做爺爺的。

這位呂明華議員所言則更為好笑兼荒謬，他說現時這樣搞，是把政治平衡顛覆了。各位，現時正是一切平衡也被顛覆，政治平衡本來是三百多萬人獲得投票權的，現時卻只是把選票集中在一小撮財閥及替財閥工作的人手中，這樣還不算是顛覆嗎？如果不算是，我便要顛覆了，主席。其實，在民主的地方，每次投票也是顛覆的，便是以票箱裏的票來進行顛覆，但其間的過程不開一槍，不流一滴血。現時，這些人取了免費政治午餐，袋得整個口袋也是利益，要他們拿出來時便說顛覆了。這麼多年來，我們被別人全部顛覆了，又有誰為我們申冤呢？所以，這情況真是令人氣惱。

梁家傑議員：

政府強調，容許全體區議員不分委任、當然或民選也可參加立法會及行政長

官的選舉，是香港民主發展的一大進步。我倒希望政府可正視歷史，明白這種間接選舉只是香港代議政制朝向普選的過渡安排，而且早已被淘汰。

主席女士，立法機關的首次間選始於一九八五年，當時全體區議會及兩個市政局的議員組成選舉團，並選出十二位議員。選舉團在一九九一年被直選議席取代，只有兩個市政局各自選出一名功能界別議員。一九九五年的立法局選舉增加了直選議席，再由全體直選區議員組成選舉委員會，選出十位議員。

回歸後，立法會選舉中選委會的組成方式有變，區議會變成只選出一位議員的功能界別。基本法規定，選委會議席會逐漸減少，並撥予直選議席。除區議會功能界別外，現在立法會內已沒有間選議席。間選作為一種幾乎消失的選舉方法，政府卻罔顧基本法，表明政制發展要最終達致〔至〕普選的指示，將間選借屍還魂。剛才吳靄儀議員在發言時指出，政府的方案必須符合基本法第三十九條，也就是必須實施《公民權利和政治權利國際公約》第二十五條所界定普及和平等的選舉。就此，基本法四十五條關注組會發表小冊子加以說明。

主席女士，把倒退包裝為進步，無疑反映了政改方案欠缺誠意。正正只有是沒有誠意、企圖以政治利益敷衍各黨派的方案，才會容許區議會作為單一選舉團體，竟有五分之一的選民是由政府委任而獲得選舉權，選出六位立法會議員，並參與行政長官的選舉。

主席女士，有人指現任區議員由前行政長官委任，即使他們支持現任行政長官連任也不構成種票，但這種鑽法律條文空子的說法，未免太侮辱香港市民的智慧。政府可以通過委任選民而影響選舉結果的現實，並不會因為委任的行政長官不參選而改變，而人事因素也絕不足以令不合理的制度變得合理。政府如果要認真處理政改，便須正視問題，製造似是而非的理由並不會有所幫助的。

政府不單止沒有正視區議會方案的問題，似乎更沒有正視政改旨在解決管治問題。香港政不通、人不和的關鍵，在於市民參與政治的機會並不均等。政改沒有打算觸動功能界別特權階層既得利益者的利益，繼續讓數十人、數百人私相授受後，有人自動當選的場面有機會重演。

政府更借 400 位民選議員加入行政長官選委會的機會擴大選委會。除 100 位委任區議員外，其他界別也會增加 300 人。這 400 人已完全抵銷了民選區議員的作用，政府還要將參選行政長官的提名門檻提高一倍，所謂增加社會參與行政長

官選舉的說法，簡直是最大的謊言。

主席女士，更令人驚訝的是，政府明知選舉細節大有可能影響選舉結果，卻刻意將細節按下不表。選出六位立法會議員的區議會是分區投票或是集中投票，採用多議席多票制或是單一可轉移票制，均會令選舉結果截然不同，但政府竟然從不清楚交代，這大概是要預留空間，以便按政治需要隨時調撥。但是，這種操弄的做法已令人對所謂政改失去信心，更不能表達政府真正有誠意達致〔至〕普選。

陳偉業議員：

當年中國制訂「一國兩制」，目的除了是要收回香港和澳門外，便是為了統一台灣。我在八十年代後期到台灣看選舉，那時剛好是台灣解除黨禁報禁之後的第一次立委選舉，轉眼間已過了差不多十七八年。台灣的民主，在這十多年間有飛躍發展。民進黨應該是在一九八六年創黨，之後短短十四年便成為了執政黨，到現在已執政了五年多。

多位議員，特別是保皇黨和富貴黨的議員說，香港要求民主，似乎是要飛躍。請看一看台灣的發展。二十年前我們到台灣，看見台灣的環境、社會建設等各方面也是較為落後，但今天的台灣，在很多方面均優勝於香港。我昨天剛從台灣回來，看到了 101 大廈，還有其他很多環保和社會設施。台灣一早便訂定了最低工資，很多方面的保障也超越香港。他們政治人才輩出。且不要說國民黨，只要看看民進黨，我們跟他們那羣二十多三十歲的年青黨員討論時，發覺他們口才了得，能有深度地掌握問題，教人敬佩。這是因為民主制度給了台灣一個機會培育人才。

香港又如何呢？我們仍然跟二十年前一樣，沒有多大分別。繼續說甚麼玉石俱焚、急進等，根本便是廢話連篇。在台灣，民主發展並沒有為台灣造成動亂。解除黨禁報禁之後，台灣依然秩序井然，有數次公投也被否決了。政黨的輪替亦令台灣市民在心理上接受了，政治 —— 特別是政黨的改變 —— 原來不會造成天下大亂。讓我們看一看內地，政府一有改變，便會引起很多揣測。香港要更換政府，我們也不用揣測，只要北京一下指令便改變了。

所以，如果繼續這樣下去，香港只會不斷倒退。當世界各地也在前進時，我們卻在不斷倒退。很多台灣學者、政黨代表和官員，均一面倒地負面評價香港，把香港的民主制度和香港特區的官員評得一文不值。基本上，他們覺得香港的官員只是跟在共產黨高官的後面，替他們挽鞋而已，任何事情也不敢作決定，包括不批准中華旅行社的代表進入機場迎接他的上司。他們那種虛弱無能，動輒要往北京望，不願意為香港創造新天地的態度，令香港變成「一國兩制」的負資產。至於製造這個負資產的人，除了是我們的官員外，便是在座各位反對民主的議員。鄧小平當年創造「一國兩制」，便是希望由香港創造好的例子，為日後統一台灣的大業建立基石，但可惜真的後繼無人。我想鄧小平在天之靈也會感到欷歔，他怎料到香港會變成他構想下的負資產。

余若薇議員：

今天聽到主要反對湯家驊議員議案的同事均說，民主的步伐不能這麼快，不能一步到位，一蹴即就。最惹人發笑的是林健鋒議員，他說學生考試，要列出時間表。大家都知道，學生考試當然要有時間表，否則又如何準備呢？他說他最崇拜的偶像是黃飛鴻師傅，他說他喜歡黃師傅所說的「家和萬事興」。其實，大家也知道，即使想家和萬事興，也要看看家庭的本身狀況如何，如有公平的制度，便自然會家和萬事興，現在的問題是制度不公平。為甚麼有些人只有一張選票，而有些人卻有多張選票呢？在這情況下，不准別人說話，然後說家和萬事興，更告訴別人如果動輒上街便會玉石俱焚。我想提一提自由黨，上次五十萬人上街進行得非常和平，以致自由黨的主席懂得「轉軚」，由歪路走回正路。大家並非玉石俱焚，也並非動輒上街，其實是在很有理由和道理的情況下，才上街爭取的。

但是，最有趣的是林健鋒議員所說的生金蛋論，他說不要把那隻會生金蛋的鵝餵得太飽，否則牠會飽死。我聽來聽去也不明白，他好像說普選是金蛋，如果是這樣，便應快點把它生下來。可是，我們現在的問題是沒有普選，為甚麼不快點生下這隻金蛋呢？但是，他又說過多民主便可能會令那隻鵝飽死，現在根本沒有普選，何來過多民主呢？所以，我總是聽不明白。如果好像李永達議員所說一樣，要等待二十年，那麼金蛋也會變成石蛋，不能生出來了。所以，我總是聽不

明白他說的故事。

其實，回看香港的歷史便會很清楚，我們爭取民主哪有一蹴即就？在一九六七年暴動後，香港出現很多社會運動，多個壓力團體逐漸形成。政府在一九七三年取消了市政局的官守議員，又賦予市政局財政自主權，開始將權力下放。然後在一九八二年舉行區議會選舉，一九八三年舉行市政局選舉，一九八四年推出政改白皮書，建議當時的立法局所有議席逐步由普選產生。其實，當時很多壓力團體是爭取八八直選的，但北京政府反對，最終在一九九一年產生十八個直選議席。與此同時，中國頒布香港的基本法，訂明在二〇〇七年前只能有三十名直選產生的立法會議員。當時社會上大致分為兩派，激進的如民主黨，當時便說要盡快直選，保守的包括自由黨和民建聯，他們立黨時，在黨綱內寫明爭取二〇〇七及二〇〇八年雙普選。有趣的是，我們現在面對二〇〇七、二〇〇八年的關口，當年的保守派現在卻說要爭取條件、創造條件，在二〇一二年進行普選，但也不一定是二〇一二年。當時最激進的，現在卻成為保守派，說在二〇〇七、二〇〇八年，甚至二〇一二年進行普選。這便是我們歷史上的最大諷刺，所以，我們絕對不是一蹴即就、一步到位。

政制事務局局長：

議案表示香港特別行政區政府有責任提出一個香港市民可以接受和具有實質民主進程的政改方案。主席女士，我們完全贊同政府在這方面有無可推卸的責任。事實上，我們在政制發展專責小組第五號報告中已提出了具有實質民主成分的方案。

我們現時 800 人的選舉委員會，到二〇〇七年便會增加至 1,600 人。目前，該 800 人的選舉委員會只包括 30 位直選的立法會議員。如果我們這個方案獲得各位議員支持和通過，到二〇〇七年的時候，便將會有超過 400 位直選的區議員和立法會議員參與這個選舉委員會的工作。

在立法會方面，我們現時建議由 60 席增加至 70 席。新增的 10 個議席，完全由地區的直選或間選產生。雖然去年四月全國人民代表大會常務委員會的釋法和決定，要求新增的議席必須一半歸地區直選，一半歸功能界別的選舉，但我們依

然提出了一個具有民主成分的方案，這便是由各區議員互選產生這 5 個新增的功能議席。

這個方案分明有民主成分，但卻被各位泛民主派的議員說成是一個倒退的方案，我確實百思不得其解，認為當中欠缺邏輯性。此外，很多泛民主派的議員聲稱我們這個方案是一個沒有方向的方案，對此我既不能接受，也不可認同。其實，我們已清楚指出一個方向，便是立法議會今後的發展不可再依循以往傳統功能界別的那一類議會發展，這類議席不能再增加。就傳統的功能議席而言，如代表工會的、商會的、專業的，我們認為現時那二十九席，已能頗充分地代表社會上各個階層和界別，所以這條線已經畫得很清楚。我們亦向社會發出了很清楚的信息，便是今後不論是政黨、政團、其他界別或獨立候選人也好，如要在香港的政壇有所作為，便要從社區扎根。

在我們發表第五號報告後，社區的活動已經開始了。昨天，我剛到過一個政區論壇，有四十多位區議員已組合起來，一方面關心香港政壇在第五號報告發表後的發展，另一方面，亦關心在二○○六年，我們開展關於增強區議會權責的工作。

田北俊議員亦代表自由黨表明，他們會積極參與二○○七年的區議會選舉。其實，泛民主派的議員多年來在地區有很廣闊的基礎，他們知道這方面的工作的重要性，我亦希望他們會正視這份第五號報告積極的一面，大家共同玉成這事，不要拖着香港和自己黨派的後腿，不要在分明可以有進步時卻要原地踏步。

有多位議員談及委任區議員的職分和地位，我們當前所提出的方案的邏輯思維其實很簡單。在現有的安排下，委任區議員和經選舉產生的區議員，其法律地位和職能是一致的。因此，我們在二○○七及二○○八年這兩個選舉方案中亦要對他們作出一視同仁的安排，我們不可以厚此薄彼。此外，有見及二○○七及二○○八年這兩個新的選舉產生辦法，會開放香港的選舉制度，促成進一步的競爭，所以我們準備在二○○七年年底選出新一屆的區議會時，保留一個委任的元素，因為我們有需要確保地區的服務和議會的運作有一定的穩定性。

郭家麒議員指現時的區議會議員沒有職分選舉立法會議員和行政長官，所以我們在二○○七及二○○八年賦予他們這個角色是不恰當的。他表示在二○○三年選舉該四百位區議員時，市民並不知道日後會有這樣的變化和演進；但實情並

非如郭家麒議員所述。目前該 529 位區議員已有權選舉四十多位區議員進入選舉委員會，亦有權、有責任選出一位立法會議員代表區議會這個界別。因此，我們當前這個方案是擴闊了他們在這兩方面的權與責。

吳靄儀議員表示這個區議會方案是「小圈子中的小圈子」。可是，怎可一次過抹煞有 400 位區議員是由三百多萬登記選民選舉出的呢？難道他們完全沒有民主成分和代表性嗎？他們可以說第五號報告的方案的民主成分不足夠，但卻不能抹煞這是一個具有民主成分的進步，更不能說這是民主的倒退。這是不符事實，是顛倒黑白是非的。

主席女士，今天有很多議員提及普選時間表和路徑圖的問題。其實，我們清楚知道市民對普選時間表方面是有期望的。可是，目前在香港社會（包括立法會在內）的情況，依然是有多種的意見。時至今天，有人仍堅持要在二○○七及二○○八年有雙普選；有人支持在二○一二年達致〔至〕雙普選；有人提議二○一七年；有人提議二○一七年以後的日子。因此，在短期之內，要令立法會內外達致〔至〕這方面的共識是辦不到的。

近日，有議員亦提出制訂普選時間表會否違反基本法和不符合人大常委會去年四月所作的解釋和決定，其實情況是很明顯的。第一方面，去年人大常委會的決定授權我們處理二○○七及二○○八年關乎行政長官的選舉和立法會的組成。我們現在的任務便是就二○○七及二○○八年的選舉方案，推出一個修訂的議案。我們沒有權在提出這個議案的時候，同時包含一個普選時間表，在基本法和人大常委會所作的解釋和決定之下，今天這是辦不到的。可是，香港社會是可以就普選的路徑圖和時間表進行討論，而特區政府亦很願意開展關於普選路徑圖的討論。因此，我們才提議透過策略發展委員會轄下的政治小組共商港事，邀請不同黨派的代表，商界、工會、學術界的代表，共同思考一些重要的問題。

普選是最終的目標，這點沒有人會有異議，但如何達致〔至〕這個普選的目標，有些重要的課題是我們要考慮的。第一，整項基本法關於政治體制的結構，均建基於均衡參與的原則。

各位議員每天在議會工作，大家都知道有來自地區的代表，有來自功能界別的代表。直至我們達致〔至〕這個普選的目標的那天，我們的立法議會便由某一類全面普選的機制產生，現時在議會內商界、專業界、社會各界的聲音和代表

性，屆時怎樣可以維繫、怎樣可以維持呢？是否有一些渠道是大家可以考慮的
呢？這些問題值得我們討論，因為如果不正視這些問題，便難以達致〔至〕三分
之二現場的議員支持這個議會走向普選的一步。

這個顯淺的道理，泛民主派的議員其實是十分明白的。我們今次為何會建議
在策發會討論此事呢？便是為了可以吸納多些背景不同的人的意見，大家心平氣
和地在策發會上把未打通的經脈打通。因此，大家要考慮的第一項議題，便是如
何在一個普選產生的立法議會中兼顧「均衡參與」這項原則。

第二項議題便是，從現在至推行普選的當天，功能界別應如何進化和演
變呢？

第三，當我們達致〔至〕普選時，立法會的組成和運作應為何？是否應保持
現時的單一議會制度，還是應考慮推行雙院制呢？

這些都是我們應當和有必要討論的課題。

主席女士，特區政府總結了過去八年的施政經驗，我們現時達到可與大家一
起全方位地發展香港的民主政制的地步。

第一方面，正如我剛才所說，我們可以合力拼出普選的路徑圖。

第二方面，我們已經提出二○○七及二○○八年的選舉方案。這個不單止是
具有民主成分的方案，更提供了更多的參政空間，讓香港有志從政、參政的人投
身議會政治，在選舉中爭取成功。可是，我們擴闊參政的空間，並不止於在議會
之內。

第三方面的工作，是我們準備推動的，便是政府應開創更多的職位讓有志
從政的人可以加入行政政府工作，我們提及設立局長助理的可能性。其實，我們
的思維是希望有志從政的人，一方面可以吸取和積累在政府裏工作的行政經驗，
另一方面亦可參選參政，吸收議會內的經驗。主席女士，這樣的話，當他們出任
主要官員時，他們便既懂得做政府的工作，又懂得做議會的工作，這樣便比較
完善。

第四方面，我們亦提出了會檢討擴闊區議會的權與責。行政長官在十月公布
的施政報告中已表明，區議會可以管理區內某些設施，例如圖書館、社區會堂、
游泳池，將這些設施交由區議會管理，讓區議員在第二層議會的政治生涯中積累
更多有關如何服務市民和從政的經驗。

主席女士，我感到完全費解，為何泛民主派議員會說我們這套計劃和工作沒有方向？方向是很清楚的，第一，今後不再開設傳統的功能界別議席；第二，議會是邁向普選；第三，是全方位發展香港的政制。其實，我相信泛民主派的議員有很多訴求，他們亦確信自己代表民意，我十分尊重他們這些理念和立場。可是，一件事情是不能從單一方面看的。

張超雄議員特別提到民意調查的問題，他特別指出在中文大學的調查中，有超過六成的香港市民希望在二〇一二年可以達致〔至〕普選，亦希望早日有一個時間表。這個事實我是清楚知道的，特區政府也是有見及此，而提出我們要開始討論普選的路徑圖。可是，對於另一方面的事實，為何張超雄議員又不正視呢？雖然他們說我們所做的民意調查是在第五號報告發表之前做的，但中文大學這項調查和其他大專院校、其他傳媒機構所做的民意調查，均是在過去數星期，在我們發表了第五號報告之後才做的。單單是中文大學的民意調查，已經表明有 58% 的市民接受二〇〇七及二〇〇八年的選舉方案。

楊森議員提醒我不要因為有支持而感到太過雀躍。首先，我得承認我不會，我亦承認我們這個選舉制度的建議並非完美，但這是我們在可能的範圍之內能夠做到的，我們已經做盡了。

李柱銘議員發言時，聲稱政府說不誠實的話，但我認為說似是而非的話的，其實是李柱銘議員他本人。他在議事堂內辯論這些議題時，經常談到這一點：「我們在草擬基本法的時候已經說明，到二〇〇七年便可有普選」。這個可能是他的印象，但基本法的規定並沒有指明在哪一年達致〔至〕普選的最終目標，只提到在二〇〇七年以後，我們可以就兩個選舉產生辦法作出修訂。基本法亦有指出普選的目標是我們的最終目標，這是很清楚的，至於何時達致〔至〕這個目標，便要由大家商討，共同努力。

他所說的話不盡不實的另一方面，就是他談及漫步行山的比喻。我想他時常到山頂吧 —— 現時我們跟大家研究的第五號報告的方案其實可以比作甚麼呢？就如我們已乘搭山頂纜車到達山頂的平台，而政府拿出二〇〇七及二〇〇八年的選舉方案，便是希望香港社會和市民一起走上那段斜路，走上扯旗山，站得高些，看得遠些，有些進步。可是，誰正拉着香港社會向橫走呢？其實，便是李柱銘議員的建議。他教大家不要接受這個方案，跟他一起繞一個彎、走一個圈；那麼走

畢一圈後，當然是原地踏步了！因為李柱銘議員行山時經常都是走那條路，他很少走上斜路。今天，我們希望大家可以一起走上扯旗山，上得高些，望得遠些，為香港爭取一些進步。

湯家驊議員表示，橫看豎看也看不到為何增加了四百位直選區議員便是提升了民主成分。我想提一提的是，湯家驊議員跟在座多位議員一樣，也是由直選產生的。雖然區議員的選區比較小，只有大約 17,000 人，他們都是由直選產生，是可以代表香港市民的。不過，湯家驊議員有另一個更重要的論點，便是他不希望五年復五年，香港的選舉制度沒有進步，達不到普選。這點其實我是贊同的。

單仲偕議員表示不想永遠為政治的制度、選舉的制度爭拗下去，這點我也贊同。主席女士，我與單仲偕議員和泛民派議員有何分別呢？其實只有一點，泛民主派的議員希望我們今天便作出決定，要二〇一二年便實行雙普選；而特區政府的立場是，雖然今天未能定出哪一年實行普選，但我們願意一同研究、討論這個問題。

鄭經翰議員提醒我們要回應，要對泛民主派和社會的聲音作出回應，其實我們已經回應了。主席女士，我想再回應一下鄭經翰議員，我們正積極籌備策發會，在當中討論如何達致〔至〕普選的路徑圖。今次的局面其實是比較特別的，通常我們在立法會就政制討論時，我也會告訴大家為何現在未可以實行，教大家稍等一下，讓我們再多做一些公眾諮詢才討論，又或是跟中央再商討。我們過去三年的討論也是這樣的。可是，自我們於十月十九日發表了第五號報告後，當前的局面便是魚與熊掌可以兼得。如果大家先支持二〇〇七及二〇〇八年的選舉方案，便可以先取得一魚；大家積極參與策發會的討論，稍後連熊掌也可到手。有了普選的路徑圖，普選時間表亦指日可待、水到渠成。

此外，我想提出另一點，便是大家支持二〇〇七及二〇〇八年的選舉方案跟爭取普選路徑圖和普選時間表，兩者之間是完全沒有矛盾的，不會因為接受了二〇〇七及二〇〇八年的選舉方案，便不容許大家再討論普選時間表和路徑圖，兩者其實是相輔相成的。如果二〇〇七及二〇〇八年的選舉取得進步，我們日後討論普選路徑圖時，最低限度也走近了一些。其實，多年來，在立法會討論這個問題時，泛民主派的議員不時都提到，如果特區政府認為未能夠做普選時間表的話，大家也可以討論一下普選的路徑圖。可是，在過去兩三個星期，泛民主派的

議員已很巧妙、很靜悄悄地轉移了這方面的立場。當我們說可以討論普選的路徑圖時，他們便說不足夠，說要在今天定下普選時間表。我坦白的〔地〕跟大家說一句，可以做的，我們已經做盡了。在二〇〇七及二〇〇八年的選舉方案中，我們已經盡量提高民主成分。今天，我們開創這個策發會的平台，誠意邀請大家共商港事，是真正有誠意，真正如單仲偕議員所說，希望長遠而言能解決香港的普選問題。我們與各位泛民主派議員的分別，只在於他們希望今天便定下普選的時間表。我們要誠實地告訴他們：今天是辦不到，但大家一起努力吧！

在總結之前，我還有一點想回應的。余若薇議員後來才發言，今天這個討論其實越聽越精采。因為余若薇議員指出一個事實，她說今天支持政府的各個黨派，其實也表明並非完全滿意這個二〇〇七及二〇〇八年的選舉方案，這個是事實。正正因為她觀察到這一點，她證明了我們這個二〇〇七及二〇〇八年的方案並非為任何一個政黨而特設，是很公道的。在直選方面，大家也知道泛民主派上一次取得了六成的選票，而就是在區議會的間選，泛民主派在區議會的成員，也是數以百計的。因此，我們提出這個二〇〇七及二〇〇八年的方案，是希望香港政制有進步，僅此而已。

李永達議員和李柱銘議員分別都問及既然已爭取了普選二十年了，為何現在還未可以達致〔至〕普選呢？可是，大家應要正視，在過去二十年其實是有進步的，是做了很多很重要工作的。

第一，香港在一九九七年已經順利回歸；第二，今天的立法會，其實是大家共同組成，是香港有史以來最民主化的議會，最低限度有 50% 的議席是由直選產生的，所以八十年代和九十年代初爭取的，到今天這個歷程已經差不多走完。我們可以共同拿出誠意，為香港爭取下一個階段的進展。因此，我誠意邀請大家切實考慮這個二〇〇七及二〇〇八年的選舉方案，認真地共同譜出、拼出普選的路徑圖，共同爭取在香港社會內達成共識，亦共同爭取香港和北京之間達成共識，只要大家都拿出誠意，我們依然是有希望的。

2005 年 11 月 30 日
議案辯論：為在二〇〇七年及二〇〇八年實行全面普選進行全民公投

梁國雄議員：

　　我的議案是要求中央政府安排全體立法會議員訪京，我自己曾向特區政府多次提出此要求，其原因何在？原因是二〇〇四年全國人民代表大會常務委員會釋法時所作的兩項決定是錯誤的，是違反香港民意，也是透過一個所謂解釋法理的手段來修改基本法的附件一及附件二，而香港人原本可透過附件一及附件二得知二〇〇七年及以後各屆的行政長官和立法會的產生辦法。

　　所以，我覺得，無論是持甚麼意見的人，如果他是對香港人負責的，便一定要上北京去，跟北京人大常委會討論這問題。作為一個主張香港實行雙普選、主張在二〇〇七及二〇〇八年落實雙普選的議員，我很有興趣訪京。我覺得所有立法會議員均應秉持自己的意見，並向北京人大常委會表達他們的意見。所以，我看不到本會有誰會反對我的建議。

　　話分兩頭，喬曉陽先生，即二〇〇四年人大常委會釋法的主角最近發功了，他表示希望接見我們，想跟我們談談。好的，可是，喬先生有沒有興趣在十二月四日來香港見更多香港人，看看香港人怎樣看待這問題呢？我今天在這裏公開向喬先生發出呼籲：只跟我談是沒用的，最低限度不及他親身到港看看香港人的民意來得有用。我知道喬曉陽先生曾見過 El Che Guevara（即古華拉）有很深刻的印象。他是否知道古華拉主張權力是歸於人民，他是否知道？如果他知道，請他來香港。

　　第二點，我認為應以全民公決的方法，來決定香港應否實行普選，以及何時實行。這也是我競選立法會議席時的政綱之一。我的政綱是這樣的：「董建華下台，舉行全民公決，決定如何落實 07、08 普選」。我的政綱有一半成功了，董先

生現在改為擔任政委副主席，撒手不管了；不過，還有一半的政綱未成功。

我認為無論市民持甚麼意見，他也應獲給予一個公平的機會，讓他表達意見。全民公決或全民投票，其實是現代文明的一塊基石，是明文載列於大部分民主國家、文明國家的憲法，亦已被寫入聯合國《公民權利和政治權利國際公約》內。我們根據基本法第三十九條，絕對享有這項權利。我這樣說，很多人說我攪事，也有很多人說我知法犯法；我只覺得，那些人不是無知便是無恥。

我曾向林瑞麟局長提問一個問題，他當時就坐在那裏，我曾亦以同一個問題向梁愛詩女士提問，她當時出任律政司司長。我問她，「行政長官有沒有囑咐你就全民公投立法？」她不敢作聲，我不知道有沒有。一個政府，歷時八年，一直拒絕就我們所應享有、用以決定全港市民所關心的事最公平和最公正的機制，進行本地立法，這個政府是否失職呢？它有何資格罵人知法犯法，它有何資格罵人不切實際呢？現時的特區政府交出了一個方案，說道如果任何人阻撓這方案通過便是有意原地踏步，所以要就此負上責任。各位，這真是個天大的笑話。

梁國雄議員動議的議案如下：

「本會要求中央政府安排全體立法會議員到訪北京，以便議員向中央政府真正反映香港對雙普選的民意，並促請香港特區政府為 2007 年及 2008 年普選行政長官和立法會進行全民公投；此外，本會呼籲全港市民於本年 12 月 4 日站出來，反對政制發展專責小組第五號報告，重申爭取普選的決心。」

楊森議員：

（代理主席劉健儀議員代為主持會議）

如果大家看一看香港中文大學最近進行的民意調查，便會看到政府所提出的政制改革方案所取得的市民支持度，已經由原先的 58% 下跌至 45%，即急速下跌了 13%。我自己估計，經過十二月四日星期日的大遊行之後，這個支持度會更嚴重地、急劇地每下愈況。所以，政府是出現了政制危機。在這個危機中，我希望香港特別行政區政府和中央政府能夠迅速作出一些回應，收回這項很不受市民支

持，並受到各方面抨擊的政改方案，然後在一個較為重要的時刻，提出一項修改方案。

代理主席，大家從中大這次進行的民意調查中可以看到，市民要求普選的聲音高唱入雲，而他們對普選時間表的要求亦日漸提升，差不多超過七成的被訪者均要求政府盡快提供一個合理的時間表。其實，香港人既有節制亦很明白事理，儘管他們仍希望可在二○○七及二○○八年進行普選，但如果人大常委會真的堅決反對，便應該讓市民有一個合理和可以接受的普選時間表、取消區議會的委任議席，以及將功能團體的團體票變成個人票。市民要求在時間表中訂出每一階段的路線圖，我覺得這其實充分顯示了香港是一個相當成熟的公民社會。

在現時策略發展委員會的討論文件或政府所提出的文件中，很多時候也提到進行普選是不足夠的，還須視乎有甚麼機制配合。許仕仁司長和林局長亦多次提到，不可以只提普選，還須視乎制衡的配套。其實，他們很多時候也強調普選是條件論，提出普選會否影響經濟？普選會否影響社會穩定？香港是否有成熟的政黨和足夠的政治人才，讓我們實行普選？

其實，代理主席，在一般的成熟社會，或先進或發展中的國家，當它們發展民主普選時，基本上所強調的便是權利；普選是一項平等的政治權利，因為人是生而平等的。我們不可以說只有某些在社會上有地位的人和有財富的人才可以投票，或必須待有了成熟政黨後才可以推行普選，這是倒果為因。我自己覺得，我們應該返回基本的理論去。

其實，普選是一項基本人權、一項平等的政治權力，它既是目的亦是手段。說普選是一個目的，因為它能落實平等的政治權力；說普選是一種手段，因為在香港來說，我們很需要有普選以調和階級矛盾。現時，市民基本上認為政府是官商勾結，政府的政策嚴重向工商界傾斜，而工商界亦不願浪費時間和精力搞政黨，因為他們只要跟北京有直接連繫，便可以保障自己的基本利益；他們希望維持他們這個小數族裔的權利。其實，這是完全違反市民的基本人權，亦違反他們對普選權利的要求。

我自己很希望特區政府及中央政府能夠重新研究最新的民意調查，以及為何經濟雖然已稍有改善，但市民對普選的訴求至今仍未減退，他們仍然執着地要求有普選時間表。我覺得如果能夠懸崖勒馬，對香港社會的和諧而言，才是長治

久安之策。其實，整體而言，現時社會上亦有聲音說泛民主派何不接受區議會方案，因為中央政府似乎釋出了善意，如果接收了這項善意，便可再跟中央政府商議時間表。

代理主席，民主黨不接受這種說法。第一，如果我們通過這項區議會方案，便只會強化了委任議席。其實，委任制是嚴重違反了民主原則，如果再把它強化，由委任區議員選出行政長官，那只是把不民主的制度進一步強化。第二，我們已說過很多次，由行政長官委任一些區議員，再由他們投票選出行政長官的安排，基本上是有利益衝突及角色衝突的。第三，也是很重要的一點，便是這項區議會方案完全不是朝着普選的方向；一項迷失方向的政府方案如果獲得市民支持，便像是接受所謂中央政府釋出的善意，但卻會把我們的基本工作完全推翻。

郭家麒議員：

其次，當我們討論為何普選要有時間表時，別人其實是很難明白的，因為事實上，在歐洲之中（我說的是一些東歐的地區），即使是情況比香港更糟的國家，其國民的教育程度可能比香港更低，國民收入可能比香港更差，但他們仍朝着普選的目標進發，而且很多前東歐的國家亦已經實行了普選。

有人說香港不能夠實行普選、不應該實行普選，甚至說談論普選也屬於彌天大罪，會影響香港的經濟，我真不知道這些話是怎樣說得出口的。另外有些人說中國人不應進行普選，因為中國人進行普選是不行的，我們只有等待，是等待施捨的普選。我覺得說這些話的人正在羞辱我們的國家，羞辱中國人。香港為何不可以有普選呢？

在席的立法會同事可能一直被人稱呼為尊貴的議員，不過，我們其實也一如小孩子，被人帶入迪士尼樂園，被安排騎上旋轉木馬般，兜兜轉轉，轉了二十年。但是，仍有人告訴我們普選是不行的，普選是不會有的，連討論一下何時會有，也是不行的。第五號報告公布前後的境況很奇怪：報告公布後，立法會變成了夢幻樂園，也變成了賭場般，因為人們開始討論博奕論，要猜猜泛民主派的二十五人之中，誰會「轉軚」，誰會墮馬。又有些人喜歡賭博，連賭王也來一起賭，不過，即使是賭王出手，我們可能也會贏這一局。他曾表示要賭一賭遊行的

人數，看看會否夠五萬人。夠又如何，不夠又如何？為何要如此處理這件事？香港是否落得如此殘局？香港市民是否應該受到如此的待遇呢？

民主是一件很正當、合法、合情合理、更符合基本法要求的事，只是社會上的一些特權階級，加上政府高官，用盡方法來把它抹黑，說它不行，說情況未成熟，還要抹黑中產，抹黑香港市民。這是不行的，中產自然不會喜歡被抹黑，市民也不會喜歡。此外，這些人還妄自菲薄，說香港條件不成熟，實行普選便一定不行了。這些話如何能說得出口呢？為何會落得這個田地呢？為何連一些我們應該爭取的事也要肆意醜化呢？為何要把一些堅持普選，包括堅持普選時間表的議員描黑呢？他們被描述為倒退，是不識時務，不是為香港市民謀取利益。不過，在最近的一些民調中，幸好亦可看到香港市民也不是這麼容易受騙的。

馮檢基議員：

自「區議會方案」出籠以來，政府那種「沒任何商量餘地」，「企硬」的推銷態度，實在令市民反感，親手打破當局早前自行刻意營造的和諧局面，導致社會對立的氣氛越趨濃烈。雖然早前全體立法會議員到訪廣東省，令原本「重門深鎖」的溝通之路，露出曙光，中央紓緩對民主派排斥態度。然而，代理主席，「寸步不讓」的「區議會方案」，卻即時把氣氛「打回原形」，令人質疑所謂「大和解」局面，只是用來營造中央及特區政府開放、開明的形象，為通過單方面提出的政改方案製造籌碼而已。

代理主席，沒有人不想要一個和諧社會，但不能是非不分，倒果為因。和諧是果，必須建基於平等溝通和互相信任的關係上，更要靠公平、公正的社會和政治制度來建立；而不是借和諧來掩蓋任何反對聲音，為了粉飾太平而犧〔犧〕牲市民個人的基本權利，任由不公義的社會制度繼續存在。

代理主席，如何建立溝通和互信的關係呢？我相信這不是靠那些存有偏見的第三者，有既得利益的商賈來傳話或打小報告，又或是借傳媒來煽風點火。真正有效之法，是透過全體立法會議員和各政黨與中央直接而坦誠的溝通，此舉既可消除中央政府對民主派的不合理誤解，又能化解雙方對普選的疑慮。香港民主民生協進會歡迎政府昨晚公布，喬曉陽先生將於本周五在深圳與立法會議員會面，

這種積極的態度值得欣賞，但可惜只有部分立法會議員獲邀請，安排過於倉卒，討論事項亦有欠具體，是否會考慮撤銷委任制度，是否會訂立普選時間表，是否在這基礎上作出討論呢？代理主席，我不希望中央只是純粹擺出聽意見的姿態，以期為即將於十二月四日舉行的遊行降溫，我相信外在的善意實在無濟於事，真正可行的，是順應港人願望，就政改方案內容作出實質調整。

我非常希望中央能透過與全體立法會議員會面，真正瞭解到，香港已確實具備實行普選的條件。民協也相信，香港要真正達到「政通人和」、「以民為本」的社會局面，奉行民主政制是有需要和必需的，對政府權力要有適當制衡、對個人權利要有充分尊重及對弱勢社羣要有充足的照顧，這正正是民主體制背後隱含的精神和理念。

代理主席，曾先生最近在不同場合，屢次表示大部分市民支持政府現行的方案，無視市民在不情願的態度下接受方案，更把大多數市民要求有普選時間表的意見，置若罔聞。既然政府只是利用民調作為操控政治的工具，倒不如認真為普選進行全民公投，以瞭解市民對普選的訴求，提出一個真正尊重市民意願的政改方案。

田北俊議員：

代理主席，梁國雄議員議案的第一點是要求中央政府安排全體立法會議員到訪北京，以便議員向中央政府真正反映香港對雙普選的民意。就這一點，各位同事也會留意到，自由黨在近一兩年，一直贊成中央政府跟各位議員溝通。在二〇〇四年，我們還未參加立法會選舉，便已經提出了這個期望。因此，我們覺得如果中央政府願意跟各位議員溝通 —— 包括所有泛民主派的議員 —— 自由黨是絕對支持的。

較早前，立法會議員到珠江三角洲訪問，雖然是全體議員第一次到內地訪問，而討論的議題亦不包括所有問題，但內地也積極回應了本會數個事務委員會的要求，讓議員可以到廣東省就經濟、民生、交通運輸等事宜進行交流。我覺得這是一個好的開始，我們會繼續支持這一點。

至於到北京討論政制發展，我覺得要在十二月二十一日前落實這件事，其

實是比較困難的。可是，長遠來說，無論政制改革方案在十二月二十一日是否獲得通過，我們將來還有很多機會支持民主派所提出，有關希望跟中央政府討論政改時間表和路線圖的要求。當然，這並不代表這些問題只會在北京討論，不在香港討論。其實，策略發展委員會也有就路線圖和時間表進行討論。況且，昨天晚上的新聞報道亦指出，人大常委會副秘書長喬曉陽先生準備到深圳跟我們會面。雖然我留意到這一次不是每一位議員也獲邀請，只是邀請了事務委員會的正副主席，但我亦留意到當中有不少是民主派的議員。我相信喬曉陽副秘書長已可以代表中央，聽取各位泛民主派議員對在二〇〇七及二〇〇八年進行普選，或在二〇一二年以後進行雙普選的路線圖或時間表的意見。代理主席，就這一方面，我的回應是這樣。

議案的第二點提到促請政府為二〇〇七及二〇〇八年普選行政長官和立法會進行全民公投。自由黨並不支持這一點。我們為何不支持呢？原因是有關二〇〇七及二〇〇八年的選舉方案，去年人大常委會釋法時其實已清楚說明，二〇〇七及二〇〇八年不可能有雙普選。我覺得在「一國兩制」的大前提下，香港人不可以就政改自行作決定，我們要尊重「一國」的看法。既然人大常委會作出了決定，我們即使進行任何公投活動，意義其實也不大，公投無法令人大常委會改變這個事實。

議案的第三點，是梁國雄議員請本會呼籲全港市民於本年十二月四日站出來，反對政制發展專責小組第五號報告，重申爭取普選的決心。當然，在十二月四日會有多少市民出來遊行，我是絕對尊重他們自己的決定。自由黨不會呼籲他們參加遊行，也不會呼籲他們不要參加遊行。可是，市民出來遊行，是否便代表他們反對第五號報告，代表他們爭取普選的決心？我覺得政府在這方面的看法跟自由黨的看法很相近，那便是兩者是沒有衝突的。我覺得我們一方面可以支持二〇〇七及二〇〇八年的政改方案，即先走前一步，但這並不代表走前了這一步便是沒有決心爭取時間表和路線圖，甚至沒有決心爭取在二〇一二年進行雙普選，因為兩者並不是互相排斥的。我覺得很多人可以出來爭取普選，但是否一定要反對第五號報告，即現時有關二〇〇七及二〇〇八年的選舉方案？自由黨覺得是沒有這個需要。如果遊行代表了市民有爭取普選的決心，我們是絕對尊重的，但與此同時，是否要反對第五號報告才能達到目標？自由黨則並不同意這種看法。這

是我代表自由黨，表示我們對梁國雄議員議案的看法。

由於自由黨不同意就二〇〇七及二〇〇八年普選行政長官及立法會進行全民公投的概念，亦不同意反對第五號報告，所以，自由黨會表決反對這項議案。多謝代理主席。

馬力議員：

截至目前，我們觀察到社會上有相當多的意見，希望香港未來的政制發展有一個較為明確的發展方向和步伐。與此同時，也有相當多的市民，希望二〇〇七及二〇〇八年的政制不要原地踏步，他們接受或不反對政府提出的方案。其實，這兩種意見並不矛盾。因為支持二〇〇七及二〇〇八年的政改方案，並不等於否定對政制長遠發展的訴求；對政制長遠發展有訴求，也不等於必須反對政府的政改方案。

事實上，不論哪一種看法，均要解決二〇〇七及二〇〇八年政制安排這項實際的問題。要解決這項實際問題，我們認為必須依循基本法的規定和全國人民代表大會常務委員會在去年的「釋法」及「決定」所訂下的原則。

大家試想想，如果在二〇〇七及二〇〇八年的政改方案中加上類似普選時間表的這類條件，我們恐怕難以符合人大常委會在釋法中提出的原則。因為即使由當前的政府提出一個時間表，不論在時間表上寫上哪個時間，我們估計只會引來更多的爭議。如果在客觀上我們的社會對二〇〇七及二〇〇八年的問題也沒有共識，對更遠的將來，又怎可容易地達成共識呢？這顯然不是解決二〇〇七及二〇〇八年政制安排的一個好方法。

在表達不同訴求的同時，我們應要集中焦點，從解決實際問題的角度出發，務實地處理政府的政改方案。

民建聯當然不認為這個方案是一個完美無缺的方案，但我們覺得這個方案在擴大選民基礎、處理傳統功能界別的問題上，提出了實質的建議。因此，如果認為政府必須拿出普選時間表，現時的政改方案才有討論的餘地，沒有時間表就免談，這種意見其實正好反映，他們認為現時的政改方案並非沒有可取之處，否則，他們應該認為在任何情況下這個方案也是沒有討論餘地的。

我們相信政改方案如果可以在二〇〇七及二〇〇八年邁出一步，未來政制的發展方向便會更清晰，步伐更堅實。相反，如果我們放棄或反對，政改方案不單會在二〇〇七及二〇〇八年停滯不前，往後的政改道路恐怕就更難行。因此，我們相信不論立法會怎樣呼籲也好，市民也有自己的智慧作出判斷，決定哪種做法才是最符合香港的利益，符合他們的利益。

今天這項議案要求香港特別行政區政府為二〇〇七及二〇〇八年普選進行全民投票。全民投票的問題，在社會上曾有爭議，在本議會中也曾討論過。簡單來說，我們的看法是，由於基本法本身並沒有訂立公投或全民投票的機制，因此，就任何涉及基本法規定的問題進行公投，不論結果是否具有法律約束力，在憲制上都是不適當的。

具體到二〇〇七及二〇〇八年政制發展的問題，人大常委會在去年已經作出決定，說明不實行普選，但可以按照基本法有關規定，作出符合循序漸進原則的適當修改。因此，我們認為更有需要依據基本法和人大常委會的決定，處理二〇〇七及二〇〇八年的政制發展問題，而不是採取公投這種欠缺憲制基礎的做法。

宋朝蘇東坡曾這樣說過：「君子之所取者遠，則必有所待；所就者大，則必有所忍。」雖然蘇東坡在政治上並不是一個成功或很得意的人物，但他的論證絕對有其獨到之處。這句話的啟發是，推動民主發展，只有激情是不足夠的，我們更有需要穩步、扎實、有序，理性地尋求切實可行的方法，一步一腳印地向前發展，向前邁進。因為只有這樣，政改的路才可以走得更遠，走出更大的空間。

呂明華議員：

現在，梁國雄議員動議要為二〇〇七及二〇〇八年實行雙普選進行全民投票，於此他犯了嚴重認識上的錯誤。人大是全國最高的權力機構，對解釋基本法具有憲法性的權力，權威性不容質疑。梁國雄議員想推翻人大常委會的決定，但可能他意識到在法律上沒有途徑可達到這目的，所以便動議用全民公投的方法。可是，他應該知道，公投相等於「人民自決」，即全國人民超越行政、司法和立法等權力機構，以投票方式決定國家的命運和前途的法律程序。然而，香港只是

中國的一個特別行政區，公投將會變相把香港變成政治獨立的實體，在法理上不可行，也是對中央政府的公然挑釁，是極為危險的，會對香港造成傷害。因此，梁國雄議員的議案，內容於法無據，於理不合，是必須堅決予以反對的。

代理主席，經過七年的努力，香港已依循基本法的規定踏上逐步實行民主化的坦途，在若干年後，當條件具備的時候，最終可達致〔至〕雙普選。現時香港市民大眾最期望的是社會穩定、經濟繁榮、各階層都能安居樂業。可是，令人感到遺憾的是，有個別立法會議員未能夠在經濟發展方面提出建設性建議，為社會福祉作出貢獻，反而堅持街頭戰士的行徑，用對抗式的手段，在立法會內外，興風作浪，挑起爭論，破壞社會安定氣氛。這無助於民主化的進程，也不是香港長遠利益所繫，希望他們能夠深思反省，改弦易轍，心懷社會，利為民開。

何俊仁議員：

今天是二十一世紀，在我們這個年代，大家認同了《公民權利和政治權利國際公約》，為甚麼我們不可以公民的身份、權利和尊嚴，爭取我們應有的權利呢？代理主席，難道香港人真的很喜歡在烈日下，汗流浹背地走出來，爭取我們的願望和訴求嗎？難道我們不喜歡像很多朋友般到球場踢球，或到海邊欣賞日落，過一些休閒的生活嗎？我們其實是別無選擇而已。我們知道香港如果再不進步，再不建立一個符合這個時代所需的體制，香港便會慢慢地落後、落後、再落後，難以維持國際一級都市的狀態，亦會在不進則退的情況下，日漸看到我們的權利和自由萎縮。

當市民準備走出來提出訴求時，有人卻指摘我們和嘲笑我們。胡應湘先生說我們是暴民，動輒便以人數「壓」政府，但我們有能力成為暴民嗎？不要說我們有沒有那種意願，香港人又何來那種能力？有人嘗試過使用暴力嗎？這二十年以來，無論是百萬人上街遊行 —— 在一九八九年，有五十萬人上街遊行 —— 一貫是秩序井然，大家也是循規蹈矩，以和平、理性和堅毅的態度，提出作為公民的要求。胡應湘先生投訴自己是官商勾結的受害者，但當我們要求他提供資料時，他卻不願意和退縮。其實，他是連基本的公民意識也沒有。在這種情況下，他分不出甚麼是公民，甚麼是暴民。香港市民走出來，便是要爭取公民權利和表達公

民的尊嚴。

然而，他的說話亦令我想起另一件事情：我們真的是「暴民」，是甚麼「暴民」呢？是被人強暴的人民。向我們施暴的是全國人民代表大會常務委員會的「四二〔〇〕六解釋」和「四二六方案」；向我們施暴的是香港政府那數份報告；向我們中產階級施暴的是許仕仁，他說如果香港有民主，全部人也會跑掉了。他這番話是將官員的意志強加於普通市民身上。他明明知道在立法會內，具廣泛代表性的各個黨派均支持在二〇〇七及二〇〇八年進行普選，這是很清楚的，但我們的兩個友黨 —— 自由黨和民建聯 —— 在被強暴後，放棄了這個訴求，於是我們連共識也沒有了。政府說我們沒有條件，這其實也是一種強暴形式，把意見強加於我們身上。香港缺乏甚麼條件呢？我們唯一缺乏的條件，便是北京不允許我們在二〇〇七及二〇〇八年進行普選。

代理主席，在今天這種情況下，無權無勢的市民還有甚麼選擇呢？我們唯一的選擇，便是行使無權無勢者唯一剩下的權力，那便是哈維爾所說的 the power of the powerless，以公民身份走出來，說出我們的心聲，持續地以和平、理性和堅毅的態度爭取民主。遊行人數固然重要，因為那表現了很多市民的心聲和訴求，但我亦想說一件事，那便是或許有些人會在壓力下放棄，但放棄的人並不能代表堅持的人，把我們已經享有和將會持續爭取的權利放棄。

李卓人議員：

政府昨天經常強調那四大原則，即均衡參與、循序漸進、符合資本主義發展，另外還有一項原則我忘記了，因為太不重要（眾笑）—— 對了，是實際情況。談及實際情況，政府並沒有說清楚是甚麼。其實，我覺得最重要的實際情況便是民意，這是最重要的考慮因素。所以，在四大原則中，如果我們讓政府看到實際情況便是市民強烈要求普選，則我覺得中央是一定會有積極回應的。

有關四大原則，我覺得最糟糕的是，現時坊間的討論很荒謬，他們說要維護資本主義發展，便一定要有功能界別，但全世界的經驗卻證明並非如此。全世界的經驗也證明了，實行普選才能維護資本主義社會。全世界的資本主義社會也是靠民主制度令資本主義社會解決內部矛盾，令私有財產受到保障。當然，在過程

中，工人會有所要求，但社會最後卻會得到平衡。全世界的資本主義社會也是這樣的，政府怎能公開告訴香港市民，為了維護資本主義社會的發展，所以要繼續有功能界別？

現時還有一項很荒謬的建議，我聽了後覺得很危險，那便是先由功能界別提名，然後讓市民普選。如果由功能界別提名，便會變成根本沒有選擇，那不會是普及平等的選舉，因為根本沒有平等的選舉權利。即使真的可以投票，市民也要從功能界別的提名中揀選。我覺得大家也可以看到，功能界別的既得利益集團根本是想拖慢普選進度，好讓他們能繼續享有既得利益。

局長今天早前在回答議員的質詢時說，他曾在英國和加拿大工作，我不明白為甚麼他會到英國和加拿大工作。剛才那項口頭質詢是有關甚麼的呢？議員是問落實普選，中產人士會否全部走掉。那麼，英國和加拿大的中產階級有否全部走掉？那兩個國家是有普選的。既然局長到過英國及加拿大工作，他便要公開告訴市民如果實行普選，中產階級是不會全部走掉的，普選反而會產生更多中產階級。

所以，如果政府在說盡歪理後，我希望他們還能說一些人的說話，那便是他們經常說普選是目標，但要真正立即落實才可。

（主席恢復主持會議）

詹培忠議員：

主席，我發言反對議案。第一，大家也知道香港是沒有可能進行全民投票的。當然，提出議案是議員的權利，儘管沒有可能實行，議員仍可藉此機會表達自己的意見。

第二，對於爭取二〇〇七及二〇〇八年實行雙普選的問題，人大常委會已在二〇〇四年四月二十六日很清晰地予以否決，既然遭受否決，而香港不是獨立的實體，便必須遵守中華人民共和國的法律。現時爭取雙普選，會導致社會出現混淆，因此，實行雙普選的可能性是不存在的。

第三，對於十二月四日的遊行，如果市民認為是對的，便應該做，市民遊行與否，取決於其對政治的看法。我個人反而想藉此機會表達對第五號報告的意

見。當然，這可能有點離題，但無論如何，這也涉及爭取在二〇〇七及二〇〇八年實行雙普選的問題。

第五號報告並非一道聖旨，它也只不過是排序第五號，但政府的態度卻非常囂張和非常不合理，還嘻皮笑臉的。這涉及香港未來的政治體制，政府應該十分嚴肅地游〔遊〕說議員，與中央政府溝通，討論雙普選應該在二〇〇七、二〇〇八年，抑或是甚麼時候落實。

首先，我個人認為第五號報告明顯會被人質疑違反基本法。在第一屆的四個界別，每個界別分別有 100 個席位；第二屆的四個界別分別有 200 個席位，分配得非常平均；但附件一竟然訂明第三屆以 3、3、3、7 作為比例 —— 我那天錯說成 3、3、3、9，其實是 3、3、3、7。這樣的分配怎算得上是均勻呢？既然政府做錯了，別人現時提出在二〇〇七及二〇〇八年實行雙普選或公投，也是有其理由的。所以，政府應該清晰地分配。

第二，第五號報告違反基本法規定之處，便是基本法第九十七條清楚列明，香港沒有另一個權力中心，可是，政府現時卻要將全部權力賦予區議員，根本便是違反基本法。如果政府提出來的事項也違反基本法，這教議員該如何做呢？

第三，第五號報告更違背了人大常委會在二〇〇四年四月二十六日的「解釋〔決定〕」。人大常委會清楚指出，功能團體和直選議員分別佔 50%，現在政府竟然增加五個功能團體的席位給區議員，並公開說這是步向全面選舉的第一個民主步伐。如果議員不接受，便甚麼也沒有了。這樣已是赤裸裸地違反人大的決定，即原本應有四十個席位的，卻只給三十個席位。為免再次離題，我又要返回正題，所以，有人提出在二〇〇七及二〇〇八年落實雙普選，又有何不對呢？

第四，特區政府還有一點是不對的，那便是解釋行政長官的任期。我們瞭解到，任何基本法的解釋權均屬於人大常委會，特區政府有甚麼資格解釋基本法內遭受質疑或大家不同意之處呢？

第五，雖然特區政府基本上表示事事已跟中央有默契，並作出溝通，但其實是在陷中央政府於不義。究竟政府跟誰討論呢？是跟喬曉陽先生還是胡錦濤先生呢？政府是應說出來的。如果香港已就基本法第二十三條立法，政府這樣做已經是泄漏國家機密了。

在這種情況下，主席，如果我們要杜絕梁國雄議員提出不合理的議案 —— 我

個人便認為這是沒可能實行的 —— 政府也要先檢討自己的做法。政府的做法備受質疑，單是我便能夠數出其中五點。雖然我們的局長現時已經百毒不侵，任何事也難不到他，但作為一個真正負責任的政府，除了要向中央負責之外，還要向全港市民負責。它所做的事必須符合事實，不能自己認為對，便在頃刻之間作出重大改變。

更重要的是，日後可能有市民會隨時提出司法覆核。這是因為政府在二〇〇三年選舉區議員時，沒有告知所有有興趣參選的人，他們這 529 名區議員日後也有權參選。如果政府當時這樣說，可能會令很多人有興趣參選。既然政府沒有這樣說，便令他們沒興趣參選或令他們認為區議員的代表性只是僅此而已。由此可見，政府難道不也是在製造整體社會的矛盾嗎？我個人堅信，依照基本法的規定，我們遲早也會落實雙普選的。當然，在何時或模式如何，便有賴社會的演變，並有賴國內本身面向民主改革的進程。

可是，無論如何，特區政府必須有連續性和持平性，不應就有利於其本身的事，頃刻間作出變更，然後將責任推給立法會，這是不應該的。

政制事務局局長：

主席女士，梁國雄議員今天提出的議案牽涉三方面：第一方面提及立法會議員與中央官員溝通的問題；第二方面提及公投的問題，而第三方面則提及在本星期日所舉行遊行的問題。我現在就這三方面逐一回應。

首先，是與中央官員會面的問題。梁國雄議員建議，安排立法會議員與中央官員就政制發展事宜交換意見。事實上，不同議員也曾在立法會大會或政制事務委員會會議上提出類似的建議，而政府昨天亦已作出回應。昨天，我們宣布香港特別行政區政府和中央人民政府駐香港特別行政區聯絡辦公室共同邀請香港立法會不同委員會的主席和副主席，以及區議會主席和其他界別人士，在本星期五前往深圳，就政制發展的議題與喬曉陽副秘書長和其他中央有關部門的負責人交換意見。

我們很明白今次的安排的時間確是稍嫌緊迫，但我們是很有誠意邀請大家到深圳，讓大家有機會與中央有關部門的負責人，就彼此關心的議題交換意見，從而加強中央與不同黨派及不同議員在政制發展的議題上的相互理解，亦增加大家

對這個議題的共同看法。我相信這次溝通在各方面也會有幫助。

我想再次重申，這項安排並非為香港在星期日舉行的遊行降溫。我們深信，香港市民自然會有他們對這個問題的看法，而在香港特區，市民透過遊行或其他途徑提出的意見，特區政府是會尊重和小心聆聽的。

主席女士，至於第二方面，關於就二○○七及二○○八年選舉問題進行普選，即公投的建議，梁國雄議員就這方面提出的建議，其實只是舊調重彈。如果我們回想，在去年十月舉行的政制事務委員會會議上，張超雄議員亦曾提出同樣的建議，其後在委員會經討論後遭否決。

特區政府就這個問題的立場始終如一，是一致、一貫的，而基本法亦已就修改兩個選舉產生辦法訂定清晰的程序。就這兩個選舉產生辦法作出的任何修訂，必須獲得全體立法會議員三分之二的支持、行政長官的同意，以及中央透過全國人民代表大會常務委員會的備案或批准，我們才可以就這方面作出修訂。

為何要有三分之二這麼高的門檻呢？其實是為了確保政制發展如要作出根本性的改變，由地方選出的代表和由業界選出的代表均須有較廣泛的共識，才可推動這些改變。此外，也要確保地方的民意和業界的民意基本上是一致的，才可推動。

基本法附件所規定的修改程序並未提及公投，所以，如果在基本法以外加插其他程序，特區政府認為是不必要和不恰當的。

行政長官說過，政府所提出有關二○○七及二○○八年的兩個選舉方案得來不易，背後有多個理由。第一，我們是經過差不多兩年的工作和公眾諮詢的安排，才提出這套方案。第二，我們是按照基本法的規定及在現時所面對的情況，盡量利用這個空間提出這套方案。我們是第一個確認這套方案並不完美，但我們知道，如界按這套方式推行，對普選是很好的準備，亦是朝着普選的最終目標踏出了實質的一步。

政府將會在十二月二十一日的立法會會議上提出這項議案，希望立法會可以作出表決。現在距離該天尚有三個星期，梁國雄議員突然提出今次這項議案，其實是希望把二○○七及二○○八年這個憲制基礎推倒重來。既然人大常委會已作出這方面的釋法和決定，我們便按照憲制規定，盡量做好二○○七及二○○八年這兩個選舉產生辦法的工作，盡量在這兩個選舉產生辦法注入最多的民主成分。

推倒重來是不能辦到的，也不應該這樣做。

何俊仁議員提到國際人權公約，而梁國雄議員也在其議案及發言中表示，政府應根據《公民權利和政治權利國際公約》第二十五條，引入全民公決或公投的機制。其實，這項公約第二十五條（子）款訂明，任何公民也應有權利和機會直接或經自由選舉的代表參與政事。至於如何具體落實這項的條文，每個地方應按本身的情況處理。公約並沒有硬性規定各法區須引入公投機制。其實，我們在香港，例如透過立法會選舉，已有地區和功能界別的代表參與香港的政事。大家也清楚知道，香港並非一個主權體制，所以在處理政制問題上，唯一符合憲制和法律的途徑及程序，便是按照基本法本身的規定、按照附件一及附件二的規定處理，也就是按我們經常提到必須有三方共識這套安排處理。梁國雄議員硬要提出一套沒有基本法基礎的憲制安排（即公投），其實這項安排本身是不符合憲制原則的，亦不符合基本法，我們在香港並沒有需要做這一套。

第三方面，梁國雄議員提到本星期日的遊行，我相信他希望傳達兩個信息：第一，是反對政制發展專責小組第五號報告；第二，是希望重申爭取普選的決心。但是，如果大家細心想一想，我們支持二〇〇七及二〇〇八年的建議方案，與大家繼續爭取普選是完全沒有矛盾的。其實，特區政府是希望首先處理二〇〇七及二〇〇八年的選舉產生辦法，並從現在開始，跟大家一起處理普選問題。如果我們可以落實二〇〇七及二〇〇八年的選舉方案，我們便可把整個香港社會的選舉制度與最終普選的目標的距離拉近。所以，根本不可以如梁國雄議員所說，如果硬要大家支持二〇〇七及二〇〇八年的方案便是逆來順受。

主席女士，我在總結前先回應多位議員今天所提出的論點。梁家傑議員剛巧不在，他剛才特別再提出在公布第五號報告時，我們曾提及已邀請大學進行一項民意調查。他亦將這次民意調查，跟一九八八年決定沒有直選的那次公眾諮詢工作相比。我認為梁議員可能採用了律師偶爾所用的手法，將兩種背景不同的事宜拉在一起作比較。根據我的記憶，在一九八八年負責這方面工作的單位，並沒有進行我們今次要求大學所進行的這類民意調查。自從我們在十月十九日公布這次民意調查的結果後，不同學術機構和傳媒機構也進行了相當多的民意調查。時至今天，支持和接受二〇〇七及二〇〇八年建議方案的市民，依然比不接受的為多。

劉慧卿議員再次提及我剛才在回答質詢時所談及有關英國及加拿大的情況。

主席女士，我們官員在這裏說話，永遠存在着風險，所說的話，很多時候很快便會被別人扭曲，今天我是告訴大家，我知道英國和加拿大也是奉行普選制度的民主國家，即使他們有普選制度，但依然有一段頗長時間，出現很嚴重的財政赤字問題，所以引此為鑒。我們現在準備落實普選，我們如何確保香港可在公共財政依然穩健及維持低稅率制度呢？在這樣的考慮下要求大家進行討論也有不對、也不正確嗎？道理並不是這樣說的。所以，如果大家再進行討論或辯論，便應公道一點，把整番話的道理說出來。

主席女士，我想在總結前特別一提，馮檢基議員說我們很着重和諧的社會。其實，行政長官開設了策略發展委員會轄下的管治及政治發展委員會，也就是很希望在廣納各界意見的情況和安排下，分兩個階段處理普選問題。

第一階段是就普選的原則和概念進行討論，並在明年年中，大約暑假前後展開討論，然後作出初步總結。在完成第一階段的工作後，便進入第二階段，即研究和討論行政長官和立法會普選制度的設計，致力在二〇〇七年年初總結這方面的討論。我們計劃在現屆政府任內完成這兩個階段的工作，希望為日後落實普選做好準備。在訂定選舉制度和普選制度的設計後，普選路線圖最重要的成分便已具備，接着便可就時間表進行研究。

張文光議員再次提出，我們在過去二十年已多次討論如何落實民主。但是，他似乎沒有察覺到一些較為重要的發展。大家可能並未注意到，特區政府在落實普選方面的立場，與各位議員（包括民主派議員）的距離正在拉近。我希望各位議員能夠察覺到，在過去二十年，不論是回歸前或回歸後，從沒有一任香港政府，對落實民主和普選抱持我們現在這種積極態度的。

第一，我們邀請了大家共同研究普選制度的模式；第二，我們邀請了大家共同拼出普選的路線圖；第三，我們跟大家說，我們是探討普選時間表，是以普選路線圖為基礎，探討普選時間表。

其實，無論甚麼黨派和甚麼界別，我們也可一起做這方面的工作。我們誠心希望與在座議員，不論你們屬於甚麼黨派，大家攜手成為推動香港民主的夥伴，首先通過二〇〇七及二〇〇八年的選舉方案，為香港最終落實普選鋪路，然後我們共同譜出普選路線圖，共同再探討普選時間表。今後我們不希望不斷出現爭拗，我們希望共同為香港合作，推動民主發展。

2005 年 12 月 7 日
議案辯論：促請特區政府向全國人大常委會提交包含普選時間表及路線圖的報告

楊森議員：

主席女士，政制發展專責小組公布的政制改革第五號報告，提出一個既沒普選方向，亦是民主倒退的政改建議，再一次掀起社會對普選熾熱的討論。對於何時有普選，香港社會反覆討論了二十多年，特區政府不應繼續拖延下去，而應盡快訂出普選時間表，好讓市民能夠逐步走向民主政制。

上周五，全國人民代表大會常務委員會副秘書長喬曉陽在深圳出席香港政制發展座談會時，坦然承認香港民意廣泛要求訂出普選時間表，並認為這個民意同樣應當獲得尊重和重視，且並不否定要求普選時間表的民意。今次是中央重要官員首次就時間表問題公開表態。

一直以來，香港多個民意調查均顯示有逾六成市民支持盡快有普選。就政府所建議的方案而言，中大的調查顯示其支持率每下愈況，在上月底所作的調查顯示不足五成受訪者支持政府方案。上星期天，有二十五萬市民上街遊行，當天，港大、中大及城大三所大學合作進行的民意調查，更發現有 96% 參與遊行的人是為了爭取制訂普選時間表，亦有超過 83% 是為了反對政府提出的政改方案。同日，《明報》所作的調查亦顯示，90% 受訪者認為如果政府不提出普選時間表，立法會應否決政府方案；91% 不同意政府提出先通過政府方案才討論普選時間表。明顯地，有九成被訪者反對喬曉陽和行政長官的呼籲，把時間表和政府方案分開處理。

二○○三年及二○○四年的七一大遊行，以及今年十二月四日再有二十五萬市民上街遊行要求普選，便是一次又一次的顯示民意所趨、民情所在及民心所向。

顯而易見，市民並不接受一個沒普選時間表兼民主倒退的方案，我們促請特

區政府撤回 —— 我強調是撤回 —— 現時政府所建議的方案。

與此同時，根據人大常委會去年釋法的規定，如果要修改二〇〇七年及以後的行政長官及立法會產生辦法，必須由特區行政長官向人大常委會提交報告予人大常委會確定。因此，我們亦促請特區政府認真考慮由行政長官向人大常委會提交新的報告，反映香港市民對普選的強烈訴求，並在報告中提出香港市民可接受的普選時間表及路線圖，使行政長官及立法會全體議員能盡快透過普選產生。這是我們的具體要求，也是今天希望大家能熱烈參與討論的議案內容。

行政長官曾蔭權參選行政長官時曾提出「以民為本」的施政綱領，行政長官在十二月四日大遊行後的首務，便是以果敢行動維護香港市民的福祉和利益，先撤回政府方案，再認真考慮向人大常委會提交報告，給所有香港人一個可接受的普選時間表及路線圖。根據中大的民意調查，70% 以上被訪者要求不遲於 —— 我強調是要求不遲於 —— 二〇一二年進行普選，如果行政長官能尊重民意，把主流意見寫在新的報告中，然後提交人大常委會，我相信一定會得到市民的普遍支持，而民主黨也會接受。

我們亦希望行政長官可以安排民主派議員訪京，讓我們有機會直接與領導人交流，反映香港人對普選的強烈訴求，因為行政長官表示這個時間表已超出他的範圍，那麼為何不讓我們與北京領導人討論此事呢？同時，這樣亦可盡量釋除領導人對香港進行普選的憂慮，讓香港盡快有普選。

就普選時間表的問題，喬副秘書長指出可由策略發展委員會考慮，但我們不能同意這觀點和做法。這主要因為策發會的成員大多數是保守派人士，民主派只佔極少數，缺乏均衡參與，根本很難達成市民可接受的共識，而策發會首次會議的討論文件提出「四不」或「五不」條件以討論民主政制，包括不影響經濟繁榮；不造成不安不穩；不破壞政府的效率和效能；不傷害香港和中央的信任；不影響和不破壞其他範疇的發展。以上各點根本是朝民主普選的反方向而行，實在很難獲市民接受。

民主黨已去信立法會政制事務委員會，要求於立法會政制事務委員會討論普選時間表的問題。立法會政制事務委員會有各黨派的代表，議員經選舉產生，較策發會更具代表性，相信較易取得市民接受的共識。

前基本法起草委員許崇德先生曾在十二月四日大遊行後表示，人數不決定問

題，倘若是真理，兩三個人也是真理。我們覺得基本法第四十五條及第六十八條承諾香港行政長官及全體立法會議員由普選產生的目標，便是中央承諾普選的真理，基本法附件一及附件二規定二〇〇七年以後可以修改行政長官及立法會的產生辦法，這便是二〇〇七年以後可以落實雙普選的真理。既然真理已在，中央為何仍不實踐呢？

數以十萬計香港市民和平而有秩序上街表達要求有普選時間表及路線圖，在這過程中，沒有打破一塊玻璃，沒有一個市民受暴力傷害，充分顯示出香港是成熟的公民社會，足以證明香港是有充分條件進行普選。我們希望特區政府及中央政府再聽清楚市民的聲音，盡快履行落實普選的承諾。謝謝主席女士。

楊森議員動議的議案如下：

「鑒於香港市民多次上街遊行，爭取雙普選，本會促請香港特區政府認真考慮向全國人民代表大會常務委員會提交報告，反映香港市民對普選的強烈訴求，並在報告中提出香港市民可接受的普選時間表及路線圖，使行政長官及立法會全體議員能盡快由普選產生。」

馮檢基議員：

主席，十二月四日香港人又一次創造歷史，為了期待已久的普選，市民冒着擠擁的人潮和漫長的等候，甚至面對政府事前一連串降溫的行動，他們仍走上街表達意見。他們扶老攜幼，聲嘶力竭地呼喊口號，目的便是希望政府能真正聽到市民的聲音，切切實實地落實雙普選，不要再拖拖拉拉。市民的信息是相當清楚，他們不要違反民主原則的政改方案，要確實訂出雙普選的時間表。

主席，雖然爭取民主的道路實在太長，已走了二十多年，但市民爭取的決心並沒有半點冷卻，從殖民地時代到回歸後八年，我們經歷過經濟的高低起跌、政治的風雲變幻；我們由從前的逃難和過客心態，過渡到現在公民社會的成熟發展。香港的奇蹟，不再是簡單經濟論述，而是在中國土地上的香港人，有優良的法治傳統，在民智成熟和理性的配合下，要突破和改革滯後的政治制度，以開創

香港嶄新的社會局面。香港人以和平的手法，用理性、溫和的態度，表達對民主的訴求，要求建立民主體制，利用現代文明的政治制度來解決紛爭，以回應市民的意願，讓大眾的意志能在政策中體現出來。

事實上，現時的政改方案，實在強差人意，不僅距離市民的要求很遠、很遠，而且當中包含的委任元素，實在嚴重違反民主原則，我以往曾說過，委任制本身便是民主的宿敵，以一人的選擇，來代替所有人的意願，實質上便是民主的「反義詞」，民協是不能接受的。但是，政府一直提出的政改方案及取態，文過飾非，總是力陳政改方案的所謂民主成分，誇大方案如何向普選邁向一大步，忽視方案既缺乏邁進普選的方向，亦違反了民主的事實。主席，雖然行政長官在電視上作情詞懇切的呼籲，喬副秘書長在座談會上進行的真情對話，但這些均改變不了方案本質，「歪理」不會因發言者的權力有多大、態度有多誠懇，而變成真理；同樣，真理亦不會由人數多寡來決定，我相信，遊行市民的訴求，是建基於對事實和理性尊重，對香港的熱愛，對普世價值、民主價值的肯定。我們期望透過「一人一票」的選舉制度，扭轉政策的嚴重傾銷，打破政治壟斷，以建立真正和諧、公平的社會。

主席，行政長官曾先生於遊行當晚即時回應的作風、做法，實在值得欣賞。但是，可能因為前朝政府的反應實在太慢，天天都只是說「早抖」、「早晨」，以致曾先生的回應內容仍與前朝一樣，流於空泛，只重申政府立場，這顯示出行政長官心有餘而力不足，未能滿足市民訴求。事實上，政改方案不能只作小修小補，必須有實質改動，例如包括取消委任區議員可加入選委會，以及互選立法會議員的建議，而二〇〇七年新一屆區議會亦不可再有委任議席，政府無論用甚麼官方形式為普選訂立時間表、路線圖，政府也須重新提出修訂方案，充分反映市民對普選的訴求。

主席，我認同現在是香港邁向民主的關鍵時刻，香港處身於十字路口，市民已挺身而出，明確表示對民主的決心及承擔，現在只欠政府的具體回應，落實和實踐普選要做的工夫，不要再停留在甚麼「沒有共識」、「意見紛紜」等的空話上，或執迷於維護既得利益者。政府要對得起社會年老的一代，要打拼出普選條件，更重要的是不能辜負他們多年來對香港的貢獻、所提出的民主訴求和期望；同時，政府亦要向我們的下一代作出交代，讓他們呼吸民主空氣，在民主社會中

生活。

　　主席，民協一直強調，要透過溝通來建立共識。所以我們希望中央政府官員能與立法會議員直接會面，透過坦誠溝通，既可瞭解民主派的立場，亦可消除對雙普選的疑慮。作為特區政治領導者的行政長官，除了當中穿針引線，更要順應港人意願，向中央政府反映市民訴求，積極爭取普選路線圖和時間表，並重新修訂現時提出的政改方案，向民主普選的目標邁進。

李永達議員：

　　首先，對於星期天有數以十萬計市民再次走上街頭，我是十分欣賞。雖然有些人以不同的言辭形容他們的行為，但我有時候認為，那些行為只是卑微、沒有權力的人，以和平表達自己意見的方式而已。我想不到除了這個方式外，他們還可以怎樣把心內的話說出來。

　　第二，我說談一談的是，政府 —— 甚或喬副主任 —— 一直也問，為何我們要將時間表跟方案捆綁在一起來討論？其實，這個問題的前提是錯了，因為並非是民主派將這兩個問題捆綁在一起，而是特區政府和中央政府不曾考慮市民和民主派認為須將時間表這個元素體現在方案內的意見。如果他們一早便把時間表加進方案內，便不會存在捆綁與否的問題了。正正因為特區政府（甚至包括中央政府）漠視了市民對時間表的訴求，所以到了這個階段，才會以這個藉口問我們為何要將兩者捆綁在一起。這其實並不是捆綁，而是政府在忽略了民意所導致的結果，我覺得政府是自食其果。

　　第三，有時候，市民問我們，如果方案不獲通過，我們會否有損失呢？我們會否離民主普選的目標更遠呢？前天，我在回答一名記者的提問時指出，我覺得是不會有損失的。如果我們在民主發展的道路上，表面上似乎走出了很細小的一步，但卻是走向一條岔路，而我們卻不加以喝止，那麼，我們在短時間內似乎是走了很細小的一步，但從長遠來看，我們卻是距離最終目標越來越遠。現在的問題是，沒有人知道中央政府和特區政府心裏在想些甚麼。如果他們坦蕩蕩的〔地〕告訴我們今屆會有委任區議員，走的便是這一步 —— 不論我們說這一步是進步或退步也好 —— 但到二〇一二年便會進行普選，那麼，這一步對我來說便不太重

要；即使是原地踏步，甚或有委任區議員，我也覺得是不太重要，因為我知道在經過了這條隧道後，甚麼時候便可以看到光明。

吳靄儀議員：

主席，其實，市民爭取普選時間表的訴求不但非常清晰，也是非常包容的。我們多次提及，市民一直也要求在二〇〇七及二〇〇八年進行普選，他們這項訴求，不論是民意調查結果或在立法會選舉中 62% 的選民所投的票內，均很清晰地反映了出來。現在到了政府提出方案時，卻說二〇〇七及二〇〇八年不會進行普選。市民必須要求有普選的時間表，因為做任何事也要有一個時間目標。主席，以我們說將來要興建一座新的立法會大樓為例，也是要有一個時間目標，不是說今天建造明天便會落成，也不是說待明天有需要時才回頭建造；我們不能夠今天說一說，然後明天再走一步，不能這樣做事的。所以，市民這項要求是很理性的……
……

我想指出，方案本身確有不足之處，所以不可通過。政府的方案是枝節橫生，將委任制加進了議會選舉和行政長官的選舉內，重新提出間接選舉，再由選舉團選出一個人。這種安排本身並不好，不值得我們支持，因為它非但具反效果，更是浪費時間，亦轉移了我們的目標。如果我們通過了此方案，情況會如何？很明顯，政府官員必須按方案行動，要立刻制訂一套選舉制度，展開很多工作。由於要依從此方案，我們便不能朝着普選的方向走。副秘書長喬曉陽的技巧真的很高超，舉重若輕，他說方案及普選時間表兩者皆有民意，說得令人心服，但如果聽真一點，他是要我們先在二十一日通過政改方案，慢慢才處理我們的要求。我們是千萬不能進行此等買賣的。

湯家驊議員：

……今年的一二四遊行可以說是前瞻性，是充滿希望的。今次，所有複雜的背景因素均已被消除，香港人團結齊心，目標一致，他們只有一個訴求：便是普選、普選，仍是普選！

（代理主席劉健議議員代為主持會議）

我相信曾先生亦感受到這種震撼，若非如此，曾先生不會在當天遊行後便說，他聽到遊行人士的聲音、遊行人士的熱誠、遊行人士的追求，他是感受得到的。我相信，亦希望中央同樣感受到這種震撼。但是，我希望曾先生能有更深一層的感受，因為過去大半年香港吹和風，曾先生刻意營造強政勵治，在經濟有所起色的背景下，香港人仍然勇敢地站出來，證明了普選的訴求是理性的，是合理的。

我年輕的時候，很多人對我說，香港人是「政冷感」，即是說，他們對政治有冷感。六七十年代，對政治有強烈意見的人，大多數也被視為「左派人士」。那是殖民地的年代，香港人被英國統治，實在談不上甚麼民主發展。

回歸後，香港人第一次感覺到「港人治港」、「當家作主」的重要性。八十年代爭取民主的聲音很快便蔓延至整個香港。二〇〇三年，香港人為了捍衞基本人權和法治而上街；二〇〇四年，為了對全國人民代表大會常務委員會就政制發展進行釋法而上街表達不滿；到了一二四大遊行，普通市民沿途向堅決爭取普選的遊行人士拍手高呼「我們要普選」，爭相加入遊行行列，熱烈之情，充滿了整個香港。香港人由「政治冷感」到熱戀民主，在這過程中，他們由高呼董先生下台，到對似乎廣受歡迎的曾先生所提出的政改方案說不；一二四遊行井井有條，和平理性，沿途沒有叫任何人下台，只有問何時；沒有醜化任何在位高官，只有說要普選。這整個過程，正好體現香港人由民智初開到民智成熟的進程。

遊行完畢時，香港市民各自問好，互相鼓勵，猶如一家人。這樣萬眾一心的表現，相信亦羨煞不少其他民主社會。這不但是民智成熟的表現，更凸顯了社會力量正在凝聚，核心價值正在生根，這些均是實行普選的基本條件。

面對這個成熟的公民社會，中央政府還有甚麼顧慮？有人說香港有民主，便會直接影響內地的政局。但是，國務院最近發表的政制改革白皮書，正說明內地 85% 的城鄉選舉已完全民主化。國家領導人也說，一個和諧社會應該是一個民主、法治的社會。國家趨向穩定，社會步向富庶，這正是建立民主基礎的好時機。那麼，顧慮又從何而生？

有人說民主會有助激進派冒起，這個顧慮亦隨着一二四大遊行煙消雲散。不論是主辦單位或參與者，在整個過程中，均展示了極度克制、理性和平和的態度。香港人只有講道理，又何來激進？

又有人說，香港發展民主，會引致外國勢力的滲入和干預。但是，我們也清楚看到，絕大部分香港人是愛國的。中國人一貫有強烈的民族意識，很難看到外國勢力會在香港得逞。

相反，民主進程遲疑不決，只會令香港人，甚至中港兩地的關係，持續內耗。香港特別行政區政府在毫無民意基礎及廣泛認受性下，亦難以提高管治質素。中央的疑慮令我想起趙紫陽在去世前的一番說話。他說：「人民的生活水平、文化水平提高後，政府參與意識、民主意識亦會增強。如果思想教育跟不上，民主法制建設跟不上，社會仍然不會安定。……順應民主，意見紛紜，表面上是『亂』。但是，有了在民主和法制範圍內的正常的『小麻煩』，便可以避免大亂。國家才能長治久安。」

曾先生說得沒錯，我們現正站在政制發展的十字街頭。過去二十年，香港人爭取民主的淚水和汗水有否白流？經過一二四大遊行，香港人重拾了尊嚴，保持着驕傲。餘下的，便要看國家和社會的領導者，如何回應市民這一份熾熱的訴求了。

余若薇議員：

我從報章及電視報道看到，北京的許崇德先生站了出來表示，真理即使只有一兩個人支持，它仍然是真理，而歪理即使有數十萬人支持，它也仍然是歪理。代理主席，我非常同意這一點，何況這是有數十萬人支持的真理？何況這是香港二十年來一直有超過六成市民支持的真理？何況這是基本法所承諾的真理？何況這是行政長官在英國接受 BBC 訪問時，他本人也承認的真理？他說香港人非常成熟，他同意亦贊成越快落實普選越好。我希望他不單是向英國人說出這番話，即使是在香港的電視前，也向香港人說着同一番話。可惜，我們從香港的電視報道中所聽到行政長官說的那番話，跟他在英國對英國人說的，實在太不相同，簡直難以相信是出於同一人的口中。

此外，我也從報章報道看到，北京大學的饒戈平教授表示市民要求有普選時間表是違法的，我希望這是報章引述錯誤。我真的摸不着頭腦，不明白為何市民要求有普選時間表也是違法？我們的國家、我們的祖國何時有一項法例列明，要

求普選時間表也是違法的？這是否說在十二月四日上街的那十萬人也是違法？

楊森議員今天這項議案的措辭非常合理，他只是「促請香港特區政府認真考慮向全國人民代表大會常務委員會提交報告，反映香港市民對普選的強烈訴求，並在報告中提出香港市民可接受的普選時間表及路線圖，使行政長官及立法會全體議員能盡快由普選產生」。這是一個非常合理、合情和合法的訴求，因為上年的釋法內容及四二六決定均說明，如果我們要修改基本法附件一和附件二有關行政長官或立法會的產生辦法，正確的途徑便是由行政長官提交報告，而根據基本法第四十五條，行政長官撰寫這份報告時，應該反映香港的實際情況。十二月四日便是一個新的情況，行政長官有責任盡快提交報告，反映其實況。

現時有很多爭拗，有些表示某項民意調查顯示有某個百分比的支持度，有些說不要把這些事捆綁在一起，有些又說誇大了遊行人數，不是二十五萬人，應該是六萬、七萬或八萬人。其實，大家不如公道一點，不要再爭拗這些，而真真正正地進行一項公開調查，讓所有市民投票；我們只須提出一些年份供他們選擇，究竟是在二○○七年、二○○八年、二○一二年、二○一六年、二○一七年，抑或二○四七年進行普選？這樣供大家投票，便是最公道的做法，既沒有欺騙，也不會錯數人數，為何政府不可以這樣做呢？政府害怕甚麼呢？如果政府說民意是站在它那邊，那麼，我們便看看民意吧。政府有甚麼困難呢？政府其實只須簡單地詢問全港所有有資格投票的選民，他們希望在哪一年進行普選便可，這有甚麼困難呢？完成調查後，行政長官便提交報告，接着，我們可有很多時間按照已取得廣泛認同的民意來辦事。這樣，大家便無須爭拗何謂高度共識，因為大家已得出了共識是甚麼，我們只要照着做便可。

我希望特區政府在這方面會有這份勇氣，而我亦相信中央政府最終真正能做到以民為本，讓香港人以「一人一票」的方式選出行政長官，這是民心所向，這亦是真理。我希望政府可以看到及聽見民意。

李柱銘議員：

我們的行政長官說他百思不得其解，為何民主派的議員要那麼強硬，一定要把政改方案跟普選時間表掛勾？原因十分簡單，原本的方案很清楚，基本法第

六十八條列明，全部立法會議員最終以普選產生，這便是目標。回歸後，第一屆立法會的 60 個議席中，有 20 席是由直選產生；到了第二屆，有 24 席是由直選產生；今屆則有 30 席由直選產生；我們一直也是朝着這個目標邁進，但根據現時政府的方案，比例是 35：35，即是開叉，也即是肯定了功能界別議席的地位，要讓其重要性跟直選議席看齊。代理主席，即使是人大常委會的四二六決定，也認為這個比例不能更改，那麼，30：30 便算了，因為這個比例最低限度不會偏離現時的目標，最多只是停頓；停頓並不等於偏離。不過，如果比例變為 35：35，那便是開叉，好像「Y」字那樣，等於是離開了目標，接着便會改為兩院制了，這是十分清楚的。

第五號報告提及兩院制時指出，那是一個值得各界進一步探討的重要課題。此外，管治及政治發展委員會——我不是這個委員會的成員，李永達議員才是——的文件中亦提到姬鵬飛先生的一句話，說兩院制是有利於兼顧各階層的利益。由於這一句話，功能界別便要繼續下去，所以便要推行兩院制。可是，姬鵬飛先生的話是十分清楚的，他是針對為何立法會首十年的民選議席的增加和分組表決均受基本法附件二規限，而不受基本法本身規限。他表示這安排其實十分簡單，目的是要令其較靈活，方便在必要時作出修改。大家也知道，修改附件只要獲得立法會三分之二議員通過和行政長官批准，向立法會備案，然後便可向人大常委會提交修改建議，無須受基本法第一百五十九條的複雜程序所規限。這即是說，分組表決和功能界別議席將來同樣地是要消失的，而且可以容易地消失。現在，特區政府反而持這個理由來推行兩院制，這是本末倒置，特區政府是否想欺騙市民？

特區政府現時的欺騙技倆是十分厲害的。余若薇議員剛才也說過，我們的行政長官在海外所說的話，跟向我們所說的話是不同的。我今次訪問了英國和美國，聽到他們說行政長官並非這樣說的。現在，我們的行政長官說希望在他有生之年可看見普選，他是十分有信心的。這句話本來是我七十八歲的哥哥說的——他比我大，所以我稱他為哥哥——現在卻變成是六十歲的行政長官說，將來會是由更年青的林瑞麟說，然後由他更年青的兒子說。可是，香港市民是想早一點看見普選。代理主席，好的事情為何不可以早一點看見？其實，當時各方面已有共識，在二〇〇七年便實行普選，只是中央打散了這個共識而已。所以，要到二〇一二年才有全面普選，那已是很遲、很遲、很遲……

陳偉業議員：

代理主席，較早前政府提交第五號報告時，我在這個議事堂已表明了明確的立場：我是旗幟鮮明、斬釘截鐵、毫無保留地反對這份所謂的政改方案。我當時已指出這是一個超級小圈子的選舉模式，所以，我必須加以反對。當時仍然有不少人在考慮是否接受這份報告，但最近收到的信息是 —— 特別在經過十二月四日的遊行後，信息最明確不過 —— 香港市民並不接受這份倒退的政改方案。

其實，所謂政改方案，只是繼續為既得利益的集團，為我們的超級富豪繼續鞏固其特殊的地位，以及繼續保障一羣過去維護政府的管治權威和維護既得利益集團的人的利益，包括政治和經濟利益，繼續捍衞這個制度，剝削香港人的政治權利。我和李柱銘議員在早前的美國之行中，曾多次跟美國政府的有關人士和智囊團指出一個政治現實，便是反對香港民主政制發展的不單是北京政府，反對最激烈、強烈的是香港的超級富豪。他們不單賺香港人的金錢，吸香港人的血，更剝削香港人的基本政治權利。直至今天，我沒有聽過一位超級富豪在任何場合說支持香港民主政制發展。台灣的民主已經飛躍，如果鄧小平仍然在生，我相信他也會感到極端失望，因為他當年提出「一國兩制」時，台灣還未完全解除黨禁、報禁。他以「一國兩制」的構思，希望能以「港人治港」、「高度自治」的概念，令香港先走一步，讓台灣跟隨。可是，我們仍然只是以蝸牛式的步伐前進，可能也未必是蝸牛，而是以 amoeba 式的步伐移動。台灣已經飛躍了，台灣已經歷了兩屆由以前的反對黨執政，以前的反對黨變為執政黨，而以前的執政黨現在卻變成了反對黨後，亦將有機會成功在下屆重新執政，這是民意的決定。

田北俊議員：

……議案前半部分提到香港有很多市民上街遊行，爭取雙普選，對於這些，我們是絕對認同的，我們也很尊重上街遊行的數萬名市民，無論多少人也好，他們的目的均是為了爭取雙普選。接着，議案的內容是：「本會促請香港特區政府認真考慮向全國人民代表大會常務委員會提交報告，反映香港市民對普選的強烈訴求，並在報告中提出香港市民可接受的普選時間表及路線圖」，跟着，便是「使

行政長官及立法會全體議員能盡快由普選產生」。我就着這兩點代表自由黨作出回應。

關於香港市民可接受的普選時間表和路線圖，自由黨曾進行過很多次民調，我們看到有市民支持在二〇〇七及二〇〇八年實行普選，亦有市民支持在二〇一二年，甚至在二〇一八、二〇一七年實行普選。如果楊議員基於上次有不少市民遊行爭取雙普選，而要求在報告中具體提出香港市民可接受的普選時間表及路線圖，我覺得就這一點，政府可能有需要用多點時間，跟各階層市民再作協商、討論，以獲得較大的共識。

在此，我重申自由黨是支持在二〇一二年普選行政長官的，對於其間所須進行的工作，例如政黨的發展、培養政治人才等，我們會積極參與。關於香港市民「可接受」的普選時間表，以我的看法，他們所接受的是越快越好。可是，答案可能不是越快越好，他們認為可接受的時間是二〇一二年或二〇一七年也說不定。我看不到有很清晰的說法，例如最可接受的時間是在二〇一二年實行普選，否則，在二〇一七年實行普選，香港市民也會接受，我們沒有看到有這樣的數據。所以，我覺得議案中這一句會令政府很難做。如果政府提供的民調結果顯示，可接受的普選時間表是分為數段，即有些市民贊成在二〇〇七年實行，有些贊成在二〇一二年實行，亦有些贊成在二〇一七年實行，這便令政府不能具體向中央政府反映這方面的民意。

關於第二點：使行政長官及立法會全體議員能盡快由普選產生，楊森議員也知道自由黨在這項行政長官及立法會全體議員的普選問題上，有不同的看法。在行政長官選舉方面，基於市民的訴求及行政長官只有一位，而這一位行政長官不是經普選產生，便是經選舉委員會產生，很難分拆一半，所以是一定要作出取捨的。因此，自由黨也支持在二〇一二年普選行政長官。

但是，對於一次過取消立法會功能界別的三十個議席，自由黨有不同的看法。我想回應梁國雄議員剛才的說法，他說功能界別選舉的代表性，與直選比較，是「小圈子」了一點。當然，代表功能界別的議員的代表性沒有直選議員的代表性那麼多，但反過來，我留意到功能界別的議員在本會中，在很多法例的審議、政策的制訂上，特別在金融及工商等各方面，亦有他們的貢獻。純粹從代表性來看，他們是有所不足，但在立法會的立法過程中，他們可使法例更為完善，

因此，我覺得功能界別的議員是很有貢獻的。

如果建議在二〇一二年，一次過取消所有立法會功能界別的議員席位，自由黨是不認同的。我覺得既然有三十位議員循功能界別選舉進入立法會，我們可以採用循序漸進方式來取消這些議席。當然，我的意思並非是要等待至二〇四七年才完成取消這些議席，但亦無須在二〇一二年一次過取消所有功能界別的議席，這方面亦可採用循序漸進的方式，即每一屆選舉取消若干議席，我們會較接受這樣的方案。當然，就每屆取消多少議席及取消哪個議席的問題，爭議性會更大。自由黨覺得可先取消那些較容易轉為直選的議席。當然，對於這些建議，有人又會說不可行，應該按照比例，工商界取消多少議席，專業界別便取消多少，基層界別又取消多少等。就這方面，我們不會支持，即是說，對於全體立法會議員盡快由普選產生這一點，我們是有所保留。

馬力議員：

我認為香港是一個開放的社會，市民有集會和言論的自由，不同的意見應可透過不同的渠道得到充分的表達。在上星期天，有大批市民透過和平遊行的方式表達了對普選的訴求，我們十分尊重他們的訴求，亦認為他們的訴求應得到社會各方的尊重，特別是香港特別行政區政府的尊重。

市民對政制發展其實有不同的看法，有人要求加快普選的步伐，但我們亦看到仍然有過半數的市民支持政制發展專責小組第五號報告的政改方案。因此，我們希望政府向中央提交第五號報告時，能夠做到全面準確地反映香港市民的民意，包括今次參與遊行的市民的訴求，這樣才能協助中央政府更瞭解香港市民的不同看法。

不過，我亦必須承認，對於具體上應在何時落實普選，香港社會內部確實存在不同的意見。在這樣的情況下，要提出一個具體的時間表，我們覺得是相當困難的。至於要在政改方案中提出時間表，便更困難。正如喬曉陽副秘書長上星期五在深圳的座談會上指出，全國人民代表大會常務委員會也必須依法行使職權，人大常委會這次要批准或備案的，只限於關於二〇〇七及二〇〇八年兩個選舉辦法的修改，不能超出人大常委會去年決定的範圍。因此，政改方案本身是沒辦法

解決時間表的問題的。

對於社會上的不同意見，我認為我們應要採取包容的態度，求同存異，在可以有共識的地方達致〔至〕共識，一起向前走一步；在暫時未能達致〔至〕共識的地方，繼續理性討論。我覺得以這種態度來解決問題會較容易。對於時間表和路線圖的問題，只要繼續理性地探討，我們相信香港社會早晚總可以取得共識。

現時，是否由特區政府單方面提出一份報告呢？我覺得政府既然已將這項工作交由策略發展委員會處理，便應在廣泛諮詢後才向中央提出路線圖和時間表等方面的報告，否則便很難達成楊森議員的議案中所謂香港市民可接受的方案。民建聯是支持盡早實現普選的，我們會致力創造條件。可是，在社會就雙普選的問題未能達成共識以前，我們希望二〇〇七及二〇〇八年的政制仍然可以向前邁進，而不是停滯不前。我們認為政府提出的方案能夠提供這樣一個向前發展的機會。如果二〇〇七及二〇〇八年的方案得以落實，令選民基礎得以擴大，我們相信接下來的政制安排，步伐只會邁得更大，更接近普選。因此，現時的政改方案雖然不能滿足部分民意對時間表的要求，但肯定能夠為長遠的政制發展提供動力，我們實在看不到為何必須否決這個方案。

基於這樣的理由，我們支持二〇〇七及二〇〇八年的選舉方案，認為這是最有利香港政制的長遠發展的。我們不同意因為沒有時間表，便反對政改方案。因此，如果今天楊森議員提出的議案所要傳遞的正是這項信息的話，我們是無法認同的。

李卓人議員：

（主席恢復主持會議）

今次十二月四日的遊行，已清清楚楚地表達了香港人根本上是要求一個制度上的改變，我們不止是要董建華下台，也不止是要一個好的行政長官，而是要一個制度，如果出現一個壞的行政長官，我們可以把他拉下台，而在有好的候選人時，我們也可以推舉他上台。香港人這次表達了一個很清楚的信息，便是香港人要民主、要普選，指香港人只是要經濟繁榮和良好生活質素的藉口，都給香港人看穿了。如果我們要有經濟繁榮，我們要有良好的生活質素，最重要的便是要有

一個良好的政治制度，讓我們可以維持我們現時享有的自由、經濟繁榮和生活質素。香港人的這個信息是很清楚的。

......

田北俊議員剛才比曾蔭權較為進步。不過，我還是要批評一下自由黨，認為他們較為自私。自由黨表示支持二○一二年普選行政長官，但立法會便不要在二○一二年普選。為甚麼我說這是自私的表現呢？如果在二○一二年普選行政長官，他們也可能有分參與的。他們也曾經領略過小圈子選舉的凶險 —— 本來一心一意要參選的，卻突然退選。所以，普選其實是對他們有利的，不過，如果立法會要普選，便對他們不利了，因為他們大多數是功能界別的議員，所以便要在立法會普選方面作拖延。他們這樣並不是太公平，他們也應回應市民的訴求。

民建聯表示，訂定具體時間表相當困難，而反對方案更困難。民建聯希望盡早實現普選，並會致力創造條件。不過，民建聯的立場是很難看清楚的，他們原本是支持二○○七及二○○八年普選的，為甚麼現時卻只說盡早實現普選，致力創造條件呢？民建聯為甚麼不拿出一個時間表呢？民建聯在這方面比自由黨更差，自由黨最低限度也有半個時間表，但民建聯連一個時間表也沒有，只是說要致力創造條件，而它所提的條件卻與中央所說的一模一樣，其實只是重複中央的言論。因此，我便要問問民建聯，而香港市民也在問政府和政黨，究竟時間表為何？香港何時才有普選呢？

我代表職工盟發言支持楊森議員的議案，認為政府現在應收回方案，然後再重新諮詢香港市民，把真正符合民意的方案提交中央和立法會。多謝主席。

政制事務局局長：

主席女士，上星期天，數以萬計市民參與遊行，以和平及有秩序的方式，表達希望盡早實現普選的訴求。正如行政長官當晚會見傳媒時表示，我們完全感受到各位市民對民主的熱誠。我們亦清楚理解，政府是不可以、亦不會迴避這些訴求的。我們是以積極的態度正視社會對普選的期望，所以大家在過去一個多星期看到兩項非常重要的發展。

第一項，策略發展委員會轄下的管治及政治發展委員會在十一月二十九日召開了首次會議，開展我們就普選時間表和路線圖的準備工夫，並啟動這方面的討論。我們的具體計劃是分兩個階段處理相關的工作。第一階段是首先進行有關普選原則和概念的討論，並希望在明年暑假就這方面作出初步結論，然後我們會展開第二階段的工作，研究及討論行政長官和立法會的普選模式，致力希望可在二〇〇七年年初，就整套研究和討論作出總結。換言之，我們希望在今屆政府任期之內，完成這方面的工作。

第二項重要的發展是，香港特別行政區政府和中聯辦安排喬曉陽副秘書長於上星期五在深圳與各位議員、區議會主席及社會各界人士會面。雖然，喬副秘書長表示未能在現階段就普選時間表作出決定，但他同時指出，大家可就時間表和路線圖的問題進行探討及研究。所以，大家看到在遊行之前，不論特區政府或中央有關部門的負責人，均已就展開處理普選的問題明確表態，並率先作出回應。

泛民主派議員亦應體會到，這個多星期的發展，顯示特區政府和中央與泛民主派之間的距離正在拉近。多年來，大家要求開展普選路線圖和時間表的工作已經啟航。如果大家環視世界各地，歷史遺留下來的問題，往往在開始處理和解決時，均是萬事起頭難。然而，一旦啟動了有關程序後，便自動會凝聚動力，終有一天會把問題解決。

楊森議員建議行政長官向人大常委會提交報告，當中須包括普選路線圖和時間表兩方面的建議。其實，政制發展專責小組提出政改方案的依據，正正是依照人大常委會在去年四月所作的決定。這項決定授權特區政府處理二〇〇七及二〇〇八年兩個選舉產生辦法的課題。至於將來甚麼時候實行普選，已超出了二〇〇四年四月人大常委會所作決定的範疇，也超越了人大常委會可以按照去年的決定予以批准或接受備案的範圍。

在實際方面的考慮，由於香港社會對普選的速度和模式依然眾說紛紜，所以我們難以在短期內就這個問題達成共識，如果倉卒成事，趕緊「上馬」，效果是不會理想的。既然策發會現已開始討論普選路線圖和時間表的問題，我們便讓策發會繼續推動這項工作。

泛民主派議員表示寧願原地踏步，也不欲支持二〇〇七及二〇〇八年的政改方案。但是，我們依然希望泛民主派議員可在表決前，修正他們的立場。特區政

府現正考慮如何可在有限的空間內，完善這兩個選舉產生方法的建議，我們希望
這有助於爭取各位議員的支持。但是，在目前的階段，有哪些地方可以調節，我
們仍在研究中。

如果泛民主派議員最終堅持投反對票，他們須就數方面作出交代：為何一個
強調自己是民意機構的立法會，要逆民意而行，否決有大部分市民表示可以接受
的政改方案？他們也要解釋，為何要讓具實質民主進程、可推動香港選舉制度朝
着普選邁進的方案難產？為何否決這個方案會幫助我們早日訂立普選時間表和路
線圖？他們也要清楚說明，究竟支持政府所提方案與訂立普選時間表和路線圖之
間有何矛盾？

在今天的辯論中，多位議員提及上星期天的遊行人數。楊森議員及其他議員
提到當天有二十五萬人，亦有議員提到警方估計有六萬三千人，大家亦指出由數
所大學進行的調查結果估計約有七萬至九萬八千人。

我注意到在前天的報章中，李卓人議員表示公道自在人心，我也相信香港市
民是非常心水清的，他們知道怎樣作出判斷。李柱銘議員的說法則比較直接，他
認為六萬三千人已是很顯著的增長，而余若薇議員則說人數的多寡並非最重要。
但是，我覺得這個討論其實是再次提醒大家，對從政者來說，誠信是非常重要
的，必須實話實說。特區政府對遊行人數的態度亦是一樣，不論人數是多少，我
們也要重視民意及積極處理市民對普選的訴求，所以我們已率先在策發會開展這
方面的討論。

楊森議員也提到 90% 的人士反對二〇〇七及二〇〇八年的方案，但如果我沒
有聽錯的話，他是在引述一項民意調查，而這項民調是特別測試當天參與遊行的
人士的意見。這與過去個多月來政府所進行的民調，或是各大報章或大學所進行
的調查的民意基礎並不相同。其實，在過去個多月，大家可以看到，所有民調均
顯示，大部分回應這些民調的市民均支持和接受二〇〇七及二〇〇八年的選舉方
案，人數較反對者為多。根據我們向各位議員提交的報告中所載述的調查，有七
成受訪者希望二〇〇七及二〇〇八年的方案可以有進步，而不希望原地踏步。

主席女士，民主是普世認同的概念，而特區政府亦完全認同我們應盡早達致
〔至〕普選的最終目標，我相信在座議員也認同這個大方向。現時，我們之間的
分歧只在於兩方面：第一，特區政府希望把政改方案和普選時間表兩個問題分開

處理，沒有需要也不應將兩個問題捆綁在一起。第二，我們希望首先在香港社會就普選路線圖和時間表進行內部討論，並在香港社會內部尋求共識後，與中央尋求共識。但是，部分議員卻希望在今天為這個複雜的議題定案。其實，政制發展的議題並非香港單方面可以作出決定，我們有需要與北京互相配合。

今天多位議員提到創造歷史，我也說一些歷史。主席女士，基於過去二十年的經驗，我們看到在處理香港很多重大問題時，確實須與北京配合。例如回歸前要成立終審法院；要處理好香港特區護照的簽發；要為香港人爭取免簽證安排，以及回歸後處理 CEPA 的落實，這些也有需要由雙方好好商量才會有成果的。

大家可回顧一下，我們由八十年代開始處理聯合聲明，到九十年代落實基本法，並在九七之後落實「一國兩制」。如果我們總結這二十年的經驗，基本上有兩點是重要的。如果要為香港和北京解決問題，第一，要擺出誠意；及第二，要用時間及耐性逐步解決問題。基本上，我們須走中庸之道，要互諒互讓地解決問題。其實，我們現已將誠意放在桌上。經過一年半的公眾諮詢，我們已把「二○○七及二○○八年選舉方案」這道菜式端了出來，雖然我們不敢說這是一道色香味俱全的菜式，但整體而言，香港市民也認為是可以接受、可以品嚐一下的。

可惜的是，現時有些議員叫大家不要「起筷」，因為他們對「二○○七及二○○八年選舉方案」這道菜式沒有興趣，希望我們拿走這道菜並端上另一道菜，名為「普選時間表」。但是，我想再向各位議員說一次，這委實是強人所難，「普選時間表」這道菜式所需的烹調時間更長，並不是一時三刻可以做得到的。

世事並非這樣簡單的，拒絕了「二○○七及二○○八年選舉方案」這道菜式，並不表示即時會有另一道他們所想的菜式上桌的。

當然，處理政制發展的議題較烹飪複雜得多。但是，如果大家對形勢的判斷有誤差，整個過程便可能會出現停滯，我相信這是大家也不希望看到的情況。所以，我再次呼籲大家，先通過二○○七及二○○八年的政改方案，然後一起在策發會處理好探討普選路線圖及時間表的問題。只有採取這種務實的做法，才可幫助香港早日落實普選。

2005 年 12 月 21 日
議案辯論：就修改行政長官產生辦法提出的議案

政制事務局局長：

主席女士，我謹動議通過以我名義提出並載列在議程的第一項議案，即就修改行政長官產生辦法的議案。稍後，我將動議另一項就修改立法會產生辦法的議案。

政制發展專責小組於今年十月十九日發表政制發展專責小組第五號報告，就二〇〇七年行政長官和二〇〇八年立法會產生辦法，提出建議方案。這套建議方案是經過十八個月廣泛公眾諮詢，在符合《中華人民共和國香港特別行政區基本法》和去年四月全國人民代表大會常務委員會所作出的解釋及決定的規定下，帶領香港政治體制朝向最終普選目標邁進的一套實質民主方案。

主席女士，請讓我略為介紹議案的內容。根據基本法附件一第七條的規定、人大常委會去年四月六日關於基本法附件一第七條和附件二第三條的解釋，以及人大常委會去年四月二十六日關於二〇〇七年行政長官和二〇〇八年立法會產生辦法有關問題的決定，政府動議通過就修改行政長官產生辦法的議案。倘若議案得到立法會全體議員三分之二多數通過，載於議案附件的《中華人民共和國香港特別行政區基本法附件一香港特別行政區行政長官的產生辦法修正案（草案）》，將呈請行政長官同意，並由行政長官報人大常委會批准。

根據《附件一修正案（草案）》，二〇〇七年選出第三任行政長官的選舉委員會由 1,600 名委員組成，並維持四個界別。選舉委員會的任期為五年。

選舉委員會第一、第二及第三界別委員人數由目前各 200 增至 300。就這三個界別內各界別分組所獲配予的委員數目，政府認為原則上可根據目前界別分組委員數目按比例增加，但具體安排將在《行政長官選舉（修訂）條例草案》中處理。

選舉委員會第四界別委員人數由現時的 200 增至 700。根據政府的建議，全體區議員將被納入第四界別。由於第四界別包括全體立法會議員，倘若就修改立法會產生辦法的議案獲得通過，立法會議席數目只會在二〇〇八年才由現時的 60 席增至 70 席，即是在選舉委員會於二〇〇七年年初組成後才增加。我們會在《條例草案》處理有關的過渡性安排。

就提名行政長官候選人的提名機制，根據《附件一修正案（草案）》，提名人數維持為全體委員人數的八分之一，即不少於 200 名委員可提名行政長官候選人，這安排可確保候選人得到一定程度的支持。

就二〇〇七年行政長官的產生辦法，政府亦提出考慮修訂《行政長官選舉條例》，以設立適當機制，規定在只有一名候選人獲有效提名的情況下，仍須繼續進行選舉程序。倘若議案獲得通過，我們會在《條例草案》處理有關的具體安排。

主席女士，政府發表第五號報告後，內務委員會在十月二十一日的會議上成立研究政府有關建議的小組委員會，並由譚耀宗議員出任主席，楊孝華議員出任副主席。我在此謹代表政府向譚議員和楊議員致以衷心謝意，亦藉此機會多謝立法會秘書處的工作，以及所有參與小組委員會的議員提出的意見。

小組委員會共召開了九次會議，包括在十一月十二日會見公眾人士。政府的同事透過小組委員會的會議，向各位議員詳細解釋政府的建議和立場，並回應議員的提問。我們亦細心聆聽了議員的意見，當中不少意見對我們準備草擬《條例草案》的前期工作幫助很大。

主席女士，政府現時提出就修改行政長官產生辦法的議案，內容字眼與小組委員會所研究的議案（草擬本）基本上一致。我們作出唯一的改動，是把載於第五號報告附件 B 內有關修改行政長官產生辦法的《附件一修正案（草案）》中的以下字句刪除：「行政長官在任期內因故缺位，由該選舉委員會選舉產生的新的行政長官的任期為原行政長官未任滿的剩餘任期。新的行政長官任期屆滿，可連任一次。」

這項刪除是經仔細考慮小組委員會部分委員的意見後而作出的。我們認為這個問題可通過本地立法處理：當我們將來向立法會提交《條例草案》時，將在本地立法中明文規定補選產生的新的行政長官的任期屆滿後，只可連任一次。

主席女士，香港特別行政區政府要強調，我們在第五號報告中提出的建議方

案對香港的民主發展十分重要。基本法已清晰勾劃出回歸十年內香港的政制應如何發展。現在，我們是在此基礎上，再進一步向前邁向最終普選的目標。這個建議方案無論是從實質上，或是從歷史意義而言，均起着關鍵和積極作用的一步。建議方案的重點是藉着增強區議員在選舉委員會的參與，提高行政長官產生辦法的民主成分。我希望議員瞭解，這個建議方案實在得來不易。特區政府盡了最大的努力，在過去一年多進行了多輪廣泛的公眾諮詢，並在社會各界眾多不同的意見及要求中，找到了最合適的平衡點，回應了社會對政制發展的訴求，亦兼顧了社會各階層、各界別利益的原則。

主席女士，有意見認為建議方案是「民主倒退」，我絕對不認同這個看法。事實上，建議方案是一個民主進步的方案：

第一方面，在二〇〇七年組成的選舉委員會將有超過四分之一的委員，包括超過四百名由地區直選產生的立法會議員和民選區議員，由全港三百多萬已登記的選民選舉產生。換言之，佔超過四分之一的委員具有普選的選民基礎。

第二方面，529 名區議員將佔選舉委員會差不多三分之一的席位。相信行政長官選舉的各候選人將更關注地區事務和市民的訴求。

第三方面，建議方案有助提升區議員的地位及角色。倘若建議方案獲得通過，將鼓勵更多有能和有志之士參選區議會。這對進一步發展地方行政，以至培養政治人才和為普選創造有利條件，均有幫助。

主席女士，建議方案自今年十月推出以來，從不同機構所進行的民意調查均清楚顯示市民是支持建議方案的。與此同時，民意調查亦顯示市民對訂立普選時間表有所期望，但大部分市民卻不希望因為現階段未能訂立具體時間表，便否決政府的建議方案。換言之，市民期望能通過二〇〇七及二〇〇八年政改方案，令兩個選舉辦法有所進步，同時亦希望能早日訂立普選時間表。特區政府認為這兩方面的民意均是真確的，也應該得到尊重。大部分市民是既有理想亦務實的，他們認為應先通過政改方案，讓政制可在二〇〇七及二〇〇八年朝着最終普選的目標邁進，並且積極展開有關普選路線圖和時間表的討論。

此外，我們發表建議方案後，政務司司長隨即走訪全港十八個區議會，聆聽他們對建議方案的意見。在此期間，共有 364 位區議員發言，無論是否把委任區議員計算在內，支持建議方案的區議員均多於反對的區議員，反映政改方案得到

地區的支持。

主席女士，政府是以積極的態度正視社會對制訂普選路線圖和時間表的訴求。由行政長官主持的策略發展委員會轄下的管治及政治發展委員會在十一月二十九日已召開首次會議，正式啟動香港社會內部有關普選路線圖的討論。正如行政長官公開表示，政府計劃分兩個階段進行相關的工作。第一階段先就進行普選的原則和概念進行討論，並在明年暑假左右就這些討論作初步總結；然後展開第二階段的工作，研究和討論行政長官和立法會普選制度的設計，在二○○七年年初總結這方面的討論，並以此為基礎，展開有關普選時間表的討論。

主席女士，最終實行普選的目標在基本法中已清楚確立。中央對普選的態度是再明確不過的。國家主席胡錦濤在十一月十八日會見行政長官時表示，支持香港特區依法循序漸進發展適合香港實際情況的民主制度，是中央政府的一貫立場。人大常委會副秘書長喬曉陽在十二月二日與立法會議員、區議會主席及社會各界人士在深圳會面時亦表示，認識到香港社會無論對二○○七及二○○八年政改方案，或對普選時間表均有民意訴求，而兩個民意均應得到尊重和重視。喬副秘書長亦認為可以就普選的路線圖和時間表進行廣泛、充分的討論，以在此基礎上達成共識。

倘若建議方案獲得通過，二○○七年舉行的行政長官選舉安排將更為民主開放，這對早日落實最終普選的目標是有相輔相成的作用。相反，倘若建議方案不獲得通過，對日後推動政制向前發展將無可避免帶來負面影響，不利早日實現普選。

主席女士，特區政府理解社會對委任區議員參與行政長官和立法會選舉的安排有所關注。在這方面，行政長官已於日前公布有關調節委任區議員數目的安排及背後的考慮因素，政務司司長亦就此詳細的調節安排作出解說。倘若政府就二○○七及二○○八年的選舉安排的建議方案獲立法會通過，我們會在二○○八年一月一日，即新一屆區議會會期開始時，把委任區議員數目減少三分之一，即從102位委任區議員減至68位。此後，我們將在二○一一年年底前按當時的情況，主要是減少區議會委任議席後社會的反應和區議會運作的情況，決定是否把餘下的68席委任區議員數目在二○一二年全數取消，或在二○一二年先再減去一半至34席，以及在二○一六年完全取消委任區議員議席。

這項調整措施是對關注區議會委任議席的意見的一項積極回應，希望有助立

法會議員支持議案。這項調整是整套政改方案的一個組成部分，但並不涉及也無須修改政府今天向立法會提出的議案內容。倘若議案獲立法會通過，政府會在稍後通過本地立法落實有關委任區議員數目的調整。倘若議案不獲立法會通過，則有關委任區議員數目的調整將不會執行，社會各界可以繼續討論區議會委任制的安排，例如在明年的區議會檢討中繼續跟進。

主席女士，這是我們首次根據基本法附件一的規定，提出修改行政長官的產生辦法，希望取得立法會全體議員三分之二多數、行政長官同意，以及人大常委會的批准，以推動香港的民主政制向前發展。在香港民主發展的歷程中，這是一個重要的里程碑。政府以最大誠意，在過去兩年竭盡所能，務求在社會建立最大的共識。倘若方案能夠成事，這不單讓我們在二〇〇七及二〇〇八年可就香港的民主發展向前踏出實質的一步；更重要的是，可鞏固特區和中央在政制發展議題上的互信基礎，為早日實現普選創造更有利的條件。

香港能否把握眼前的機遇，便要看各位議員的智慧和勇氣。在座各位也是市民的代表，市民的意願是再清楚不過的：他們既希望早日有普選時間表，亦希望政府的二〇〇七及二〇〇八年政改方案能獲得通過，他們不要看到原地踏步。故此，我懇請議員在投票表決時，會以市民大眾的意願為依歸，令香港政制發展走出一條日益寬闊、早日達致〔至〕最終普選目標的道路。

政制事務局局長動議的議案如下：

「根據《中華人民共和國香港特別行政區基本法》附件一第七條的規定（即修正案須經立法會全體議員三分之二多數通過，行政長官同意，並由行政長官報全國人民代表大會常務委員會批准）和《全國人民代表大會常務委員會關於〈中華人民共和國香港特別行政區基本法〉附件一第七條和附件二第三條的解釋》、《全國人民代表大會常務委員會關於香港特別行政區 2007 年行政長官和 2008 年立法會產生辦法有關問題的決定》，本會現以全體議員三分之二多數通過載於附件的《中華人民共和國香港特別行政區基本法附件一香港特別行政區行政長官的產生辦法修正案（草案）》，呈行政長官同意，並由行政長官報全國人民代表大會常務委員會批准。

附件

《中華人民共和國香港特別行政區基本法附件一
香港特別行政區行政長官的產生辦法修正案（草案）》

　　一、二零零七年選出第三任行政長官的選舉委員會委員共 1,600 人，由下列各界人士組成：

　　工商、金融界　300 人

　　專業界　300 人

　　勞工、社會服務、宗教等界　300 人

　　立法會議員、區議會議員、鄉議局的代表、香港特別行政區全國人大代表、香港特別行政區全國政協委員的代表　700 人

　　選舉委員會任期五年。

　　二、不少於二百名的選舉委員可聯合提名行政長官候選人。每名委員只可提出一名候選人。」

馬力議員：

　　民建聯認為政改方案擴大選舉委員會、增加立法會議席，與我們提出的建議基本上相同。在整體上，方案增加了民主成分，令香港特別行政區政制得以循序漸進地向前發展，符合社會大眾的期望。這是我們支持政改方案的主要原因。

　　對於政改方案中提出的問題，例如委任區議員的問題，一直以來，我們的看法是在適當時候可以逐步減少委任區議員的人數。政府在星期一提出了一個完善方案，回應了市民的關注。我們亦支持政府的完善方案，並認同政府在推動政改方面作出了很大的努力和有誠意。

　　我們支持逐步而非即時取消委任區議員，因為委任區議員均為社會中有識之士，他們的參與，為區議會工作和地區居民的福祉帶來實質的貢獻。逐步、分階段地減少委任區議員的數目，亦可以有效鼓勵這些社會精英繼續參與區議會工作，甚至投身政治，為將來政制的繼續發展儲備更多政治人才。

　　至於在二〇〇七年選委會的組成方面，我們認為對民選和委任區議員應一

視同仁，這是合法、合理、合情的。委任區議員是現有區議會合法組成的一個部分，政制改革並非要推倒原來的制度重新再來，而是在現有制度上尋求發展。既然所有區議員均執行同樣的工作，承擔同樣的責任，我們不希望在區議員之間製造對立，製造歧視，損害區議會的現有工作。

對於二〇〇八年以後的政制發展路向，我們認為仍然必須按基本法的規定，根據香港的實際情況循序漸進。社會各方應該攜手合力創造條件，以期早日達致〔至〕普選的最終目標。

在去年四月二十六日，全國人民代表大會常務委員會副秘書長喬曉陽發表講話，呼籲我們以求真務實的精神，探求香港政制發展的正確之路。他特別提到，特區政制發展必須考慮的一些實際情況，我覺得他提出的問題很值得我們考慮，當中包括：

1. 許多港人對「一國兩制」和基本法的認識還不很足夠，對「一國」觀念、國家意識、香港法律地位的認知，以及市民對普選意義的認識等也還不夠清晰。

2. 基本法作為香港的憲制性文件的法律地位尚未真正樹立，或可說尚未牢固。

3. 政治體制的運轉還沒有完全達到基本法規定的行政主導的要求，行政與立法之間的配合仍在磨合之中。

4. 香港要保持原有的資本主義制度，必須在政制上兼顧各階層、各界別和各方面的利益，以達致〔至〕均衡參與。

我覺得這是中央對於應何時實行普選的擔心，亦是中央關心和愛護香港，對特區政制發展提出的誠懇意見。我們應該尊重這些看法，認真、嚴肅地考慮和回應這些看法，不要完全漠視這些看法。因此，我們提出要積極創造條件，推動政制循序漸進，邁向普選。正因為中央有這些憂慮或看法，民建聯才提出要創造條件。我希望本會一些同事不要忘記中央的說話，而只記着民建聯提出的四項條件，不顧一切的〔地〕批評，這是沒有意思的。我重申民建聯的四項條件，我們提出：

（代理主席劉健儀議員代為主持會議）

1. 全力發展經濟，為政制發展打下堅實的經濟基礎；

2. 積極培養能代表各階層的參政人才，使均衡參與的原則可以透過普選體現；

3. 透過加強國民教育，增強港人對「一國」觀念、國家觀念、香港法律地位的認知，以及對普選意義的認識；及

4. 透過對基本法更廣泛的宣傳、學習，使基本法作為香港憲制性法律的地位得到進一步鞏固。

我希望同事日後如再引述民建聯的看法時，能夠完整一點。

我們認為社會各界可以就未來政制發展的路線圖和時間表進行探討，策略發展委員會正可提供這個平台。不過，不論大家對香港政制的長遠發展有何看法，那都是二〇〇七及二〇〇八年政改方案通過以後的事，至於二〇〇七及二〇〇八年政改方案的安排，現在怎樣也要有一個解決。要解決這項問題，最重要是理性務實，依循基本法，以及人大常委會去年的釋法及決定所訂下的原則。

我們認為將二〇〇七及二〇〇八年政改方案與普選時間表「捆綁」處理，實際上並不可行，因為不同的人有不同的時間表，「捆綁」令共識更難達到。同時，「捆綁」的做法也缺乏法律基礎，因為人大常委會都要依法行使職權，不能順手將時間表「打包」批准、備案。套用喬曉陽先生說的話，這是一項「無法完成的任務」。

跟許多人一樣，我們不認為二〇〇七及二〇〇八年這個方案是完美的，但我們得承認，現實中沒有一個方案可以滿足所有人。在處理這樣重要、複雜的問題時，我們應該採取的態度，是包容和兼顧不同人士的意見。我們應該承認絕大多數市民是支持民主的，但民主並不是任何人可以壟斷的，社會對普選的步伐確實存在不同的意見。只有爭取社會共識，在有共識的地方向前邁進，在暫時沒有共識的地方繼續理性探討，這樣才可以有效地推動政制向前發展。

我們認為支持二〇〇七及二〇〇八年政改方案，不等於否定對普選的訴求；而支持普選，也不等於必須反對政改方案。兩者並無矛盾。我們一直希望社會各界能夠從大局出發，令政制可以在民主的方向上踏出實質的一步。真正的民主派，應該願意支持任何能夠實質促進民主的方案。有人說，如果不達到他們的

要求，便寧可放棄這一步。我們的看法是，沒有人有權代表香港市民放棄走這一步。

在過去的一個多星期，民間支持政改方案的簽名行動收集了 77.5 萬名市民的簽名。這是任何尊重民意的人皆不能置之不理的。可是，有人仍然對這個簽名行動吹毛求疵或冷嘲熱諷，這就是不肯面對實質的民意。另一方面，對於一些已遭嚴謹的統計批駁的數字，還有人一邊叫人不要糾纏，另一邊則繼續將遊行人數誇大。有人在議會中說有若干萬人，其後又說有二十五萬人，之後又說有數十萬人，我認為這種做法侮辱了市民的智慧。任何人想扭曲事實，只是徒勞。一直以來，民意調查的數據均清楚顯示，大多數市民是支持政改方案的，他們希望政改方案可以得到通過，他們不同意因為沒有時間表便否決這個政改方案。

代理主席，為甚麼支持政改的市民會有這麼多？理由十分簡單，因為市民是講道理的。如果今天這項議案獲得通過，有權直接投票選舉行政長官的市民，雖然只是由 800 人增加到 1,600 人，但 800 人的選委會內，委任和民選區議員共 42 人，直選立法會議員 30 人，加起來在現時只佔選委會總人數的 9%，在議案通過後，在 1,600 名的選委中，有 400 人是民選區議員，加上直選立法會議員 30 人，這些直接代表民意的成分，已經佔選委會總人數的 27%。

這個簡單的數學問題，我相信任何有理性的市民都可以判斷得到，只須比較新舊選委會的組成，比較 9% 和 27% 兩個數字，便可以得出結論。如果反對這方案，我覺得有必要向公眾解釋，為甚麼 9% 會大於 27%，為甚麼 27% 反而是一個倒退？我看不到當中的邏輯。

有人認為否決這項議案，行政長官的產生辦法便不會原地踏步，還可以透過本地立法進行改革。我覺得這想法未免有點自欺欺人。本地立法是將來的事情，但今天這項議案就已經可以實實在在為香港的政制發展帶來成果。如果否決議案，可以直接投票選舉行政長官的人數，依然只有 800 人，究竟有甚麼變化呢？我不知道反對的人可以向市民作出甚麼承諾。不過，無論如何，我也無法明白為何必定要摧毀今天的成果，才可以爭取他們要爭取的東西？如果摧毀今天可得到的成果，我們很擔心在未來政制發展的探討中，各方的互信、協商的基礎會否變得更好呢？我們擔心會變得更差，而不是變得更好。

在過去一段長時間的政改討論中，我們聽到一些不管用的字眼，如「捉鬼」、

「捆綁」等。不過，立法會議員既不是「鬼」，亦不是大閘蟹。我相信對於政黨或是獨立議員，不論之前有何行動策略、談判技巧或形勢估計，現在要決定的，只是一項簡單的議案，支持還是反對，只有市民對議案的取態才是我們要參考的。

代理主席，現時的確是香港政制發展的關鍵時刻，這項議案究竟是進步還是倒退呢？市民是支持還是反對呢？這是大是大非的問題，任何其他個人的考慮與這個大是大非的問題比較，都是次要的。我希望尚未作出決定的同事能夠摒除干擾，理性、果敢地支持議案。多謝。

黃宜弘議員：

代理主席，我想就今天的議案提出三點意見。首先，我重申由參與基本法的諮詢工作到現在，我一直支持香港民主政制向前發展。同時，我也多次指出，民主的概念比普選更為廣闊。民主的目的，是要建立一個比較公正、平等的社會，讓人民可以安居樂業，過更好的生活。普選是達到民主目的的其中一種方式，普選有直接普選，也有間接普選。「一人一票」的直接普選，未必一定能選出真正尊重民主、致力建設和諧社會的好政府。當今世界，每個國家和地區也根據各自的不同情況，實行不同的政制，為我們提供很多經驗和教訓。

作為中國的特別行政區，我們有一套具有香港特色、行之有效的民主政制，這就是基本法第四章所規範的政治體制。要推動政制發展，最終達致〔至〕以普選方式產生行政長官及全部立法會議員，便要按照基本法第四十五條、第六十八條、附件一和附件二的規定，根據香港的歷史和現實情況，結合循序漸進、均衡參與的原則，以及全國人大常委會的有關解釋及決定，還要視乎是否已經具備各種客觀條件，以及是否已經兼顧各方面、各階層和各團體的訴求。政制發展是國家大事，必須得到中央政府的支持，並且按部就班，透過理性的探討，逐步凝聚社會的共識，一旦時機成熟，自然水到渠成。在這段期間，必須作出大量的準備工夫，這並非一朝一夕的事，更不可能一步登天。如果在未達成社會共識及缺乏配套設施前，輕率地推出所謂普選時間表，這樣不單沒有法律依據，亦違反了事物發展的客觀規律，並造成民眾對立分化及影響社會穩定和經濟繁榮。

其次，我認為行政長官產生辦法及立法會產生辦法的修改，應與普選時間表

的討論分開處理。政府建議的方案，是依據基本法的規定和人大常委會的決定，並已廣泛諮詢各界民眾，其法理基礎與民意基礎均十分堅實，可以說是現階段最大限度發展民主政制的方案。自該方案發表以來，社會各界一直期望「一鳥在手」，即是「先要方案，再要普選」。很多民眾贊成本會先通過二〇〇七及二〇〇八年選舉辦法的修改方案，然後繼續探討在二〇〇七及二〇〇八年以後有關普選的事宜。對於這個明智、務實而進取的主流民意，任何人也不應視而不見，聽而不聞。事實上，政改方案與時間表並無捆綁處理的必要。一旦方案被否決，共識和互信的基礎便會受到破壞，普選的步伐只會被拖慢而不會加快。

我認為凡事應分清主次，區別輕重緩急。當務之急，是要通過二〇〇七及二〇〇八年選舉的修改方案。至於普選時間表，大可從長計議。現時已設立了溝通及協商的機制，包括策略發展委員會及其他渠道。如果罔顧民意、空喊口號，為反對而反對，這樣做只會損害市民的整體和長遠利益。市民已屢屢呼籲本會同事以大局為重，共同促進民主政制的發展。我也希望部分同事可以暫時擱置過高的要求，放棄「小我」，完成「大我」。

我再次支持政府為爭取方案獲得通過所盡的一切努力，並認為政府建議的方案合情合理，更能為各方所接受。就行政長官產生辦法而言，基本法第四十五條所指的「普選」，是由合資格的選民選舉提名委員會的成員，再由提名委員會的成員按民主程序選舉行政長官。政府建議在二〇〇七年增加提名委員會的人數，是為了增加民主成分，令提名委員會更有代表性。假設日後逐漸擴展至由全港所有合資格選民選出提名委員會的成員，便是間接普選行政長官了。至於政府建議的「區議會方案」，包括減少委任議席的承諾，也是為了增加民主成分，擴大市民在行政長官選舉及立法會選舉中的參與，以及培養更多政治人才。俗語說「政治是妥協的藝術」，有關方案已力求在不同的意見中取得平衡，可謂仁至義盡。如果這般民主化及普選化的方案也要反對，試問有誰能在現階段提出更具建設性、更能為各方所接受的建議呢？

今時今日，本港政制發展正面臨重要的抉擇。我希望大家尊重民意，投下支持政制發展的一票。

李國英議員：

代理主席，普選是大多數市民心中的願望，而在過去的一段日子，市民便以不同方式及方法，包括示威、遊行甚至簽名等行動，表達他們對民主的支持和普選的訴求。市民支持民主的決心，雖然各有不同的表達方式，但他們對香港政制最終邁向普選的目標，卻是非常一致和清晰的。

不過，未來的政制發展路向，應按照特別行政區的實際情況及在可行條件下，並以爭取最多民主為原則，循序漸進地邁向普選的目標。部分支持普選的人士認為，實行普選必須先訂定普選時間表。如果政改方案沒有明確的普選時間表，便寧願政制發展原地踏步，讓一個包含民主成分的方案胎死腹中。簡單來說，這些支持普選的人士，其實是把普選的訴求和時間表混為一談，將兩者捆綁起來。平心而論，支持普選和支持普選時間表本身，兩者並沒有任何衝突，兩種意見也應受到尊重。

既然政改方案為現行政制改革加添不少實質的民主成分，特別是擴大了選舉委員的選民基礎，連區議員也可以參與行政長官的遴選過程，試問一個令特區政制逐步變得更民主的方案，是否應該值得支持和通過呢？

今天討論的議題獲得社會上廣泛的討論，尤其是關心政事的學者，他們均曾多次發表言論及組織論壇。正如香港中文大學香港亞太研究所在十二月十五日舉行了「政改的困局與出路」論壇，當日中大政治及行政學系高級講師蔡子強便發表了建設性的言論。他批評民主派只懂站在道德高地宣示原則，反對政府的政改方案，但卻未能提出帶領港人尋找政改出路的具體政策。他直接批評反對派領導人不應只強調本身的立場，而須更進一步為自己設計一個路線圖，令政改方案一旦被否決，本港的普選步伐也能加快一步。可惜的是，他們只會質疑特區政府提出的方案，但這對民主發展的路毫無幫助，亦根本無助於爭取最終達致〔至〕全面普選的目標。

蔡子強認為，通過政改方案，其實代表了三個進步，其中包括：第一方面，是由一九八四年至今，中央政府首次和反對派達成共識，並以此作為雙方溝通的基礎，進一步建立彼此的合作關係；第二方面，方案結束了傳統功能界別，變相提供了路線圖，相信下屆會逐步減少傳統功能界別議席，這個邏輯已很清楚；及

第三方面，在行政長官選委會的人數增加後，控制候選人的安全系數大幅減少，有助反對派增加影響力，這個分析十分清楚，讓泛民主派加入參與。

另一位學者——香港科技大學社會科學系助理教授馬嶽亦作出同樣的批評，政治領導應提出可行的方案，而不是只提出一些永遠不會被接受的條件，例如普選時間表，繼續掙扎下去，然後便抱怨沒有人跟他們談判。學者的言論一向較為中肯，容易為人接受。但是，我認為還有些更有力的聲音，便是民主黨區議員莊志達公開表達對民主黨主席李永達的不滿。他指出，民主黨永遠選擇上街。假如民主黨的路向不繼續擴大，市民便不會再跟着它了，屆時民主黨便可要孤軍上路了。他又直斥李永達，指民主黨只懂批評方案和聯絡立法會其他政黨要脅政府改變初衷，但又未能提出未來的發展路向。這些指控居然是出自民主黨的成員，我相信他們真要着實反思一下，究竟反對方案是否真是從廣大市民的利益出發呢？

更何況為令政改方案能早日通過，以及為釋除市民對區議員委任制的疑慮，特區政府已經作出相應的調整，計劃在二〇〇八年減少三分之一的區議員委任議席。其後，如果情況適當的話，在二〇一二年再減一半或全數取消，甚至在二〇一六年全面取消委任議席。

有些人可能仍然不滿足於政府現時的方案，質疑政府在取消區議員的委任議席方面過於緩慢，但我奉勸這些人士，在政制發展的進程，切記要戒急用忍，不要一步登天，避免弄巧成拙。更何況許司長已強調，現時的改變是在實際情況許可下作出的最大調整。如果政改方案不獲通過，有關區議會的改革建議也不會實行。

另一方面，我們必須明白，委任區議員所作出的貢獻是不容忽視的，他們皆對社會作出了無條件的付出，是社會上的有識之士。他們在議會中提供其專業知識，並付出時間甚至金錢，為社會服務，而他們對區議會工作的貢獻亦有目共睹，並獲得大家的認同。

選擇循序漸進原則減少委任區議員，是對委任區議員的貢獻作出表態，同時亦希望委任區議員能夠繼續參與，正面鼓勵他們參與選舉，投身政治工作。長遠來說，全面取消委任區議員涉及整個區議會的變革，包括區議員的角色和定位問題、政府會否下放地區權力給區議會、區議會的選區範圍是否有需要重新作出規劃等一連串問題。有關區議會的改革和發展的問題，須待政改方案通過之後，才

能開展實質和具體的討論工作。

（主席恢復主持會議）

在此，我引用早前國家副主席曾慶紅來港時，向全港市民提出的兩點希望，寄望特區未來的政制發展：第一，是抓緊機遇，加快發展；及第二，是包容共濟，促進和諧。如果普選時間表的重要性，在於代表明確的民主進程，象徵特區政府走向更民主的方向，那麼現時的政改方案，進一步擴大選委會的選民基礎，令特區政制早日邁向普選目標，向前踏出一大步，我們是否應該放開對普選時間表的執着，以及對中央與特區政府的偏見，把握通過目前政改的契機，令我們的特區政制變得更民主呢？

與此同時，我們要肯定社會各階層對普選的訴求，而在爭取普選的過程中，社會各界也有不同的意見。作為領導政改的特區政府，在聆聽不同的意見之餘，亦願意對政改方案作出實質的改變、調整和改革，並有策略發展委員會作為各界討論普選時間表的平台，為了特區政制的長遠發展及為了協助社會各界早日就政改問題凝聚共識，我們應該接受政改方案，令政改早日展開。在政改的路途上，普選時間表只是一個程序而已。與其再在不必要的爭拗和抗爭上費時，倒不如接受眼前的政改方案，盡快享受民主的成果。⋯⋯

呂明華議員：

主席，民主是普世的價值，是全人類追求的目標。香港回歸後，在全面落實「一國兩制」和「港人治港」的同時，基本法也確立了行政長官和立法會最終經由普選產生，香港社會民主化將逐步實現。基本法清楚訂明，第一和第二屆行政長官是分別由 400 和 800 名來自勞工界、社會服務界、宗教界、專業界、工商界和政界的代表推選產生的。首屆立法會（即一九九八年）的半數議席（即 30 席）是由功能界別選舉產生的，10 席由選舉委員會選舉產生，而其餘 20 席則由地區直選選舉產生。到了第二和第三屆（即二〇〇〇年和二〇〇四年）的立法會，直選議席逐步遞增至 24 至 30 席，而選委會的席位則在第二屆減至 6 席，並在第三屆全部取消。由此清楚可見，香港的民主化在回歸後一直向前發展。

為了籌備二〇〇七年第三屆行政長官選舉和二〇〇八年第四屆立法會選舉，

香港特別行政區政府經過了十八個月的廣泛諮詢，最近提出了政制發展專責小組第五號報告，擬訂二〇〇七及二〇〇八年行政長官和立法會的產生辦法。原方案提出二〇〇七年行政長官選委會的成員人數，將由目前的 800 人倍增至 1,600 人，當中包括五百多名區議會議員，其中 400 名是民選議員。二〇〇八年的立法會選舉則增加 5 個議席和 5 個由區議員互選產生的功能界別議席，立法會共有 70 個議席。只要略加分析便可以看到，如果以直選議席的數目來衡量民主成分，那麼，在政府的政改方案中，立法會的直選議席將在回歸後的短短十年間增加 15 席。如果把功能界別中 6 席屬區議員互選產生的間接直選議席計算在內，在二〇〇八年立法會的 70 位議員中，將有 41 位是由全港市民直選或間接選舉產生的。行政長官選委會亦擴大了四倍，並加入擁有三百萬民意基礎的直選區議員。大家可以看到，按照這個方案，香港的民主將會向前邁進一大步。

在政改方案公布初期，不少泛民主派也認為，在全國人民代表大會常務委員會所作決定的基礎上考慮，新方案是進步和可以接受的。但是，政局變幻無常，接踵而來的是鋪天蓋地的批評，指責政府的方案原地踏步、民主倒退、比現在的制度更不民主，是「打橫行」的方案。這真令人丈八金剛，摸不着頭腦。由以上陳述可見，批評者完全沒有研究方案的實質內容，難道他們看不到有民選議員參與行政長官選舉即是進步嗎？他們看不到新增的功能界別全是由區議員互選產生便是進步嗎？罔顧事實、信口指責，實在有違理性討論如此重大議題的原則。

其實，在這股反對聲音大合唱的背後，是泛民主派要求政府提出普選路線圖和時間表、取消區議會委任議席和取消功能界別的公司票等四項條件。如果政府不作出承諾，泛民主派今天便會全力封殺政府的方案。有論者認為，泛民主派這種手段是政治勒索，也有些人認為泛民主派這種策略是有力的撒手鐧，但民主派有沒有看到，如果撒手鐧亮出後，可以令人顫慄及致人於死地，方有恐嚇之效。但是，若政府方案不獲通過，雖然令政府的面子受損，但對香港的管治卻並無重大影響，社會各階層亦沒有重大損失，可憐的是香港的民主化將寸步難行，躊躇不前。泛民主派把二〇〇七及二〇〇八年方案與該四項條件作一籃子考慮，是把民主化進程複雜化。如果二〇〇七及二〇〇八年方案不獲通過，令香港的民主停滯不前，泛民主派實在難辭其咎，這點值得他們深思。

國家主席胡錦濤勸告香港市民說，「希望香港從長期繁榮穩定的大局出發，

理性探討、凝聚共識，穩步、扎實、有序地推動香港政治體制向前發展，為最終達到《基本法》規定行政長官和立法會普選創造條件。」香港的政改現時處於十字路口，通過政改方案是讓民主化向前邁出一大步，而否決方案則令民主化原地踏步。至於何時才能重上新路，實在難以預料。

有人說政治是妥協的藝術，泛民主派應意識到，縱然二○○七及二○○八年的政改方案並非最完善的方案，無法令所有香港市民滿意，但確是有很大進步的方案，因此，應該獲得通過，以回應廣大市民的期望。這個意義重大的決定，要為政者不單具有高尚的政治理想、解決難題的智慧和包融的胸襟，還要具有在關鍵時刻妥協的勇氣，讓民主化能夠繼續向前發展。

田北俊議員：

主席先生，自由黨認為香港的政制發展要符合三大原則：均衡參與、循序漸進及合乎香港的實際情況。這些都是人大和基本法為香港政制發展所定下的原則。

我們認為政府在第五號報告提出的政改方案，正好在以上三大原則之間取得合理的平衡。

第五號報告建議，所有區議員都自動成為選舉委員會委員，而選委會委員人數會倍增至 1,600 人。全體區議員也可加入選舉行政長官，而民選區議員正是由全港三百多萬選民間接選舉產生，代表性和認受性也會獲得提高，是傾向了循序漸進。

選委會本來是由四個界別平分所有議席，如今因為加入所有區議員，令原政界界別人數大幅增至 700 人，比另外三個界別的人數多出了一大半，但全體區議員之中，大概有四分之一是來自工商界，專業界也佔五分之一，可以說，方案在「均衡參與」和「循序漸進」之間已經取得很好的平衡，所以我們也表示支持。

所謂實際情況，就是按照當時社會的狀況，決定民主發展的進程，例如當時的社會是否有足夠的政治人才？政黨是否準備好？社會各界包括工商界，是否對普選達成共識？

自由黨認為，社會各界應該就上述問題早日達致〔至〕共識，積極創造條

件，好讓早日邁向基本法規定，最終達致〔至〕雙普選的目標，同時要積極培養更多政治人才，讓來自更廣泛階層人士參政。

主席女士，這個過程、這個路線圖、這個時間表，自由黨希望能夠越快越好，盡量爭取在二〇一二年達致〔至〕有足夠的社會條件和環境，讓行政長官得以通過普選產生。

從發展民主的角度來看，現在的政改方案確實可令香港政制向前發展，而且支持第五號報告，跟爭取普選路線圖和時間表，兩者是沒有衝突的。

如果硬要將通過政改方案和普選時間表捆綁在一起，否決現在政府提出的政改方案，只會令政制發展原地踏步，而我們相信香港市民是不願意看到這種場面出現的。

社會上對於普選路線圖和時間表是否真的已有共識呢？根據香港中文大學十一月初公布民調：34% 要求在二〇〇七及二〇〇八年；35% 認為二〇一二年；18% 認為應該在二〇一二年之後。這顯示市民對於應該在哪一年實行雙普選，意見還是有些分歧。

政府已經表明會在策略發展委員會討論普選路線圖，並會在二〇〇七年年初，就有關問題作總結，之後再訂出普選時間表，這已是一個有力的承諾。

自從方案公布之後，多個學術機構和民間團體所做的民意調查均顯示，支持政改方案的市民，遠較反對的市民為多，例如中大在十月底進行的民調，有 58.8% 接受政改方案，23.6% 表示不接受；中大在十一月二十八日公布的民調，數字則下跌了，45.8% 接受，24.7% 反對。不過，嶺南大學在十二月一日公布的民調也發現，49% 贊成政改方案，只有 21.8% 不贊成。

自由黨最近亦進行了一個調查，從十二月八日至二十日，透過電話訪問了大約三千人，問他們是否支持立法會在十二月二十一日通過政府所提出的政改方案，結果有 53.6% 表示支持，23.7% 表示反對，其他則沒有意見，支持與反對的比例超過 2 比 1。

既然香港的主流民意是以務實的態度看待政改方案，自由黨也希望社會各界能夠理性探討、凝聚共識，讓香港的政制能夠穩步、扎實地向前發展。

政府提出的調整方案，即二〇〇七年起取消三分之一的區議會委任議席，如果能令泛民主派接受方案，自由黨以大局為重，也會表示支持。

我們贊成保留委任區議員制度，因為民選區議員對委任區議員是 4 對 1，委任的區議員在區議會內不能左右大局，貿然取消委任制，對區議會運作反而有負面影響，因為不少被委任入區議會的工商專業人士，往往可以提供另類寶貴意見，供區議會考慮，並不是真的只透過投票來決定他們的意見。

我們不贊成押後表決，民主派議員堅持要有普選路線圖和時間表，焦點不在委任議席，說得坦白一點，是要一步到位，在二○一二年實行雙普選，即使再拖延，也不見得可以在短期內談得攏。再者，二○○七年三月便要選行政長官，距今只餘約十五個月，但尚有很多本地立法工作要做，時間緊迫，根本上不容許再有新方案。

通過方案，便可踏出民主一步；而原地踏步，則只會距離普選更遙遠。民調已經清楚顯示，大部分市民支持方案，民主派議員沒有理由不理會這些意見。今天，泛民主派議員表現得非常團結，似乎亦已有了默契，如果「箍票」成功，便可能無須再多說，可以投票了事。但是，在他們沾沾自喜的同時，他們最少欠了香港人一個解釋，便是通過今天的議案，為何會對普選訴求有負面或阻撓的效果？然而，更重要的是，阻撓了今天的議案，又如何幫助香港人達成普選的訴求？多謝主席女士。

李國寶議員（譯文）：

在「一國兩制」下，循序漸進地邁向普選是全面達致〔至〕民主目標的唯一途徑。因此，我們必須抓緊每一個機會，向前邁進有意義的一步。

很多人摒棄政府的方案，認為它過於保守，但這些反對者只着眼於委任區議員的問題，而忽略了方案的其他部分。然而，請注意，這個方案將會改變我們的政治面貌，從而實質地推進民主的發展。

政府的方案的重要之處，在於它藉着大幅提升區議會的角色，鼓勵更多社會不同階層的人參與政治。全體區議員將可直接參與選出行政長官。六位區議員將會競逐立法會的議席。當區議員的權力大幅增加，每一個候選區議員將須經過更激烈的競逐方能獲取議席。

再者，五個新增功能界別議席將由全體區議會互選產生，這項改革將影響立

法會的平衡。商界再不能依靠友好的商界議席和分組投票制度來取得有利的投票結果。

結果，這些改革會促進政治力量的重新整合。未來，成功跨過立法會分區直接選舉與功能界別選舉的鴻溝的政黨將可發出最強的聲音。更重要的是，委任區議員的存在不但不會妨礙這個進程，反會帶來幫助。他們將成為橋梁〔樑〕。

擁有廣泛選民基礎的政黨 ── 那些可名正言順地聲稱代表社會整體利益的政黨 ── 是達致〔至〕普選的關鍵。

現時的改革方案，其作用不單在於增加選舉委員會的委員人數，而且在於透過讓區議會擔當更重要的角色，為民主奠定基礎。讓我們在這個新的基礎上 ── 一個要社會各界積極參與這個政治過程的基礎 ── 構建新的前景。

何鍾泰議員：

選舉行政長官，是根據基本法第四十五條的規定，即「行政長官的產生辦法根據香港特別行政區的實際情況和循序漸進的原則而規定，最終達至由一個有廣泛代表性的提名委員會按民主程序提名後普選產生的目標。」本人認為二〇一二年行政長官的產生辦法，應與立法會產生辦法的進程分開考慮。如果行政長官的提名程序能訂出適當的安排，行政長官理應可在二〇一二年以普選產生，但由於人大釋法的關係，普選行政長官不能在二〇〇七年落實。

事實上，本人相信由一九九七至二〇一二年之間的十五年，香港是有充分時間作出準備，並可成立一個有廣泛代表性的提名委員會作出提名，落實普選行政長官應不會對社會造成負面影響。正如本人一再強調，這純粹是本人的意見。

從諮詢業界的過程中，本人得悉業界內有不少人士對政府方案有以下意見：首先，政府建議在二〇〇七年行政長官選舉中，選舉委員會由 800 人增至 1,600 人是一種進步，有助增加選舉委員會的代表性。當然，他們並不滿意專業界別的委員只由 200 名增至 300 名，認為是不足夠的。

其次，對於政府建議將所有 529 名區議員（包括委任及直選產生）納入選舉委員會，有業界人士質疑此舉是否違反基本法。他們認為區議會純粹是區域組織，而基本法第九十七條已規定：「香港特別行政區可設立非政權性的區域組織，

接受香港特別行政區就有關地區管理及其他事務的諮詢，或負責提供文化、康樂、環境衛生等服務。」換言之，現有區議員的職責並不包括參與選舉行政長官。

除委任區議員外，政府也建議包括四百多名民選區議員，他們是由全港三百多萬選民選出，可說具備一定的代表性。可是，選民在二〇〇三年區議會選舉投票時，並不知道獲選的區議員會在二〇〇七年參與選舉行政長官，因而質疑政府的建議會否影響市民對區議員擔當這項新職能的認受性。這些都是業界在數個場合中向本人反映的意見。

張學明議員：

主席女士，我今天其實想嘗試以人生不同階段來剖析我們與香港政制發展步伐的關係，以及怎樣的政制發展才符合香港的情況。相信大家也不會反對，當我們在年青及為人子女時，為了追求理想，總有初生之犢不畏虎的習慣，做事不理會後果，只管向前衝。那時，絕對不會想清楚自己是否有實力、是否有根基來行事，以致常常飽嘗〔嚐〕失敗的滋味。

可是，當我們步入中年及為人父母之後，每遇到重大問題時所走的每一步均會經深思熟慮，評估會有何後果才作出決定。這顯示出我們已明白不能一步登天的道理，我們只能循序漸進，打穩基礎，然後才能向前邁進。

政制發展也是同一道理，如果我們在條件尚未成熟的情況下推行普選，對香港及我們的下一代會否有好處呢？我們的心情，便正如父母不希望看到子女失敗一樣，相信這份出於愛和保護的心意是沒有人會否認的。

最近，有些朋友問我：「張學明，我家裏的菲傭和印傭也可以選舉自己的總統，為何香港人不能以一人一票選出自己的行政長官呢？」沒錯，從表面上看來，這似乎很有道理，但我必須指出，如果從理性角度來仔細看，這些國家至今仍存在不少官員或統治者貪污腐敗的醜聞，國家經濟和人民生活並沒有因普選而大大改善，這正正說明，如果沒有良好素質的管治人才、沒有成熟的法制、沒有懂得尊重法治的統治者，即使人民可以一人一票選出總統，結果又如何呢？

正如台灣一樣，陳水扁帶領民進黨，挾反黑金旗幟，取得人民支持，成功從

國民黨奪取統治權，但到了今天，在台灣剛過去的「三合一」選舉中，民進黨內不少地區政治人物也因傳出貪污醜聞而令民進黨在選舉中大敗。這些又能否為我們帶來一些啟示呢？

相反，香港人今天雖暫時未能以一人一票方式選出行政長官，但我們政府官員的廉潔及守法程度，在東南亞可說是數一數二，這也是循序漸進的成果。如果我們今次能通過就修改行政長官產生辦法所提出的議案，肯定可以為香港邁向一人一票普選的目標踏出一大步。

只要大家理性地分析，將政府提出的第五號報告中的行政長官產生辦法修改方案，與目前的安排比較，便會清楚知道究竟是前進還是倒退。該報告建議將800 人的選舉委員會人數擴大至 1,600 人，當中加入了大部分由市民一人一票選舉產生的區議員，相對於目前的安排，無異是大大提高由具有民意授權的人士投票選出行政長官的成分。

再者，在擴大選舉委員會的人數後，令有意參選的人有較大機會取得 200 位提名人的支持，成功成為行政長官候選人。另一方面，特區政府亦回應了市民反對區議會保留委任議席的訴求，提出了逐步取消區議會委任議員的時間表，是充分釋放善意和決心聽取市民訴求的做法。所以，為免香港政制原地踏步，我誠意呼籲各位同事，與我一樣支持政改方案。

詹培忠議員：

今天，第一部分討論的是就修改二〇〇七年行政長官產生辦法提出的議案，這不涉及修改二〇〇八年立法會產生辦法提出的議案，我想就這問題表達意見。就二〇〇七年的方案，我瞭解到第一屆選舉分為四個界別，第一個是工商、金融界，第二個是專業界，第三個是勞工界等，第四個是政界。各小組有 100 位代表，即總共有 400 位代表。第二屆選舉是相應的均衡參與，每小組各有 200 位代表，總共有 800 位代表。現時第三屆各界別的數字分別是 300、300、300 及 700，大家從數字上已看到是絕對不均勻的。

當然，前司長曾說過不是追求數字上的均衡，而是理想的均衡，那麼，理想或實際的均衡又如何呢？在進行區議會選舉時，香港區有 21 個席位，新界區亦有

21 個席位，總數有 42 個席位，以 42 除以 800，其代表性不足 1%，只有 0.5%。現時增加至 529 個席位，以這數字除以 1,600，代表性有 33%，在數字上增加了 32.5%。所以，田北俊議員剛才所說的均衡參與的神話被打破了。這是一項事實，是有數字依據的，大家可以拿出數字來跟我辯論。

其次是有關循序漸進的原則。我瞭解根本是沒有漸進的，人大常委會在二〇〇四年四月二十六日已說明了比例是 50：50，沒有漸進。這是涉及立法會選舉的。所以，基於這兩點，大家不要再自欺欺人了，我們作為立法會議員，所說的一切都要由自己承擔和負責，不要以他人的說法來替自己遮醜，這是最不負責任的。我們當不當議員不要緊，既然擔當了立法會議員的職位，便一定要憑良知做自己應做的事情。所以，我們首先要瞭解事實，而某些數字是錯誤的。

至於第二個理由，何鍾泰議員剛才已讀出有關條文，我不想再讀了。基本法第九十七條對區議員的職責寫得很明確、很明顯、很清楚，政府為何突然把區議員的職責跟立法會議員、人大代表視為一樣偉大和具代表性，然後自我解釋說是要體現廣泛的參與？這是顯示解釋權在特區政府手上。當然，香港政府是得到中央政府的認同和支持，但即使如此也不可以這樣做吧。否則，日後當另一個集團或團體取得權力，有另一種想法時，立法會的產生辦法豈不是又會轉變？當然，這不是特區任何官員的責任，因為說得難聽一點，局長，甚至司長都是受僱的，他們是在演戲，擔任一齣戲的其中某些角色，編劇怎樣寫，他們便努力表演。如果演得好，便可得到最佳演員獎。但是，我們的政制工作可不能隨便朝令夕改的。

梁劉柔芬議員：

我絕對支持政府提出的方案，因為我深信這是目前來說，最可行的方案。對於一些人提出的反對理由，我希望在此提出我的看法。

第一，有說法表示要求要有一個全面直選的時間表。

我希望大家想一想，直選時間表與今天的方案其實是沒有衝突及可以並行的。既然社會各界已有共識，要求有一個時間表，而行政長官亦已承諾，策略發展委員會在二〇〇七年年初會提出普選路線圖，屆時便會公開報告和向中央

提交，我們何不讓大家就二〇〇七年這個目標有多些時間進行更多的研究和討論呢？今天的方案是邁向全面普選其中重要的一步，亦是一個里程碑，我們走出這一步，落實時間表便指日可待了。

第二，有反對意見認為這是一個反民主的方案。

這真的令我摸不着頭腦，無法理解。首先，方案在地區直選上增加了五席，而功能界別中亦會有五席由區議員互選產生，這方法已經實實在在改變了現有功能界別的原有理念，由於絕大部分區議員是經由地區直選產生的，所以這無形中已大大提升了立法會這五席的民意和直選基礎。這個方案又何來反民主呢？

我們如果再看深入一點，這項安排其實還有利於各黨派培育政治接班人，我們不能否認香港現時是非常缺乏培訓政治人才的機制。如果有這五個區議會席位的話，有意從政的年青人便可以透過直選加入區議會，再透過區議會的間選進入立法會，這無形中便確立了一個晉陞機制，讓區議會能夠成為立法會的「木人巷」，培育未來的政治接班人。這其實是一個具建設性的辦法。因此，我很不明白為何某些有識之士，說話竟可只說一半，不說另一半，以至只是說這方案是反民主的。我不明白這些人如何能遵照自己的良知對社會大聲說這是反民主的。

第三，是要求取消區議會委任制，這也是他們表達的聲音。政府宣布的調整方案已定出取消委任制的時間表，逐步減少委任區議員的數目，這其實已是一個讓步。我希望各位市民看清楚現時的真實情況，區議會是以民選議員為主，民選區議員與委任區議員的比例是 4：1。因此，委任區議員在任何大是大非的問題上，根本不能左右大局。再者，如果現在「一刀切」地取消委任區議員，恐怕對地區服務質素會有影響。

我希望大家明白，從來政治演化都是一個過程，這個過程是有需要用時間醞釀主流民意，讓社會出現共識；同時亦有需要得到各方面的妥協和諒解，我希望大家均可以從大局出發，看清楚市民的訴求，支持今天的方案，這樣才能真正讓香港的民主發展走出重要的一步。

石禮謙議員（譯文）：

（代理主席劉健儀議員代為主持會議）

今天，我們正站在民主道路的十字路口。不論我們的政見及價值觀為何，我們均擁有共同目標，就是達致〔至〕在基本法中清楚確立的普選目標，我們的分歧只在於何時達致〔至〕普選。我們不須就民主進行辯論，我們均相信民主。雖然放在面前的政制改革方案不是最理想的，亦絕對不會為所有人所接受，但卻是現有最理想的方案，因為方案嘗試培育一個讓政制改革得以逐步發展的環境。

就政制改革發表的第五號報告絕對是朝着正確方向邁出的一步。代理主席，我不是要來這裏誇讚或維護第五號報告。我個人認為第五號報告是可以接受的，正如我剛才所說，它是朝着正確方向邁出的一步。我同意詹培忠議員所說，把500名區議員納入選委會是十分危險的，因為我們會把地區政治帶進行政長官的選舉。作為一個謙恭厚道的人，我相信全能的上帝，也相信政府。我認為他們是知道自己在做甚麼的 —— 他們是為改善香港，為邁向民主而做事。因此，我呼籲詹培忠議員支持這項議案。

不同黨派就修改基本法附件一的爭議，在於委任區議員應否加入選委會，以及應否逐步取締委任制。我認為，在委任制未完全被取締之前，不論是委任區議員，或是民選區議員，按照《區議會條例》，兩者的權責是一樣的。我們沒有理由把任何一方摒諸門外。

無疑，部分人擔心委任區議員可能會在選舉行政長官時投桃報李，令人更覺得在任行政長官利用權力委任他的支持者，有「種票」之嫌。不過，這個問題並非不可解決。

首先，現屆區議會的委任議員並不是由現任行政長官曾蔭權委任的，雙方不存在投桃和報李的關係。此外，政府可於下一屆區議會選舉時適當地調整委任制，例如，為了增加委任程序的透明度，我們可以透過不同界別推選出色的候選人，再進行委任，使委任制增添競爭及民主程序，從而改革現時完全由政府內部操控的狀況。即使現屆的委任區議員要爭取連任，也不取決於行政長官，以避「種票」之嫌。

另一方面，取消委任區議員之聲亦不絕於耳，指委任區議員是民主倒退。

我認為，考慮到委任區議員的質素及他們對提升區議會整體水平作出的貢獻，委任制應予以保留一段時間。政府提出分三個階段減少委任區議員議席是負責任的做法。

事實上，委任區議員不論在專業範疇、能力及政治視野方面均有其獨到之處。他們很多均來自不同的專業及業界，有助擴闊區議會的視野。透過委任制，他們運用本身的專業知識及全方位的經驗，裨益大眾；並為提升區議會處理地區公共事務的能力和質素作出貢獻。無疑，委任制度有須改善之處，但凡事不應非黑即白，一次過取消委任制對共同參與地區服務及處理地區事務可能適得其反。此外，適當地保留現時的委任制可提供另一個渠道，讓有志於地區服務的專業人士及工商界參政。

譚耀宗議員：

（主席恢復主持會議）

泛民主派的諍友蔡子強先生，最近便在多個場合不斷呼籲：民主運動要能不斷茁壯長大，便必須適時地讓它開花結果。根據蔡子強先生的說法，如果我們通過現時辯論的這項議案，將有兩項重要的進步：一，是自一九八四年至今，中央政府首次與反對派能夠達成共識，更可以作為雙方的溝通基礎，進一步建立彼此的合作關係；二，行政長官選舉委員會人數增加後，控制候選人的安全系數大幅減少，有助反對派增加影響力。故此他認為反對派應該審慎考慮，接受有關方案。蔡子強先生的這番話，其實是在我和他也有出席的一個研討會中發表的。我認為他這種說法是務實的，我也覺得他熱切希望泛民主派朋友支持這方案，從而有助於整個民主運動的發展。當天，李永達議員也在場，不過，李永達議員只是要求大家以平常心來看此事，抱着既已打定輸數，便無謂再考慮的態度。

今天，這項議案的積極意義，我相信泛民主派是沒有理由看不到的。支持民主，是香港廣大市民的共同願望，在爭取民主的路途上，我們並不能只講求理想，而不講長遠及短期策略。今天，我們通過這項議案，正正是在民主路上跨前一步，是我們理想的一個實踐，對於泛民主派政黨的進一步發展，更是具有策略

意義的一步。泛民主派政黨將因此可能贏得廣大市民的支持，贏得中央的信任，民主事業將會因為實力的增強而得以進一步發揚光大。

泛民主派議員一直以來均堅持政府要尊重民意，但當民意廣泛支持政府提出的政改方案時，他們卻掉頭不看，死抱着自己原有的立場、觀點而不放。

香港中文大學亞太研究所在十二月九日公布民調，顯示遊行後支持政改方案的市民有 49.9%，反對的有 28.9%，香港大學民意網站在上星期三也公布民調，結果亦相若──支持政改方案的市民佔 43%，反對的佔 16%。兩間學術機構所做的民調均顯示支持政改方案的民意皆佔五成，倍多於反對方案的市民，贊成政改方案的市民穩定地佔大多數。更重要的是，中大的調查顯示出 56.3% 的市民反對因為沒有普選時間表而否決政改方案，港大的調查也顯示出 47% 的市民反對否決政府的政改方案。民意清晰、直接地叫反對派議員不要否決政改方案。

面對這些科學調查，四十五條關注組的湯家驊議員卻回應說，要有五十萬人上街支持政改方案，他才會支持。這種態度科學化嗎？這種態度尊重民意嗎？早前，譚香文議員堅決表態反對今次的議案，她是代表會計界的議員，但根據會計界早前就政改進行的調查，會計師公會總共接獲 2,697 名會員的回應，其中 57.8% 的會員認為政改方案可以接受，他們表示對方案並非完全感到滿意，但認為方案仍然是可以接受而要求譚香文議員投票表決贊成政改方案的，總共有 1,452 名會員，佔 53.9%。面對這些專業調查的結果，譚香文議員竟然認為這些調查結果意見不一，不具引導性，所以她剛才亦十分堅決地表示反對。抱着這種漠視民意、自行其事，為反對而反對的態度，泛民主派最終只會變成反民主派。

劉千石議員：

主席，對於香港的政治發展，我在過去一段時間曾經不斷向有關方面提出意見：第一，可以先實行單普選，先易後難；第二，千萬不要再增加傳統功能團體的議席，這跟公平與否沒有連帶關係，問題在於傳統功能界別的議席把界別利益凌駕於整體利益之上。我在一九九一年已開始強調這個看法。

今次的政制發展專責小組第五號報告沒有增加傳統功能界別議席，把傳統功能界別劃上句號，是走前了一步。如果再增加傳統功能界別的議席，便會易發難

收。此外，增加五個區議會互選的議席是應該肯定的，但保留委任區議員是我不能接受的。

主席，我在二十年前已把爭取普選定為目標，雖然我們不知道這條路有多遙遠，但我們不是光坐着等待時間表的來臨。不過，我們也得承認，我們並未為落實普選下過很大的工夫，創造過有利的條件。所以，今次我們爭取普選來臨時，便不應再浪費時間，而應認真研究有甚麼仍未解決的問題要解決。

主席，例如行政長官可否是政黨成員呢？如果行政長官不屬於任何政黨，他如何爭取政黨的支持呢？他要在哪裏尋找與他有共同理念、肯榮辱與共的團隊呢？

又或如果行政機關繼續壟斷制訂政策的權力，那麼議員又如何實踐他們的參選政綱呢？如果立法會要有權參與制訂政策，議員還可否好像現在般兼職問政呢？立法會要如何運作才可加以配合呢？例如事務委員會是否依然任由議員自由參與，或是某程度上要反映議會的黨派勢力呢？

再者，問責官員和公務員應如何分工呢？如果公務員要維持政治中立，不再負責推銷政策，那麼問責官員的數目是否應該增加呢？公務員隊伍又是否有足夠的訓練，面對將來可能出現的政黨輪替，因而須執行截然不同的政策呢？

還有，實行普選之後，我們如何在制度上保障少數人的利益呢？這不單是工商界關心的課題，其實亦涉及弱勢社羣，例如少數族裔和不同性傾向人士的權益。

雖然以上問題不是落實普選的前提，但我們亦應認真討論，不論何時落實普選也好，我們亦應盡快達致〔至〕共識。

鄭經翰議員：

……對政府提出的政改建議，我無法接受，但原因可能與其他泛民主派議員不盡相同。

一，我雖然贊成擴大選舉委員會，把成員由現時的 800 人增加至 1,600 人，但卻反對把所有區議會議員納入選舉委員會內。原因其實很簡單，主席，表面上選民基礎似是擴大了，增加了選舉委員會的代表性，實質卻是民主倒退，民主成

分反而不及擴大選舉委員會內的功能界別成員。眾所周知，如果擴大功能界別成員，必然是以一人一票為基礎的選舉，公司票即使不取消，也不可能增加，而證諸過去專業界別的選舉結果，大多符合理想，反映大多數人的意願。有鑒於此，當權派不能一如過去操控選舉結果，自是不言而喻。反之，區議員的選舉相對而言其實更易操控，以親中保守派在地區的組織力量和資源，只要千多二千票便當選的區議員，豈能不輕易成為其囊中物？由是觀之，大家應明白何以當權派會屬意所謂區議會方案而不着意擴大功能界別成員，因為誠如前任總督衛奕信所言，中國不介意民主選舉，它只希望預知選舉的結果。

二，區議員質素良莠不齊，難當重任。坦白說，如果佔選舉委員會約三分之一的區議員可以選舉行政長官，港式金權政治便會應運而生，因為有權無責的區議員完全可以左右大局，勢必恃寵生嬌，事事要向行政長官問責，視地區民政及政務官員如無物，結果只會令政府開展地區工作更為困難。況且，收買區議員遠比收買其他選舉委員會成員容易，代價更低，小圈子選舉的利益輸送和政治交易，只會比前更甚。

三，區議員有權無責，不但令政府的地區工作更難開展，而且毫無政治權責的區議會根本不可與選民基礎更為廣泛的立法會相提並論；加上區議會保留的委任制在一九九五年早已取消，回歸後臨立會才借屍還魂，如今維持下去，理論上始終難逃種票之嫌，因此，政府的修改建議，其中承認委任區議員的局限之餘，卻只肯分階段取消委任制，實在是自相矛盾，很難自圓其說。

主席，最後，我必須指出，妨礙本港政制民主化發展的最大阻力其實並非來自中央，而由始至終也是來自工商界和保守派。他們根本連區議會方案也不願意接受，亦不願意取消區議會委任制和擴大選舉委員會，而只是在中央大力支持以曾蔭權為首的香港特別行政區政府政策下，不能不勉為其難支持。明乎於此，香港的民主進程要向前邁進一步，決定權完全在工商界和保守派手上，只要他們肯高抬貴手，以大局為重，前途便一片光明。相反而言，表面上似是得益的泛民主派按照民主原則，卻不可能同意支持現時政府提交的方案。可是，對於本港政制原地踏步，民主化不能進一步發展，傳媒輿論不把責任歸咎一向反對加速政改步伐的工商界和保守派，卻把矛頭指向堅持原則的泛民主派，實在不知是哪門子的道理。是非混淆至此，黑白不分如斯，又豈能不令人擲筆三嘆？

馮檢基議員：

　　主席，環顧世間，在爭取民主方面，香港是一片福地，意思是說我們看到在很多其他地方，當要推動民主時，一般也要經過暴力，甚至革命，人民要流血和死亡，才能一點一滴地把民主建立起來。然而，香港人爭取民主，卻完全不用面對這種生死抉擇，所以說香港是爭取民主的一片很好的土壤。

　　可是，在香港，爭取民主也是很困難的，因為香港已經發展為一個國際都市，是一個相當複雜的社會，要把這個國際都市和複雜社會裏各人不同的想法、價值觀、行為、策略和文化糅合成一個最多人支持的共識，絕非易事，這讓我們看見大家的起點不同。……

　　　　……

　　對民協而言，第一種要剷除的東西是委任制度。因此，當政制改革方案出籠時，民協曾提出要取消了委任制度才可以商討，那樣空間會較大；我們不同意不取消委任制度。可是，我後來發覺，泛民主派之間未必一如民協般那麼重視剔除委任制度。到了較遲的時候，我才掌握到泛民主派原來認為時間表才是最重要。民協亦要到十一月二十日舉行中常委時，才能把爭取時間表包括在民協的爭取項目內。

　　我認為對於在爭取過程中的輕重比例，民主派是要有多些討論的，特別是有關爭取時間表這一點。其實，我曾就此作出少許批評。如果所爭取的時間表內沒有一個年份，那便是很容易滿足的。如果時間表是二〇四七年，我是否接受？我當然不會接受。二〇二七年呢？我不會接受。二〇二〇年呢？我不會接受。二〇一七年呢？我不會接受。二〇一二年呢？我也不知道會否接受。可是，民協要求的是在二〇〇七及二〇〇八年實行雙普選。究竟時間表上有沒有年份上限呢？如果加上年份上限，便會變成一個有上限的時間表，而不是純粹一個無邊際的時間表。所以，我認為要加上了這個定義，才會比較容易爭取。可是，到了討論年份時，原來我們內部也有問題，各人有不同的意見。當然，對民協來說，應先處理委任制，同時也要爭取時間表。這便是我們所說的輕重問題。

周梁淑怡議員：

主席，普選不是一個簡單的問題，當我們談及普選時，究竟是在談論行政長官的普選，還是立法會的普選？其實，普選是我們建立政府的手段，它在我們整個政府結構中構成重要的部分。我們自由黨認為現在的政府結構固然不理想，但如果要改革，便要清楚地、完整地研究這個問題，而不是單靠喊數句口號，便可以解決一個這麼複雜的問題。

自由黨認為並認同，普選是絕大多數香港人的訴求，這是不能迴避，亦不能拖延的。可是，為了維護對香港有利的行政主導政府，應該先實行行政長官的普選，而作為制衡行政長官和行政機關的人民代表（即立法會），便不可以超前於行政長官實行普選。自由黨承諾將會積極參與這個討論，並且參與締造條件，期望可以在二〇一二年看到普選行政長官。可是，放在我們面前的議案，的確增加了負責選出行政長官的選舉委員會的代表性，所以很值得我們支持；將這個方案說到較現狀更差，絕對是顛倒是非。

有些同事可能認為工商界或較保守的人對普選有保留，所以我剛才聽到他們在發言時似乎說，這些人阻撓了現在我們將要踏出的民主一步。其實，這又是將是非顛倒了。雖然工商界或較保守的人可能對民主的發展步伐或時間表有不同意見，但今次我們從他們方面聽到的聲音，也是贊成我們踏出民主一步的。所以，如果香港今次不能夠踏出民主的一步，我相信大家也知道是誰要負起這個責任。多謝主席。

政制事務局局長：

有數位議員指出，今天反對派的議員採取了一個「沉默是金」的策略，但「沉默是金」並不表示可以對民意視若無睹。立法會是一個代表民意的機構，在過去兩個月，我們看得很清楚，民意的取向有三方面：

第一，有大約一半的市民是接受、支持我們在第五號報告提出二〇〇七及二〇〇八年的選舉方案。

第二，大部分市民也認為我們現時雖然未有普選時間表，但應先通過二〇〇

七及二○○八年的選舉方案。

第三，大部分市民也認為我們應該把二○○七及二○○八年的方案和普選時間表分別處理。

大家且看看近數天所公布的民意調查結果，例如《南華早報》於前兩天委託港大所做的民意調查，便顯示超過 44% 的人認為如果否決了這個方案，香港的民主進程只會放緩。在一兩星期前，中大所做的民意調查，便顯示有 56% 的人認為立法會應該通過現在提出的方案。昨天，香港研究協會發出最新的民意調查結果，顯示有超過六成的市民認為應該接受政府提出的政改方案，有超過六成的市民認為應該接受政府所提出的調節措施，有超過六成的市民認為應先通過政改方案，再處理普選時間表的問題。因此，馮檢基議員剛才指出一個好的社會政策，應該有 6：2 之比，這項民意調查便正正反映了 6：2 之比，是最新的測試。

除了我們近日看到的民意調查，關注政改大聯盟昨天向政府遞交了 77 萬名市民自發的簽名，今天也把這套有重量、代表社會各界不同區分的簽名帶來立法會大樓，讓各位議員路過的時候可以看清楚。此外，數天前也有三百多位區議員發表聯合聲明，表示支持這個二○○七及二○○八年的政改方案。大家可以看到不論是在民意調查、區內個別的市民、區議會不同層面的代表，民意也是非常清楚的。從政者的第一個責任是要尊重民意，不是逆民意而行。因此，今天，若然反對派的議員背棄民意投票否決，便要對香港市民、香港社會，對歷史有一個交代，要負起這個責任。

說到責任，我想提一提，其實，所有政黨，包括在座反對派的政黨，均有責任提拔政壇的後進。多年以來，泛民主派的議員指政府應該開放選舉的制度，我們今天提出的選舉委員會的方案，把 800 人的選舉委員會增加至 1,600 人，當中有數百位是由區內民選產生，每天為居民辦事的區議員，為何大家不予他們機會承擔更大、更廣闊的責任，為香港揀選行政長官呢？

「政治是妥協的藝術」，這是西方人說的。香港人說得比較「地道」，應該「見好就收」。透過這兩個月，我們看到香港在立法會內、在社會上，我們討論二○○七及二○○八年的方案，有三個非常重要的發展，標誌着反對派議員和政黨多年以來爭取的事情是有進展的：

第一，大家不斷向我們提出，不要再次增加傳統的功能議席，我們劃了這

條線。

第二，大家認為應該逐步取消區議會的委任議席，我們已提出了時間表和路線圖出來。

第三，多年以來，大家提出希望爭取有一個普選的時間表、路線圖，這一方面的討論，我們在十一月底，已經在策略發展委員會開展了。為何大家不利用已經放在檯面的誠意，正如詹培忠議員所說般：握手言和，攜手並進；反而是生硬地要將二〇〇七及二〇〇八年的選舉方案否決呢？意欲何為呢？對香港有何好處呢？

談到詹培忠議員，他的發言永遠也很精采的。他提到「農村包圍城市」，在香港不會有，新界也沒有剩下多少真正的農村。可是，我們提出這個方案是希望十八區的政治，以及政府總部和立法會的政治，大家之間有多一些平衡。過去十多二十年，自我們有立法機關的選舉開始，不同的政策局和主要部門均用了很多時間、很多精神、很多心血，來處理立法會與政府之間的關係和這些議題，現在正是時候要我們多花精神、時間來處理地區的事務。我們相信如果這個二〇〇七及二〇〇八年選舉方案獲得通過，對我們來年檢討區議會的職能、組成等多方面的工作是有幫助的。

我特別想提一提劉千石議員今天的發言。我個人的感覺是：慷慨激昂，擲地有聲。他說出了心底裏的話，是希望為香港尋找一條出路。政府的同事在不同的崗位上，都希望辦到這一點。我們今次提出二〇〇七及二〇〇八年的選舉方案，未必可以成功推動，但我們是花盡心血、費盡心思尋找可用的空間，並全部、全數擺出來。這是我們多年以來辦事的方法和方向，不論是九七之前處理回歸的準備，或是九七之後處理亞洲金融風暴，建立和北京之間的合作與關係，都抱着一個這樣的方向和心態。其實，我們很願意和在座各位議員共同走這條路。可是，很可惜，看到反對派議員在過去兩個月的行動，對我們繼續走這條路不單沒有幫助，反而造成了新的障礙。大家成功地做了兩個「捆綁」：第一個「捆綁」，是把二十多位泛民主派的議員捆綁在一起，導致有一些本來希望可以理性、客觀、以事論事的議員難以走到台前，支持二〇〇七及二〇〇八年的方案。第二個「捆綁」，是把普選時間表和二〇〇七及二〇〇八年的選舉方案集結一起、連結起來。其實，這是沒有需要、沒有邏輯、沒有理據的做法。因為，支持二〇〇七及

二〇〇八年的方案，並不表示我們不可以繼續爭取一個普選時間表和路線圖。

可是，也正因為反對派的議員這樣成功地做了這兩個「捆綁」，便導致了兩個新的窒礙。第一個窒礙，是二〇〇七及二〇〇八年我們難以有新的民主進程。第二，丟棄了過去一段日子，特區政府策動中央與香港不同的黨派，包括泛民主派的溝通和建立互信，今後要繼續走這條路，難度便更高了。本來如果大家接受這個二〇〇七及二〇〇八年的方案，我們在選舉制度方面即可以有新的進展，我們為打下實施全面普選的基礎便得以擴闊，我們為建立北京和香港之間的互信亦得以加厚。

抉擇在各位議員面前，我依然希望大家可以懸崖勒馬，締造多贏局面，支持這項議案。

2005 年 12 月 21 日
議案辯論：就修改立法會產生辦法提出的議案

政制事務局局長：

根據議案所附載的《中華人民共和國香港特別行政區基本法附件二香港特別行政區立法會的產生辦法和表決程序修正案（草案）》，二〇〇八年第四屆立法會共由 70 名議員組成，其中功能團體選舉的議員 35 人，分區直接選舉的議員 35 人。就新增 5 席功能界別議席的安排，特區政府已清晰說明政策：全數 5 席由全體區議員互選產生。按此，區議會功能界別的議席數目將由目前的 1 席增至 6 席。

倘若有關議案獲得立法會全體議員三分之二多數通過，載於本議案附件的《附件二修正案（草案）》將呈請行政長官同意，並由行政長官報全國人民代表大會常務委員會備案。

方案的特點是藉着增強區議員在立法會選舉的參與，提高二〇〇八年立法會產生辦法的民主成分。這方案實在得來不易，特區政府盡了最大努力，在符合基本法及人大常委會去年所作的解釋及決定的有關規定的前提下，提出這個民主開放程度最高的方案。

從政制發展的角度，建議方案有三大優點：

第一、新增的五席功能界別議席全數配予區議會功能界別，而不是「傳統」的功能界別，由全體區議員互選產生，當中佔七成半的民選區議員是由全港三百多萬名已登記的選民選出的。因此，在二〇〇八年的立法會，接近六成的議席將由全港三百多萬名選民直接或間接選舉產生，立法會的代表性將進一步加強。

第二、新增的五席地區直選議席及五席由區議員互選產生的功能議席，兩者均可拓闊社會各界人士，包括各政黨、政團的參政空間，特別是對於長期在地區工作的人，方案會提供更多機會讓他們參與立法會的工作。長遠而言，有助培養

更多具有議會經驗的政治人才，以及擴大政黨的發展空間，亦可為日後落實全面普選奠下更穩固的基礎。

　　第三、立法會議員人數增加，可令更多議員分擔立法會日趨繁重的工作，令立法會能更充分發揮其職責及角色。

　　至於議案通過後，區議會功能界別採用何種投票制度，例如是全票制或比例代表制，政府在現階段並無定案，我們已在小組委員會聽取各位議員的意見，我們樂意繼續聽取議員及公眾人士的意見，並會在處理《立法會（修訂）條例草案》時具體落實。

　　主席女士，正如我較早前已提到，建議方案自推出以來，不同機構所進行的民意調查均顯示，大部分的市民都是支持方案的。與此同時，政府亦透過行政長官主持的策略發展委員會，着手研究普選路線圖的課題，以回應市民大眾對這方面的訴求。

　　我剛才亦已交代了有關委任區議員數目的調節安排。倘若方案獲得通過，在二○○八年的立法會選舉中，區議會功能界別將會以新的區議會的組成為選民基礎，民主成分將進一步加強。

　　主席女士，我真的期望各位議員能支持就修改立法會產生辦法的議案，使本港政制能實質地朝着最終普選目標邁進一大步。

政制事務局局長動議的議案如下：

　　「根據《中華人民共和國香港特別行政區基本法》附件二第三條的規定（即修正案須經立法會全體議員三分之二多數通過，行政長官同意，並由行政長官報全國人民代表大會常務委員會備案）和《全國人民代表大會常務委員會關於〈中華人民共和國香港特別行政區基本法〉附件一第七條和附件二第三條的解釋》、《全國人民代表大會常務委員會關於香港特別行政區 2007 年行政長官和 2008 年立法會產生辦法有關問題的決定》，本會現以全體議員三分之二多數通過載於附件的《中華人民共和國香港特別行政區基本法附件二香港特別行政區立法會的產生辦法和表決程序修正案（草案）》，呈行政長官同意，並由行政長官報全國人民代表大會常務委員會備案。

附件

《中華人民共和國香港特別行政區基本法附件二

香港特別行政區立法會的產生辦法和表決程序修正案（草案）》

二〇〇八年第四屆立法會共 70 名議員，其組成如下：

功能團體選舉的議員　35 人

分區直接選舉的議員　35 人」

李永達議員：

二十五年了，我們踏出了多少步呢？二十五年中，我們就着這個問題辯論了多少次呢？我差不多跟在座的每一位也辯論過，我跟很多已退休的高官辯論過，至今天為止，我看不到他們可有絲毫的理由來說服我。為何在香港這個經濟如此發達、教育水平如此高、資訊如此流通、法治基礎如此穩固、新聞自由如此普遍的地方，其市民不能夠、不值得享有民主呢？我們是否二等公民呢？

我們無須跟美國、英國、歐洲比較；讓我們跟 APEC（亞太經合組織）的國家比較一下，當中有哪些國家呢？有汶萊、波利維亞、秘魯、智利、韓國、日本、印尼，在這些國家及地區之中，有些經濟、教育等各方面的條件比我們差得多，但他們早已享有民主普選，所以，我覺得我們現時只是在重複二十五年來一直進行的一些辯論。

我只能夠說，我深刻體會到從一些特權人士身上取走一些特權給普羅大眾，其實真的並不容易。不過，我本身有信心香港市民是值得享有民主的，我亦認為他們會看到民主，因為世界潮流是不可擋的，即使我們國家的領導人在很多不同的場合，也認為我們是應該享有民主的。國家主席胡錦濤先生今年八月二十八日，在第二十二屆世界法律大會開幕儀式前接見與會代表，他當時表示（我引述）：「中國將繼續發展社會主要民主政治，健全民主的制度，豐富民主的形式，保證公民依法實行民主選舉、民主決策、民主管理和民主監督。」（引述完畢）我們國家總理溫家寶先生在今年的九月六日，在第八次中歐領導人峰會召開前的記者會上說（我引述）：「中國將推進其民主政治的發展，堅定不移地重新建構民主，包括舉行直接選舉。」（引述完畢）國家領導人皆有這樣的遠景，我是贊成

的，而我們要予以落實。

　　我更希望數十年來在香港受到政治制度保護的工商界朋友能想一想，是否要讓這種特權制度持續呢？其實，香港市民是很可愛的，他們在如此受屈的情況下，也從沒有想過要以武力、暴力的形式來推翻這種不平等的制度。我們民主黨和民主派也是採取和平的方式來表達我們的訴求，我們能夠做的，便是在議事廳內或以和平的遊行示威方式，表達人民最無助的請求。不過，我希望政府知道，人民的忍耐力是有極限的，它不可以一次又一次、三次、四次、五次，不斷地把民主的訴求遏抑下去。如果局長有留意，可以看看在十二月四日遊行之後，多少學者對這羣為數十萬人或二十五萬人 —— 不論數量多少也好 —— 所作的有質素分析。香港有一大羣中產階級、飽受教育人士和基本上會賺錢的人，他們是不會因為經濟好、失業率降低而不提出民主的訴求。我覺得政府在這方面是有很多盲點的，政府以為經濟好、失業率低、政府民望高，這些人便不會走出來，我則覺得實情並非如此。

馬力議員：

　　根據政府的建議，不但直選議席有所增加，而且功能界別的全部新增議席均由區議會議員互選產生。四百名民選區議員，是在全港所有合資格選民有權參與的選舉中產生，其代表性無可置疑。根據政府星期一提出的完善方案，二○○八年區議會委任議員數目將減少三分之一。我們可以預計如果議案獲得通過，民選區議員的影響將會更突出。

　　值得指出的是，不但新增的功能界別議席具有更廣泛的代表性，在分組點票機制下，整個功能界別分組的代表性也得到加強。最重要的一點，是傳統功能界別的席數不再增加。

　　我們認為這個方案符合人大常委會的規定，並且在這基礎上積極為立法會組成注入更大的代表性，符合香港政制發展的趨勢，符合市民的期望。我們看不到有何理由要質疑這個方案推動政改的誠意。

　　有人認為這個方案是倒退，是拖延。我們不贊成這看法。如果增加代表性是倒退，那麼更大型的選舉豈非更大的倒退？如果方案是拖延，否定方案以致原地

踏步，難道不是更大的拖延嗎？

我們相信市民大眾是理性、講道理的。他們不會被任何煽情的言行或假象所蒙蔽。方案得到大多數市民的支持，就可以充分顯示方案是進步的，是符合市民利益的。

有人要求改變目前功能界別中公司、團體投票的制度。不論這些人對目前部分功能團體投票安排的看法是否有道理，我們都看不到有何理由必定要否定今天這項議案，將二〇〇八年第四屆立法會議席局限在六十席，直選和功能議席局限於三十席，莫非這樣才符合他們的要求嗎？

楊森議員：

在港英年代，在一九九七年之前，區議會的委任議席及立法會的委任議席其實已經取消，但在一九九七年之後，政府卻把這些議席恢復。現在，不單恢復，更加以強化，令委任的區議員可以透過互選選出五名立法會議員，並可以悉數加入產生行政長官的選舉委員會。

主席女士，我想清楚簡單說明，委任制基本上是反民主的制度。如果不取消這種制度，反而進一步強化，讓他們可以互選產生五名立法會議員，並悉數參與選出行政長官的選委會，這種強化反民主的制度，民主黨是無法接受的。

此外，我們曾多次強調，行政長官委任某些委任區議員進入選委會，讓他們可以參加行政長官選舉，的確有種票之嫌。這根本是政治道德的問題，政府首長怎能委任一羣人進入選委會，再由他一手委任的議員參與行政長官的選舉呢？種票之嫌，涉及很嚴重的道德問題，亦可能會引發很多法律訴訟，這是民主黨無法接受的。

當然，政府經常說，正如剛剛進入來的林局長也經常說，那四百多位的直選區議員又怎樣計算呢？他們也是透過互選選出五名立法會議員及進入選委會。但是，主席女士，這裏其實也有一個問題，便是當市民投票選出這些由選舉產生的區議員時，他們當時完全不知道他們可以透過互選出任立法會議員的這個角色，也不知道他們可進入選委會選出行政長官，這是黃袍加身式的新加功能。除非把區議員全部解散，然後重新再選，清楚說明他們可以進入選委會和互選產生立法

會議員，這才可另計。所以，在原則上和政治道德上，民主黨也不能予以支持。縱使我們的第二梯隊會有較多上位的機會，但我們不能為了短暫利益而放棄基本立場，這是非常重要的。

……

因此，主席女士，民主黨提出一個雙贏的方案，便是要求行政長官再提交報告。自從人大釋法後，如果我們要修改附件一、附件二，便要有一個觸發的機制，由行政長官撰寫報告，提出修改的理據。如果是尊重民意，既涉及政府方案和普選時間表，行政長官應要因應實際的情況 —— 基本法經常提及實際情況 —— 就政府的方案及選舉時間表同時撰寫一份新的報告提交人大，便可盡快作出決定。這個雙贏方案，既能令政府方案取消委任議席，也可以加入選舉時間表。如果政府能在選舉時間表內提到不遲於二〇一二年，我相信這對市民來說，會是一個雙贏的方案，這是民主黨具體向政府提出的。

……

主席女士，對於普選的看法，民主黨和民建聯最根本的分別，便是我們並非純粹說條件，一如考基準試般。馬力議員代表民建聯提出四個基準試，如果能通過這些基準試，香港便有條件進行選舉。我們民主派的朋友有時候也會說香港是有條件的，但我想告訴大家，民主黨對民主的看法，並非純粹從條件論，我們從權利論，普選是每位市民基本普及而平等的選舉。在大學教書的人有一票，在街邊從事某些工作的人也有一票，所有人都有一票，因為人是生而平等的，只要我們相信普選是基本及平等的權利，我們不要以社會階級、學識、能力、社會地位及家庭背景來界定市民投票的權利。

一些富豪說香港讓這麼多窮人投票，這其實便是中了條件論的毒，他們忘記了最普世的原則，便是普選是平等的基本權利，每個人生而有之，每個人生而平等，這點是非常重要的。恕我再強調一點，我們對普選的看法是，我們不會為短暫的利益而放棄公平、開放、平等的普選機會。這亦是民主黨與民建聯基本上的分別。我們亦不會為短暫的利益而把一些基本的原則放棄。

政治學者亦經常提醒我們 —— 特別是民主黨，如果我們支持政府今次的方案，民主黨便因為接受了一項善意的安排，與中央開始有溝通的機會。但是，很對不起，我們再說一次，溝通是不能放棄基本原則的。如果溝通是建基於短暫的

利益，便沒有實質的意義，對民主黨來說亦沒有實質的意義。溝通一定要建基於一個基本原則。一個普及而開放的選舉，對市民來說是基本的權利，中央一定要看到這點，而香港的政黨，包括泛民主派的朋友和民主黨，均堅持這樣爭取，並非要挑戰中央和反對中央，亦不是如詹培忠議員所說般反中亂港，或是要求跟中央政府分權。分甚麼權呢？

湯家驊議員：

……如果今天這項議案被全盤否決，否決結果本身將是一個最有力的民主宣言：「我們不要假民主，我們與 70% 的香港人一樣，我們要求一個普選時間表和真正的民主進程。」

各位同事，我們是否支持這項議案，是基於三個重大因素：第一，民意取向；第二，是符合基本民主原則；及第三，方案細節的分析和判斷。

我先說民意取向。多位同事剛才已說過，我們不要忘記這個議會是一個代議政制的議會，在座各位同事應是市民的代表和民意的領導者，我們應走在市民的前面而非後面。我們要面對市民的取向，作出判斷和承擔。如果我們的判斷錯了，便要接受政治後果，這跟做民調有很大的分別，否則，坐在這議會的應是民調專家而不是我們。

民調可能是一門科學，但政治並非一門科學。政治上最可靠的民意表達，是民眾透過定期投票或大型而具代表性的民眾活動，表達訴求，在這方面，簽名運動、遊行或全民投票，代表性均不可同日而語。所以，對我來說，九一二選舉、今年的七一大遊行和一二四大遊行，當中參與的羣眾給予我的信息和授權是最清晰不過的。如果政府堅持絕大多數香港市民是支持這個政改方案，最簡單的方法莫過於容許全港市民就這方案作出公開表決。但是，特區政府不敢這樣做，而它也不是一個民選的政府。正因如此，它沒有資格聲稱這個方案獲得大部分市民的支持，更何況，近日的民調顯示，所謂「支持度」正急劇下降，由 70% 跌至前天的 38%。

在原則方面，最基本的問題是，提出這個方案是為了甚麼？相信只有埋首於沙堆之中的特區政府，才會認為政改方案的內容與何時及如何達致〔至〕普選的問題無關。

政改不應與普選時間表「捆綁」的言論，都是超乎現實、混淆視聽、一派胡言。一個連最基本目標也沒有認清楚的政改方案，又怎能令人信服是有誠意引領我們邁向普選的方案？

再者，特區政府提出這方案的時候，並沒有考慮它會否令現行的選舉制度更貼近或便利普選，或符合基本法第三十九條所確認的《公民權利和政治權利國際公約》第二條、第二十五條及第二十六條，以及基本法附件一第三段所提及的「民主、開放的原則」等要求。

其實，在選舉行政長官方面，最簡單和直接的改動，是把選舉委員會變成一個有廣泛代表性的提名委員會，讓香港人以一人一票的方式選出行政長官。我相信行政長官曾先生亦認同這原則。在選舉立法會方面，最簡單和直接的改動，是逐步減少而非增加功能界別的議員。從這兩方面來看，均看不到「區議會方案」對達致〔至〕普選有何幫助，所以我說這方案不要也罷。

對方案細節的分析和判斷，我們可再細看當中的兩個主要部分：第一，是增加選委會原有的功能界別議席，卻不增加該等議席的選民基礎；及第二，是給予委任區議員投票選舉行政長官及多達六位立法會議員的權力。這些完全違反了我剛才提及的《公民權利和政治權利國際公約》及基本法附件一所載的原則及要求。

試問這樣一個違反基本民主原則的方案，如何能令人接受？這方案的「魔鬼」，其實是在細節中。只要廣大市民及在座各位同事仔細審視其內容，便不難看到其在民主倒退的一面。有數位同事剛才說看不到，我希望他們現在聽清楚。第一，方案對現行制度下，功能界別選舉的不公平和違反民主原則等弊端，不但沒有試圖作出糾正，反而擴大其不公平之處。例如漁農界的選民只有一百六十二個團體，現時已有四十席，但在方案之下，可以增至六十席。相比之下，有七萬七千名選民的教育界別，現時只有二十席，但在方案之下，只增加至三十席，兩者的距離越拉越遠，令一些不公平之處變得更不公平。

第二，這方案沒有提出任何方法，解決在現制度中功能界別存在大量公司或團體票的荒謬之處，而且在此制度下，政府有種票之嫌。例如機場管理局、九廣鐵路公司、地鐵有限公司等，均是屬於政府的公司，或由政府全資擁有或作為主要大股東的公營機構。在現制度下，在航空、交通及運輸界的功能界別內可以擁有投票權。

第三，委任制的弊端眾所周知，我不想在這裏重複。最顯而易見的是，如果有 102 位委任議員是違反民主原則的話，即使只有一位亦是違反民主原則。

第四，區議員是否適合代表市民行使選舉行政長官或立法會的權利？事實上，這議題從來沒有在社會上討論過。最低限度，市民在二〇〇三年區議會選舉中，亦沒有考慮過選出來的區議員，最終會選舉二〇〇七年的行政長官，因此，在選民對候選人的期望上，出現了嚴重的偏差，市民選擇一個有能力關注區政及民生事務的區議員，與選擇一個有權選舉行政長官或立法會的代表，是兩個截然不同的選擇，而現屆區議員在選舉行政長官方面，根本未獲民意授權。長遠來說，由區議員充當選舉行政長官的大選舉團，其代表性亦成疑。區議會的主要功能是區政，現時賦予其選舉行政長官的政治角色，只會令人對區議會的功能出現混淆。究竟投票是為了區內的民生問題，還是為了選舉行政長官呢？一個角色及功能混淆的區議會，又怎能真正反映選民的政治選擇？如果政府有意以地區間選方式選舉行政長官，便應把這兩個功能分開，另設地區間選的大選舉團。

第五，就立法會選舉而言，方案建議新增五個功能界別議席，只會延長整個達致〔至〕普選的過程，令過程變得更複雜，而新增的五個由區議員互選產生的議席，本身也不見得是邁向普選的一步。

從以上的分析可見，這方案無論從民意取向的角度、基本原則的考慮，以及內容的分析和判斷上，均不值得廣大市民及在座各位的支持。更甚者，在推銷方案的整個過程中，特區政府由始至終均擺出一副毫無協商空間可言的態度，拒絕與立法會直選代表協商及尋求共識，實在是一種恃勢凌人和漠視民意的表現。如果在這情況下，我們仍投票支持這方案，只會令香港的政治文化趨向腐敗及不講原則，這是政治文化倒退的表現，不值得我們的支持。

何鍾泰議員：

就以本港的專業人士為例，立法會的功能界別對他們相當重要。在現行制度下，本港的專業人士只能透過這些議席發揮他們的影響力。在直選方面，如果他們以獨立候選人的身份參選，即使他們只是參與地區議會的選舉，相比那些有政黨背景的候選人，在選舉工程方面也會較為困難，因為政黨候選人往往有政黨龐

大的人力和資源作後盾。這是本人近期協助兩位工程師參與區議會補選時的觀察所得。他們其中一位參加了觀塘區的補選，並最終成功當選，而另一位則參加港島南區的補選，但由於所得票數與其中一位對手相同，最後因為抽籤而落敗。當然，加入政黨是解決這個問題的方法之一。但是，如果這樣做，有關的專業人士便很難保持獨立自主，而在有關的議題上，將很難堅持獨立的專業意見，而往往要跟隨政黨的路線。

事實上，功能界別的代表在立法會內正好發揮一股穩定力量。除了在有關較深入的專業範圍提供資料外，功能界別的代表往往能夠以他們的專業意見及經驗，就廣泛的事務提出較持平的觀點，而不是只傾向政治上的考慮。在立法會全面由普選產生前，他們可以繼續在立法會內發揮平衡作用，確保本港可以根據基本法第六十八條的規定，按實際情況逐步達致〔至〕普選立法會議員的目標。

功能界別選民人數的問題，向來是爭議的焦點。為了解決這個問題，本人認為應擴大功能界別的選民基礎，以增加代表性。以工程功能界別為例，現時有萬多名合資格選民，但正如本人一直建議，如果香港工程師學會的初級會員及仲會員也可以加入成為合資格選民，選民數目便會增至三萬人或以上。初級會員是一些持有認可大學學位，但尚未考取專業資格的人士，而仲會員則基本上是持有副學位或各類文憑的技術人員。本人已向香港工程師學會提出有關建議，並最後獲得學會的理事會以大比數通過。其間，學會也曾委聘香港城市大學向業界進行一項廣泛調查，結果亦是清晰地支持建議。所以，本人已根據學會這個決定致函特區政府，如果這項建議獲得接納，工程功能界別的選民人數將會增加三四倍。當然，個別功能界別（包括工程功能界別）必須就這個問題詳加討論。本人認為，所有功能界別的選民基礎，無論在團體投票或個人投票方面均應擴大，以加強它們的代表性和認受性。

按照在二○○四年四月二十六日通過的全國人民代表大會常務委員會關於香港特別行政區二○○七年行政長官和二○○八年立法會產生辦法有關問題的決定，二○○八年香港特別行政區第四屆立法會選舉，將不實行全部議員由普選產生的辦法，而功能團體及分區直選產生的議員各佔半數的比例亦維持不變。政制發展專責小組第五號報告在有關二○○八年立法會產生辦法上則建議，立法會議席的數目將由 60 席增加至 70 席，分區直選議席由 30 席增加至 35 席，而功能界

別議席也由 30 席增加至 35 席，當中區議會功能界別的議席則由 1 席增至 6 席。

本人在政制發展專責小組第五號報告公布後，即時向數千位工程師發出問卷，徵詢他們對政府提出的政改方案的意見。收回的問卷只有六十份，反應並不熱烈。但是，從收回的問卷所得的結果顯示，大部分受訪者表示贊成政府的建議。在與業界不同組別及界別內眾多工程師接觸時，不少業界人士均向本人反映，表示不應將功能界別新增的 5 個議席，全數給予區議會功能界別。他們的理據是，區議會在立法會功能界別方面所佔的比例將超過六分之一，他們的影響力將大大增加，並有可能超越基本法第九十七條所賦予地區事務範疇的職能。不少業內人士均認為，新增議席應給予其他界別的功能團體，例如高等教育界及中醫界等。

另一方面，政府並沒有說明區議會功能界別將會採用何種互選方式選出代表進入立法會，這點令人關注，因為不同的互選方式將直接影響不同背景的參選人的勝出機會。至於政府剛就政改方案公布的調整方案，政府依然未能定出在二〇一一年進一步取消的區議員的實際數目，這也是令人失望的。

除上述意見外，工程專業人士大多認為，總體而言，政府的方案是可以接受的，因為該方案最低限度可令香港的政制發展向前邁進一步，朝向最終普選選舉立法會議員的目標進發。正如本人剛才在辯論有關行政長官產生辦法的議案時提到，行政長官曾先生前天公布政改方案的調整方案後，本人已再次向數千位工程師發出問卷，反應相當熱烈，結果有 980 人回覆，其中 620 人贊成，360 人反對，即 63.4% 支持，36.6% 反對。即是說，業界已給予本人非常清晰的信息和方向，便是支持政府提出的議案。

（代理主席劉健儀議員代為主持會議）

何俊仁議員：

談到民主發展的機會，今天有很多人向我們表示，如果我們不接受這個方案，便可能會失去一個契機，我相信已有同事這樣說過了。其實，很不幸，這個方案至今仍是糖衣毒藥，因為當中的委任制污染了整個制度，當然污染整個制度的不單是這事，但委任制是最大的一個污染來源，使將來的行政長官選舉有種票

之嫌，以及強化了委任制度，這是我們絕對不能接受的。再者，它更帶出一個問題。今天政府表示會分三階段正式公布區議會中的委任制會在二〇一六年完全取消。政府說出這個所謂撤銷委任的方案，是配合政制發展的角度和背景來說的，而背後的邏輯是甚麼呢？是到二〇一六年，我們的區議會委任制或區議會成員仍與立法會選舉有關，意味着在二〇一七年仍有功能界別的選舉。代理主席，在這情況下，我們還有何選擇呢？我們只能否決、否決、否決。

有些人說，即使這方案不大好，也最多只是雞肋而已。但是，我覺得連雞肋也不如，我剛才已說過，這方案可能是糖衣毒藥。可是，最大的問題是政府把雞肋不如的制度當成熊掌，並告訴全世界的人，這是邁向民主的一大步。這個信息既誤導亦充滿欺騙，政府提出這個方案，告訴香港人是走向民主，但與此同時，政府又告訴市民，不用談時間表，因為已有所配合，包括第一，以策略發展委員會作為討論政制發展的平台；第二，在策發會中以包括功能界別在內的兩院制，作為討論的起點；第三，在策發會中以路線圖的討論優先於時間表。代理主席，這些安排顯示出政府對時間表的處理是毫無誠意，再以一個連雞肋也不如的方案來作為邁向民主一大步、有如熊掌般的方案，提交給我們，對不起，我相信稍有判斷力的人或對民主有訴求的人也不能接受。

張文光議員：

有人說，普選要根據實際情況，時間表不宜草率。只要他們沒有失憶，便會記得基本法首十年的設計，本身便是一個時間表，將直選由無到有，由零席發展到三十席。儘管直選方式隨政治而變，由雙議席到單議席，到今天的比例代表制，但直選議席卻隨時間表增加。因此，時間表方案不是洪水猛獸，而是我們實實在在的歷史，是尚未完成的歷史任務，我們絕不草率，而且是絕不放棄。

各位，歷史今不如昔，政治亦更保守，為甚麼二十年前制定基本法，也有過邁向三十席的普選時間表，當年沒有人視為草率呢？為甚麼二十年前的政治氣量和遠見在今天消磨淨盡，視普選時間表為禁忌呢？其實，民主派的普選時間表，是二〇〇七及二〇〇八年落實普選被否決後的退讓，也是民眾重新凝聚的共識。經過一代人的努力和奮鬥，很多人已未必看到普選的到來，這已是民主政治深沉

的悲哀。

但是，對於港人所寄望的下一代，普選是否仍然遙遙無期？是否每年七一，港人都要一家大細繼續走那走不完的民主路呢？二十年來，爭取民主及普選已持續分化人心，成為香港最不穩定的內因，成為跨世代跨階層的傷痛，成為中央和特區政府與港人的裂痕，為甚麼我們不痛定思痛，制訂普選時間表平息紛爭呢？

眾所周知，沒有普選時間表最真實的原因，也是民主二十年停滯不前的實際情況，是大財團吃慣政治免費午餐，沒有民主才有特權，沒有時間表才可拖延，沒有普選便無須組黨參政。這些人面不紅，心不跳，二十年前是說循序漸進，二十年後也是說循序漸進，寧要小圈子特權，不要資本主義民主。今天，港人的等待已到了極限，循序漸進的老調子已經唱完，主流民意最實際的情況，便是在二〇一二年落實雙普選。各位，當二〇一二年到來的日子，港人等待普選已整整二十七年，這是姍姍來遲，何來草率？請對望穿秋水的港人公道一點。

有人說，民主派投票是政治捆綁，政改方案是一回事，普選時間表是另一回事。但是，他們沒有指出，是工商界綁死了政府二十年，到今天政制仍是循序漸進；是人大常委會決議綁死了雙普選和時間表，到今天普選仍在煲無米粥。今天，我們已受夠了二十年的拖延，受夠了循序漸進的欺騙，我們也厭倦遊花園，因此寧願破釜沉舟，爭取普選，也不願刻舟求劍，永遠等待；寧願行使基本法的否決權，將普選的旗幟高高舉起，將時間表的矛盾尖銳提出，也不願放棄真正的分歧，製造虛假的和諧，背叛十二月四日上街爭普選的市民殷切而卑微的普選希望。

曾蔭權面對普選時間表的民意，解決辦法竟然是取消區議會三分之一的委任議席，讓委任區議員可以參選立法會，這是文不對題，是貨不對辦。按照曾蔭權取消委任的時間表，可以延伸至二〇一六及二〇一七年，立法會仍然沒有普選的。反而，我們看到政府心中的時間表，是讓普選可拖延至十二年後才出現。這樣的一個普選時間表，究竟是中央的決定還是曾蔭權的立場？當一二四遊行過後，曾蔭權說已聽到人民的聲音。事實證明，他聽錯了人民的聲音，他蔑視人民的訴求，他拒絕人民的希望。許仕仁提出修訂方案時說，政改方案一旦不獲通過，取消委任議席的建議便不執行。許仕仁究竟是乞票，還是恐嚇？是施恩，還是施捨？

詹培忠議員：

代理主席，我們瞭解這項議案涉及立法會選舉，即關於基本法附件二的規定。在一九九八年，立法會當時有 20 個直選議席。到了二〇〇〇年，增至 24 席，增加了 20%。在二〇〇四年，更增至 30 席，即增加了 25%。按照基本法，最低限度應是循序漸進的，但二〇〇四年四月二十六日人大釋法〔決定〕後，最多便只能是 50：50，這變成沒有進步。

我個人對此持不同意見。當然，我們要尊重人大的決定，並遵守人大的規定。然而，我們亦要表達意見，因為政府這做法並不太好，它最低限度也應該多給一票，維持漸進。我們不能向中央唯命是從，不能在人家要殺我們的頭時，也把頭伸出來讓人殺的。我們作為議員，最低限度要公開或私下表達意見，否則，為甚麼要當議員呢？作為議員，無論是分區直選或循功能團體選舉晉身的，畢竟也是經選舉出來，我們要有勇氣向選民負擔和負責。故此，我對各佔 50% 是有保留的。

代理主席，對於區議員的職責，基本法第九十七條其實寫得很清楚。政府這次說是為了符合人大常委會去年四月〔＋六日和〕二十六日的釋法和決定，因而提出 50% 的做法。故此，即使把立法會議席增加至 70 席，也是每邊 35 席，而多出的 5 席撥給了區議會。按照政府的解釋，區議會由一百五十萬人選舉產生，所以是變相的直選。這樣告訴了大家，政府利用二〇〇四年四月二十六日的人大釋法〔決定〕製造了一個虛假的結果，違背了人大常委會的決定而作出各佔 50% 的解釋。實際上，直選議員可能有 40 或 41 席，因為以前已有 1 席位，而功能團體則可能只有 30 或 29 席。

代理主席，如果區議會方案得到通過，在立法會的 70 個議席中，區議員便佔了 6 席，比例是 8.6%，代表性便變得很強。基本法第九十七條已清楚訂明區議會的功能，怎能由區議會全盤控制呢？特區政府不能以一句市民支持來作解釋的，這是說不過去的。雖然我稍後亦會投票支持，但我再次聲明，這並不表示這辦法是可行的。由於我始終認為議案是不會獲得通過的，所以我才贊成。我早已說過，我的一票是廢的，道理就是這樣。

（主席恢復主持會議）

劉慧卿議員：

　　況且，現時提出的建議是違反了聯合國《公民權利和政治權利國際公約》的。主席，特區政府今年提出了這份報告，聯合國人權委員會將於明年三月二十日和二十一日在紐約召開聆訊，審閱這份報告。主席，我們看看這份報告說些甚麼。報告提及 —— 這是特區政府說的 —— 在一九九九年，當時人權委員會指前立法局的選舉（即如現在一樣，現時甚至較以前更差）不符合公約第二條、第二十五條和第二十六條的規定，人權委員會對此事表示關注，並認為特區應該採取所有必須的措施，以維持和加強香港特區居民在公共事務上民主的代表性。其後做了甚麼呢？報告中所載是一九九九年的結案陳詞，我相信到了明年在紐約召開聆訊時我們的情況會更差。

　　香港一直在發展，經濟發達，越來越富有（然而，貧富懸殊則十分嚴重），但如此簡單的事情卻不能做到。政府曾作出解釋，主席，它作過甚麼解釋呢？它指人權委員會少看了一些事情，就是當時公約援引時已有保留條文，保留了便一直保留着。但是，亦有很多意見指出這個保留條文是當沒有選舉時才保留，若開始引入了選舉便不可再保留。主席，哪個是解釋公約的最高權威呢？不是特區當局，而是聯合國人權委員會。我們現在有了一位新司長，我希望司長幫忙看看，因為這份報告已完成了很久，我們近期的情況完全沒有載入報告中，他一定要作出一個補充報告。不過，我真不知道特區當局有何顏面再到國際社會上提交報告了。

　　時間其實也花了不少。我記得在八十年代，我到聯合國時，一位委員問我可否告訴他為何香港在經濟各方面發展得如此出色，堪與很多發達國家相比，甚至有過之而無不及，但在民主、人權和自由方面卻較第四世界國家還差呢？這是八十年代的事。主席，現在到了千禧年代，我們又能交出多少功課呢？如果我們連公約也守不住，主席，教我和前綫如何支持當局做一些事情呢？因此，主席，我真的感到很遺憾。

　　剛才，有同事說仍有些進步，他認為現在有些事情仍是較以前優勝。但是，我覺得無論如何，擴闊功能界別便一定是退步的，為甚麼呢？因為即使是循序漸進，也應該是逐步減少功能界別和增加直選，可是，去年四月經人大釋法後卻將

比率鎖定為 50% 對 50%。這已產生很大問題，現在還說要為區議員增加五個功能界別的席位。

主席，我一向反對小圈子選舉，這是讓只是數百人選出六位立法會議員。張學明議員剛才提及台灣，指它出現貪污等各種事情。這些事情時也發生。只讓數百人進行選舉，又不知道選舉的辦法，主席，我們對於究竟是每人投六票或是投一票也不知道，怎能要求我們支持呢？因為選舉的辦法對結果是有很大影響的，現時連如此基本的事情也不告訴我們。

提到張學明議員，我一定要說一說，台灣是有「黑金」的情況，是存在着問題，我亦曾當面向它的領導人提及，但台灣卻正是因為有普選。張學明議員剛才說不要普選了，否則會一如台灣般，且看看民進黨的情況。主席，普選本身是一件好事，初期由國民黨執政，人民不喜歡而要變天，便選出了民進黨，民進黨做得不好，又可再次轉變，這便是普選的真諦。如果我們有普選，老實說，董建華怎可能出任第二屆行政長官呢？如果市民喜歡曾蔭權，他便可以做到夠，可是，這一定要由市民選擇。為甚麼這麼多年來特區政府看了這麼多次的調查，並深切明白絕大部分的受訪者都要求在二○○七及二○○八年進行普選，它現在卻放棄呢？

然而，主席，特區政府又發掘了另一樣事物。它說在多個月的諮詢中，有少數市民提出了一個事項，便是兩院制，他們要把這事項提出來討論。剛才在質詢時間內已提及兩院制並沒有列於基本法內，翻閱整本基本法也找不到，是完全沒有提過的，但政府卻指在諮詢期間內有人提出。既然一些違反基本法的事情也可以提出來討論，為何不討論一些違反去年人大釋法的事情呢？甚麼是違反去年人大釋法呢？便是在二○○七及二○○八年進行普選。這是違反，那亦是違反，但違反的也可以討論了，而二○○七及二○○八年進行普選更是絕大部分人的訴求。

自由黨和民建聯皆反對兩院制，所有人都反對。我真不知道為甚麼政府好像與我們為敵似的，凡是有人反對的它便要提出來。即使現時這個方案也是沒有人支持的，我曾詢問過很多次，在十八個月的諮詢中，誰提出這個方案呢？立法會的黨派沒有提出，人人也是「牙痛咁聲」。因此，主席，我真的認為特區政府是完全不顧民意，亦沒有與中央討論。

馮檢基議員：

香港人是否不可以有普選呢？我想在此「拋書包」。我在香港中文大學唸政治學時，曾參閱過很多學者進行的研究調查，研究百多個由民主、直接選舉產生的議會和總統或首相的地方，得出的結果是，如果一個地方人口的識字率越高、擁有資產的人越多、不同傳媒越多，甚至不同形式的傳媒，例如報章、收音機、電視，或互相聯繫的不同網絡越多，包括電話 —— 我們現在還有手提電話 —— 電腦和電腦網絡，這個地方便最能夠推動和推行民主。大家看一看香港，就以上的數個項目，我們有哪一個項目輸給西方國家如英國、美國、歐洲、日本呢？從任何角度來看，我看不到香港人是不可以有普選的。

此外，害怕不害怕呢？特區政府當然害怕，中央政府可能並不害怕，但我擔心它內心也是感到憂慮的。可是，我覺得無須害怕，在推動民主中，有數項重要因素是令香港當權者無須害怕的。

第一，香港是一個富庶的社會，我們有足夠、龐大的中產階級羣，而中產階級羣正正平衡了兩極，令兩極的矛盾不容易在民生政策和其他社會問題上造成大衝突。香港去年的 GDP 是 23,000 美元，即平均每人 18 萬港元，每個月則是 15,000 港元，連嬰兒也有 15,000 港元，這個數字十分厲害，很龐大。今年，估計 GDP 達到 27,000 美元或 21 萬港元，平均一個月有 17,000 港元。就着這個數目、這個中產階級羣，我看不到在香港推動民主是有問題的。

第二，中國人的文化講求中庸之道，講求溫和，並不極端。如果是在其他國家有十萬人以上參與遊行時，多少也會出現暴力場面或發生暴動，縱使是韓國農民 —— 我其實不想特別說韓國的農民，因為我覺得他們很可愛，很喜歡他們 —— 仍會發生一些暴力事件。但是，由二○○三年至今的數次遊行，香港人卻連一次暴力事件也沒有發生，這反映出香港人愛好和平的文化，怕甚麼呢？擔心甚麼呢？害怕他們舞刀弄槍，害怕他們革命嗎？

第三，香港不是一個國家，我們有一個宗主國在北京，宗主國的權力架構在北京，這一個宗主國的軍隊人數已經相等於香港人的人口。當背後有如此強大的實力時，誰人有膽量在香港搞革命、在透過民主的過程中推翻政府、在透過民主的過程中顛覆香港呢？害怕甚麼呢？誰會害怕呢？我並不十分明白。

這個方案中最大的問題，仍然是我剛才說的行政長官選舉問題，便是有 102 粒貓糞，即使那碗粥只有一粒貓糞，我也是不會吃的，何況是有 102 粒？這 102 粒貓糞反映出數個問題，我們的選舉是採用一人一票的形式，現在是由一人選出 102 位，我們選出一位區議員也要有千多票，但現在只由一位行政長官選出百多人，即他代表萬多票，這個數字令人十分難以接受。有人會問，委任議員有何問題呢？我覺得是沒有甚麼問題的，很多人也很勤力做事，我完全不會說委任議員有問題，但委任制度卻有問題，因為倘若我有權委任時，一定會找一些與自己意見差不多的人，與自己想法相近，而且有重要事件發生時，一定會支持我的人，在選舉的時候，我稍為作出暗示，他們便會「識做」。很多時候，這便成為操控的潛在可能性。

將來要從 102 人中選出六位立法會議員，他能夠操控到多少議席呢？最少有一個議席，如果再分開不同的選舉方法，他還可以操控兩三席。甚至他可以不是自己當選，而是協助政府號召，支持那些人。現時區議會內很多的議案便是因為欠了委任議員的三至五票，而將整個議案由贊成變反對，反對變贊成。因此，從這個角度，我們如何能夠接受一個這樣的立法會選舉？如果當中的 427 位區議員也是由市民直接選舉產生，然後再互選立法會議員，我還可以說這是普選之下的間接選舉，但加上 102 人，便是直接的「貓糞粥」，受不了，我一口也吃不下，一口也不感興趣，而且還會聞得陣陣很難聞的氣味。

主席，我不是法律界人士，但我也要說一說法律。我覺得今次的政制方案並不符合基本法其中的兩項條文。第一，不符合基本法附件一的第三條，當中訂明選舉委員會各個界別的劃分，以及每個界別中何種組織、可以產生選舉委員的名額，由香港特別行政區根據民主、開放的原則制定選舉法加以規定。但是，上述的方式並不符合民主和開放的原則，特別是那 102 粒貓糞，如何可以告訴我們那是民主和開放的呢？由一人選出 102 位區議員，我覺得是違反這項條文的。

第二，基本法第三十九條訂明，《公民權利和政治權利國際公約》須通過香港特別行政區的法律予以實施，而委任制度本身是嚴重違反公約所訂定的普及和平等的選舉原則。我想問局長 —— 我希望他稍後答辯時會回應 —— 這是否違反基本法呢？如果不是違反基本法，他如何解釋剛才提及的民主、開放、普及和平等原則呢？我便不懂得解釋了，不論怎樣繞圈子也解釋不了。這些都是中文

字 —— 除非局長說我們連中文字也看不懂 —— 所以，我希望局長不要促使我們表決了，反而盡快收回這項議案還好一點。

張超雄議員：

說到普選，我最近看到一段有關不丹王國的新聞，我們其實可以向該國好好學習。不丹是喜馬拉雅山脈的一個小國，過去三十年奉行帝制的，由國王旺楚克統治，在他領導下，不丹國民的生活大有改善。雖然他深受國民愛戴，但他仍決意放棄權力，並要在二〇〇八年在不丹實行議會民主制。不丹的君主制度令國皇擁有無上的權力，在他的領導下，人民的識字率、壽命、家庭收入近年均得到很大改善。雖然他深受國民愛戴，但他偏要在不丹實行議會民主制。在一個這樣的偏遠窮國，國王也要推行民主制，從君主制轉為民主制。

今天是一個歷史時刻，從我們的角度來看，今天的政制改革方案完全不是邁向普選的，並無誠意，沒有落實市民爭取早日實現普選的理想。我們從政的人當然不是純粹講求理想，我們亦講求現實。可是，環顧世界各地，所有人民，不論是哪個國家，任何國度，都希望把權力歸還人民，因為民主和民生是不能分開的。許多政策便是因為沒有民主制度，缺乏權力的互相制衡，令領導者對問題視而不見，聽而不聞。我們今天便是要爭取一個真正邁向民主普選的方案，政府是不能迴避這項訴求的。

今天，在中國土地上，這是民主運動其中一個歷史性的爭〔掙〕扎時刻，我們不會因為否決這個方案而感到驕傲或喜悅，但我們不會放棄我們的原則和核心價值。香港人不會隨便接受一個有委任成分的、倒退的、沒有時間表的、沒有誠意的方案。香港是可以說「不」的。我希望當我們今天否決了這個方案後，政府不要再迴避，不要卸責，不要在方案被否決後老羞成怒，把全部責任推說是民主派阻礙了民主進程。對此，我相信大家也心知肚明，事實剛好相反，我們十分希望可以盡快實踐普選，我們希望市民可有一人一票，能夠選出自己的領導人。現時的方案完全不符合我們的原則，所以我們要否決。在否決方案後，我們仍然有很多工作要做，在四二六的框架下，其實仍然有很多空間。我希望政府能夠以實事求是的態度，正面回應市民的訴求。

吳靄儀議員：

單就立法會選舉的方案而言，功能界別便不符合「普及平等」的選舉原則。聯合國人權委員會已兩度作出這樣的決定，劉慧卿議員剛才已向大家讀出有關決定。要邁向普選，便應逐步減少功能界別的議席，並增加直接選舉的議席。即使不能減少功能議席，也要減低不普及、不平等的程度，例如取消公司票和團體票。可是，政府的方案剛好相反，是增加功能界別議席及拒絕取消公司票，反而加入委任制，令行政長官委任的區議員有機會透過 529 人的小圈子選舉成為立法會議員。這是現時未能做到的一步。鄭經翰議員剛才亦已很坦白地說，這個小圈子選舉較其他小圈子選舉更為危險。我順便多加一句：本會任何一位對工作負責的議員，也不難發現這份工作並不易做，非要花全副精神來做不可。區議員須花很多時間在區議會的工作上，又要兼顧立法會的工作，請問這個是否最佳方法呢？

有關立法會選舉的政府方案，最嚴重的是，政府表面上是增加直選議席，並強調這是為了提供更多參政機會，但實質上，卻悄悄地開展了直選和功能議席平衡發展的新方向。李卓人議員剛才已提到，政府一方面增加直選議席，一方面增加等額的功能界別議席。今次各加五席，下次再各加五席，功能界別有增無減，我們在中學學習數學時知道，如果兩條線是平衡的，不管它們向前邁進多大步，也永遠不會相遇，所以，是永遠不會達致〔至〕普選的。這是邁向兩院制的新方向，而不是邁向普選。如果我們不否決這個方案，便會在不知不覺中被人誤導而入歧途。

在政制改革的諮詢過程中，最令市民擔憂的是，政府對普選根本毫無誠意。政府的心底裏，其實是相信真的要保障某些界別的利益和操控權，而立法會則要永遠保留功能界別議席，蛛絲馬跡，處處可尋。政府總是不肯放棄區議會委任制，便是其中一個例子。在進行今天的辯論前，我曾翻查一些檔案，並從每次就區議會委任制所進行的辯論可以看到，政府怎樣不肯放棄委任制，以及怎樣說區議會一直增加直選議席。所以，雖有委任議席，但依然越來越民主，這些理論其實與立法會的方案同出一轍。正因香港市民覺得不能相信政府，所以一致要求政府提出普選時間表。行政長官只顧責怪香港市民為何不信任中央，但他有沒有反躬自問，他本人是否值得市民信任呢？

梁家傑議員：

主席女士，在這兩個多月以來，我們屢次聽到政府及支持方案者對泛民主派的批評，指摘我們的主張走得太快，認為政府的方案才符合循序漸進的精神。我們希望批評我們的人看清楚，現在的方案是不是真的有所「進」，以及甚麼才是真正的「進」。循序漸進的目標便是全面普選，意味着不符合普選原則的功能界別將會消失。換言之，評論是否有所「進」的標準，便是功能界別的選舉模式是否逐漸消失，並為普及選舉所取代。

主席女士，首屆立法會選舉產生 20 個直選議席、30 個功能界別議席及 10 個選舉委員會議席；第二屆變為 24 個直選議席、30 個功能界別議席及 6 個選委會議席；第三屆則產生 30 個直選議席及 30 個功能界別議席。配合上述功能界別議席為直選議席所取代的邏輯，所謂循序漸進的政制，便是直選議席逐漸增加，而功能界別議席則逐步減少，哪怕是逐一取代，但這個過程必須出現，才符合循序漸進的原意。

可是，四二六決定卻突然令這個直選議席取代功能界別議席的過程停了下來，但這是否代表政府再無任何繼續循序漸進的空間呢？這個當然不是。為何我們一直主張取消功能界別的團體票和公司票呢？正是因為這是既能保留功能界別，也能擴大選民基礎的方法，尤其可以消除由數十以至數百人選出一個立法會議員的不公平現象。由此開始，便可以確保循序漸進不會走進歪路。

然而，政府完全不敢觸動現有的功能界別，蚊型功能界別繼續享有普羅大眾難以冀求的特權。與此同時，政府擴大立法會及選委會，給予民選區議員更多參政機會，以顯示民意基礎有所增加。可是，卻同時為選委會增添更多小圈子選舉議席，並透過委任區議員，確保其繼續掌控立法會及行政長官選舉的結果。這只不過是一種賦權民選區議員，但同時利用更多自己人沖淡民選區議員影響力的技倆，根本談不上任何進展。

為了保住少數權貴的利益，所以在增加民選議席的同時，也要加入更多小圈子的選舉席位，那麼是否每次增加各級架構的民選成分，也同時要向更多人分派更多政治免費午餐呢？政改的意義是否要讓政治架構不斷膨脹，而當中倚靠小圈子選舉「上位」的特權階層亦不斷擴大呢？當在我們的立法會或選委會中享有政

治特權的人不減反加，要他們放棄特權以達致〔至〕普及平等選舉，將會更容易還是更困難呢？答案是呼之欲出。

作為一個經濟發達且教育普及的國際大都會，我們的市民絕對有能力自行分析不同政策取向的利弊，並從中選擇適合香港的政策和執行政策者。這種權利根本不用假手於間選代表來實踐，不論他是區議員、選委會委員，抑或全國政協委員。

余若薇議員：

其實，凡事首重準則，我們便是以這把尺來量度這方案是否一個真正邁向民主普選的方案。簡單來說，我們只須翻看基本法定下的準則，我們要依循《公民權利和政治權利國際公約》第二十五條的規定。普選是甚麼？便是平等和普及的選舉。換言之，每個人都應有一票，而每一票都應有同等分量，我們以此唯一的基準來量度我們應否支持眼前的方案，而不是好像今天那些發言支持政府方案的議員所說，可憑方案是否增加了數個議席來看。增加了數個議席並不代表這是一個更民主的方案，民主派從不會以私利來看事情，我們不在乎可增加多少個職位或議席，我們在乎的是市民有否獲得自己應有的權利？有沒有一個平等普及的選舉？所以，唯一的測試是這兩個方案有否擴大選民基礎。政府所提出有關行政長官選舉辦法的方案，選舉委員會由 800 人增加至 1,600 人，名義上是增加一倍，但在新增的 800 人中，有 400 人是民選區議員；在另外的 400 人中，有 300 人分配給原已有票的功能界別，而額外新增的 102 人，則是委任區議員。換言之，直選的增加 400 人，非直選的同樣增加 400 人，民選成分給對沖了，根本沒有實質進步。行政長官候選人的提名門檻由 100 人增加至 200 人，仍是八分之一，仍然是原地踏步。

有關立法會產生辦法的議案亦有同樣問題，由於去年人大釋法，所以直選議席與功能界別議席的比例不能增加，這已不能循序漸進。今次的方案建議增加五個功能界別議席，這已違反了基本法第六十八條所規定，最終立法會所有議員均由直選產生。換言之，如果要達致〔至〕普選，我們除了取消現有的三十個功能界別的議席外，我們還要進一步取消今次方案所建議的新增的五個功能界別議席。

　　至於「區議會方案」，鄭經翰議員剛才發言時已指出了它的弊病，我不擬重複。我非常同意湯家驊議員在發言中提到，在二○○三年市民選舉這些區議員的時候，他們根本沒有授權這些區議員互選成為立法會議員，或成為選舉行政長官的選舉委員會成員這個額外功能。

李華明議員：

　　立法局在一九九五年開始已取消委任議員，在十年前已再沒有委任議員。為何會取消委任議員？我相信當時的中國政府和英國政府也同意，由百多年前完全委任的委任議員人數應逐步減少，並由一九八五年開始有第一批間選的功能界別加入立法局，由一九九一年開始有直選議席，到一九九五年完全取消委任議員，而這是大家均同意的。為何要取消呢？為何不保留委任議員呢？如果需要專家，同樣可委任專家加入立法局，政府大可以說立法局欠缺了甚麼人才，因而要保留委任議員，但為何立法局沒有保留委任議員呢？這是因為大家均同意，市民也看見，委任議員是由政府委任的，如何可以反過來監察政府呢？在這角色方面，哪一點可讓人看見這位議員是民意代表呢？

　　區議會是地區的諮詢組織，也是由行政長官委任，他們向誰負責呢？這些人再被委任的機會是視乎在哪方面的表現呢？是視乎他能否得到選民的支持，還是他在地區辦事處的工作是否得到選民的讚賞呢？當然不是。關鍵是他在區議會的表現，參與區議會的出席率，捐出多少款項來支持地區的活動，在政府的關鍵投票時，他們如何作出支持，這些都是委任區議員扮演的角色。

　　當然，現時情況已改變了，一九九五年已沒有委任議員，而一九九一年時的委任議員沒有現在這麼明顯，現時是「分餅仔」，支持政府的黨派便獲分配這些委任議員的議席，讓他們也可以在地區上培育第二、三梯隊。由於有資源——因為有薪酬、有津貼，便可以培育他們政黨的第二、三梯隊，繼續在地區上爭取議席，為將來的直選鋪路。因此，委任議席對政黨而言（我意思是指民建聯、自由黨等），是很重要的，因為他們在地區須得到政府的資源來協助他們發展地區工作。我們沒有接受委任，所以便沒有在地區上、在區議會的委任議員。這點是我想特別指出的。

陳鑑林議員：

民主發展須經歷一個漸進的過程，就着行政長官和立法會的產生辦法，基本法第四十五條和第六十八條都寫得很清楚，便是要根據實際情況和循序漸進的原則發展，最終達至普選的目標。這已經是香港社會的共識，也是中央政府和特別行政區政府的共識。任何不顧實際情況，並不以循序漸進的原則發展香港的民主政制，既違反基本法的規定，無法取得社會的共識，也無法維持中央和特別行政區的互信，是不會有結果的。這既製造了民主進步的障礙，也是極具破壞性的。香港的主流民意，便是希望在發展民主政制的同時，必須兼顧社會的安定、和諧及經濟繁榮。香港市民是不相信一些口號式的民主的。

有些人說，有了民主就可以政通人和，這不過是一種簡單的陳述，事實往往並非如此，在國際間的例子可以說是俯拾皆是。香港市民寧可在條件成熟的情況下，穩步發展民主，也不願意盲目急進，不單回歸之後的民意是這樣，回歸之前也是一樣。

民主派是清楚知道民意取向的，但仍然投票反對民主進步的議案，是令人失望的。李永達議員剛才也提到，民主派得到百分之六十多的民意授權，這是過去在二〇〇三年及二〇〇四年的投票所得到的選票比率，但不要忘記，這已經是過時的數據。請看看在過去的兩年，從多次的區議會補選的投票結果可以看到，民主派的候選人，包括前綫和民主黨，他們的得票加起來都不過一半。在三個補選之中，兩個均由民建聯的候選人勝出，另外一個是最近補選的景田區，結果是由一個藉藉無名的地區人士張順華勝出了，而落敗的是泛民主派全力支持的民主黨明星級立法會議員李華明。

最近，思匯亦進行了一個調查，顯示市民對反對政改方案得最厲害的民主黨的不滿程度升幅最高，可見反對政改方案，阻撓民主向前邁進是會失去民心的。在回歸之前，很多人都有一個想法，包括我們民建聯，認為回歸十年，應該可以推行全面普選，這無疑是對香港市民的民主意識提高的信心，可是，對政治層面的複雜性卻是評估不足的。

數年前，美軍狂炸我國領事館的事件記憶猶新。在立法會的議案辯論上，李柱銘議員就儼如美國的發言人一樣，在立法會中宣讀美方的立場書。這數年，

凡是涉及到中央事務爭議的事宜，民主黨和民主派的議員都一定會前往華盛頓求助，華盛頓方面隨即會作出全力的配合，向特別行政區政府施壓。兩星期前，大家都看到，李柱銘議員向美國中央政府反映之後，美國國務院一再就香港的政改表達他們的意見，認為香港已經有足夠的條件可以推行普選，說三道四。坦白說，香港發展民主政制，是中國人的事，是香港人的事，跟美國人有甚麼關係？莫非香港發展民主的進程，涉及美國人的基本利益？我想美國人亦有需要清楚解釋，香港穩步發展民主是否會損害他們的利益呢？

劉慧卿議員經常埋怨中央干預香港政改方案，她說的這個中央是北京，我們中國的中央，不是美國的中央。不知道她有否想過，她曾否罵過美國竟然干預香港的事務呢？另一方面，大概劉議員亦忘記了，在制訂政改方案方面，中央是有「話事權」的，不是沒有任何角色的。基本法附件一和附件二清楚規定，行政長官和立法會的產生辦法如經修改，是必須報人大常委會批准和備案的。這是很清楚的，中央在這方面並不是沒有任何角色的。

李柱銘議員：

有人問，我們為甚麼一定要有一個時間表？其實，時間表一直也存在，當人大通過基本法時便已有一個時間表。姬鵬飛主任說是十年。香港在回歸後首十年的民主發展要循序漸進，按實際情況發展；為免有人亂說，所以便寫在基法〔本〕法附件一、二內。到了二〇〇七年，香港便可以有普選。所以，時間表是一早已存在，只不過人大常委會在去年四月二十六日未經諮詢香港人的情況下，將它推倒了。本來是有時間表的，現在卻沒有了。全香港原本也有共識，要在二〇〇七及二〇〇八年進行雙普選，民建聯和自由黨甚至把它放到政綱中；全香港沒有一個人說我們尚未準備好，我們沒有資格，完全沒有人那樣說。可是，因為「阿爺」出了聲，我們便變成未準備妥當，沒有資格進行普選。本來是有時間表的，現在卻沒有時間表。香港人於是問，可否告訴我們何時可進行普選？這不算太過分吧？

我今天收聽電台節目，有一位女士說贊成政府的方案。她舉出一個例子，說讀大學也要一步一步。這當然是對，我們要經過幼稚園、小學、中學、大學，但

她忘記了，從一九九〇年頒布基本法算起，到二〇〇七年便已經是十七年了，也是時間入讀大學了，但現在又說不行，我們還要再等多少年呢？我真的不知道。青年人到了十七歲也不能入讀大學，那是為甚麼呢？不是因為他家裏沒有錢，只是因為「阿爺」還未拍板。我們還要等多少年呢？最少五年吧，要等到二〇一二年，但屆時也未必可有普選。是否要等到二〇一七年，即等十年？問題便是這樣了。

主席女士，我找朋友替我做了一些功課，看看在最近，世界上五個國家或地區，從他們獨立或大家決定應有民主時開始，要經過多久才有真正的大選。第一例子是東帝汶。在一九九九年十月，印尼讓東帝汶獨立，他們在一年十一個月後，即在二〇〇一年八月三十日便有首屆國民議會選舉。第二個例子是科索沃。在一九九九年三月，科索沃達成和平協議，到了二〇〇一年十一月，即等了二年八個月便有第一屆國民議會選舉。第三個例子是波斯尼亞。他們在一九九五年十二月達成 Daton Accord，在一九九六年九月便有第一屆國民議會選舉，即只等了九個月。第四個例子是阿富汗。阿富汗在二〇〇一年十二月有一項波恩協議，到了二〇〇四年十月九日，即只等了三年十個月，便有第一屆國民議會選舉。第五個例子是伊拉克，他們在二〇〇四年六月二十八日主權回歸，到了二〇〇五年一月三十日，即只等了七個月便進行第一屆國民議會選舉。在這五個例子中，快的只等了七至九個月，最長的也只等了三年十個月，但我們卻等了十七年，還未知道尚要等多久。

難道我們香港人有甚麼與生俱來的缺陷，令我們不可以享有民主，不可以有普選？非也。我們選舉區議會議員，以及選舉從前的市政局、立法局和現時的立法會議員已選了很多年，是很經驗豐富的了，為甚麼不可以普選所有立法會議員呢？為甚麼不可以普選行政長官呢？難道只有中國領導人才可以選擇出一位好的行政長官？所以他們便選擇了「董特首」出來？

有人說我們尚未準備妥當，所以不能進行普選，因為我們不懂得怎樣選舉。讓我提一提大家，美國有一個「Yan can cook」的節目，意思是如果 Martin Yan 也懂得煮食，觀眾便也懂得煮食。我現在說，If Tung can cook, so can you。（眾笑）其實，如果一天沒有民主，便沒有一個政黨可以執政，沒有一個政黨可以成熟。一隻鳥兒打從出生起便被放在鳥籠內，一直由人飼養，吃得胖胖的，牠怎麼懂得

飛呢？可是，如果在牠小時候已經打開鳥籠，鳥媽媽自然會教牠飛。民建聯和自由黨的議員，你們為甚麼不可以執政？為甚麼對自己沒有信心？其實，你們對自己是很有信心的；回歸後，你們把二〇〇七及二〇〇八年雙普選放到政綱內，便是為了預備執政。李鵬飛尚擔任自由黨主席時便說：馬丁，第一屆行政長官由你來當吧，如果失敗了，便由民建聯的人來當，再失敗了，便由自由黨的人來當。

每一次換莊也會有進步的。各位且看看台灣，國民黨在上一屆總統選舉輸了，但下一次我會買他們贏，因為他們進步了，大家也進步了。如果只是一味說香港人尚未準備好，我們便一直不會有普選。台灣和香港也在等。我們不要小看自己，大家要對自己有信心。大家走回原本的路，便是希望大家能達成共識。二〇一二年是一個適當的時候；二〇〇七年也行，二〇〇八年也行，為甚麼二〇一二年不行呢？中間是否退步了？不是的。我們是越做越好，錢越來越多，還有甚麼問題呢？

有人問，為甚麼要將政改方案和時間表捆綁在一起或掛鈎？理由很簡單，因為基本法附件二寫得很清楚，在第一屆的 60 個立法會議席中，有 20 席由直選產生，第二屆有 24 席由直選產生，第三屆有 30 席由直選產生，一直向前走，功能界別卻一直停留在 30 席。現在已走到兩邊也有 30 席了，第四屆應該怎麼走？我們的最終目標是全面普選，大家說該怎麼走？其實，共識便是一步達到目標，但那已經不是一步，我們已走了四步了，應該可以普選的了，即使不可以，政府也應該削減功能界別議席，最低限度削減 10 席，然後增加 10 席直選議席，變成 40 席直選議席和 20 席功能界別議席。即使不改動 30 席功能界別議席，直選議席最低限度也要增加，為甚麼不向這個目標前進呢？現在的情況卻是每邊增加 5 席，即直選議席和功能界別議席各有 35 席。我說過這是開叉的，表示功能界別和直選同樣重要，所以每邊增加 5 席，然後跟我們說兩院制。

今天較早時，在我提問第四項質詢時，局長甚麼也沒有回答，但譚耀宗議員問他時，他卻肯回答。他說這個方案跟兩院制並沒有關係。為甚麼沒有關係呢？現在這個方案是建議每邊各有 35 席。譚耀宗議員看得很準，現在是各有 35 席，下次便各有 40 席，然後變成各有 60 席，那便是兩院制了。我們之所以不能夠接受，便是因為這是違反基本法。香港以前的上司彭定康來香港，出席簽名會時多口說過，在香港實行兩院制是不行的，因為違反基本法。此外，他已經進入了上

議院，發覺到上議院並不是好的東西，兩院制不適用於香港。從前上司所說的話，有時候也是對的。

　　現在的問題是，我寧願沒有改變，寧願不在每邊增加 5 席，為甚麼呢？因為如果直選議席由 20 席增加至 24 席、30 席，現在便要停了，我寧願停下來等燈號轉綠，然後再繼續向前走。然而，現在卻不是這樣，要我們向左走，因為要避開紅燈，但我可向哪裏走呢？如果我轉了左，何時才再轉回右向前進呢？不知道，因為不知道那裏有沒有向右轉的路。這樣的方案教我們怎樣接受呢？怎可以先接受這個方案，然後再在策發會上討論呢？大家也知道，策發會內的成員，有多少是來自民主派呢？即使討論妥當，香港能拍板嗎？不用「阿爺」拍板嗎？所以，我們不能那麼單純，說要先支持這個方案。

曾鈺成議員：

　　主席，反對這兩項議案的議員要面對的最大問題，便是如何為反對一個得到民意支持的政改方案來開脫。自從第五號報告發表以來，傳媒和一些經常進行民調的機構，包括港大的民意網站和中大的亞太研究所，一共進行了十多次民意調查，差不多每隔數天便有一次。所有調查結果均顯示支持方案的人多於反對的人。反對派如何解釋這問題呢？在今天的發言中，反對派議員，例如何俊仁議員、李華明議員，均貶低他們歷來非常抬舉的民調，說民意、民調不能決定一切；而李華明議員更說，大家也知道，我們想這些民調有甚麼結果也可以。

　　事實上，這些民調並非政府進行的，而是泛民主派同事經常引述的那些機構進行的。然後，又有楊森議員漠視事實，說這些民調說明政府得到的支持每下愈況；然後又有鄭經翰議員指鹿為馬，說所有這些民調清楚說明支持和反對的民意是旗鼓相當。還有，李卓人議員更針對這七十多萬個簽名，質疑它們究竟有多大準確性。李卓人議員的質疑不足為奇，甚至完全可以理解，因為是他首先提出有二十五萬人上街遊行的，他以不正當的手段來誇大那些數字，當然會懷疑其他數字會好像他那樣採取這種手段，所以完全不足為奇。

　　但是，主席，最有趣的還是湯家驊議員對這些民調結果的處理手法。我拜讀過湯議員在報章上的一篇文章，他自稱是一個充滿矛盾的人，他果然是這樣。他

在今天的發言中，特別是對民意這個問題確實充滿矛盾。舉例來說，他一開始便好像何俊仁議員和李華明議員那樣，說如果經常引述民調，自己便應該做民調專家，而不是立法會議員。他貶低民調的作用，說民調是科學，但政治不是科學，所以用政治的反科學來否定民調的科學。接著，他便自己示範如何利用這種手法。他挑選了兩項民調結果，一項是在開始時進行，而另一項是在結束時進行，然後說政府的政改方案所得的支持度是急劇下降，由 70% 下降至 37%。他說「急劇下降」言詞已較為溫和，他前天引述這兩個數字時，以「插水式下降」來形容政府的支持度。我當時想，湯家驊議員是如何插水呢？我未欣賞過。我認為那些民調結果不見得是以此方向發展。這兩項民調的結果實際上是怎樣的呢？一項是完全遭他歪曲，另一項他不透露問卷所提問的是甚麼。第一項民調，即有關 70% 的那一個，其實，林局長前天已澄清 70% 並非指支持方案的比例。我翻閱了全部民調資料，每一頁也看過，並要求研究部的同事把每一次已發表的全港民調找出來，但沒有一項調查顯示這方案在開始時獲得 70% 支持的。

37% 這個數字又是怎樣得來的呢？相關的民調很有趣，值得一談，因為數位反對派議員均引述港大民意網站為《南華早報》所進行、並在十二月十九日（星期一）發表的這項調查。奇怪的是，同樣是由港大民意網站所作、一共進行了三次的民調，首兩次是在一二四遊行前後進行。這項民調在問題中簡述這政改方案的內容後，清清楚楚地詢問受訪市民對第五號報告中的政改方案的意見，然後問受訪者是支持還是反對。在十一月底至十二月初，即在一二四遊行之前，支持率為 44.2%；遊行之後支持率下跌不足 1%，有 43.3%。但是，我們要把支持率與反對的百分比比較才有意義，支持比率是 44.2%，反對比率 17.1%，換言之，在一個反對者中便有兩個半以上的人支持。遊行之後，反對者的比率亦下跌了 1%，即反對者的比率為 16.1%，因此贊成與反對的比例同樣超過 2.5：1。那麼，為何在十二月十九日發表的調查結果，贊成與反對的比例竟達 37.7%：35.1%，以致被鄭經翰議員引述為旗鼓相當呢？於是我登上這個民意網站看一看這三次調查有何不同。原來在十二月十九日發表的調查結果，當中所問問題更改了。首兩次調查所問的問題是完全一樣，所以結果確可以互相比較。至於第三次調查，則並非再問市民對政府發表的第五號報告政改方案是支持還是反對，那個問題是這樣的：「如果政府現在對政改方案作出一些修訂，建議逐步減少區議會的委任議席，但

仍然不設普選時間表，那麼，你認為立法會應該通過這項修訂，還是反對這項經修訂的方案？」這問題為何有些不同呢？如果拿這個問題來問原本支持政改方案的人，我相信最低限度有一部分人不會贊成這項修訂，至於原本不支持政改方案及不同意這項修訂的人亦會反對。儘管如此，支持者仍多於反對者。與此同時，同一項調查，即在十二月十九日公布，被稱為支持者與反對者旗鼓相當的這項調查，是問：「如果否決了現時的方案，你認為是加快還是減慢走向普選的步伐？」結果顯示，認為加快的人只有 17.8%，認為減慢的人卻有 44.3%。這是否存在矛盾呢？有四成多人認為方案被否決會減慢步伐，較認為會加快步伐的人多了兩倍以上。除非有人認為市民情願步伐減慢，否則，當中的矛盾是很明顯的。原來湯家驊議員便是引述這項調查結果作為例子，對比前面那個不清不楚的 70%，便說政府所得的支持度插水式下降或急劇下降。港大民意網站的調查便是這樣。

至於中大所作的三次調查，第一次結果顯示支持度是最高，第二次結果顯示支持度下跌，第三次又再回升，這些均是在遊行之後。香港研究協會所作的民調更為明顯，其調查較港大民意網站在十二月十九日公布的那個更新，是前天和昨天進行，即在政府正式提出調整方案之後進行的。結果顯示有 63% 受訪者支持，這調查清清楚楚地問受訪者是否支持這方案，而非問受訪者認為立法會議員應否決或贊成方案，結果支持者有 63%；而上星期進行的調查顯示支持比率為 58%，也是過半數，而在本星期內所作調查支持比率更上升了 5%。

我清楚知道這些統計數字在統計學上會出現這些參差，這些我已經不說了，但無論如何，也無法證明政府所得的支持是不斷下降、每下愈況，或旗鼓相當，是無法這樣形容的。但是，最清楚不過的是，每次調查結果均顯示支持多於反對，兩者最接近的時候，也不會像在十二月十九日發表的那樣，只相差 2%，而大多數情況是支持者較反對者多兩至三倍。再者，這些調查大部分也額外詢問受訪者一個問題：「你要不要普選時間表？」正如很多反對派議員所說，答案是要，有六成多人要有普選時間表，不過，這調查亦同時問：「如果政府不給普選時間表，你認為立法會議員應否否決這方案？」大多數受訪者認為不應該。我們的反對派議員有看這些調查，他們是知道的，因此，他們一開始便說這些民調不可作準。對於這些發言，我們全部有逐字紀錄，將來一定有機會拿出來細看這些口邊常說尊重民意、批評政府蔑視民調、為民調機構抱不平的議員所說的這些話，日

後一定可以拿出來作證，看看誰在指鹿為馬、顛倒是非。也許這便是我們湯議員的「大狀」本色，便好像當他面對一宗 case 要進行訴訟時，有利於己的證據，當然盡量誇大也在所不計，不利於己的證據則不說，置若罔聞，又或肆意將之抹黑和矮化。

政制事務局局長：

……曾鈺成議員剛才就民意調查作出了一些很詳細的分析。既然今次這兩項議案辯論中，民意基礎如此重要，我也就民意調查再多談三數點。

第一，我要向李永達議員表明，我第一次發言的時候，並不是說我們要再引用政府在十月十九日公布政府委託香港理工大學所進行的民意調查的結果。我是說整體來說，在過去這兩個月，大家也可看到或觀察到不同傳媒機構或大學進行的民意調查。可是，如果大家比較我們在十月十九日公布的民意調查結果，有55%的市民接受這個方案，而最近香港中文大學的民意調查結果，則有49.9%，所以差別其實不是太大，確實不是「插水式」的下降。

第二方面，我也想再強調，如果看中大最近的民意調查結果，有56%的被訪者認為立法會不應否決這個方案。昨天，香港研究協會公布的民調結果，有超過60%的被訪者支持這個方案，也認為大家應把這些議題分開處理，不要將普選時間表和二○○七及二○○八年的方案合併處理。

我為何要不厭其煩地再說呢？因為香港人的眼睛是雪亮的，道理也很快得以辯明。香港人一看便看得出這個「區議會方案」有實質的民主成分，這是一個不爭的事實。今天，大家否決的是一個有民主成分和民主進步的方案。用英文的說法，這是「睜着眼去做你自己準備想做的事」（"You are doing it with your eyes open, and face the consequences"）。

談到這些數字，鄭家富議員剛才說「反智」，有一點確實是頗為「反智」的。十二月四日的遊行，根據警方的數字，從維多利亞公園的六個球場出發的有四萬人，主辦單位則說有二十五萬人。沿途在哪裏加插了二十一萬人呢？我怎樣也想不通，所以我還是傾向相信學者，即有六萬四千人至九萬八千人參加遊行。

在辯論期間，反對派議員經常是各取所需，李華明議員重提就基本法第

二十三條立法時有十七萬人簽名，覺得這個數目很大、很重要，那為何七十七萬人又變得不重要、不可信呢？如果大家想作出一些比較，也必須依循一些基本的誠信、操守和科學概念才可，不要哪些合用便引用那些。還有，楊森議員和李永達議員經常提及政府委託某所大學進行的民意調查不夠科學。我想反問一下，民主黨每隔數星期進行的民意調查，是否通常也只有數百名受訪者，又是否沒有任何一所大學查驗那些問卷才發出呢？這樣是否雙重標準呢？

提到民意的問題，我看到今天有很多反對派議員用了轉移視線的方法來處理這項辯論。其實，他們應該尊重民意來做這個表決。可是，他們轉移了視線，說由於是我們提出這個方案，所以他們否決，我這一方便有責任。可是，基礎是民意所在。這才是最重要的一點。

楊森議員發言時又說，他們作出了一個很重要的決定，便是不要這些新增的議席，寧願二三線的區議員沒有機會「上位」，也不要緊。其實，我們完全不想他們短視地看這個問題。我們覺得為了香港整體的政局着想，是有需要開創更多參政空間的，不要令坐在前排的，十多二十年來也是那數張面孔，沒有改變。歌唱界也設有新秀大賽，我們亦須給予那些人一些機會，我們不希望他們短視。

湯家驊議員和劉慧卿議員皆特別提到《公民權利和政治權利國際公約》，其實，我們的立場很清楚。在七十年代，英國在香港實施人權公約時，已經做了有需要做的保留條文，時至今天，我們認為這依然是有效的。

此外，我覺得在今天的辯論中，泛民主派的議員避重就輕。他們少談這個方案的本質和所含的民主的成分有多高，而多談普選的概念，因為這方面容易發表。

有一點是很有趣的，馮檢基議員竟然叫我們不要害怕，如果我們怕普選，我們便不會開展策略發展委員會的討論。如果我們不是想步向普選，我們便不會承諾在二〇〇七年年初就這些討論、普選的模式和路線圖作一些結論。如果我們要拖慢過程，我們大可以跟學者、政黨、區議會、商會和工會等分別討論，然後在我們認為適當的時候才實行「大雜燴」，為何要開設一個討論坊呢？就是因為我們希望可以集思廣益，早日得出一個結論。

另一點是關於陳偉業議員的 —— 他現時不在會議廳 —— 他特別問我們可有勇氣把基本法附件一和附件二的修訂，以一項重要法案來處理，以及在議員不通

過時，讓行政長官可以行使權力解散立法會。我們已經解釋過，附件一和附件二的修訂並非本地立法，而根據我們對基本法第五十條的理解，重要法案的概念是適用於本地立法，而不適用於附件一和附件二的修訂。

我們很希望建立共識，不希望大力度地利用基本法第五十條可能要解散立法議會的規定，藉以迫使我們可以有一個共識。我們希望逐步建立共識。

當大家討論到究竟我們可以有、還是沒有新的路可走的時候，反對派議員在最近數個星期經常提到的兩個論點，確實對公眾有誤導性。

第一個論點是，如果我們否決了這兩項附件一、附件二的修訂案，依然可以在本地立法的層面擴闊選舉的選民基礎，說來好像很動聽，道理也很直接，但實質上這是做不到的。因為我們現時可以提出來，透過這個區議會方案擴闊選民基礎，已經是最直截了當的做法，如果大家說要取消商會、工會的功能議席，變成彭定康方案那種功能議會的議席的話，大家是不可能達成共識的。

第二個論點是，張文光議員經常問可否押後二個月或四個月，以便在這段期間制訂一個普選時間表。我不禁反問，如果現時的「區議會方案」在立法會內都難以取得三分之二的議員的支持，怎可能在三數個月內便做出一個普選時間表呢？因此，大家要老實一點和踏實一點，不要誤導香港的市民。

我們討論了那麼多，我覺得有一點是很重要的，其實是回應馮檢基議員較早前的發言：香港的政治發展有沒有前景？在座議員和他們所代表的黨派都有一個使命，便是早晚要脫離街頭政治的做法。政治要成熟，大家便有需要學習為香港建設。我真的不希望每一天、每個星期、每一季，特區政府都在建立新的建設，而反對派議員卻一直在「拆牆」。如果是這樣的話，普選的大樓便久久也不能蓋成了。大家對香港，也應有這個承擔和責任。